Русский язык в современном мире

当代世界中的
俄语

（中文导读）

[俄罗斯] 塔·科尔塔娃（Т.Кортава）

刘 娟

著

图书在版编目(CIP)数据

当代世界中的俄语：中文导读 / (俄罗斯) 塔·科尔塔娃，刘娟著. — 北京：北京大学出版社，2024.6
ISBN 978-7-301-35022-5

Ⅰ.①当… Ⅱ.①塔…②刘… Ⅲ.①俄语－教学研究 Ⅳ.① H359.3

中国国家版本馆 CIP 数据核字 (2024) 第 083445 号

书　　名	当代世界中的俄语（中文导读） DANGDAI SHIJIE ZHONG DE EYU (ZHONGWEN DAODU)
著作责任者	［俄罗斯］塔·科尔塔娃（Т.Кортава）　刘　娟　著
责任编辑	李　哲
标准书号	ISBN 978-7-301-35022-5
出版发行	北京大学出版社
地　　址	北京市海淀区成府路 205 号　100871
网　　址	http://www.pup.cn　　新浪微博：@北京大学出版社
电子邮箱	编辑部 pupwaiwen@pup.cn　　总编室 zpup@pup.cn
电　　话	邮购部 010-62752015　发行部 010-62750672　编辑部 010-62759634
印 刷 者	河北文福旺印刷有限公司
经 销 者	新华书店
	787 毫米 ×1092 毫米　16 开本　27.75 印张　420 千字 2024 年 6 月第 1 版　2024 年 6 月第 1 次印刷
定　　价	98.00 元

未经许可，不得以任何方式复制或抄袭本书之部分或全部内容。
版权所有，侵权必究
举报电话：010-62752024　电子邮箱：fd@pup.cn
图书如有印装质量问题，请与出版部联系，电话：010-62756370

前　言

　　《当代世界中的俄语（中文导读）》一书从俄语语言学、俄语修辞学、对外俄语教学、语言文化学、心理语言学、性别语言学、社会语言学等多重视角对当代俄语进行全面研究，分析论述俄语的语言功能、社会功能和文化功能，研究内容包括俄语发展史、俄语教学发展史、俄罗斯国家语言政策、俄语功能语体、俄语演讲、言语文化、大众传媒语言、政治话语、跨文化交际等。本书既涉及俄语语言学研究的前沿问题，又关注跨文化交际中俄语使用的具体规则和方法等，并列举分析了大量文献，兼具理论、实践和史料价值。

　　本书由中俄语言教育学者联合撰写，充分考虑了内容的难易程度和中国读者的阅读体验，以俄语文本加中文导读、疑难词句中文译文、中文脚注的方式呈现。中文导读分章节梳理、提炼和概述本书内容。疑难词汇和词组的翻译包括对术语、新词、新概念等的翻译。疑难语句的筛选和翻译根据俄语句子结构的复杂程度、表达内容的专业程度、阅读理解的难度等进行。中文脚注包括全书的人名、机构等具有文化背景知识的内容以及语言现象、学术概念等涉及科学背景知识的内容。这种基于文本整体内容对核心内容、关键信息、阅读难点的提取、归纳、翻译，有助于读者和学习者提高阅读效果，获取完整信息，正确理解著作内容。

　　本书每章相互联系，又自成一体，有利于读者构建结构化知识体系，同时可以使不同研究方向的研究者进行选择性阅读和使用。本书适用于俄语研究者、俄语教学人员、俄语学习者及俄语爱好者。

　　谭雅雯、高歌、周安妮和刘铧泽四位同学参加了中文脚注的注释工作和文中部分语句的翻译工作。

本书作者

2024年4月15日

目 录

Предисловие 1

ГЛАВА I РУССКИЙ ЯЗЫК В СОВРЕМЕННОМ МИРЕ

1.1 Русский язык и языковая политика Российской Федерации 8
1.2 Русский язык в эпоху глобализации 33
1.3 Языковая политика в аспекте микро- и макросоциолингвистики 51
1.4 Современные направления междисциплинарных лингвистических
     исследований 61
     Этнопсихолингвистика 61
     Гендерная лингвистика 81

ГЛАВА II РУССКИЙ ЯЗЫК И КУЛЬТУРА РЕЧИ

2.1 История преподавания русской словесности в России 98
2.2 Языковая система: норма и узус 120
     Формы русского литературного языка 125
2.3 Стили русского литературного языка 140
     Разговорный стиль 141
     Научный стиль 149
     Официально-деловой стиль (административно-деловая речь) 156
     Публицистический стиль 160
     Литературно-художественный стиль 162
2.4 Риторика и ораторское мастерство 164
     Особенности ораторской речи 169

Искусство публичного выступления 180

Логика речи 184

Логические приёмы определения понятий 188

Аргументация 191

Искусство публичной полемики 195

Виды спора 197

Правила ведения спора 199

ГЛАВА III КОММУНИКАТИВНЫЙ ПОРТРЕТ СОВРЕМЕННИКА

3.1 Культура русской речи в зеркале коммуникологии 206

Типы речевых культур и коммуникативные качества речи 215

Речевой этикет и речевая деятельность 232

Этикет устного делового общения 243

Предпосылки толерантности и стратегии компромисса 248

Искусство ведения переговоров 254

Коммуникативные стратегии эффективного общения 256

Коммуникативные неудачи 264

3.2 Русское коммуникативное поведение 266

Паралингвистические сигналы 276

Просторечие как социолингвистическое явление 281

Социолингвистический и психологический портрет носителя просторечия 286

Лингвистические особенности просторечия 290

Административно-деловой жаргон 294

3.3 Язык средств массовой информации 305

3.4 Метафора как способ описания действительности 321

Семантическая классификация метафор по вспомогательному объекту 329

Научная метафора 331

3.5 Политический дискурс 336

Политическая метафора 341

  Семантическая политика и коммуникативная техника 351

3.6 Непрямая коммуникация 365
  Способы непрямой коммуникации 373
  Фигуры двусмысленной речи 377
  Фигуры нарочитого алогизма 378
  Фигуры нарочитого неправдоподобия 380
  Фигуры нарочито пространной речи 382

3.7 Реклама как особый вид социальной коммуникации 389
  Язык рекламы 406

ЛИТЕРАТУРА 426

脚注参考文献 430

Предисловие

> **前言部分重点:**
> 现代俄语存在的问题、产生问题的外因和内因、学习外语与掌握母语的关系

Сила слова беспредельна. Русская устная и письменная традиция сохраняет «великое бережение» к родному слову. Слово исцеляет и испепеляет. С его помощью человек познает мир и самого себя. «Человек чрез слово всемогущ: // Язык всем знаниям и всей природе ключ», – писал в XVIII в. поэт, сенатор и действительный тайный советник Гавриил Романович Державин[①]. Отношение к сказанному или написанному слову – это зеркало самооценки человека, отражение его и миропонимания, результат самопознания. В зеркале языка является миру и сам человек. «Заговори, чтобы я тебя увидел», – писал Сократ[②].

Небрежное отношение к родному языку, падение традиционного для российского общества высокого уровня филологической культуры – это сложная и многоаспектная проблема и причина тревоги не только филологов, но и всех образованных и здравомыслящих людей.

Дискуссии об орфографических и орфоэпических нормах

语言对人类认知世界和认识自我具有重要意义。俄语发展现状在专业领域乃至在整个社会范围都引起了普遍担忧和共同关注。现代俄语中出现的问题不仅是书写错误造成的，也是大众语言水平下降的结果。语言系统是一个不断变化的系统，新的语言现象层出不穷，仅靠语言的自我净化和自我完善很难解决语言使用中出现的问题。

---

① 加甫里尔·罗曼诺维奇·杰尔查文（1743–1816），俄国诗人，近代俄罗斯诗歌的奠基人，被普希金称为"俄罗斯诗人之父"，主要作品有《费丽察》《钥匙》等。
② 苏格拉底（前470–前399），古希腊哲学家，西方哲学的创始人，与其学生柏拉图，以及柏拉图的学生亚里士多德并称希腊三贤。

（正字和正音规范），правильном выборе слов, грамматических форм и синтаксических конструкций, о необходимости внесения поправок в кодификационные источники（指教材、语法书、工具书等）в соответствии с узуальным（惯用的）опытом часто выходят за пределы академических кругов, время от времени вспыхивают, а затем тлеют, но никогда не затухают.

Зачастую тяжесть проблемы переносится на орфоэпические и орфографические ошибки, что не совсем верно. Основная причина заключается в резком падении интереса к чтению художественной литературы. Корней Иванович Чуковский[①] наставлял, что орфографию невозможно улучшить в отрыве от общей культуры – «обычно она хромает у тех, кто духовно безграмотен»[②].（科尔涅伊·伊万诺维奇·楚科夫斯基告诫说，脱离文化无法改善书写问题，"通常精神上缺乏涵养的人书写上也会'跛脚'"。）

Одновременно в обществе появляется тревога, связанная с нарастающим речевым хаосом, отрицанием устойчивости общепринятых грамматических норм, активизируются попытки кодификации（标准化、规范化）фактов повседневного ошибочного речеупотребления и их тиражирования в средствах массовой информации. Стихийное речетворчество обывателей и языковая игра размывают границы между функциональными стилями, поощряя речевую распущенность и уничтожая понятие языкового вкуса.

Русский язык как государственный язык Российской Федерации, духовная скрепа（精神支柱）многонациональной России, фундамент сохранения ее культурного многообразия

---

① 科尔涅伊·伊万诺维奇·楚科夫斯基（1882–1969），俄国作家、文学批评家、翻译家，被誉为20世纪儿童文学的奠基人之一，创作了《鳄鱼》《苍蝇的婚礼》等童话故事。

② Чуковский К. И. Живой как жизнь. М., 2004. С. 166.

нуждается в защите.

Желание филологов с помощью традиционных методов и подходов стихийно регулировать разрушительную активность языка СМИ или вторгнуться в сферу функционирования языка в сети Интернет обречены на поражение, ибо язык, по словам Н. В. Гоголя, «беспределен и может, живой, как жизнь, обогащаться ежеминутно»①. На непрерывность речетворчества обращал внимание и выдающийся филолог А. Л. Погодин②, заметив, что язык «каждого из нас каждую минуту является новым произведением»③. Именно это обстоятельство налагает ответственность на всех носителей языка.

С давних пор известно, что риторические достоинства – умение хорошо говорить и писать – украшают человека. Несмотря на то, что в последние десятилетия наблюдается очевидный крен（明显倾向） в сторону ценности знания иностранных языков для карьерных траекторий, безупречное владение родным языком по-прежнему остаётся необходимым условием профессиональной реализации человека. В глобальном профессиональном, культурном и информационном пространствах важно твёрдо помнить, что родной язык – стержень личности, основа национальной идентичности, хранилище культурной и генетической памяти народа.（在全球职业、文化和信息空间中，需要牢记，母语是个体的核心，是民族认同的基础，是民族文化记忆与基因记忆的宝库。）

尽管掌握外语很重要，但是母语对一个人来说更为重要。整个社会的语言水准及每个社会成员的语言修养直接关乎一个国家、一个民族的发展，因为每代人都会在本民族的文明发展中留下不可磨灭的语言文字痕迹。一个人良好的言语行为表现不仅体现在语言使用中，而且体现在对其他非语言表达手段的使用中，体现在对其他民族语言使用者的尊重中。

---

① Гоголь Н. В. Собр. соч. в IX томах. М.: Русская книга. 1994. Т. VI. С. 184–185.
② 亚历山大·利沃维奇·波戈金（1872–1947），俄国历史学家、斯拉夫语文学家，1919年移民南斯拉夫，1939–1941年在贝尔格莱德大学任教，著有《斯拉夫历史概况》等。
③ Погодин А. Л. Язык как творчество (психологические и социальные основы творчества речи): Происхождение языка. М.: ЛКМ, 2011. С. 3.

Каждое поколение оставляет незабываемый словесный след на культурном ландшафте цивилизации. Вспомним слова А. И Куприна①: «Язык – это история народа. Язык – это путь цивилизации и культуры».

Правильное речевое поведение как существенная часть общего коммуникативного портрета человека не ограничивается свободным владением фонетическими, лексическими и грамматическими ресурсами языка и неизменно включает в себя знания о паралингвистических средствах（副语言手段）общения: мимике, кинесике（身势）и других невербальных（非语言的）коммуникативных приёмах, которыми в глобальном пространстве следует пользоваться осознанно и избирательно.

Уважение к родному языку предполагает уважение к коммуникативному поведению представителей других языковых сообществ, без которого нет и не может быть глобального гуманитарного пространства. При этом необходимо иметь в виду, что речевое поведение труднее всего поддаётся исправлению. Человек может укрепить свое материальное положение, исправить с помощью косметической хирургии недостатки внешности, но, как только он вступает в беседу, сразу отчётливо проявляются черты его социально-психологического портрета.

В «Сказке о мёртвой царевне и семи богатырях»（《死公主和七勇士的故事》）А. С. Пушкина по коммуникативному портрету богатыри быстро распознали в незнакомке царевну:

И царевна к ним сошла,
Честь хозяям отдала,
В пояс низко поклонилась;

---

① 亚历山大·伊万诺维奇·库普林（1870–1938），俄国批判现实主义作家，著有《生命的河流》《火坑》等作品。

Закрасневшись, извинилась,

Что-де в гости к ним зашла,

Хоть звана и не была.

Вмиг по речи те спознали,

Что царевну принимали.

Чем старше становится человек, тем сложнее его учить. Вспомним комедию английского драматурга Б. Шоу[①] «Пигмалион»: скольких усилий стоило профессору Хиггинсу[②] исправить ошибки в речевом поведении Элизы Дулиттл[③]!

Если у собеседника отсутствует способность логически мыслить, правильно строить беседу, нет прочных знаний норм русского литературного языка, то появляются слова и выражения, засоряющие речь и изобличающие в нём человека ограниченного и плохо образованного. Персидский поэт и мыслитель XIII в. Саади[④] писал:

Умён ты или глуп,

Велик ты или мал,

Не знаем мы, пока

Ты слово не сказал.

Постигая азы（奠定基础）будущей профессии, необходимо неустанно совершенствовать знание родного русского языка, который есть плоть наших мыслей и чувств, и не забывать поэтическое напутствие лауреата Нобелевской премии в области

---

① 乔治·萧伯纳（1856—1950），英国著名剧作家、讽刺作家和批评家，诺贝尔文学奖获得者，著有《圣女贞德》《卖花女》《华伦夫人的职业》等作品。
② 亨利·希金斯，《卖花女》中的主要人物。
③ 伊莉莎·杜利特尔，《卖花女》中的女主人公。
④ 萨迪（1208—1292），波斯诗人、思想家，著有《果园》《蔷薇园》等诗歌。

литературы поэта и писателя Ивана Алексеевича Бунина:

Молчат гробницы, мумии и кости, –

Лишь слову жизнь дана:

Из древней тьмы, на мировом погосте

Звучат лишь Письмена.

И нет у нас иного достоянья!

Умейте же беречь,

Хоть в меру сил, в дни злобы и страданья,

Наш дар бессмертный – речь. («Слово», 1915).

ГЛАВА I
РУССКИЙ ЯЗЫК В СОВРЕМЕННОМ МИРЕ

1.1 Русский язык и языковая политика Российской Федерации

> **本节重点：**
> 俄罗斯国家语言政策的重要性及制定原则；俄罗斯国家语言政策的历史发展脉络、不同阶段的特点、存在的问题；俄罗斯处理俄语与俄罗斯联邦其他民族的民族语言之间关系的做法；俄罗斯现行语言政策的区域实施模式

俄罗斯是多民族、多语言国家。国家语言政策在很大程度上决定多民族、多文化国家的政治、社会、经济稳定。

На земном шаре учёные насчитывают около 7000 живых языков. Русский язык, наряду с английским, французским, испанским, арабским и китайским, входит в число мировых языков, за которыми юридически закреплён статус официальных и рабочих языков международных организаций (ООН[①], ЮНЕСКО[②], МОК[③] и других).

В той или иной степени русским языком владеют около 500 миллионов человек. Согласно данным Всемирного конгресса соотечественников[④] 2013 г., русский язык занимает третье место в мире по распространённости (после китайского и английского) и второе по использованию в сети Интернет.

Россия обладает уникальным культурно-языковым разнообразием. Россию населяют более 190 коренных народов и этнических групп со своими языками и диалектами. Но при этом уровень языкового единения в РФ очень высок. По разным подсчётам, 96–98 % жителей России владеют русским языком.

---

① Организация Объединённых Наций, 联合国。
② Организация Объединённых Наций по вопросам образования, науки и культуры, 联合国教科文组织。
③ Международный олимпийский комитет, 国际奥林匹克委员会。
④ 世界俄罗斯同胞代表大会是保障俄罗斯海外同胞与俄罗斯国家机关以及俄联邦各主体政府联系的最高代表机构，大会每三年至少举行一次。

В условиях полиэтнического и поликультурного (多民族和多元文化的) государства от эффективной государственной языковой политики во многом зависит политическая и социально-экономическая стабильность.

Государственная языковая политика – это совокупность государственных мер для сохранения или изменения существующего функционального распределения языков в официальной сфере общения.

Статья 68 Конституции Российской Федерации закрепляет статус русского языка как государственного: «1. Государственным языком Российской Федерации на всей её территории является русский язык. 2. Республики вправе устанавливать свои государственные языки. В органах государственной власти, органах местного самоуправления, государственных учреждениях республик они употребляются наряду с государственным языком Российской Федерации. 3. Российская Федерация гарантирует всем её народам право на сохранение родного языка, создание условий для его изучения и развития»[1].

Закон «О языках народов РСФСР[2]», в соответствии с которым русский язык стал государственным языком Российской Федерации, был принят в октябре 1991 г. До этого вопрос о государственном языке законодательно не был урегулирован. Единый общегосударственный язык – надёжный фундамент целостности российского государства.

При выборе государственного языка обычно используются такие критерии, как численность его носителей, степень распространения

国家语言政策是用于保护或改变官方交流领域里现有的语言功能分布的一整套国家措施。俄罗斯宪法明确规定俄语为俄罗斯联邦官方语言。官方语言是将一个国家不同民族的过去和未来联系在一起的主线。统一的国家语言是国家完整和稳定的基石。但是，通过国家语言巩固社会不应导致语言同化，而应保障一个国家不同民族的语言得到平等发展。作为多民族国家，俄罗斯政府在制定国家语言政策时，需要关注诸多内容，需要处理好俄语与其他民族语言之间的关系，使国家官方语言与地方民族语言均得到发展。

---

[1] Конституция Российской Федерации. – URL. http://www.constitution.ru/10003000/1000 3000–5.htm
[2] Российская Советская Федеративная Социалистическая Республика, 俄罗斯苏维埃联邦社会主义共和国。

и функциональное многообразие. В условиях полиэтнического социума обязательно принимаются во внимание исторические традиции и взаимосвязи различных национальных культур.

Многие языки на территории Российской Федерации младописьменные（文字历史短的）: до 20-х гг. XX в. они не имели собственной письменности.

Этнолингвистическая ситуация в государстве напрямую связана с социально-политическими, экономическими и идеологическими переменами. Для такого лингвокультурного разнообразия очень важно духовное единение. Государственный язык РФ – это неразрывная, прочная нить, скрепляющая прошлое и настоящее всех народов России.

Общегосударственный язык – основа единства нации и гарантия стабильности в условиях полиэтнической общности. Однако консолидация（团结）социума с помощью общегосударственного языка не должна приводить к активизации процессов языковой ассимиляции（同化）. Принцип свободного развития всех языков должен соблюдаться неукоснительно（无条件地）, опираться на законодательно закреплённое равноправие национальных языков и создание оптимальных условий для их развития на территории данного государства. Надо иметь в виду, что только мировые языки выполняют все социальные функции, и вовсе не обязательно, чтобы каждый национальный язык на территории его распространения был так же полифункционален, как мировые. Зачастую это просто невозможно.

В начале 90-х гг. XX в. стихийный рост национального самосознания（民族自觉意识）, иногда граничивший с различными проявлениями национализма и сепаратизма（民族主义和分裂主义）, обозначил важность вопросов языкового единства в полиэтническом государстве.

Языковая ситуация в Российской Федерации уникальна, а история формирования культурного языкового многообразия России насчитывает многие столетия, поэтому государственная языковая политика – должна быть очень мудрой и гибкой.

Замечательный татарский поэт Габдулла Тукай[①] в 1913 г. писал:

Наш след не померкнет на русской земле.
Мы – образ России в зеркальном стекле.
В лад жили и пели мы с русскими встарь:
свидетельством – нравы, привычки, словарь.
Мы с русским народом сроднились давно.
Во всех испытаньях стоим заодно.
（我们的痕迹不会从俄罗斯大地上消逝。
我们——是俄罗斯镜中的形象。
自古我们就与俄族人休戚与共：
风俗，习惯，言语——皆是证明。
我们与俄族人亲密无间。
携手面对所有考验。）

Современное положение русского языка на постсоветском пространстве отличается вариативностью. Республика Беларусь – единственное государство, где государственный статус русского языка подтверждён на референдуме большинством голосов. В Казахстане единственным государственным языком является казахский, но русский во всех официальных сферах приравнивается к государственному. В Кыргызстане русский язык также имеет статус официального. В Грузии и Армении русский

苏联解体后，俄语在曾经的加盟共和国处于不同地位。

---

① 加布杜拉·图凯（1886–1913），鞑靼民族诗人、文学评论家。他的许多诗歌被改编成歌曲，根据他的作品《树妖》改编的芭蕾舞剧在马林斯基剧院、莫斯科大剧院等处上演。

язык имеет статус языка национальных меньшинств（少数民族）, в Таджикистане и Узбекистане – язык межнационального общения, в Азербайджане – статус русского языка никак не регулируется. На постсоветском пространстве постепенно сужается сфера применения кириллицы（西里尔字母）.

在俄罗斯联邦的各个共和国，俄语使用情况也不尽相同。在民族构成和民族分布较复杂的地区，与俄语同时作为官方语言的还有当地民族自己的母语。

В республиках РФ языковая ситуация тоже неоднородна. В качестве примера можно привести Республику Дагестан. Согласно статье 11 её Конституции, государственными языками являются русский и языки народов Дагестана. Его жители говорят на 38 языках и диалектах, которые ассимилируются вокруг четырёх наиболее распространённых языков: аварского（阿瓦尔语）, даргинского（达尔金语）, лезгинского（列兹金语）и кумыкского（库梅克语）. В Дагестане сложилась очень своеобразная ситуация билингвизма. В прошлом функцию второго языка (им владело по преимуществу мужское население) выполняли лакский（拉克语）, аварский, ногайский（诺盖语）, кумыкский, азербайджанскийи русский. За время существования СССР в Дагестане значительно сократилась часть населения, владеющая вторым местным языком.

В исследованиях по вопросам языкового строительства на Северном Кавказе отмечается, что азербайджанским как вторым языком пользуются рутульцы, цахуры, часть табасаранцев, агульцев, лезгинов; для андийцев, арчинцев, багулальцев, бежтинцев, гунзибцев, годоберинцев, ахвахцев, дидойцев, капучинцев, тиндальцев, каратинцев, хваршинцев, чамальцев вторым языком является аварский; для большей части чеченцев, ногайцев и небольших групп даргинцев, живущих в Дагестане, второй язык – кумыкский①. Специального закона о языке в Дагестане пока нет, поэтому неопределённость функциональной дистрибуции письменных и бесписьменных языков потенциально способна спровоцировать социально-бытовые конфликты, угрожающие этнополитическому равновесию в республике.（关于北高加索语言建设问题的研究指出，鲁图尔人、查胡尔人，部分塔巴萨兰人、阿古尔人、列兹金人将阿塞拜疆语作为第二语言；安迪人、阿尔钦人、巴古拉尔人、别日京人、贡吉布人、戈多别林人、阿赫瓦赫人、迪多人、卡普钦人、廷达尔人、卡拉廷人、赫瓦尔辛人、查马尔人的第二语言为阿瓦尔语；居住在达吉斯坦的大多数车臣人、诺盖人和一小部分达尔金人的第二语言是库梅克语。达吉斯坦暂时没有专门的语言法规，因此有文字的语言和无文字的语言在功能分布上的不确定性可能引发威胁共和国内部民族政策平衡的日常社会冲突。）

Для обеспечения государственной стабильности в полиэтнических сообществах необходимо разрабатывать политтехнологии с учётом историко-филологических факторов. Так, например, учёным известно, что на территории Дагестана существует особая субэтническая социальная структура, состоящая из джамаатов – чётко очерченных территориальных и этнокультурных общностей, которые сформировались ещё до присоединения Северного Кавказа к Российской империи. По подсчётам историков, некогда существовало около 60 «вольных сообществ» с разными типами правления и ярко выраженными особенностями традиционной духовной культуры, вероисповедания, общей политической историей и единым

---

① Медведев Н. П., Перкова Д. В. Постсоветский этнополитический процесс: проблемы языковой политики. М., 2014.

диалектом[①]. Современное географическое членение часто не соответствует субэтническим границам, что значительно осложняет геополитическую ситуацию на Северном Кавказе, поэтому языковой вопрос стоит там особенно остро.（为确保在多民族地区的国家稳定，必须结合历史—语文因素制定政策措施。如学者们所知，在达吉斯坦境内有一个由贾马特人构成的特别的支民族社会结构。他们在北高加索地区并入俄罗斯帝国之前就已经被明确界定了地理和民族文化的共同特征。据历史学家统计，这里曾经存在约六十个不同统治类型的"自由族群"，他们拥有鲜明的传统精神文化和宗教信仰特征、共同的政治历史和统一的方言。现代地理划分往往和支民族的边界不相吻合，这使北高加索地区的地缘政治形势更加复杂，因此那里的语言问题尤为突出。）

Для каждого человека родной язык воплощает в себе любовь к Отечеству, родному дому. Его ценность не измеряется численностью носителей. Каждый язык является достоянием мировой культуры. В 1965 г. замечательный аварский поэт Расул Гамзатов[②] написал стихотворение «Родной язык». Там есть такие строки:

И если завтра мой язык исчезнет,
То я готов сегодня умереть.
Я за него всегда душой болею,
Пусть говорят, что беден мой язык,
Пусть не звучит с трибуны ассамблеи,
Но, мне родной, он для меня велик.

---

① Иванова А.А. Этнополитическая стабильность: понятие, факторы и технологии обеспечения (на материалах Республики Дагестан) //Диссерт. канд. полит. наук: – Ростов–на–Дону, 2005.
② 拉苏尔·伽姆扎托夫(1923–2003)，阿瓦尔族诗人，擅长创作爱情诗，出版诗集《高空的星辰》《爱之书》等。

Языковая политика в полиэтническом государстве должна быть очень осторожной. Даже самое незначительное давление на языки национальных меньшинств порождает немедленную ответную реакцию: любыми способами защитить свой язык, придать ему статус государственного или официального и таким образом создать условия для его преимущественного использования и развития.

Но такой путь не всегда бывает успешным, потому что не каждый язык способен выполнять функцию государственного языка как универсального средства общения между всеми членами общества. Кроме того, в условиях этнолингвистического многообразия иногда не представляется возможным решить подобным образом вопросы развития всех национальных языков.

鉴于俄罗斯联邦共和国自身民族语言的发展现状及其与俄语的关系，现阶段俄罗斯联邦采取的是俄罗斯联邦官方语言与共和国官方语言并存的多样化语言政策区域模式。

Таблица 1

Региональные модели языковой политики в Российской Федерации[1]

俄罗斯联邦语言政策区域模式

Название модели языковой политики 语言政策模式名称	**Субъект Федерации** 联邦主体	**Доминирующие компоненты социальнокоммуникативной системы** 社会交际系统的主要构成
Однокомпонентная (одноязычная) модель 单成分（单语）模式	Области Российской Федерации 俄罗斯联邦各州	Русский язык, все формы его существования (литературный язык, диалекты, просторечие и т. д.) 俄语及其所有存在形式（标准语、方言、俗语等）

---

[1] Общие проблемы национально–языковой политики. М., 2015, с. 47.

续表

Название модели языковой политики 语言政策模式名称	Субъект Федерации 联邦主体	Доминирующие компоненты социальнокоммуникативной системы 社会交际系统的主要构成
Двухкомпонентная (двуязычная) модель 双成分（双语）模式	Республики РФ: Алтай, Адыгея, Бурятия, Башкортостан, Калмыкия, Карелия, Ингушетия, Северная Осетия, Татарстан, Удмуртия, Хакасия, Чечня, Чувашия, Тыва, Якутия 俄罗斯联邦部分共和国：阿尔泰共和国、阿迪格共和国、布里亚特共和国、巴什科尔托斯坦共和国、卡尔梅克共和国、卡累利阿共和国、印古什共和国、北奥塞梯-阿兰共和国、鞑靼斯坦共和国、乌德穆尔特共和国、哈卡斯共和国、车臣共和国、楚瓦什共和国、图瓦共和国、萨哈（雅库特）共和国	Русский язык как государственный язык РФ и государственный язык республик 作为俄罗斯联邦官方语言的俄语、各共和国自己的官方语言
Трёхкомпонентная (трёхъязычная) модель 三成分（三语）模式	Мордовия, Марий Эл, Коми, Кабардино-Балкария 莫尔多瓦共和国、马里埃尔共和国、科米共和国、卡巴尔达-巴尔卡尔共和国	Русский язык как государственный язык РФ и 2 варианта одного литературного языка или 2 литературных языка, получивших статус государственных языков республик 作为俄罗斯联邦官方语言的俄语、一种标准语的两种形式或具有共和国官方语言地位的两种标准语
Многокомпонентная (многоязычная) модель 多成分（多语）模式	Дагестан, Карачаево-Черкессия 达吉斯坦共和国、卡拉恰伊-切尔克斯共和国	Русский язык как государственный язык РФ и другие письменные языки, имеющие статус государственных языков республик 作为俄罗斯联邦官方语言的俄语、其他具有共和国官方语言地位的有文字的语言
Дифференциальная (экстерриториальная) модель 差异化（超地域）模式	Разные субъекты Российской Федерации 俄罗斯联邦各主体	Русский язык как государственный язык РФ, языки малочисленных народов в софункционировании с языками соседних крупных народов 作为俄罗斯联邦官方语言的俄语、与毗邻的大的民族的语言共同发挥作用的人数少的民族的语言

Мировая практика показывает, что закрепление на бумаге юридического статуса языка как государственного не всегда отражает сферу его реального функционирования. Например, в Боливии 37 языков объявлены государственными, но это не мешает их функциональной дистрибуции и не предполагает полноценной субституции.（比如，玻利维亚有37种语言被宣布为官方语言，但是这并不妨碍它们的功能分布，也不意味着充分替代。）

В многонациональных республиках Российской Федерации с дисперсным и чересполосным расселением （人口居住分散） этнократический подход（一族统治手段） к решению национальных проблем с помощью попыток в отдельных республиках «выдавливания» русского языка из сферы официального общения приводит к разобщенности （隔绝） и коммуникативным конфликтам, которые болезненно сказываются на жизни всех граждан Российской Федерации. Одной из причин подобных стихийных процессов является недостаточная юридическая разработанность Закона о языках народов Российской Федерации. В частности, неясным остается вопрос о соотношении общегосударственного языка Российской Федерации и государственных языков республик. Обязательно ли параллельное применение двух языков или решение данного вопроса основывается на добровольном согласии сторон.

Республики в составе Российской Федерации – многонациональные сообщества со значительным процентом русскоязычного населения. Это предполагает учёт интересов большинства населения, для которого русский язык является средством межнационального общения. Только в Чеченской Республике, Республике Ингушетия, Чувашской Республике и Республике Тыва титульные нации (этноним которых используется

俄罗斯联邦的共和国普遍是多民族共和国，在这些共和国，俄语与地方民族语言的关系非常复杂，俄语与其他民族的语言和谐共生尤为重要。就现阶段俄罗斯语言政策的实施情况而言，俄罗斯在制定国家语言政策时，需要考虑语种的普及性、语言的自身功能、不同民族的文化等诸多因素，同时还需关注和抢救人口稀少民族的语言；在保护官方语言的地位、保护语言的纯净度及大众的言语文化水平方面需要立法。

в названии) составляют более 60 % населения.（仅在车臣共和国、印古什共和国、楚瓦什共和国、图瓦共和国，命名民族（联邦主体以民族名称命名）就占到共和国人口的60%以上。）Преимущественное использование государственного языка республики для обслуживания всех сфер социального общения часто недостижимо из-за недостаточного уровня функционально-стилистического развития данного языка.

Особого внимания, с точки зрения государственной языковой политики, заслуживают миноритарные языки – языки малочисленных народов Крайнего Севера, Сибири и Дальнего Востока（就国家语言政策而言，要特别关注少数民族语言——北极、西伯利亚和远东地区人口稀少的民族的语言）. Сейчас некоторые языки оказались на грани вымирания. Они стремительно исчезают. Так, например, из 482 живущих ныне алеутов（阿留申人）только 45 человек владеют родным языком, из 596 орочей（鄂伦春人）лишь 8 человек знают язык предков. В Республике Хакасия（哈卡斯共和国）язык титульного этноса, наряду с русским, имеет статус государственного. Но билингвизм в республике асимметричный（不平衡的）: число активных носителей хакасского языка неуклонно падает и приближается к 30 %. Обучение на хакасском языке ведётся лишь в начальной школе, в средних и старших классах он изучается как отдельный предмет. Наиболее активно хакасский язык функционирует в сфере культуры.

В 1996 г. ЮНЕСКО издал Атлас исчезающих языков, в котором под угрозой исчезновения было отмечено 900 языков, а сейчас их уже 2 471. С 2000 г. по инициативе ЮНЕСКО ежегодно 21 февраля весь мир отмечает Международный день родного языка.

Согласно данным ЮНЕСКО, на территории РФ существует

139 вымирающих языков. В 1989 г. с уходом из жизни последней носительницы исчез камасинский язык.（卡玛辛语）Осталось всего 35 носителей чулымско-тюркского языка（楚累姆—突厥语）. В настоящее время лингвисты всего мира предпринимают отчаянные попытки по восстановлению языков малых народов. Например, для сойотов, проживающих в Бурятии（居住在布里亚特的索约特人）, учёные разработали письменность и напечатали букварь（识字本）.

Футурологи Йен Пирсон[①] и Патрик Такер[②] предсказывают на 80%, что на территории Земли сохранятся лишь 3 языка – английский, китайский и испанский[③]. Европе стоит призадуматься над своим лингвистическим будущим не только 26 сентября, в Европейский день языков, и последовать положительному примеру Франции, которая отличается бережным отношением к языку и не жалеет средств для его распространения в мире.

Русский язык – общенациональное достояние всех народов России. Язык формирует в человеке духовные ценности. Общность духовных ценностей – это нерушимый фундамент единства нации и важнейший фактор обеспечения этнополитической стабильности в государстве. Русский язык является духовной скрепой народов Российской Федерации, символом незыблемого культурно-исторического единства в прошлом, настоящем и будущем и важнейшим фактором национальной безопасности многонационального и многоконфессионального государства.

Все языки народов Российской Федерации являются объектами культурного наследия. Они нуждаются в правовой

---

① 伊恩·皮尔森（Ian Pearson），未来学学者，1991-2007年任英国电信公司全职未来学家。Futurizon公司创始人，在媒体及个人博客发表诸多有关人类未来世界的预测。

② 帕特里克·塔克尔（Patrick Tucker），未来学学者、小说家，著有《赤裸裸的未来》。

③ Выручить язык // Огонек. № 36 (5292) от 16.09.2013.

защите.

Безусловно, добиться чистоты языка и высокого уровня речевой культуры исключительно средствами правового воздействия маловероятно, но вполне возможно минимизировать факторы, отрицательно влияющие на состояние языка на определённом синхронном срезе. В настоящее время этот правовой механизм не работает. Действующее законодательство не содержит перечня норм, устанавливающих ответственность за нарушение гражданами языковых прав (исключение составляет лишь сфера судопроизводства – один состав административного правонарушения и два состава в уголовном законодательстве). В настоящее время предусмотрена административная ответственность за нецензурную брань（粗言秽语）в общественных местах, которая квалифицируется как мелкое хулиганство (ст. 20.1 КоАП РФ), и уголовная – за дискриминацию в зависимости от языка (ст. 136 УК РФ) и за возбуждение ненависти либо вражды, унижение человеческого достоинства, в том числе по признакам языка (ст. 282 УК РФ). Но, к примеру, ст. 130 УК РФ, предусматривающая ответственность за унижение чести и достоинства, выраженное в неприличной форме, не уточняет форму оскорбления: неприличное «слово или действие» влечет за собой ответственность. В целом, во всех перечисленных случаях объектом правовой защиты является человеческая личность, а не язык.

Современная постиндустриальная культура во многом построена на сопряжении высокоскоростных информационных потоков. Язык оказывается под мощным прессом средств массовой коммуникации, но вопрос о языке СМИ пока не получил развития в законодательной практике. Например, не сформулированы обязанности СМИ в отношении языка, в частности в вопросах использования ненормативной лексики и нарушения грамматических норм русского литературного языка, неоправданного использования заимствований и латиницы. Только в законе «О рекламе» содержится упоминание о необходимости распространения рекламы на русском языке, а в республиках – на государственных языках республик и родных языках народов Российской Федерации (ч. 2, ст. 5).

Между тем, к примеру, во Франции для защиты французского языка введена система штрафов за нарушение грамматических и лексических норм. Общеизвестен последовательный языковой пуризм исландцев. В исландском языке почти нет заимствований, и наши современники легко читают древние памятники письменности. А в Канаде, где два языка – английский и французский – являются государственными, во всех государственных учреждениях существует официальная должность – official language watchdog – чиновник, который наблюдает за тем, чтобы все официальные сообщения, распоряжения, обращения выходили на двух языках, несмотря на очевидное меньшинство франкофонов（说法语的人）в Канаде. И все государственные чиновники обязаны свободно владеть французским языком.

Государственная языковая политика должна быть направлена на установление равновесия между объективными процессами глобализации, давлением со стороны иностранных языков, прежде всего английского, и насущной потребностью сохранения и развития собственных национальных культур и языков. Ослабление позиций общегосударственного языка за счёт приоритета иностранного ведёт к потере достигнутых рубежей в интеллектуальной сфере.

国家语言政策应力求在全球化的客观进程与外语的压力之间建立平衡。巩固俄语地位、普及俄语教学和研究是俄罗斯的战略重点。俄罗斯从沙皇俄国时期就注重国家语言政策的制定和实施，将俄语地位的巩固视为国家主权及国家统一的重要因素。在不同的历史发展阶段，俄罗斯出台过不同的国家语言政策，非官方机构和相关学者围绕俄语发展和推广开展了大量工作。在俄语不是母语的地区推广俄语和开设学校，始终是俄罗斯国家语言政策的重要内容。

Русский язык имеет огромное значение не только для Российской Федерации, но и для всей мировой цивилизации. Он является инструментом познания другими народами непреходящих гуманистических ценностей русской культуры, хранилищем результатов научных достижений всемирного значения. На русском языке представлены многие информационные ресурсы.

Укрепление позиций русского языка, распространение его преподавания и изучения – стратегические приоритеты для России. В Доктрине информационной безопасности Российской Федерации （俄罗斯联邦信息安全条款）русский язык рассматривается как один из объектов национальной безопасности, важнейший фактор развития интеллектуального потенциала инновационной экономики России в условиях формирования нового технологического уклада и высокой международной конкуренции.

Русский язык – это мощное орудие идеологического и геополитического влияния. Его роль в укреплении государственности была осознана ещё в Российской империи. В 60-е гг. XIX в. Министр народного просвещения граф Д. А. Толстой составил для императора Александра II доклад «О мерах с образованием населяющих Россию инородцев», получивший резолюцию «Высочайше утверждено»[①].

В докладе Министра были сформулированы организационно-методические принципы обучения русскому языку «инородцев». С точки зрения того, насколько местное население владеет русским языком, граф Толстой разделил национальные окраины России на 3 типа: мало обрусевшие（俄罗斯化的）местности (с однородным нерусским населением), смешанные и свободно владеющие (со сплошным русским населением). В 60–70-е гг.

---

① Сборник постановлений по Министерству народного просвещения. Т 4. СПб, 1870.

XIX в. в национальных окраинах появились первые начальные народные училища.

На территориях первого типа два начальных года обучение «на инородном наречии» вели местные учителя со знанием русского языка или русские со знанием местного наречия. Счёту обучали сначала на местном наречии, потом на русском языке. В местностях со смешанным населением обучение велось двуязычным учителем, а местное наречие использовалось только для устных объяснений и дополнительных комментариев.

Для обруселых инородцев обучение шло по общей с русскими училищами программе. Следует отметить, что в местностях со сплошным магометанским（伊斯兰教的）населением обязательным условием было приглашение учителя русского языка за счёт открываемых мектебе и медресе（伊斯兰学校）.

Активно осуществлялась подготовка учительских кадров для начальных училищ. В 1876 г. в Тифлисе（梯弗里斯，格鲁吉亚首都第比利斯的旧称）была открыта Закавказская учительская семинария, в 1878 г. – учительские семинарии в Дерпте（捷尔普特，爱沙尼亚城市塔尔图的旧称）, Баку（巴库）, Гори（哥里）, Казани（喀山）, Уфе（乌法）.

Со времен Петра I Российская империя проводила твердую языковую политику. В 1720 г. вышел указ, требующий издавать учебную литературу на всей территории только на русском языке. В 1853 г. Министр внутренних дел Российской империи издал указ о приостановке печатания учебных книг на малороссийском языке, за исключением художественной литературы.

До 1905 г. на украинском языке обучали лишь в некоторых воскресных школах сельской местности.

В открытом в 1802 г. Дерптском университете[①] преподавание велось на немецком языке. Там учились в Профессорском институте Н.И. Пирогов[②] и В.И. Даль[③]. В 1893 г. Дерптский университет получил новое наименование – Юрьевский（尤里耶夫大学（1893–1918），今塔尔图大学）, и весь учебный процесс был переведен на русский язык. В Финляндии русский язык, наряду со шведским и финским, был объявлен государственным в 1900 г. В Варшавском университете（华沙大学） до 1917 г. преподавание велось только на русском языке.

На Северном Кавказе（北高加索） и в Закавказье（外高加索） преподавание русского языка и развитие русскоязычного образования началось в 1848 г. с момента формирования Кавказского учебного округа. Процесс шёл очень медленно, особенно на полиэтническом Северном Кавказе. Согласно Статистическому ежегоднику 1915 г., в 1897 г. доля владеющих русским языком среди горских（山区的） народов составляла 0,6 %.

Для распространения русского языка в Туркестане（图尔克斯坦市，哈萨克斯坦南部城市） предпринимались неимоверные（极大的） усилия: с 1880 г. открывались трехлетние русско-туземные（本地的） школы с преподаванием на русском языке и русскоязычные интернаты для детей кочевников.

Регулярно проводились съезды учителей русского языка. Так, с 1882 г. ежегодно в г. Казани проходили съезды учителей начальных училищ. В 1885 г. в г. Ташкенте（塔什干） состоялся Первый съезд учителей городских училищ Туркестана.

---

① 捷尔普特大学（1802–1893），今爱沙尼亚的塔尔图大学。塔尔图大学是莫斯科–塔尔图学派的发源地，也是当今世界符号学研究的中心之一。

② 尼古拉·伊万诺维奇·皮罗戈夫（1810–1881），俄国科学家、医生、教育家，被认为战地外科创始人、医疗分级学说奠基人。

③ 弗拉基米尔·伊万诺维奇·达里（1801–1872），俄国作家、民俗学家和词典编纂者，编有《Толковый словарь живого великорусского языка》词典。

Сразу же после победы Великой Октябрьской социалистической революции, 15 ноября 1917 г., была принята Декларация прав народов России за подписями В.И. Ленина и И.В. Сталина. Пункт 2 провозгласил право народов России на свободное самоопределение, вплоть до отделения и образования самостоятельного государства. После создания 30 декабря 1922 г. СССР начались активные процессы так называемой «коренизации» ("本土化"). Языковая политика в СССР носила либеральный характер, а в некоторых молодых советских республиках появлялись откровенно националистические настроения. Поначалу национальный язык использовался для укрепления советской судебной и административной власти на местах, но постепенно прочно вошел в систему образования.

В 1923 г. Всеукраинский ЦИК Совнаркома УССР[①] издал постановление «О мерах по обеспечению равноправия языков», согласно которому все государственные служащие должны были владеть украинским языком. С 1 января 1926 г. делопроизводство было переведено на украинский язык. Ликвидация безграмотности (扫盲) во исполнение декрета (法令) Совнаркома от 26 декабря 1919 г. «О ликвидации безграмотности» шла на украинском языке. Даже в таких полиэтнических городах, как Одесса (敖德萨) и Мариуполь (马里乌波尔), все образование велось на украинском языке. В 1926 г. тогдашние Брянская (布良斯克省), Воронежская (沃罗涅日省) и Гомельская губернии (戈梅利省) были введены в состав УССР[②], и на вновь присоединенных территориях весь учебный процесс перевели на

---

① 乌克兰苏维埃社会主义共和国人民委员会全乌中央执行委员会，是1917年到1938年期间乌克兰苏维埃社会主义共和国最高立法、行政、执行和监督机构。
② 乌克兰苏维埃社会主义共和国，1919年成立，1922年作为加盟共和国之一加入苏联。1991年乌克兰宣布脱离苏联独立。

украинский язык. На Украине сложилась полиэтническая система образования: в начале 30-х гг. XX в. преподавание в школах велось на 21 языке. В 1933–1934 гг. на территории Украины были закрыты последние русскоязычные педагогические техникумы для подготовки учителей начальных классов. Появились первые ростки недовольства русскоязычного населения.

В 20-х гг. XX в. в Народном комиссариате просвещения① был образован Совет по делам просвещения национальных меньшинств. В ожидании мировой революции разгорелись дискуссии о необходимости забвения（摈弃） кириллицы② и введения латиницы. Кириллицу считали «пережитком махровой поповщины».（"封建残余"） В 1925 г. в г. Баку был создан Всесоюзный центральный комитет нового алфавита, выдвинувший лозунг «За латинизацию широким фронтом». Лингвист Н. Ф. Яковлев③ стал «технографическим комиссаром» и в 1929 г. возглавил при Главнауке СССР подкомиссию по разработке русской латиницы. Его поддержал А. В. Луначарский④, сославшись на мечту Ленина о будущем господстве латиницы во всех странах мирового пролетариата.

На основе латиницы учёные под руководством Н. Ф. Яковлева создали алфавиты для 50 бесписьменных народов. Против латинизации резко выступил И. В. Сталин. Приоритетом языковой политики он считал распространение русского языка, и 1 марта 1930 г. на заседании Политбюро（中央政治局） проект Н. Ф. Яковлева был отвергнут, начался процесс перевода национальных

---

① 苏联教育人民委员部，1917–1946年间苏联领导国民教育工作的中央行政管理机构。
② 西里尔字母，古斯拉夫语的两种字母之一，俄语、塞尔维亚语等语言都是基于西里尔字母构成的。
③ 尼古拉·费奥凡诺维奇·雅科夫列夫（1892–1974），苏联语言学家、语音学家和社会语言学家，在20世纪20-30年代积极从事语言建设和扫盲活动。
④ 安纳托利·瓦西里耶维奇·卢那察尔斯基（1875–1933），苏联社会活动家、教育家，文艺评论家，苏联教育人民委员部委员，著有《论国民教育》《克伦威尔》《俄国文学论文选》等。

языков СССР с латинского алфавита на кириллицу. Пик обучения на родном языке пришёлся в СССР на 1932 год. В то время в советских школах преподавали на 104 национальных языках. Для сравнения: в наши дни в школьном образовании представлено 89 языков: 30 языков обучения и 59 языков в качестве предмета изучения.

Советская языковая политика строилась на принципе диалога культур. На сессии Совета по просвещению национальных меньшинств в 1927 году прозвучали очень важные слова из выступления Н. К. Крупской[①]: «Мы ещё очень плохо умеем учиться у наших нацменьшинств, у других национальностей»[②]. Она порицала（谴责）инспектора, который ставил мордовских （莫尔多瓦的） крестьян перед выбором: изучать в школе русский или материнский язык. «Начинать надо с родного языка», – настаивала Крупская[③]. Образовательные программы не могут быть одинаковыми по всем разным языкам, они должны отличаться этнокультурным компонентом. Центр внимания при начальном обучении на родном языке был обращён на живую речь и устное народное творчество.

В 1929 г. состоялась Первая Всероссийская методическая конференция национального учительства, а в 1930 г. прошли первые курсы авторов учебников для национальных школ, на которых выступила Н. К. Крупская с докладом «О национальном учебнике», который автор называет «огромным культурным

---

① 娜杰日达·康斯坦丁诺夫娜·克鲁普斯卡娅（1869–1939），俄国革命家，苏联教育家、社会活动家，苏联教育和青年共产主义教育的组织者和思想家，无产阶级革命家列宁的妻子。

② Крупская Н.К. Педагогические сочинения в десяти томах. Об интернациональной и национальной культуре. Том второй. Общие вопросы педагогики. Организация народного образования в СССР. Издательство Академии педагогических наук. Москва, 1958.С. 255.

③ Крупская Н.К. Педагогические сочинения в десяти томах. Национальный учебник. Том третий. Обучение и воспитание в школе. Издательство Академии педагогических наук. Москва, 1959. С. 472.

двигателем», потому что в национальном учебнике должны быть отражены все положительные стороны этой национальности, чтобы другие народы впитывали лучшие бытовые и культурные традиции народов-соседей①. Н. К. Крупская дважды в своих работах приводила пример уважительного отношения к детям рабочих-татар, умение крестьянки-коми（科米人） образно выразить свою мысль в письме.

В 1931 г. появился Центральный научно-исследовательский педагогический институт национальностей. В учебно-методическом совете при Министерстве просвещения РСФСР был создан сектор родного и русского языков в нерусских школах.

В конце 30-х гг. XX в., накануне Великой Отечественной войны, в СССР был взят твердый курс на русификацию（俄罗斯化）. 30 октября 1937 г. состоялось решение Пленума ЦК ВКП (б)② о восстановлении русского языка в качестве обязательного во всех школах СССР, а 13 марта 1938 г. отменено обязательное знание национальных языков для русскоязычных рабочих и служащих. В 1938–1941 гг. все алфавиты народов СССР были переведены на кириллицу.

Большую роль в образовании жителей национальных окраин сыграла Русская Православная Церковь.

Один из основоположников методики преподавания русской словесности И. И. Срезневский③ настаивал, что поначалу «нужен не учебник, а книга примеров»④. Сходного мнения придерживался

---

① Крупская Н.К. Педагогические сочинения в десяти томах. Национальный учебник. Том третий. Обучение и воспитание в школе. Издательство Академии педагогических наук. Москва, 1959. С. 462–463.
② 苏联全联盟共产党（布尔什维克）中央委员会全体会议（1925–1952）是联共（布）（1952年以后为苏共）中央委员会成员全体会议。全会主要讨论党内工作中最重要的政治和经济问题。
③ 伊斯梅尔·伊万诺维奇·斯列兹涅夫斯基（1812–1880），俄国语言学家、历史学家、民俗学家，彼得堡科学院院士，致力于俄语和俄罗斯方言历史研究，出版《关于俄语历史的见解》等著作。
④ Крупская Н.К. Педагогические сочинения в десяти томах. Национальный учебник. Том третий. Обучение и воспитание в школе. Издательство Академии педагогических наук. Москва, 1959. С. 38.

профессор В. А. Богородицкий①, полагая, что отечественный язык нельзя преподавать грамматически, потому что грамматика не объясняет язык②.

Педагог-миссионер（传教士） Н. И. Ильминский③ обосновывал необходимость начального обучения «инородцев» на родном языке при постепенном введении в обучение русского языка.

Последствия поспешной коренизации проявились во время Великой Отечественной войны, когда призывники из союзных республик показали слабое владение русским языком.

Появилось понимание необходимости системного фундаментального исследования теории и практики преподавания русского языка как неродного. В 1942 г. в Якутске был издан «Краткий учебник русского языка для бойцов всеобуча, не владеющих русским языком» под редакцией Ф. Ф. Советкина④. Сразу после алфавита следовала фраза «За Родину! За Сталина!». В небольшом по объему учебнике были представлены всего несколько тематических групп на русском и якутском（雅库特的） языках: части тела, счет, оружие и снаряды. Упражнения сопровождались рисунками. В 1944 г. в журнале «Пограничник»⑤ (№ 10) Ф. Ф. Советкин выступил с обобщающей методической статьей «Как обучать русскому языку бойцов нерусской национальности».

Одной из задач созданной в 1943 г., в разгар войны, Академии

---

① 瓦西里·阿列克谢耶维奇·博戈罗迪茨基（1857–1941），俄国语言学家、教授、苏联科学院通讯院士、喀山学派创始人之一。
② Богородицкий В.А. Общий курс русской грамматики: (Из университетских чтений) / В.А. Богородицкий. – Изд. 5-е, доп. – Москва: Гос. Социально-экономическое изд-во, 1935. С. 1–2.
③ 尼古拉·伊万诺维奇·伊尔明斯基（1822–1891），俄国东方学家、传教士、圣经学者。
④ 费多尔·弗勒洛维奇·索韦特金（1886–1967），苏联教育家、教育学博士，民族学校俄语教育领域学者。
⑤ 《边防军人》，苏联边防部队政治部的军事政治杂志，于1939年9月开始在莫斯科出版。

педагогических наук РСФСР было скорейшее методическое обеспечение преподавания русского языка в национальных школах. В ее составе до 90-х гг. работал Научно-исследовательский институт национальных школ, издавался журнал «Русский язык в национальной школе».

После войны страна перешла ко всеобщему семилетнему образованию. Но не все языки были к этому готовы. В 1958 г. изучение национальных языков и обучение на них стало добровольным. К концу 70-х гг. прошлого века среднее образование можно было получить на 14 языках народов СССР.

Государство проявляло настойчивую заботу о подготовке и переподготовке педагогических кадров. С первых дней советской власти регулярно проводились съезды учителей – ударников（先进教师）. В 1968 г. впервые прошёл Всесоюзный съезд учителей русского языка. В республиках и областях регулярно проводились съезды учителей-предметников, преподающих на русском языке.

До развала Советского Союза государственная языковая политика по укреплению позиций русского языка как языка межнационального общения была систематической, продуманной и почти бесконфликтной. С 1960 по 1980 гг. были изданы 4 постановления ЦК КПСС и Совета Министров СССР[①] о расширении функционирования русского языка в национальных школах. К концу 80-х годов 98 % национальных школ имели кабинеты русского языка и литературы, в каждом шестом было установлено лингафонное оборудование. Государство выплачивало 15 % надбавку к зарплате учителей-русистов. Регулярно издавался

---

① 苏联共产党中央委员会由党代会选出，是两次党代会闭会期间的实际最高机关。苏联部长会议，1946年以前名为苏联人民委员会，1946年2月苏联最高苏维埃决定将苏联人民委员会改称为苏联部长会议。1946–1991年期间，苏联部长会议是苏联国家最高权力的执行和管理机关，其职权和任务包括根据宪法发布决议、命令和训令，对国民经济和社会文化建设实施总领导，等等。

научно-методический журнал «Русский язык в национальной школе», при Академии педагогических наук активно работал Научно-исследовательский институт преподавания русского языка в национальной школе.

Отдельным направлением государственной языковой политики было укрепление позиций русского языка на международном культурно-образовательном ландшафте. 7–8 октября в 1967 г. в Париже была создана Международная ассоциация преподавателей русского языка и литературы (МАПРЯЛ). Её первым президентом стал заведующий кафедрой русского языка филологического факультета Московского государственного университета имени М. В. Ломоносова академик Виктор Владимирович Виноградов. При МГУ был создан Научно-методический центр, который осуществлял координацию научной и практической деятельности по распространению изучения и преподавания русского языка за рубежом. В 1972 г. в Москве был открыт Институт русского языка имени А. С. Пушкина, подготовивший блестящую плеяду иностранных русистов. За рубежом работали Российские центры науки и культуры, регулярно издавался журнал «Русский язык за рубежом». В Московском университете на филологическом факультете появилась новая специальность – РКИ (русский язык как иностранный) и началась системная подготовка русистов для работы в иноязычной аудитории.

В начале XXI в., в новых геополитических условиях, обозначилась общая устойчивая тенденция к уменьшению числа носителей русского языка. Главной причиной сжатия русскоязычного пространства на постсоветском ландшафте является сокращение численности русского населения, которое составляло основной костяк квалифицированных специалистов в бывших республиках СССР. Например, на территории Средней Азии число носителей русского языка после распада СССР сократилось вдвое. Туркмения первой в регионе почти полностью ликвидировала образование на русском языке. Единственным учебным заведением, в котором сохраняется обучение на русском языке, является средняя школа имени А. С. Пушкина. Статус русского языка на постсоветском пространстве часто становится объектом политической борьбы, поэтому системная работа по укреплению его позиций – одно из важнейших направлений языковой политики российского государства.

Русский язык – ключевой ресурс для обеспечения стабильности и национальной безопасности в условиях полиэтнического государства. Единство российской нации – это главный фактор противостояния агрессивной политике неоглобализма（新全球主义）, где основной объект борьбы – национальные ресурсы независимых государств.

С формированием нового мирового порядка, в условиях однополярного мира, государственная языковая политика требует особенно взвешенных решений, но главное – чёткой координации всех интеллектуальных и материальных ресурсов.

В Российской Федерации 2007 год был объявлен Годом русского языка, 2015 год – Годом литературы. Указом Президента РФ с 2011 г. в день рождения А.С. Пушкина, 6 июня, ежегодно отмечается День русского языка. Федеральные целевые программы «Русский язык» располагают значительными средствами. Под эгидой фонда «Русский мир» и Россотрудничества проводятся масштабные культурно-просветительские мероприятия. Но работа по распространению русского языка и укреплению его позиций в мире должна стать делом каждого гражданина Российской Федерации.

1.2 Русский язык в эпоху глобализации

> **本节重点:**
> 语言全球化问题、英语扩张带来的不良后果、母语与外语的关系、俄罗斯不同民族的语言与俄语的关系

В наши дни, в эпоху глобализации мирового пространства, языковые проблемы приобретают особое значение. Новые технологические уклады, расширение сетевой паутины, активные миграционные процессы на фоне социально-экономических и политических потрясений, межэтнические и языковые конфликты — все эти процессы негативно сказываются на мировом лингвистическом ландшафте. Под угрозой оказываются самобытность народов, уникальность их этнолингвистических и социокультурных портретов.

В научной литературе тема глобализации в политическом, экономическом и информационном аспектах разрабатывается с 90-х годов прошлого века. Глобализация — это длительный естественный процесс. Историки усматривают черты лингвокультурной глобализации ещё в 1 тысячелетии до нашей эры. Затем в период Римской империи экспансия греческого языка и культуры сменилась распространением в Европе латыни. Как явление глобализации можно рассматривать галломанию①в Европе первой половины XIX века.

Современное доминирование английского языка (lingua franca) обусловлено политическими и социально-экономическими причинами. Выдающийся швейцарский лингвист Фердинанд де

全球化背景下，语言问题尤为突出，英语国际主导地位的不断加强深化了这一问题。英语的扩张削弱了英语普及地区其他民族语言的地位，破坏了世界语言空间的语言功能平衡。

---

① 指对一切法国事物进行崇拜，从各方面模仿法国人的生活，并将其贯彻到本民族的日常生活之中。

Соссюр① когда-то заметил, что государству редко удаётся навязать населению тот язык, которого он не хочет, но в эпоху глобализации это происходит само собой.

Премьер-министр Великобритании Маргарет Тэтчер② утверждала, что в XXI в. доминирующая власть принадлежит Америке, доминирующим языком является английский, доминирующая экономическая модель – англосаксонский капитализм③④.

17 января 2008 г. премьер-министр Великобритании Джеймс Гордон Браун⑤ в своём обращении заявил, что правительство к 2020 г. запускает кампанию по обеспечению глобального лингвистического доминирования «world's common language of choice»⑥, и скоро 2 миллиона людей будут изучать английский язык. Это станет подарком Британии всему миру. Он сравнил английский язык с футболом или другим видом спорта, который начинается в Британии, а затем распространяется по всему миру. И это есть «величайшая возможность для сближения людей,

---

① 弗迪南·德·索绪尔（1857–1913），瑞士语言学家，现代语言学之父，代表作有《普通语言学教程》。
② 玛格丽特·撒切尔（1935–2013），政治家、英国前首相。
③ Выступление достопочтенной баронессы, Леди Ордена подвязки, Члена Ордена заслуг, Члена королевского общества Тэтчер М.Х. в Институте Гувера, Калифорния, в среду 19 июля 2000 // «A Time for Leadership». Iain Dale, Grant Tucker. The Margaret Thatcher Book Of Quotations, Biteback Publishing, May 7, 2013, с. 80.
④ 盎格鲁–撒克逊模式又称"英美模式"，主要是指以英美为代表的资本主义发展模式，通常涵盖美国、英国、澳大利亚、加拿大等国家。这一模式的基本特征是以资本逻辑为主导的自由市场秩序和以市场化为主导的社会政策与福利保障系统。
⑤ 詹姆斯·戈登·布朗（1951– ），政治家、英国前首相。
⑥ 2008年，英国前首相戈登·布朗为保障英语在全球语言中的主导地位，发起一项让英语成为"世界共同选择的语言"的运动，并推出了一个英语学习网站，该网站由英国文化教育协会运营，为学生和教师搭建一个一对一的学习英语的平台。

сглаживания（消除）различий и адаптации（适应）»①.

Эти высказывания хорошо иллюстрируют введённое ещё в 1992 году Робертом Филлипсоном② понятие «языкового империализма»③, с помощью которого можно охарактеризовать современную социолингвистическую ситуацию глобального господства английского языка и лингвистического нигилизма（虚无主义）по отношению к другим языкам.

Американские компании «US English»④, «English First»⑤, «Save Our Schools» (SOS) ⑥ в своё время активно протестовали против федерального финансирования школ, в которых гимн исполняется на других языках. В 2008 г. Барака Обаму⑦ обвинили в недостаточном интеллекте, потому что он выступил в Майами на испанском и призвал к раннему изучению иностранных языков.

Процесс глобализации несёт серьёзные риски для национальных языков. Доминирующая роль английского языка приводит к снижению роли национальных языков на территории их распространения, созданию экстерриториальных профессиональных сообществ, ослаблению связи между

---

① Brown Pushes English as a Global Language // Заявление 74-го премьер-министра Великобритании Джеймса Гордона Брауна о поддержке английского языка как языка между-народного общения. [Электронный ресурс]: Официальный новостной сайт правительства Великобритании. URL: http://www.politics.co.uk/news/2008/1/17/brown-pushes-english-as-global-language (дата обращения: 14.08.2017).
② 罗伯特·菲利普森（1942– ），丹麦语言学家，哥本哈根商学院教授，提出语言帝国主义理论。
③ "语言帝国主义"是丹麦语言学家罗伯特·菲利普森教授在其著作《语言帝国主义》中提出的概念，主要指英语与其他语言之间的不平等地位和关系，以及这种不平等关系对语言生态和文化多元造成的破坏。他将语言帝国主义作为一种描述性模式来解释许多国家的语言转用和消亡。
④ "US English"是1983年美国参议员塞缪尔·早川为保护英语在美国的官方地位而提出并建立的机构，该机构为移民提供免费的在线语言课程，并向部分学生提供奖学金。
⑤ "英孚英语"是伯提·霍特于1965年创办的英语教育机构，该机构在世界各地开设语言学习、留学、文化交流等项目。
⑥ "Save Our Schools"是美国帮助改善教育基础设施，反对削减学校资金，并为儿童争取教育权利，着力于消除教育不平等的机构。
⑦ 贝拉克·奥巴马（1961– ），政治家、美国第44任总统。

языком и национальной идентичностью（认同）и нарушению функционального равновесия в международном языковом пространстве.

现代信息技术的发展使民族语言的地位越发令人担忧。在多语言国家，强化身份认同及构建超越种族的身份认同非常重要。

Положение национальных языков усугубляется интенсивным развитием современных информационных технологий: 81 % Интернет-ресурсов в наши дни представлен на английском языке. Английский язык стимулирует развитие глобальной массовой культуры. В современной Германии только 10 % художественных фильмов выпускается на немецком языке, во Франции доля франкоязычного контента на TV, в кино и Интернете всего 30 %. Международные вокальные（声乐的）конкурсы часто выдвигают обязательное условие – исполнение на английском языке. Рабочим языком большинства международных конференций является только один язык – английский.

В наши дни более половины человечества говорит на 11 из 7 000 живых языков. Самым распространённым языком планеты является китайский язык, на нём разговаривают 1 302 млн. человек. На втором месте – испанский язык (427 млн. носителей в Испании и Латинской Америке). 339 млн. человек в более чем 100 странах говорят на английском языке – в США, Великобритании, Канаде, Австралии и странах Африки.

Самой многоязычной страной на земном шаре является Папуа – Новая Гвинея[①]. В ней 840 языков, что объясняется отсутствием коммуникаций между племенами. В Индонезии говорят на 709 языках, в Нигерии – на 527.

США среди самых многоязычных стран занимает пятое место. С учётом официально признанных языков коренных

---

① 巴布亚新几内亚独立国，位于太平洋西南部的国家。

жителей в Америке разговаривают на 430 языках. Жители Лос-Анджелеса пользуются 130 языками и не имеют никакого общего языка, кроме английского. К 12 классу не все школьники хорошо его знают. Свидетели в судах нуждаются в переводчиках с более чем 100 языков. Это ложится тяжёлым финансовым бременем на государство. Например, Калифорнийский департамент транспортных средств вынужден переводить все документы на 30 языков. Очень много проблем у полиции. Повсюду на разной почве и не только в США неизбежно возникают языковые конфликты[①]. 21 февраля 1952 г. студенты в Пакистане вышли на демонстрацию за сохранение языка бенгали[②] и были жестоко расстреляны. В память об этой трагедии ежегодно в этот день весь мир отмечает Международный день родного языка (International Mother Language Day).

В государственной языковой политике многоязычных стран доминируют три тактики:

— асимметрия (США);

— плюрализм (Канада, Квебек);

— конфедерация (Швейцария).

В многоязычных странах остро стоит проблема создания надэтнической идентичности и соответственно нивелировки (平衡) этнокультурных идентичностей.

Этнокультурная идентичность проявляется в осознании личностью собственной тождественности с представителями конкретной этнокультурной группы в определённых поведенческих ситуациях. Что касается понятия национальной идентичности, то оно тесно связано с понятиями государства и нации, объединяющей носителей единой культуры. Отличительной

---

① Джаред Тейлор. Белое самосознание. Расовая идентичность в XXI веке. М., 2014.
② 孟加拉语属印欧语系印度伊朗语族印度雅利安语支，是孟加拉国的官方语言。

особенностью нации является общность жизненно важных интересов, духовных и культурных ценностей.

Культура сохраняет генетическую память народа. Она всегда связана с историей и формирует неразрывное единство нравственной, интеллектуальной и духовной жизни человека и общества.

Процесс становления русской государственности был сложным, длительным и многовекторным. Исторически Российское государство строилось вокруг восточнославянского этнического ядра городов-государств северо-восточного ареала （地区）Киевской Руси с центрами в Москве, Суздале, Твери, Ростове и Владимире. Раскол русской церкви в середине XVII в. стал крупнейшим культурным конфликтом в истории России. Он прочертил резкую границу между городскими жителями и крестьянскими массами, а западнические реформы Петра ещё сильнее разделили общество.

> 俄罗斯的国家进程漫长而复杂，保障国家统一是当代俄罗斯国家安全的重要内容，俄语在此发挥着重要作用。针对英语的强势普及，学界提出语言生态学相关概念，法国、冰岛等非英语国家采取强有力措施保护本民族语言。

Обеспечение национального единства является одной из наиболее важных проблем национальной безопасности современной России. Это главный фактор противостояния агрессивной политике неоглобализма. И русский язык как общегосударственный играет ключевую роль в формировании национального менталитета и духовного единства российской нации.

Как реакция на лингвистическую экспансию английского языка в глобальном научно-образовательном и культурном пространстве на рубеже XX–XXI вв. возникло новое научное направление – лингвоэкология[①], или превентивная лингвистика (в терминологии Дэвида Кристала)[②]; нацеленное на сохранение языкового разнообразия на планете и предотвращение смертности миноритарных（人口数量少的民族的）языков.

2017 год Указом Президента объявлен в Российской Федерации Годом экологии. Слово «экология» происходит от греческих «oikos» –дом, родина и «logos» – слово, учение. Этимология этого слова показывает, что экологию нельзя ограничивать только задачами сохранения природной биологической среды. Выдающийся учёный-филолог Д. С. Лихачёв[③] писал, что «для жизни человека не менее важна среда, созданная культурой его предков и им самим. Сохранение культурной среды – задача не менее существенная, чем сохранение окружающей природы»[④]. Именно он выдвинул понятие «экологии культуры», которое тесно связано с понятием «ноосферы» Владимира Ивановича Вернадского[⑤].

Описывая современный лингвистический ландшафт,

---

① 语言生态学或生态语言学是由生态学与语言学结合形成的交叉学科，其任务是通过研究语言的生态因素和语言与生态的关系，揭示语言与环境的相互作用。美国语言学家艾纳·豪根的语言生态学研究（即"豪根模式"）认为语言有其生态环境，生态环境是语言发展的基本条件，语言生态平衡保障文化生态平衡。英国语言学家韩礼德的"韩礼德模式"则强调语言在各种生态问题中的重要作用，认为语言体系、语言政策和语言规划必须以维护人类社会良好的生存环境为出发点和终结点。
② 2003年，英国语言学家戴维·克里斯特尔在联合国教科文组织举办的濒危语言问题国际专家会议上发表主题演讲，并提出创立"应用保护语言学"学科的构想，以将研究濒危语言的理论、研究方法等成果运用到具体的濒危语言保护上。
③ 德米特里·谢尔盖耶维奇·利哈乔夫（1906–1999），俄罗斯著名知识分子、社会活动家、杰出的文艺理论家和人文学家、古俄罗斯文学和文化大师、俄罗斯科学院院士。著有《俄国编年史及其文化历史意义》《古代俄国文学的诗学》《10–17世纪俄罗斯民族的文化》等数十部著作，研究领域涵盖文学、文本学、史学、建筑学和园艺学等。
④ Лихачёв Д.С. Русская культура. – М.: «Искусство», 2000, с. 213.
⑤ "智力圈"是生物圈进化的新阶段，即人类运用智慧和技术与自然相互作用的领域，以人与生物圈的和谐发展为目标。俄罗斯矿物学家及地质化学家弗·伊·维尔纳茨基基于人与生物圈关系的研究，提出了地球物理生物化学大循环理论，首创了"智力圈"概念。

французский лингвист Клод Ажеж① в 2000 г. ввёл в науку термин лингвоцид② – комплекс мер административного и политического принуждения, направленных на искоренение языка в районах его традиционного бытования. Лингвоцид может осуществляться незаметно, подспудно и почти естественно, как в ситуации с lingua franca③. А может иметь форму государственного лингвоцида, как в случае с курдским языком в Турции, Иране, Ираке и Сирии④⑤. Некоторые страны давно и упорно оказывают сопротивление лингвистическому империализму.

Во Франции в рамках деятельности Международной организации «Франкофония»⑥ учреждены специальные комиссии по очистке языка. Законы Валери Жискар д'Эстена⑦ 1975 г. и Франсуа Миттерана⑧ 1994 г. об использовании французского языка запрещали американизмы не только в торговле, экономике, но и в общественной жизни и рекламе.

---

① 克洛德·海然热（1936— ），法国语言学家，研究领域包括普通语言学、生态语言学等，出版《反对单一语言》《语言人》等专著。
② 语言灭绝指通过一整套政治、行政以及经济措施，使一种本地语言被另一种语言同化并最终消失。语言灭绝政策可以表现为完全否定一门语言作为独立语言系统的存在、公开或间接羞辱使用该语言的人等。
③ 族际通用语是指讲不同母语的人群之间借以进行交谈的语言。
④ Марусенко М. А. Эволюция мировой системы языка в эпоху постмодерна. – М., 2015, с. 355.
⑤ 库尔德语是库尔德人使用的语言，现在的库尔德人主要居住在土耳其、伊朗、伊拉克和叙利亚。但库尔德语在各个国家的地位不同。在伊拉克一直允许使用库尔德语，是库尔德地区的官方语言之一。土耳其长期禁止使用库尔德语，直到1991年后政府才逐渐放开允许使用库尔德语。伊朗的宪法承认库尔德少数民族地位，允许使用库尔德语，但是不允许在公立学校教授库尔德语。在叙利亚库尔德语被官方禁止，不能出版使用库尔德语的印刷物，但个人在生活中使用库尔德语不受限制。
⑥ 法语国家组织（OIF）成立于1970年，前身是文化和技术合作局（ACCT），1997年更名为法语国家组织。二战后由于法语的地位和影响力明显下滑，以法国为首的法语国家建立该机构以推广法语文化，提升法语的国际影响力。
⑦ 瓦雷里·吉斯卡尔·德斯坦（1926—2020），政治家、法国前总统、法兰西学院院士，被誉为"欧洲宪法之父"。
⑧ 弗朗索瓦·密特朗（1916—1996），政治家、法国前总统，著有《中国面临挑战》《手持玫瑰》等。

В 1970 г. во Франции была создана Международная организация Франкофонии, в которую вошли 54 государства, 23 наблюдателя и 3 ассоциированных члена. Перед ней была поставлена задача развития многовекторного сотрудничества между странами, в жизни которых французский язык занимает значительное место. В столице канадской провинции Квебек Монреале① было создано Университетское агентство Франкофонии – в него вошли 800 вузов и 8 научно-исследовательских центров в 90 странах. Появилась некоммерческая общественная организация «Альянс Франсез②» с культурно-языковыми центрами при Посольствах Франции в 137 странах и сеть Французских Институтов в 161 стране мира.

Но самый яркий пример отчаянного сопротивления даёт островное государство Исландия (冰岛) – «страна льдов» с населением 333 тысячи человек, получившая независимость от Дании только в 1944 г. Американский поэт Билл Холм③ образно описал исландский язык: в нём «нет индустриальной революции, пастеризованного молока, кислорода и телефона, а есть лишь овцы, рыба, молоко и водопады»④.

Исландцы всем миром тщательно оберегают свой язык от английских заимствований, являя соседям образец «чистого» скандинавского языка и сохраняя невероятную устойчивость лингвистических норм. Его иногда называют «замёрзшим во времени». Известный датский лингвист Расмус Раск⑤ закрепил за

---

① 蒙特利尔，加拿大魁北克省第一大城市。
② 法语联盟（Alliance française），法国于1883年创立的旨在促进世界各地法语和法语文化推广的国际组织。
③ 比尔·霍姆（1943–2009），美国诗人、散文家、回忆录作家和音乐家。
④ Bill Holm. – Mode of access: https://www.goodreads.com/quotes/5698308-icelandiclanguage –in–this–language–no–industrial–revolution–no–pasteurized.
⑤ 拉斯穆斯·拉斯克（1787–1832），丹麦语言学家、东方学家，历史比较语言学的创始人之一。

исландским языком статус скандинавского праязыка（原始语）.

В стране законодательно закреплено использование двух языков – собственно исландского и исландского языка жестов. В 1965 г. Указом Министерства образования, науки и культуры создана Исландская языковая комиссия, в задачи которой входит сохранение «единства и целостности исландского языка». Она состоит из 14 человек.

В современной Исландии отмечается очень высокий уровень знания английского языка. С 1999 г. он изучается во всех школах с 5 по 9 классы как первый иностранный язык, второй иностранный язык – датский. Исландцы не поощряют более ранее изучение иностранных языков.

Расмус РаскПоявление каждого нового слова в исландском языке становится событием общественной значимости. Исландская комиссия подбирает для каждого иноязычного слова семантическое соответствие из исконно-исландского языкового материала и инициирует широкое общественное обсуждение. Так, например, слово *телефон* – в исландском языке *sími* (*нить* – на древнеисландском), компьютер – *tölva* (*сложное слово – номер пророчицы*), экран телевизора (монитор) скрывается за словом *skjar* – *овечья плацента*. Исландцы умудряются заменять и аббревиатуры. Например, эквивалент слова СПИД – *eyðni* – *полное разрушение*.

С 2001 г. правительство запустило проект исландизации программных продуктов и заключило договор с компанией Microsoft по переводу всех её программ на исландский язык. Компания сначала отказалась, но вскоре согласилась с упрямством исландцев.

Исландцы на практике продемонстрировали эвристическое

(啟发式的) воплощение концепции неогумбольдтианцев[①] 20–30 гг. XX в., прежде всего Лео Вайсгербера[②] (1899–1985), который ещё в 1929 г. в книге «Родной язык и формирование духа» утверждал, что «Быть носителем родного языка означает делить ответственность за сохранение и развитие родного языка»[③]. Он также сформулировал закон родного языка, согласно которому родной язык содействует формированию единого образа мышления всех его носителей.

В стремительном распространении lingua franca решающую роль играет образование, и прежде всего Global Education Reform Movement[④] (GERM), которое ставит реформирование национальных образовательных систем на карту политической борьбы за власть. Наука и образование рассматриваются как фактор спасения нации.

В 1992 г. во время предвыборной кампании Билл Клинтон[⑤] заявил, что хотел бы войти в историю Америки как президент – реформатор просвещения. Джордж Буш[⑥] в 2000 г. сделал реформы в сфере образования приоритетом своего первого президентского

教育，特别是全球化教育改革在族际通用语的推广中发挥着决定性的作用。从1992年起，美国历届总统都高度重视教育改革，但并非所有国家都热衷于全球教育模式。以新自由主义原则为指导的全球化教育模式关注的不是学习过程，而是评估结果。

---

① 新洪堡特主义是语言学的一种学说，主要分为以德国学者莱奥·魏斯格贝尔为代表的欧洲学派和以美国语言学家萨丕尔和沃尔夫为代表的美国学派两支。前者注重内容层面的语言学研究，后者专注于人类语言学研究。
② 莱奥·魏斯格贝尔（1899-1985），联邦德国语言学家，"新洪堡特学派"代表人物，研究兴趣涉及语言哲学、心理语言学、社会语言学等。出版《语言作为社会的认知形式》《论德语的力量》等专著。
③ Вайсгербер Лео. Родной язык и формирование духа. М. 2009, с. 155.
④ 全球教育改革运动从企业发展中获取改革理念，效仿自由市场的运作机制，依靠一套植根于新自由主义思想的假设来改善教育系统，具有教学标准化、关注核心科目、实行考试问责制、按照教育部门制定的计划行事、实行自上而下的教学指导等特点。这一模式在帕西·萨尔贝里2011年出版的《Finnish Lessons》一书中广为人知。
⑤ 威廉·杰斐逊·克林顿（1946– ），通常被称作比尔·克林顿，政治家、美国第42任总统。
⑥ 乔治·沃克·布什（1946– ），政治家、美国第43任总统。

срока. Программа Барака Обамы «Race to the Top»[①] была нацелена на достижение высоких показателей в Международной программе оценки образовательных достижений учащихся – PISA (Programme for International Student Assessment)[②].

В 2001 г. в США стартовала программа «No Child Left Behind»[③] (NCLB), которая включала в себя разработку новых систем тестирования. Но далеко не все страны всецело ориентированы на глобальную образовательную модель. В КНР всё больше укрепляются методики, базирующиеся на традиционных образовательных моделях, закладывающих прочный фундамент для развития человека на всём протяжении жизни.

Глобальная модель образования с ориентацией на принципы неолиберальной экономики сконцентрирована не на процессе обучения, а на результатах оценочных процедур. Система ОГЭ и ЕГЭ в России – наш первый шаг в глобальную образовательную среду, где ведётся жёсткая конкурентная борьба за талантливых школьников и студентов.

В экономике развитых стран образование играет важную роль. В США образование занимает 5 место в экспорте услуг, в том числе за счёт франчайзинга, электронного и корпоративного

---

① 为提升国际竞争力、提高基础教育质量、缓解社会不公平等问题，奥巴马政府在任期间提出"力争上游"计划，采取州与州竞争办学、从上至下的改革模式。美国各州根据联邦政府的教育改革标准提交教育改革方案，在竞争中获胜的州可获得联邦政府提供的教育改革经费。

② 国际学生评估项目是由经济合作与发展组织（OECD）协调实施的针对在校生知识和能力进行教育成果评价的研究项目，评估对象是十五岁左右基础教育完成阶段的学生，评估内容包括阅读素养、数学素养和科学素养。该项目自1997年起开发，2000年首次实施，每三年进行一次，每个测试周期有一个主要科目，同时兼顾测试其他科目。

③ 美国前总统乔治·沃克·布什在任期间提出《不让一个孩子掉队法案》。该法案以监督学校的教学水平为目标统计学生的学业表现，并且为那些在教育水平较低学校就读的学生家庭提供更多元的教育选择，对低收入学校提供更多政府补贴，以提高美国公立中小学的教学质量，提高学生基础教育阶段各科目成绩。

образования. По данным NPR News, в 2012–2013 гг. Америка поставила рекорд по числу иностранных студентов: 820 тысяч. Доход от них составил более 24 млрд долларов, что в 1,5 раза больше, чем доход от Рособоронэкспорта.

Доминирование английского языка в образовательной сфере представляет особую опасность для функциональной стабильности и жизнеспособности языков. Этот процесс приобрёл глобальный характер.

Когда-то страны Северной Европы убеждали, что перевод образования на английский язык увеличит количество иностранных студентов и принесёт серьёзный доход в бюджет, потому что национальные языки являются препятствием для социальной мобильности, участия в политической жизни, ограничивают возможности на международном рынке труда и доступ к мировой культуре. Но надеждам на доходы от экспорта образования не суждено было сбыться. 46% иностранных студентов в настоящее время сосредоточено не в Северной Европе, а в США, Великобритании и Австралии.

В 2002 г. Совет министров северных стран заказал исследование об опасности английского языка для национальных языков и получил ответ, что польза от lingua franca нейтрализуется ущербом языкам и культурам северных стран[1].

Все научные журналы, особенно по естественным наукам, постепенно переходят на английский язык. Образовательные Интернет-ресурсы также представлены на английском языке. Распространение английского языка в мире идёт по экспоненте, потому что английский язык имеет на сегодняшний день самую высокую рыночную стоимость.

---

[1] Марусенко М. А. Эволюция мировой системы языка в эпоху постмодерна. М., 2015, с. 544–545.

伴随着英语的扩张，充满新自由主义市场经济特点的教学方法和承载英语国家价值观的教材随之进入英语接受国。这对英语接受国传统的母语教学和学生道德品质的培养造成了威胁。

Вместе с экспансией английского языка в странах-реципиентах утверждаются иная методика преподавания и другие принципы организации образовательной среды.

Образование в глобальном мире превратилось в услугу, активно внедряются рыночные подходы к образованию, маркетинговые рейтинговые и рекламные стратегии, которые характерны для неолиберальной рыночной экономики. Текстовое содержание пособий по английскому языку перестало быть только лингвистическим объектом – теперь оно стало культурным артефактом（产品）, содержащим духовно-нравственные и идеологические ценности. Проникновение в систему образования рыночных идей ставит под угрозу традиционное единство обучения родному языку, нравственного воспитания и развития.

Трансфер методик преподавания английского языка имеет свои социально-экономические и политические последствия. В 1994 г. Ассоциация издателей британских учебников разработала рекомендации по иллюстрациям: количество изображений женщин и мужчин должно быть равным, словарная пара *man – men* должна сопровождаться женским, мужским и смешанным вариантом, не рекомендуется изображать свиней, затрагивать темы бедности и старости.

Швейцарский лингвист Шарль Балли[①] ещё в 1921 г. в работе «Обучение родному языку и формирование духа» отметил принципиальную разницу в преподавании родного и чужого языков. При изучении родного языка достигается самораскрытие и обогащение. При изучении чужого происходит познание другого мира и постижение чужого национального менталитета, который представляет собой способ восприятия и понимания окружающей

---

① 查尔斯·巴利（1865–1947），瑞士语言学家，日内瓦学派学者。主要研究法语词汇学、修辞学等，出版《语言与生活》《普通语言学与法语语言学》等专著。

действительности.

Национальный менталитет определяет концептосферу – информационную базу когнитивной картины мира, состоящей из концептов – ментальных единиц, закодированных в знаках родного языка, через которые передаются знания об истории и культуре народа. В 2009 г. во Франции прошли дебаты о национальной идентичности. 80 % французов признали французский язык самым важным элементом французской идентичности, опередившим французский триколор（三色旗）, светский характер государства и государственной службы[①].

В условиях глобализации особенно остро встаёт задача стратегического планирования государственной языковой политики.

На фоне усиления тенденций глобального развития и необходимого сохранения культурного и языкового многообразия Российской Федерации основным направлением стратегического планирования должно стать укрепление позиций русского языка как общегосударственного и гаранта развития всех языков и культур народов Российской федерации. Главная роль в решении этой сложной задачи принадлежит педагогам.

Методические основы преподавания родного языка и иностранного принципиально различны. Родной язык постигается от содержания к форме, иностранный – от формы к содержанию. Процесс освоения духовного наследия носителей языка в первом случае строится по сценарию осознания и постижения культурного гипертекста（超文本）, во втором – по сценарию линейного освоения чужого культурного пространства. Академик

在全球化背景下，国家语言政策的战略规划任务尤为突出。俄罗斯语言政策战略规划的主要方向是加强俄语作为国家通用语言的地位，并保证俄罗斯各民族所有语言和文化的发展。教育工作者在解决这一艰巨任务中发挥着主要作用。母语教学和外语教学的方法论有本质的区别。

---

① Марусенко М. А. Эволюция мировой системы языка в эпоху постмодерна. М., 2015, с. 547.

Ф.И. Буслаев[①] ещё в середине XIX в. в книге «О преподаваніи отечественнаго языка» писал: «В преподавании отечественного языка, в отличие от иностранного, надо начинать не с формы, а с предложения. Парадигмы（范式）родного языка нельзя изучать изолированно от текста, ибо "душа важнее плоти". В чужом языке постигается смысл слов, а родной язык есть "национальное святилище", он не средство передачи информации, а "двигатель духовного развития"»[②].

В условиях межкультурной коммуникации в полиэтнических сообществах неудачи в образовательных стратегиях часто связаны с отсутствием дифференциации этих дидактических сценариев （教学场景）. Результатом этого смешения является ухудшение ситуации с овладением родным языком. Методическая поддержка преподавания родного языка в условиях агрессивной глобализации и так называемого лингвистического империализма ослаблена. Фокус современных педагогических технологий почти во всех странах смещен в область преподавания английского языка. Современный парадокс состоит в том, что хорошо образованным человеком считается не тот, кто прекрасно владеет родным языком, а знаток английского.

В наши дни в некоторых регионах РФ получил распространение дидактический сценарий поликультурной школы. Базовым принципом модели поликультурной школы является функциональное многоязычие, при котором родной и русский языки используются не только в качестве языка изучения, но и обучения.

---

① 费奥多尔·伊万诺维奇·布斯拉耶夫（1818–1897），俄国语言学家、民俗学家、神话学派奠基人之一，他将神话学研究同语言学、民俗学以及古代文学等研究紧密结合起来，著有《论祖国语言教学》《俄国民间文学及民间艺术史纲》等专著。

② Буслаев Ф. И. О преподаваніи отечественнаго языка. М., 1867, c. 57–58.

Учебный процесс строится с учётом овладения базовой компетенцией – родным языком как основным или русским как основным с последующей целеустановкой выравнивания лингвистического баланса.

Сейчас наибольшее распространение получили следующие дидактические практики: параллельное преподавание на родном языке и русском языке разных предметов, постоянная перегруппировка классов в зависимости от освоения программы учениками.

После распада Советского Союза и исчезновения так называемого института национальных школ с полным средним образованием исчезла и практика подготовки учителей родного языка и литературы и русского языка и литературы. В настоящее время постепенно обретает силу инициатива возрождения программы подготовки учителей словесности для полиэтнических регионов со знанием русского и родного языков.

Особую тревогу носителей языков народов РФ вызывает тот факт, что обучение в высших учебных заведениях осуществляется только на русском языке. Для поступления в вузы необходимо сдать единый государственный экзамен не только по русскому языку, но и по математике и профильному предмету. Поэтому старшеклассники так называемых национальных школ вынуждены переходить после 9 класса в школы с русским языком обучения.

Отсутствие высшего образования на национальном языке вызывает негативную реакцию представителей научной интеллигенции тех народов, языковая культура которых отличается длительной письменной традицией, а язык обладает развитой функциональной дифференциацией.

Языковой ландшафт Российской Федерации отличается

在俄罗斯联邦的一些地区，多文化学校教学场景得到了普及。坚持多语模式是这种多文化学校的基本原则。在多语模式下，当地民族语言和俄语同时既是授课对象，又是教学语言。现在最流行的教学实践是：学校用当地民族语言和俄语同时教授不同科目，并根据学生对课程的掌握情况，不断重组班级。在俄罗斯，为多民族地区培养精通俄语和当地民族语言的语言文字教师的做法正在逐步恢复。

最让俄罗斯联邦民族地区居民担忧的是，在俄罗斯高校只用俄语进行教学。俄罗斯联邦的语言风貌具有多样性特点，因此在教育领域需要采取平衡和经过深思熟虑的语言政策。

разнообразием. Есть языки, письменная культура которых возникла с установлением советской власти, а есть такие, которые внесли свой ощутимый вклад в развитие мировой науки и культуры. Это обстоятельство требует взвешенной и продуманной языковой политики в сфере образования.

В эпоху глобализации отдельно стоит вопрос об учебнике русского языка. В последнее время выпускаются учебные пособия с пометкой «для трудовых мигрантов», «для школ с русским неродным языком», «с родным нерусским языком». Стоит вспомнить, что еще в XIX в. выдающиеся педагоги-просветители Якоб Гогебашвили[1] и Каюм Насыри[2] настойчиво отстаивали идею создания учебника русской словесности с учетом лингвистической, бытовой и фольклорной специфики обучающихся, с тщательным соблюдением принципов перехода от легкого к трудному, от сходных (аналогичных) языковых явлений к расходящимся (несходным).

Для многонациональных государств разнообразие дидактических сценариев играет решающую роль в обеспечении национальной безопасности, этнической стабильности и межнационального согласия.

Русский язык – это окно в мир для всех народов РФ, но свой собственный, не менее богатый мир они познают сквозь призму родных языков, сохранение которых является важной задачей государственной языковой политики.

---

[1] 雅各布·戈格巴什维利（1840–1912），格鲁吉亚教育家、儿童文学作家。
[2] 卡尤姆·纳西里（1825–1902），鞑靼学者、民族学家、文学家和教育家。

1.3 Языковая политика в аспекте микро- и макросоциолингвистики

> **本节重点:**
> 俄罗斯和法国的语言政策特点、俄罗斯和法国在保护官方语言和地方民族语言方面开展的工作

В условиях глобализации языковая политика приобретает геополитическое значение. Навязывание использования английского языка вызывает особенно острое сопротивление развитых европейских языков. Попытки найти единый язык коммуникации известны ещё со времени эсперанто（世界语）. Но они обречены на провал. Язык тесно связан с мышлением, которое нельзя изменить без уничтожения родного языка и культуры, а это уже грозит гуманитарной катастрофой для всей мировой цивилизации. Даже если люди смогут понять друг друга на уровне технической передачи информации, не исчезнут проблемы национальной идентичности, межкультурной коммуникации и толерантности（包容）. Глобализация должна двигаться в сторону осознания преимуществ единства языкового многообразия, взаимопроникновения и взаимообогащения культур.

全球化条件下，语言政策具有了地缘政治意义。历史上所有寻找统一交际语言的尝试都以失败告终。全球化应该使人们认识到语言的多样性统一、文化相互渗透和相互丰富的优势。俄法人文交流历史上便有这样的例子。如今，在俄法共同人文主义对话框架内讨论语言建设问题具有特殊的现实意义。

В качестве примера такой политики следует обратиться к истории российско-французских гуманитарных связей.

В середине XIX века знаменитый французский историк Ж. Мишле[①] написал: «История Франции начинается с французского языка». Примерно в это же время выдающийся русский этнограф（民族学家）, славист, один из основоположников методики преподавания русской словесности академик И. И. Срезневский

---

① 儒勒·米什莱（1798–1874），法国历史学家、浪漫主义史学代表人物，以文学风格的语言撰写历史、社会和自然。著有《法国史》《法国革命史》《鸟》《海》等著作。

заметил: «Язык и нация – единица неразделимая». Эти идеи определяют стратегическое единство микросоциолингвистических и макросоциолингвистических подходов в государственной языковой политике России и Франции.

Сегодня, в условиях нарастающего напора глобализации, обсуждение проблем языкового строительства в рамках российско-французского общегуманитарного диалога приобретает особую актуальность.

Если внимательно прочитать выступление Президента Франции Эмманюэля Макрона[①] 20 марта 2018 г. во Французской Академии в Международный день франкофонии[②], где он определил 30 мер для усиления роли французского языка, и речь Президента РФ В.В. Путина 5 ноября 2019 г. на заседании Совета по русскому языку становится очевидным стратегическое единство взглядов на основополагающую роль государственного языка при условии сохранения культурно-языкового разнообразия.

Термин «языковая политика» родился во Франции, поэтому опыт её реализации, начиная с XIV в., заслуживает внимательного изучения.

Тщательно разработанный «Закон о французском языке», в котором глобалисты усматривают протекционизм и пуризм（保护主义和纯语主义）, отражает основополагающий принцип «государство – нация – язык». Французский язык можно назвать государственной религией Франции, её символом, непоколебимым во времени и пространстве. Все попытки косметических орфографических реформ государственного языка, начиная с XVI в., встречают шквал（大量）протестов и терпят фиаско（失败）.

---

① 埃马纽埃尔·马克龙（1977– ），政治家、法国总统。
② 国际法语日。为庆祝法语国家组织成立，团结所有法语爱好者，推动法语以及法语国家文化的传播，自1970年起，每年3月20日被定为国际法语日。

Россия же на пути к современному письму пережила смену устава полууставом и скорописью и три орфографических реформы①. К слову, интерес к изменению орфографии не угасает и в наши дни.

Россия и Франция – страны, обладающие значительным культурно-языковым разнообразием, но они никогда не придерживались американской стратегии melting pot② («плавильного котла»), не стремились к ассимиляции языков и народов.

俄罗斯和法国都有着丰富的文化-语言多样性，但它们从未实施类似美国"熔炉"理论的语言政策，不强求语言和民族的同化。

Во Франции 75 языков, включая заморские владения（海外领地）.

Закон «О языках народов РФ» 1991 года даёт право

---

① "устав"——乌斯塔夫体（多角字体）被认为是俄罗斯最古老的文字，其特点是字母排列整齐，字体形状接近正方形，没有倾斜，字体大小、比例统一、对称，具有高度规则性和几何性。俄罗斯最早的编年体手抄本文献《奥斯特罗米尔福音书》就是用乌斯塔夫体书写。14世纪下半叶出现了"полуустав"——半乌斯塔夫体（简化多角字体），这种字体的特点是字母带有一定的倾斜角度，单个字符和文本整体都不再严格追求高度的几何性，这一时期开始出现缩略语。半乌斯塔夫体是俄印刷字体的基础。14世纪末到15世纪，在法规等文献中出现并流行一种潦草、不规则的半乌斯塔夫体字体，经过漫长演变，这种字体在16世纪发展为古俄语文字的独立类型，即"скоропись"（草书），其突出特征是字体由不对称的曲线构成，并逐渐省略字上符号（титло），书写中出现大量连写。18世纪上半叶，随着俄罗斯文化生活逐渐西化，古罗斯草书逐渐退出历史。1708–1710年，彼得一世进行了俄罗斯第一次文字改革，他将世俗俄语与教会斯拉夫语剥离，舍弃个别旧字母，推行简化的"世俗体铅字"（гражданский шрифт）来代替复杂的教会斯拉夫字体，批准颁布新字母表，敕令出版物采用新字体印刷，这一时期大量书籍得以印行。彼得一世的文字改革推动了俄罗斯科学文化的进步，促进了文化教育发展。18世纪30–50年代，俄罗斯科学院进行了数次小规模文字改革。1735年，字母"й"被纳入字母表，字母"зело""кси"和"ижица"被舍弃；1738年，字母"i"或"и"的书写和使用得以统一和规范；1758年，字母"ижица"再次恢复使用。十月革命后，为了使更多人掌握俄语，1917–1918年，苏维埃俄国进行了第三次文字改革：删除字母"ять""фита"和"i"，取消硬辅音结尾单词后的硬音符号"ъ"，简化单词拼写规则，确立新的俄语字母体系。

② "熔炉"理论是美国重要的族裔同化理论之一，其最早提出的时间学界未有定论，普遍认为，1908年上演的由英国犹太剧作家赞格威尔（Israel Zangwill）创作的剧本《熔炉》使这一理论广为流传。该剧本肯定了美国为追求自由的难民创造的自由社会。作家的"熔炉论"体现的是一种包容、平等、自然的同化理论，强调不同族裔通过交往、接触，最终自然地融合成一种全新的美国人。国内外学者对这一理论的阐释莫衷一是。

республикам устанавливать свой государственный язык, наряду с общегосударственным – русским. Таким образом, на сегодняшний день в нашей стране их 38.

В России 277 языков и диалектов, более 150 коренных народов（原住民族）. При этом 98,2% населения владеет государственным языком РФ. Закон «О государственном языке Российской Федерации» был принят в 2005 году. Языковая ситуация в нашей стране осложняется дисперсным расселением （分散定居）, в отличие от компактного для носителей региональных и заморских языков Франции.

Совместная работа над совершенствованием законодательства в области внутренней языковой политики, особенно в части статуса региональных или родных языков в сфере образования, будет полезна обеим сторонам.

俄罗斯联邦实行国家内部语言政策多元模式，其基本原则是在强调全俄罗斯公民身份认同的同时，在地方层面尊重地方民族文化认同。俄罗斯政府为保护和发展地方民族语言采取多种措施，并为挽救濒危语言作出了巨大努力。

В Российской Федерации действует многокомпонентная модель государственной внутренней языковой политики, основным принципом которой является сохранение этнокультурной идентичности на местном уровне при прочном осознании общероссийской гражданской идентичности.

В РФ существуют: 1) языки с развитой филологической традицией (татарский, башкирский, якутский, чувашский); 2) младописьменные, для которых алфавиты были созданы в 20–30-х годах XX века (мордовский, марийский（马里语）, ненецкий （涅涅茨语） и др.); 3) новописьменные, которые получили алфавит в 90-е годы XX века (вепский （维普斯语）); 4) языки с возобновлённой письменностью (карельский （卡累利阿语）, цахурский （查胡尔语）); 5) бесписьменные языки (тиндинский （京金语）).

Особенно тревожит судьба языков коренных малочисленных

народов Сибири, Севера и Дальнего Востока. И не только в этом году, который Генеральной Ассамблеей ООН объявлен Международным годом языков коренных народов. Ещё в 20-е годы XX в. в Ленинграде был создан Институт народов Севера.

Для координации действий на внутрироссийском пространстве в 2014 году Указом Президента РФ создан Совет по русскому языку, которым руководит В. И. Толстой, в октябре 2018 года указом Президента учреждён Фонд сохранения и изучения родных языков народов РФ. При Министерстве просвещения работает Институт родных языков.

Российская федерация прилагает титанические (巨大的) усилия для сохранения языков, которые находятся под угрозой исчезновения. Это глобальная проблема, которая обусловлена не только демографическими сдвигами, но и падением уровня национального самосознания, потерей языка в семейном общении и ослаблением генетической мотивации к сохранению лингвистических корней.

Эта актуальная для обеих стран проблема носит комплексный характер, и поиск возможных путей её решения должен осуществляться на междисциплинарном уровне с учётом достижений лингводидактических и этнопсихолингвистических исследований.

Ключевой сферой сохранения и развития языка является образование.

Россия и Франция, начиная с XIX века, накопили колоссальный опыт по введению в систему образования региональных или родных языков.

Почти одновременно, во второй половине XIX века, были проведены образовательные реформы Министра просвещения

保护和发展语言的关键领域是教育。自19世纪以来,俄罗斯和法国在将区域语言和当地民族的母语纳入教育体系方面积累了丰富经验。法国在保护法语和多民族地方语言方面取得的经验值得借鉴。

Франции Жюля Ферри и Министра внутренних дел Российской империи графа Д. А. Толстого по внедрению в систему начального образования региональных или родных языков. В сравнительно-историческом аспекте результаты этих реформ не были изучены. Заслуживает обсуждения проблема обучения билингвов①, мигрантов, соотечественников, живущих за рубежом, модели «гнездового обучения»② и методики «полного погружения»③, обучения в кочевых условиях, а также модели поликультурной школы. Всё это разные методические сценарии.

Необходимо также активизировать взаимное преподавание французского и русского языков. Для методики преподавания живых языков очень важно вернуться к фундаментальным работам Э. Бенвениста④ и Л. В. Щербы⑤, перечитать «Малую грамматику русского языка» Л. Теньера⑥, изданную в 1934 г. и отражающую преемственность с идеями русской синтаксической школы А. А.

---

① 双语者，掌握两种语言的人。
② "语言巢"（Language Nests）项目最初是1982年新西兰毛利族群在保护、复兴毛利语中实施的举措，是一种以社区为单位，由社区中流利掌握祖语的毛利人将语言传授给儿童的教育方式，通过这种方式毛利儿童能够浸润在祖语和传统价值观中成长。"语言巢"模式在世界范围内被广泛应用，俄罗斯的卡累利阿共和国、萨哈共和国等都采用该模式来保护少数民族语言。
③ 沉浸式教学法，外语教学中的一种方法，最初是为满足加拿大魁北克省英裔儿童学习法语的需求而实施的一种教学方法。其在学习过程中使学习者完全沉浸在外语环境下，以最大限度地激发其外语学习潜力，增强学习者的认知能力。
④ 埃米尔·本维尼斯特（1902-1976），法国语言学家、符号学家，在历史比较语言学、普通语言学、符号学等领域做出了杰出贡献。《陈述的形式配置》《语言符号学》两篇论文是他的陈述语言学研究扛鼎之作。代表作有《普通语言学问题》等。
⑤ 列夫·弗拉基米尔维奇·谢尔巴（1880-1944），俄国语言学家，在普通语言学、语音学、音位学、词典学等领域均有所建树，编写了《法语语音学》《如何学习外语》等著作，以及《俄语词典》《俄法词典》等词典。
⑥ 吕西安·泰尼埃（1893-1954），法国语言学家，将"价"的概念引入语言学领域，提出"依存语法"或"从属关系语法"（grammaire de dépendance）理论，用来解释词的支配能力和搭配关系。代表作有《结构句法基础》。

Шахматова[1].

Без фундаментальных междисциплинарных научных исследований достичь успеха в лингводидактической сфере очень трудно.

Для русистов очень важен опыт работы Генеральной комиссии по терминологии и неологии[2], которая существует во Франции с 1997 г. и тесно связана с ведомственными комиссиями различных министерств. Её цель – привлечение широкой общественности к обсуждению проблем развития государственного языка. Этот опыт успешно использует Исландия.

Термины, предлагаемые Генеральной комиссией, передаются на утверждение Французской Академии. После одобрения неологизмы публикуются в Официальной газете Французской Республики и становятся обязательными для государственных служб и образцом для граждан.

Поиск французских эквивалентов для англоязычных терминов не только показывает возможности государственного регулирования языка, но и открывает новый источник для самообогащения французского языка.

В 2001 г. было создано Генеральное управление по французскому языку и языкам Франции. Его главная задача – вовлечение населения в процесс языкового регулирования. Для широкого обсуждения проблем государственного языка существует интернет-сайт.

Механизм интерактивного（互动的）взаимодействия с обществом в области внутренней языковой политики в РФ пока

---

[1] 阿列克谢·亚历山德罗维奇·沙赫马托夫（1864–1920），俄国语言学家、历史学家，著有《俄罗斯古代编年史研究》《现代标准俄语概述》等，未能完成的《俄语句法学》在学者逝世后得以出版。

[2] 法国术语和新词总委员会致力于法语术语、新词的规范和创造工作，是法国政府保障法语正确使用和术语、新词发展而建立的专门机构，由法国总理直接管辖。2015年更名为法语丰富委员会。

только разрабатывается и степень вовлечённости общества в обсуждение вопросов государственного языка в РФ ниже, чем во Франции. На это нам следует обратить внимание и изучить опыт наших французских коллег.

В 1966 г. Шарль де Голль[①] при поддержке Жоржа Помпиду[②] создал Высший комитет по защите и распространению французского языка. Неутомимая деятельность институтов Франкофонии, рассеянных по всему миру, не нуждается в комплиментах, а вызывает восхищение и желание подражать. Механически масштабировать эту систему невозможно, но тщательно изучить необходимо.

Почти одновременно, в 1968 г. создан Международный Совет французского языка[③], в который вошли представили всех франкоязычных стран, и в 1968 г. в Париже состоялся учредительный съезд Международной ассоциации преподавателей русского языка и литературы (МАПРЯЛ), президентом которой сейчас является советник Президента РФ В. И. Толстой.

Последние социологические опросы молодёжи, изучающей русский язык за рубежом, показывают, что в рейтинге мотивов для выбора иностранного языка на первом месте – кино, далее – музыка, потом литература. Поэтому просветительские и образовательные мероприятия должны носить комплексный характер.

В условиях современной агрессивной глобализации у России и Франции есть общая серьёзная проблема – выдавливание французского и русского языков из сферы функционирования как мировых. Бороться с этим трудно, но нужно действовать сообща,

---

① 夏尔·戴高乐（1890–1970），法国军事家、政治家、作家，法国前总统。
② 乔治·让·蓬皮杜（1911–1974），法国政治家、教师，法国前总理、前总统。
③ 国际法语委员会（CILF），成立于1968年，其使命是丰富法语并促进其影响。

по заранее разработанному плану, и не столько на политической сцене.

«Лингвистический империализм», его причины, последствия и пути замедления – это ещё одна тема для междисциплинарного обсуждения. Хотя термин появился в научном обороте в 90-е годы прошлого века, этот негативный для наших языков процесс начался полвека назад, ещё в 1968/1969 годах, что зафиксировано в отчёте Британского Совета тезисом: «Britain's real black gold is not North Sea oil, but English language». По прошествии 50 лет стало очевидно, что это так.

Языковая унификация (统一) имеет катастрофические последствия не только для культурно-языкового разнообразия. Труды Вильгельма фон Гумбольдта[①], Фердинанда де Соссюра, Бодуэна де Куртенэ[②] учат, что каждый язык формирует особые мыслительные сценарии, которые приводят к неожиданным, судьбоносным для всего человечества открытиям.

Никто пока не постиг тайну французской и русской научной, музыкальной, художественной гениальности, их взаимопроникновения и взаимопостижения.

В Московском университете на Международном конгрессе, посвящённом культурным кодам, прозвучала интересная мысль: искусственный интеллект тоже будет национально-ориентированным, потому что он будет отражать культурный код создателя.

Увлечение искусственным интеллектом, организация единого

人工智能同样具有民族导向，因为它反映创造者的文化代码。对人工智能的热衷、借助英语构建单一的科学教育空间、把用英语发表科研成果作为大学排名的强制性要求，都将导致全球文化语言风貌及科学思想的贫化。

---

① 威廉·冯·洪堡特（1767–1835），德国语言学家、政治家、哲学家、柏林洪堡大学创始人，对世界近代高等教育产生了深远影响。作为语言学家，洪堡特出版了《论人类语言结构的差异及其对人类精神发展的影响》等语言学著述，其学术思想影响了诸多后世语言学者，被誉为普通语言学的奠基人之一。

② 博杜恩·德·库尔德内（1845–1929），俄罗斯喀山语言学派创始人、现代语言学奠基人之一。

научно-образовательного пространства с помощью английского языка – lingua franca, обязательное требование для рейтингов вузов публиковать научные результаты на английском языке – всё это приведёт к оскудению（贫乏）культурно-языкового ландшафта Земли, обеднению научной мысли, творцом которой является естественный интеллект человека. Для примера полезен опыт Японии, где все значимые научные статьи сначала публикуются в японских журналах на японском языке.

Необходимо отметить, что от галломании в первой трети XIX века русские получили прекрасно отработанный эпистолярный （书信体的）стиль и шире – «золотой век русской литературы». А lingua franca пока ведёт только к засорению русского языка оправданными заимствованиями.

Особое внимание следует обратить на полезный опыт библиотек Франции и страницы Gallica[①] на сайте Библиотеки Конгресса США с бесплатным доступом к литературе на французском языке.

В 2000 году была создана Международная франкоязычная сеть языкового строительства для развития франкоязычного контента в сети Интернет. В России тоже есть проекты такого рода, которые направлены на расширение русскоязычного контента в сети Интернет, и это очень интересная тема для взаимодействия.

---

① "伽里卡计划"是法国于1997年投资启动的法语网上图书馆建设计划，数字图书资料的建库工作由法国国家图书馆开展，项目实施的目的是保护和传承法国文化遗产。

1.4 Современные направления междисциплинарных лингвистических исследований

> 本节重点：
> 民族心理语言学、性别语言学

Этнопсихолингвистика

> 本部分重点：
> 民族心理语言学概念；民族心理语言学的主要研究内容；民族定型、语言文化价值单位、空缺现象、非等价词等概念

Одним из современных направлений лингвистических исследований является этнопсихолингвистика – наука, изучающая психолингвистические типы представителей разных этносов. Эта наука имеет интегративный характер. Она сложилась на стыке психологии, лингвистики, социологии и культурологии. Этнопсихолингвистика вместе с антрополингвистикой изучает языковые картины мира представителей разных этнических сообществ.

Определённая картина мира присутствует в сознании любого носителя языка. Это результат его субъективного восприятия и вариант некой общей модели мира данной языковой общности и шире – этноса. Языковая картина мира отражается в языке и представляет специфическую для этого языкового коллектива модель восприятия действительности.

В отличие от животных, поведение которых ситуативно и биологически детерминировано инстинктами, человек для связи с окружающим миром нуждается в опорных, ориентирующих его структурах – языке, мифологии, искусстве, религии, науке, так как

民族心理语言学是现代语言学的一个方向，是研究不同民族人群的心理语言学类型的科学。它在心理学、语言学、社会学和文化学的交叉点上发展而来，具有综合性特点，与人类语言学共同研究不同民族的语言世界图景。语言世界图景由语言的称名手段、功能手段、形象手段及话语手段构建而成。民族世界图景反映民族性格和民族心智。

с их помощью он формирует свой образ окружающего мира.

В условиях глобализации обобщение и систематизация национально-культурных особенностей речевого поведения в сопоставлении с национально-ценностными ориентирами других народов приобретает особенно важное значение.

Языковая картина мира создаётся:

— номинативными средствами языка (лексемами, устойчивыми сочетаниями);

— функциональными средствами языка (отбором языковых средств для общения);

— образными средствами языка, отражающими национально специфические особенности;

— дискурсивными средствами языка, формирующими модели национально ориентированного коммуникативного поведения.

В национальной картине мира отражается национальный характер и национальный менталитет. Причём национальный характер связан с поведенческой и эмоциональной сферами, а национальный менталитет как устойчивый склад ума, совокупность мнений и представлений, свойственных определённой этнической группе, – с особенностями мышления. Национальный менталитет определяет речевой этикет, правила общения ребёнка со взрослыми, правила общения в оппозиции *свой – чужой*, смешанном (гендерном, возрастном, социальном) общении.

Языковая картина мира отражает генетическую и культурную память народа, поэтому язык играет решающую роль в формировании личности, национального характера, этнической общности, народа и нации.

Цель этнопсихолингвистики – исследование языкового сознания

(национального менталитета) носителей различных культур, а её объект – межкультурная коммуникация. Межкультурная коммуникация изучает расхождения (несовпадения) в языках и культурах, которые фиксируются на различных уровнях и описываются терминами: *безэквивалентная лексика, тёмные места, дыры, random holes in patterns, лингвокультурологически значимая лексика*. В условиях усиления миграционных потоков одним из важнейших её направлений является изучение приёмов мягкой социально-речевой адаптации в условиях иной культурно-языковой среды.

Очевидно, что этнопсихолингвистика изучает стереотипы, то есть инвариантные (упрощённые, усреднённые) объекты, преувеличивающие сходства между отдельными элементами и игнорирующие различия. И тем не менее в стереотипах отражаются родовые черты этноса.

Каждая нация обладает определённым набором психологических и поведенческих стереотипов, в той или иной мере присущих всем членам данного исторически сложившегося социума. Контент-анализ множества разнообразных текстов, значимых для культуры конкретного этноса, позволяет выделить прототипические (исходные, исконные) категории, характерные для конкретного национально-культурного сообщества.

В качестве примера можно привести результаты сравнительного анализа русского и французского культурных стереотипов:

民族心理语言学旨在探究不同文化群体的语言意识（民族心智），其研究对象是跨文化交际。民族心理语言学的重要研究内容是定型。定型在此指的是对某个民族、某个种族、某个群体的固定印象。这种固定印象源于长期对具体民族、种族、群体的普遍性特点的认识。每个民族都有自己特定的心理和行为定型。民族心理语言学研究表明，言语行为的规范和特征、交际定型都具有民族文化特征。它们是在某种文化中慢慢形成的，反映了该文化的价值体系。

категория	русский язык	французский язык
фрукт	яблоко	виноград
овощ	картофель	шпинат
алкогольный напиток	водка	вино
цветок	ромашка	фиалка
дерево	берёза	каштан
горячий напиток	чай	кофе

Этнопсихолингвистические исследования показывают, что нормы и особенности речевого поведения, коммуникативные стереотипы также обладают национально-культурной спецификой. Они исторически сложились в той или иной культуре и отражают её систему ценностей. Например, можно сопоставить русский и французский коммуникативные стереотипы:

Русских отличает:	Французов отличает:
– низкий уровень самоконтроля;（低自控力）	– высокий уровень самоконтроля;（高自控力）
– категоричность;（绝对）	– некатегоричность;（委婉）
– эмоциональная живость, общительность;（情绪活跃、善交际）	– эмоциональная сдержанность;（情绪克制）
– бескомпромиссность, конфликтность;（固执、冲突性）	– толерантность;（包容）
– импозитивность, отсутствие табуированных тем;（强迫性、无话题禁忌）	– неимпозитивность, закрытость темы личной жизни;（非强迫性、回避个人话题）
– низкий уровень этикетного общения;（不重视言语礼节）	– высокий уровень этикетности;（注重言语礼节）
– соборность, коллективизм;（聚合性、集体主义）	– партикулярность (признание своеобразия каждой личности).（个人主义、认可个体多样性）

Отдельные особенности речевого поведения проявляются на лексическом уровне. Отмечается, что в русском языке наблюдается тенденция к преувеличению в утверждениях: *Я абсолютно счастлива; Живу лучше всех; Я ответил вам предельно ясно; Он исключительно одарённый ребёнок*. Это явление отражается и во фразеологизмах: *кричать во всё горло, бежать во весь опор,*

> 言语行为的一些特征体现在词汇使用、日常交流等方面。

стараться изо всех сил, пускаться во все тяжкие.

Во французском языке присутствуют элементы смягчения мысли с частым использованием *литоты*[①] – приёма риторического умаления: *Я купил себе халупу (茅屋) на побережье.*

На бытовом уровне тоже отмечаются различия в речевом поведении. Например, по-разному реагируют русский и французский официанты на нерасторопных посетителей:

Русский. *Когда же они наконец рассчитаются?*

Француз. *Что-то они не спешат рассчитываться.*

Во французском языке одним из способов смягчения смысла высказывания является антифразис[②] – употребление слова в противоположном смысле в сочетании с особым интонационным контуром: *Хорошенькая история! Занятный вопрос!*

Соборность русского речевого поведения проявляется в частом использовании местоимения *мы (Что это мы такие хмурые?)*; притяжательного местоимения *наш (Почему наши ножки устали? – при обращении к ребёнку)*; глаголов 1-го лица множественного числа при обращении к одному человеку *(Загораем?)*. Сравните речевые формулы русских и французских правителей: *Мы – Николай Второй* и *Государство – это Я* (Людовик XIV).

Культура может быть средством как общения, так и разобщения людей, и немалую роль в этом играет язык.

Понятие этноса, формированию которого способствуют природно-географические, социальные и исторические факторы,

---

① 曲言（litotes），表示通过否定事物反面的低调陈述来表达肯定意义，达到加强语气的作用；也表示故意弱化、低估事物特征的文学修辞手法。

② 反语，指用和本意相反的话来表达本意，往往具有讽刺的效果。

所有民族都具有民族中心主义特性，不同民族对现实的感知不可能完全相同。因此，在跨文化交际中会出现空缺现象，即交际参与者在意识形象方面的差异、对某些事物和现象认识的不对等，以及彼此在语言、文本和文化语义图景上的不一致或空白。空缺作为一种语言文化现象，分为文化空缺和语言空缺。文化空缺包括特征空缺、文化情感空缺、肢体语言空缺、行为空缺和种族空缺。语言空缺分为文本空缺和纯语言空缺。

соотносится с понятием локальной культуры. Следует помнить, что всем народам присущ этноцентризм, поэтому сопряжение моделей восприятия действительности не может быть бесконфликтным.

В рамках межкультурного общения выделяются лакуны (空缺) – несовпадения образов сознания участников коммуникации, пробелы, белые пятна[①] на семантической карте языка, текста и культуры. Лакуны незаметны для носителей языка, но выявляются при сопоставлении с речью носителей других языков в условиях диалога. При выборе тактик понимания чужой культуры необходимо разрабатывать стратегии совмещения *своего* и *чужого*.

Изучение лакун формирует особую область научного познания – лакунологию[②], или имагологию[③] (англ. *image* – 'образ действительности').

Лакуны как лингвокультурологическое явление делятся на *культурологические* и *лингвистические*.

Культурологические лакуны, к которым относятся лакуны *характерологические, культурно-эмотивные, кинесические* (肢体语言的), *поведенческие* и *этнографические*, многочисленны. Их заполнение требует значительного времени и глубоких познаний.

Особого внимания заслуживают характерологические лакуны. В ходе межкультурного общения складываются некоторые стереотипы. Например, принято считать, что главное в английском

---

① 俄罗斯语言学家尤·亚·索罗金认为语言和意识中的空白点、不同语言文化的差异、语言世界图景的差异就是空缺。因此这种空白点无法"从内部"察觉，讲同一种语言的人感受不到语言空缺现象。
② 空缺理论是俄罗斯心理语言学家尤·亚·索罗金和伊·尤·马尔科维娜在民族心理语言学研究基础上提出的理论学说。根据这些学者的观点，存在三类空缺：语言空缺、文化空缺和文本空缺。
③ 形象学是比较文学研究的重要领域，它主要研究文学文本中的异国、民族形象。法国学者让—玛丽·卡雷被认为是形象学的奠基人，他在《法国作家与德国幻象：1800–1940》中探讨了德国形象在法国作家、哲学家认识中的变化。

национальном характере – *уравновешенность*, во французском – *страстность*, в американском – *прагматичность*, в немецком – *пунктуальность*.

Но все характерологические лакуны относительны. Так, инвариант *трудолюбие* обнаруживает определённую специфику в различных национальных типах поведения: у японцев – это кропотливость, терпение, прилежание, упорство; у немцев – основательность, шаблонность, предусмотрительность, дисциплинированность; у американцев – размах, деловой азарт, инициативность, напористость（雷厉风行）.

Существуют культурно-эмотивные лакуны, возникновение которых вызвано особенностями проявления национального темперамента. К примеру, англичане считаются спокойными, невозмутимыми и даже несколько флегматичными, а французы – пылкими, легко возбудимыми.

Выделяется подгруппа кинесических лакун (жесты и мимика). Например, улыбки американцев и китайцев или японцев отличаются внешне и по сути.

В дипломатическом подстиле имеется термин *политика улыбок*, указывающий на двуличие в политическом поведении. Наибольшего совершенства культура невербального общения достигла у корейцев. Французы и испанцы часто подёргивают носом и втягивают воздух для выражения одобрения или подозрительности. А у японцев этот поведенческий момент считается проявлением неучтивости.

Особую роль в невербальном общении играет взгляд. В коммуникативной культуре многих народов глазам придаётся особое значение. У русских глаз – это не просто орган зрения, но зеркало души. В русском языке много пословиц и поговорок о глазах: *гляди в оба, а зри в три; чужой глаз больше видит; глаза по ложке, а не видят ни крошки.*

Японцы умеют *говорить глазами, заставить глаза говорить,* в Древней Греции одноглазые циклопы① – мифические пастухи, указывающие путь всему роду человеческому. В Индонезии глаз ассоциируется с сердцевиной, сутью предмета.

Существование поведенческих лакун создаёт трудности в общении. Для русских, например, непонятным может показаться обычай населения Бангладеш（孟加拉国）начинать театральные постановки в полночь: жители этой страны считают, что искусство лучше всего воспринимается именно в данное время суток. Но ещё более странным и неприятным для европейцев кажется обыкновение местных зрителей, ожидающих представления, чистить друг другу уши специальными лопаточками.

Этнографическими лакунами могут становиться системы мер （度量衡）(в Англии – *миля, фут, дюйм*), цветовая символика: в Грузии *белый цвет* – символ добра и милосердия; в Корее, Китае *белый цвет* – символ смерти и траура; в России траурным является *чёрный цвет.*

К этнографическим лакунам относятся разные представления о красоте. Хотя внутри этносов могут быть варианты, стереотипы всё же существуют. К примеру, в китайской культуре идеальным считается лицо в форме гусиного яйца или семечка арбуза, у некоторых народов восхищение вызывает луноликая красавица, европейцев же привлекает правильный овал лица.

Среди лингвистических лакун выделяются *текстовые* и *собственно лингвистические.*

Текстовые лакуны обусловлены не различиями культур, к которым принадлежат читатель и автор, а особой спецификой

---

① 古希腊神话《奥赛德》中，独眼巨人居住在与世隔绝的海岛上，以牧羊为生。

текста. Наиболее ярко такие лакуны обнаруживают себя в художественной литературе. Художественный текст – это модель некоторого культурологического феномена, в котором зафиксированы национально специфические особенности вербального поведения того или иного этноса. Беллетристические лакуны возникают из-за коммуникативной или временной дистанции. Устранить подобные лакуны можно с помощью специального литературоведческого или культурологического комментария.

Таким образом, текстовые лакуны – это базовые элементы национальной специфики лингвокультурной общности, существующие в тексте и затрудняющие его восприятие инокультурным реципиентом（受众）.

Собственно лингвистические лакуны связаны с непереводимой игрой слов, обусловленной многозначностью. К собственно лингвистическим лакунам относятся прецедентные имена – широко известные имена собственные, которые используются в тексте не только для обозначения конкретного человека (ситуации, города и т.д.), но и в качестве культурного символа.

作为语言空缺现象,先例名是具体民族语言中那些众所周知的专有名称。它在语篇中不仅表示特定的人（情境、城市等），同时还具有文化象征意义。先例名富含丰富的文化背景知识,具有重要的文化历史价值。

Прецедентными могут быть стихотворные цитаты, крылатые слова и выражения, пословицы и поговорки, названия художественных произведений, кинофильмов.

«Красота не требует жертв. Красота требует ухода»[①], «Всё будет Coca-Cola»[②], «Любовь с первой ложки»[③], «Осенняя пора –

---

① "美不需要牺牲。美需要呵护。"俄罗斯护肤品品牌"黑珍珠"广告语,源于连续剧"Красота требует жертв"（《美需要牺牲》）的剧名。
② "全都会可口可乐",源于电影"Всё будет хорошо"（"全都会好的"）的片名。
③ "一匙定情",西班牙食品品牌"真宝"（Galina Blanca）在俄罗斯售卖的一款浓汤广告语,改编自固定表达"Любовь с первого взгляда"（"一见钟情"）。

очей очарованье»①.

Для того чтобы понять языковую игру с прецедентными именами надо обладать широкими фоновыми, или лингвокультурологическими (лингвострановедческими) знаниями.

Прецедентное имя может быть ядром прецедентного текста, то есть текста, значимого для данного языкового сообщества в познавательном и эмоциональном отношении, широко известного современникам и предшественникам.

Прецедентные имена являются репрезентантами（代表）прецедентных концептов − общих представлений об окружающей действительности, формирующих языковую картину мира.

Необходимость пояснения прецедентных имён обусловлена их культурно-исторической значимостью для конкретного языкового сообщества. Среди этих слов выделяются названия важных культурно-исторических объектов: *Кремль, Третьяковка, Волга, Эрмитаж*; имена видных деятелей науки и искусства, которые являются символами русской культуры: *Чайковский, Рахманинов, Пушкин, Толстой*; имена правителей: *Иван Грозный, Борис Годунов, Пётр I*.

Прецедентными считаются наименования некоторых событий, а также даты, имевшие значительные последствия для истории человечества: *Вторая мировая война, 1945-й год, 37-ой год, 11 сентября*.

В эпоху глобализации прецедентные имена переходят территориальные и языковые границы и становятся основой для метафоризации собственных имён. Это явление было впервые описано ещё в XVIII в. М. В. Ломоносовым и названо

---

① "秋天——美不胜收！"，改编自俄罗斯诗人普希金的诗歌《秋》中的 "Унылая пора! Очей очарованье!"（"忧郁的季节啊！真是美不胜收！"（高莽译））

антономасией①. За именами литературных героев – *Дон Жуан* (唐璜), *Дон Кихот* (堂·吉诃德), *Отелло* (奥赛罗), *Робин Гуд* (罗宾汉), *Ромео и Джульетта* (罗密欧与朱丽叶) – скрываются целые поведенческие сценарии, которые уже не требуют дополнительного комментария.

Прецедентные имена часто используются в составе перифраз②: *Шолохов – русский Гомер* (荷马), *написавший «Илиаду»* (《伊利亚特》) *гражданской войны на юге России и «Одиссею»* (《奥德赛》), *где русская душа безнадёжно странствует в поисках любимого берега* (А. Проханов).

Иногда прецедентные имена выступают в качестве смыслообразующего ядра при создании художественного образа:

И на Монмартре Аполлон –
Абориген и завсегдатай.
Жив «Современный Вавилон»,
Чуть не разрушенный когда-то... (И. Северянин.)

или при использовании аллюзии:

здесь жить и я бы начал
писать по-пастерначьи... (В. Маяковский)

К собственно лингвистическим лакунам следует отнести и *лингво-культурологически значимую лексику* – слова, обозначающие культурно-бытовые реалии, присущие определённому национальному сообществу и позволяющие понять культуру

---

① 换称，用表示特征、职业、地位等的普通名词来代替专有名词，或用专有名词来代表具有类似特征的普通名词的修辞手法。换称通常是利用宗教、神话、传说中的人物以及历史、文学作品中的典型人物来指代与其具有相似特点的一类人。
② 换说，用描述性的语句来替代表达对象的本来名称或直接说法，以强调事物、概念、现象的某种性质或特征，突出其形象性和表现力的修辞手法。

具有语言文化价值的词汇同样是一种语言空缺现象，它被称为语言文化单位。语言文化单位是具有双重语义的语言单位，它们既具有普通语言单位的词汇意义，又具有文化内涵。语言文化单位体现语言和文化之间的关系。语言文化单位可以是词汇、词组、熟语、民间口头创作体裁的名称、流行歌曲的名称、文学作品及诗歌片段等。

народа (такие слова называются лингвокультуремы). Лингвокультурема – это единица описания взаимосвязи языка и культуры с целью использования её в лингвострановедческой методике, прежде всего в преподавании русского языка как иностранного. Она играет роль слова-сигнала для лингвострановедческого комментария. Иногда лингвокультуремы требуют описательного перевода на другой язык.

Взаимодействие языка и культуры – это область научного исследования лингвокультурологии.

Формально лингвокультуремы могут быть представлены:

— одним словом: *берёза, Татьяна, щи, лапти, скоморох, валенки, каша, горница*;

— словосочетанием: *русская душа, русский характер, Иванушка-дурачок*;

— пословицами и поговорками: *После драки кулаками не машут*（木已成舟、于事无补）; *Снявши голову, по волосам не плачут*（形容在更大的痛苦面前，小的不愉快显得微不足道）; *Русский мужик задним умом крепок*（事后诸葛亮）;

— крылатыми словами и выражениями: *Кто на нас с мечом придёт, от меча и погибнет* (слова Александра Невского, высеченные на его щите)[①]; *Любви все возрасты покорны* (А. С. Пушкин)[②]; *И какой же русский не любит быстрой езды?* (Н. В. Гоголь)[③];

---

① 楚德湖战役大胜后，亚历山大·涅夫斯基对前来求和的骑士团使节说"朝我们挥剑的人必将死于剑下"，这句话在1938年爱森斯坦的电影《亚历山大·涅夫斯基》上映后更为深入人心。
② "各种年纪的人都顺从爱情"（智量译），出自普希金的诗体长篇小说《叶甫盖尼·奥涅金》。
③ "又有哪一个俄罗斯人不喜爱驱车疾驰呢？"（满涛、许庆道译），出自果戈里的长篇小说《死魂灵》。

— названиями фольклорных жанров: *пестушки*[①], *прибаутки*[②], *потешки*[③], *побасенки*[④];

— названиями популярных песен: *«Подмосковные вечера»*, *«Катюша»*;

— произведениями художественной литературы: романы *«Война и мир»*, *«Евгений Онегин»* занимают особо значимое место в самосознании русских и в мировой литературе;

— отрывком из прозаического произведения или строфой стихотворения:

Если крикнет рать святая:
«Кинь ты Русь, живи в раю!»,
Я скажу: «Не надо рая,
Дайте родину мою». (С. А. Есенин)

Лингвокультурема *святости* является составной частью более сложного культурно-смыслового образования *Русь*, которое лингвисты, ввиду его концептуального значения и места в языковом сознании русских, называют концептом (так же, как и лингвокультуремы *русский характер* и *русская душа*).

Лингвокультуремы хорошо усваиваются с помощью наглядных средств.

[①] "пестушка"源自动词"пестовать"，表示"抚养、哺育"，这是俄罗斯最古老的专为幼儿创作的民间文学体裁之一，主要形式是短诗或童谣。母亲借助情绪丰富的话语，激发幼儿的语言理解能力，提升他们的运动能力和感知能力。

[②] "прибаутка"源自动词"баять"，表示讲述、叙述。"прибаутка"是一种针对儿童的民间口头创作体裁，是以诗歌形式呈现的趣味故事。与"пестушка"不同的是，"прибаутка"通常不伴随特定的肢体游戏动作。

[③] "потешка"是一种针对幼儿的民间口头创作体裁。父母在念唱短诗或童谣的过程中根据内容做出相应动作，以此培养儿童理解言语以及将言语和行为联系起来的能力。与"пестушка"不同的是，"потешка"会创设一定的游戏情境，以使儿童做出反应。总体上，两种题材区别不大。

[④] "побасенка"是一种民间创作体裁，主要为荒诞逗乐或者具有教育意义的小故事。

Интересно, что многие слова, которые относятся к лингвокультуремам и кажутся носителям языка исконными, могут в действительности оказаться давними заимствованиями, например, привычные тюркизмы в русском языке: *башмак, богатырь, карман, пирог, сарай, сарафан, сундук, терем, тулуп, шаль, шишка*; заимствования из польского: *булка, кролик, отвага, повидло, пуля*; из украинского: *бублик* и др. Поэтому лингвокультурология предполагает глубокие знания истории, этнографии и этимологии.

Лингвокультурологически значимыми лексемами являются и советизмы — слова, отражающие реалии советской эпохи (*партячейка*（党支部）, *продразвёрстка*（余粮征集制）, *целина*（处女地）, *продотряд*（征粮队）, *кулак*（富农）, *партактив*（党内积极分子）, *стахановец*（斯达汉诺夫式工作者）, *совнарком*（人民委员会）, *комсомол*（共青团）, *ЧК*（肃反委员会） и др.), которые требуют серьёзных исторических комментариев.

翻译理论的核心问题是等价问题，即选择与原文词汇意义等价的词汇。因此，研究不同语言中的非等价词对翻译学具有重要意义。非等价词多种多样。翻译过程中在非等价词框架内，需要关注语义空缺，关注源语词汇在目的语中的缺失。

Центральная проблема теории перевода — проблема эквивалентности, то есть подбора семантического эквивалента к слову. Поэтому изучение безэквивалентной лексики очень важно для переводоведения.

Типы безэквалентной лексики разнообразны. Среди них можно выделить:

— окказиональные эквиваленты[①], которые имеют варианты перевода. Окказиональный эквивалент появляется тогда, когда нет точных соответствий в языке перевода: *casting — кастинг, подбор актёров*; *start-uper — стартапер, человек,*

---

① 偶发等价词，指在目的语中有对应概念但没有准确译文的词。

который начинает новый бизнес в условиях кризиса; *know-how – ноу-хау, авторская передовая технология; final call – последний звонок*;

— кальки①: *brain drain – утечка мозгов; headhunting agency – агентства по подбору высококвалифицированного персонала; standby credit – форма кредитования* и др.;

— транслитерации②: *holding – холдинг; default – дефолт; columnist – колумнист; déjà-vu – дежавю; manager – менеджер; streetracer – стритрейсер; forfaiting – форфейтинг, primaries – праймериз*;

— термины: хотя в большинстве своём термины имеют постоянные эквиваленты, но те из них, которые обозначают новые понятия, могут выступать как безэквивалентные;

— прямые заимствования – *SMS, IT, VIP, PR, PIN, IQ.*

Главные достоинства термина — краткость и однозначность. Широкое использование заимствований в терминологии обеспечивает сохранение этих характеристик: *functional – функциональный; radial – радиальный; aberrant – аберрантный* ('отклоняющийся от нормы'); *simultaneous – симультанный* ('одновременный') и др.

Одним из способов перевода терминов является калькирование③, то есть воспроизведение внутренней семантической структуры исходного термина: *aircraft carrier – авианосец, cardiovascular – сердечно-сосудистый.*

Незнание терминологии приводит к полному искажению смысла текста, поэтому есть словари терминов по различным

---

① 仿词，是根据原词的形态结构，将其各个词素对译为本族语的词素而构成的词。
② 音译词是按照原词发音译入的词。
③ 仿造构词法是一种仿造其他语言的词汇来构成相应新词语的方法，借助仿照方法构成的词称为仿词。

отраслям знаний:

— индивидуальные (авторские) неологизмы[①]. Эти слова создаются автором для данного произведения и существуют только в нём, имея определённую смысловую нагрузку: *Айболит, Муха-Цокотуха* (К. И. Чуковский)[②], *Чебурашка* (Э. Н. Успенский)[③]. При этом неологизмами становятся не только собственные имена существительные, но и другие части речи.

Безусловным лидером в создании неологизмов, в том числе и словообразовательных, является В. В. Маяковский: *Сливеют губы с холода; // Верить бы в загробь. // Глядит в удивленье небесная звездь. // Дамьё от меня ракетой шарахалось. // Будут мести ступени лестниц бородьём лохматым. // Над дохлым лошадьём вороны кружатся. // В чём сегодня буду фигурять я на балу в Реввоенсовете? Заткните уши, глаза заладоньте.*

Немало неологизмов принадлежит перу С. А. Есенина: *Мне в лице твоём снится другая, У которой глаза — голубень. // Ты сердце выпеснил избе, Но в сердце дома не построил;*

— сложные слова (в частности, в английском языке), для которых требуется описательный перевод: *crowdmanship — умение управлять толпой; lifemanship — умение выживать, преодолевать трудности* и др.;

— слова-фразы — в современном английском языке это особая группа сложных слов, представляющих собой препозитивно-атрибутивные[④] сочетания слов, похожие по

---

① 新词，指语言中新近出现的或创造的词语。
② 艾伯利特医生和苍蝇左科图哈都是俄国作家科·伊·楚科夫斯基创作的儿童诗中的主人公。
③ 大耳查布，是俄国作家艾·尼·乌斯宾斯基的儿童文学作品《小鳄鱼盖拿和他的朋友们》（《Крокодил Гена и его друзья》）中的童话形象。
④ 前置定语，英语中被修饰词之前的成分叫做前置定语，前置定语通常是限定词或形容词。在现代英语中前置定语也可以用名词短语、动词短语、形容词短语、分词短语或句子等表示。构成这类前置定语的单词之间一般要用连字符连接。

структуре на предложения или словосочетания и выполняющие функцию слова, чаще определения: *She was a motherly-looking woman of about forty; Some people are born boat-missers and train-missers; Can't-do-with-it-a-thing (type of hair)*.

В этом направлении развивается и творческая мысль создателей современной рекламы. Ср.: *Новогоднее наушахстояние* (объявление о детском празднике), *«Гонорар за всё-распровсё»* (А. Рыбников)（一次性结清酬劳（阿·雷布尼科夫））. Изоморфность отмеченных явлений отражает глобальный характер тенденций языкового развития;

— некоторые сокращения и аббревиатуры: *vet* — *ветеран; loco* — *врач, заменяющий другого на его участке; MP* — *члены парламента; BSA* — *ассоциация бойскаутов*（童子军）; *MBA* — *форма подготовки специалиста в области бизнеса*;

— слова с суффиксами субъективной оценки: *Piggy, Pussy, Петруша, Танюша* и др.;

— междометия: *tut* — *ах ты* (как выражение нетерпения, неудовольствия), *wow* — *вау* и др.;

— звукоподражания: *clop* — *цок-цок* (цоканье) и др.;

— жаргонизмы: *беспредел, гнать волну, лох* и др.;

— разговорно-фамильярные обращения: *love* — *дорогуша; my duck* — *лапуша; stranger* — *приятель, которого давно не видел; old bean, old thing, old son* — *старина, дружище* и др.;

— фразеологизмы, крылатые выражения, афоризмы: *To be, or not to Be* (В. Шекспир)[1]; *tertium non datur*[2]; *business before pleasure*[3].

---

[1] "生存还是毁灭"（朱生豪译），出自莎士比亚悲剧《哈姆雷特》中哈姆雷特的经典台词。
[2] 排中律，指在同一个思维过程中，两种思想不能同假，其中必有一真，即一种非此即彼的对立模式。
[3] 英语谚语，译为"事业在先，享乐在后"，或"干正事要紧"，表示工作和责任应该放在娱乐之前。

В рамках безэквивалентной лексики следует рассматривать семантические лакуны – отсутствие в языке перевода конкретного понятия, имеющегося в иностранном языке, например: *beauty sleep* – '*ранний сон до полуночи*'; *glimpse* – '*взгляд, брошенный мельком*', *jet setter* – *человек, который часто летает*.

Феномен безэквивалентности особенно часто проявляется при переводе названий фильмов: «*Some Like it Hot*» – «*В джазе только девушки*», «*Legally Blond*» – «*Блондинка в законе*».

非等价词体现最明显的地方是某种语言中对该民族特有事物的称谓。在翻译这些称谓时经常会使用意译和音译的方法。

Самый очевидный слой безэквивалентной лексики – наименования реалий, то есть слов или словосочетаний, называющих объекты, характерные для жизни и культуры одного народа: *prime TV time* –18.00–20.00, *drive time* –17.00–19.00; *modern Grades* – в Оксфорде курс, включающий важнейшие дисциплины: современную философию, политику и экономику; *fat cats* – спонсоры президентской кампании, приглашённые кандидатом на обед, где они под видом платы за угощение делают пожертвования в фонд избирательной кампании; *drive-in* – автокинотеатр; *black-out* – радиореклама в форме диалога с элементами юмора; *insider* – журналист, имеющий доступ к закрытой информации; *stringer* – независимый журналист, передающий информацию тому, кто готов больше заплатить.

При переводе иностранных реалий часто используют калькирование (*bachelor of arts* – *бакалавр искусств*) и транскрипцию (*pub* – *паб*). Погрешности при переводе реалий составляют наибольший процент ошибок.

К реалиям в безэквивалентной лексике относятся советизмы:

*стахановка*①, *вражеские голоса*②, *наркомат*③, *враг народа*④, *продналог*⑤, *продразвёрстка*⑥, *ликбез*⑦, *трудодень*⑧, *невозвращенец*⑨ и др.

Следует отметить, что процесс политической и социальной десоветизации российского общества шёл в языке по двум направлениям:

— устранение советизмов;

— появление новых слов в рамках приспособления к новым реалиям. Так появились слова *перестройка, приватизация, ипотека*.

Глобализация, казалось бы, должна была привести к сокращению безэквивалентной лексики. Оказалось, что это не так. Напротив, в русский язык массовым потоком прибывают заимствования из западноевропейских языков. Необходимо отметить, что:

— заимствования иногда полностью или частично меняют своё значение. Так, в английском языке *impeachment* — 'юридический процесс, где роль обвинителя выполняет

貌似全球化能够减少非等价词。但是，事实并非如此，比如，大量外来词正在潮水般进入俄语。外来词进入俄语后在词汇意义、语法范畴等方面都会发生一定的变化。

---

① 斯达汉诺夫式女工作者，"стахановец"的阴性形式，指苏联时期克服困难条件、实现高生产率、超额完成生产计划的工作者。
② 敌人之声、指苏联时期用俄语或苏联加盟国语言在苏联境内播出的外国广播。
③ 人民委员会，全称"народный коммиссариант"，1917年–1946年期间由人民委员领导的负责管理国家各项事务的机构。
④ 人民的敌人，苏联时期的政治术语，指被怀疑或被指控从事反苏维埃活动的人。
⑤ 粮食税，1921年–1923年苏联新经济政策时期实施的农业税。
⑥ 余粮征集制，全称"Продовольственная развёрстка"，1918年–1920年期间苏维埃俄国在外国武装干涉和国内战争时期实行的征集粮食的办法。它是战时共产主义经济政策中的一项重要内容。
⑦ 扫盲运动，全称"ликвидация неграмотности"，1919年–1939年期间苏联开展的全民性的扫盲运动。
⑧ 劳动日，集体农庄农户收入份额的计酬单位，劳动日通过农业工作的生产定额和劳动日单位的计酬率来计算。
⑨ 叛逃分子，苏联时期以旅游、出差、巡演等途径离开苏联，在国外获得政治庇护而没有回国的人。

нижняя палата парламента'; в русском *импичмент* – это 'вотум недоверия'. Английское *cottage* – 'маленький домик'; русское *коттедж* употребляется по отношению к частному загородному дому, который иногда бывает весьма внушительных размеров, поэтому словосочетание *огромный коттедж* с точки зрения англоговорящих – бессмыслица;

Некоторые слова имеют различные значения в разных языках: *аншлаг* в немецком языке означает 'объявление о проданных билетах', в русском – 'заполненный зал'. В английском языке *holding* – это 'компания, которая владеет акциями другой компании, но сама не занимается производственной деятельностью' (*холдинг* – *холдинговая компания*); *холдинг* в России – 'большая, разветвлённая фирма';

– при переходе слов из одного языка в другой могут иногда изменяться их грамматические категории: *creative* (прилагательное) – *креатив* (существительное); *shopping* (герундий) – *шопинг* (существительное);

– заимствованная лексика свободно входит в русскую словообразовательную систему: *запиарить, пропиарить; ваучеризация; демпиговать; шашлык-хаус; фейс-контроль; бизнес-ланч* (есть эквивалент в английском языке – *business-lunch*); *бизнес-ужин* (нет эквивалента, потому что в английских кафе и ресторанах не принято предлагать такую услугу);

– появляются ложные англицизмы: *кейтеринг* (в России – обед по предварительному заказу);

– создаётся новая терминология для новой российской действительности: *рейтинговое голосование, политтехнолог, имиджмейкер.*

Расширение пласта безэквивалентной лексики в современном русском языке требует постоянного самообразования и стимулирует процессы взаимопонимания в условиях межкультурной коммуникации, обогащает новыми знаниями представителей разных этносов. Этнопсихолингвистика избавляет многих от великодержавного шовинизма, национализма и лингвистического империализма, от пренебрежительного отношения к миноритарным (по числу носителей) языкам.

Для многонациональных государств этнопсихолингвистические исследования имеют важное общественно-политическое значение, так как позволяют прогнозировать и предупреждать культурно-языковые конфликты, которые приводят к политической пропасти.

Гендерная лингвистика

本部分重点：
性别语言学概念、言语交际中的性别差异、性别歧视在语言中的体现

Термин *гендер* пришёл в науку своеобразным путём. В английском языке *gender* – это грамматическая категория рода. Но в начале XX века этот термин был изъят из лингвистического контекста и перенесён в исследовательское поле других наук – философии, социологии, психологии, истории и в политический дискурс. Это было сделано для того, чтобы «уйти» от термина *sexus*, обозначавшего биологический пол. Так появился своеобразный эвфемизм（委婉语）. Термин *гендер* подчёркивает не природную, а социокультурную причину психологических и поведенческих гендерных различий.

英语中 *gender* 一词用于语法的性范畴，20世纪初这一术语被使用在其他学科。它强调的不是人的自然属性，而是导致人的心理及性别行为差异的社会文化原因。

В 1913 г. немецкий философ Ф. Маутнер[①] писал, что

---

① F. 毛特纳（1849–1923），德国哲学家、作家，著有《语言批判论稿》等论著。

在世界发展史上，女性长期处于被支配和被歧视的地位，不能与男性享有平等的地位和权利。女性为争取平等权利进行过不懈的斗争。

мужчины создали языки и только они могут показать все границы его возможного использования, а женщины способны лишь овладеть созданным мужчинами языком.

Интерес к гендерным исследованиям языка неслучаен. Это одно из направлений постмодернистской концепции гуманитарной науки, включающей изучение гендерной асимметрии, в речевом, и шире – коммуникативном поведении мужчин и женщин. В 60–70-е годы XX в. в Германии и США появляется новое направление – феминистская лингвистика（女性主义语言学）, представители которой рассматривали текст как средство гендерной дискриминации и навязывания патриархальной（父权制的）системы ценностей.

Современная информационная среда, высокие технологии, сокращение доли ручного труда, виртуальное общение, разнообразные способы маскировки в сетевом пространстве создают благоприятные условия для размывания гендерных различий во многих сферах человеческой деятельности, в том числе и языковой. Этот процесс идёт с неодинаковой скоростью в разных странах, но общий вектор развития очевиден.

На протяжении большей части человеческой истории общество было организовано по маскулинному（男性的）сценарию: мужчины устанавливали правила поведения в обществе и определяли моральный кодекс, налагали запреты и ограничения на права и свободы. Древнеримский юрист Гай[①] утверждал, что женщинам нельзя доверять серьёзных дел в силу присущего им легкомыслия. Древнеримский мужской шовинизм обрекал женщин на «вечное несовершеннолетие».

В современной истории путь женщин к равноправию был

---

① 盖尤斯（约130–约180），法学家，罗马五大法学家之一，著有《法学阶梯》等法学著作。

тернистым（荆棘密布的） и долгим. Высокоразвитые страны неохотно вспоминают тёмное «прошлое». Так, например, до 1857 г. британский закон позволял мужьям продавать своих жён. Обычная цена составляла 3000 фунтов стерлингов (по современному курсу это 223 тысячи фунтов). Социологи утверждают, что Россия, как и Япония, Австрия, – маскулинная страна, а страны Северной Европы – фемининные. В России до середины XIX века высшее образование было недоступно для женщин. Только в 1869 г. открылись высшие Аларчинские женские курсы[①] в Петербурге и высшие Лубянские женские курсы[②] в Москве. Лишь в 1918 г. женщины были уравнены с мужчинами в праве на получение высшего образования. В настоящее время уровень образованности женщин превосходит соответствующий показатель у мужчин.

В политике возможности женщин до сих пор остаются крайне ограниченными. Женщины довольно поздно завоевали право участия в выборах (в Новой Зеландии – в 1893 г., в Австралии – в 1902 г., во Франции – в 1944 г., в США – в 1920 г., в Италии – в 1945 г., в России – в 1917 г.). Ни в одной стране мира они не получали избирательного права одновременно с мужчинами и вынуждены были долго бороться за него.

В феврале 1909 г. женщины Нью-Йорка вышли на улицы с требованием равной оплаты и права участвовать в выборах. В 1910 г. коммунисты Клара Цеткин[③] и Роза Люксембург[④] для

---

① 19世纪60年代，俄罗斯女性接受高等教育的问题引起社会关注。在社会经济形势变化以及女性解放运动的影响下，社会进步人士以及一些社会团体开始兴办女子教育。1869年在彼得堡开办了阿拉尔津斯基高级女子研修班，但是这些研修班还不是真正意义上的高等教育机构，其教学内容与男子中学课程的教学内容相当，教学目的也仅是培养女性去中小学或女子学校教书的能力。
② 彼得堡阿拉尔津斯基高级女子研修班开办同年，在莫斯科开办了鲁宾斯基高级女子研修班。
③ 克拉拉·蔡特金（1857–1933），德国社会活动家，国际妇女运动的领袖之一，她积极推动设立国际妇女节，为世界妇女解放运动做出巨大贡献。
④ 罗莎·卢森堡（1871–1919），德国马克思主义思想家、革命家，著有《社会改良还是革命？》《资本积累论》等著作。

пропаганды равноправия предложили отмечать праздник – Женский день. В России эта дата отмечается с 1913 года. В 1966 г. в СССР 8 марта стал выходным днём. В наши дни Международный женский день является официальным праздником в России, Северной Корее, Китае и Буркина-Фасо（布基纳法索）①. Символом праздника считается фиолетовая лента. В столице Канады г. Оттаве（渥太华）у здания Парламента размещена скульптурная композиция в честь победы женщин в борьбе за свои права. Одна из фигур держит в руках плакат с надписью «Women are persons»② и датой – 1927 г.

由于生理差异，男性和女性在空间感、对周围事物的敏感度、语言表达能力等方面各具优势和不足。当代跨文化研究确定了一系列具有典型性别特点的性别定型。在长期的历史发展进程中，男女性别差异使社会角色得到分配。

Способность воспринимать зрительно-пространственные отношения между объектом называются *поленезависимостью*（场独立性）. Это качество присуще мужчинам. Они дают им преимущества в пространственной ориентации, но ослабляют социальную компетентность. В подавляющем большинстве женщины лучше распознают социальную информацию и эмоциональное состояние окружающих по мимике, голосу, интонации и способны лучше выразить свои мысли и чувства. Мужчины лучше справляются с задачами, требующими пространственного воображения и мысленно могут вращать трёхмерные объекты относительно друг друга. Это объясняет универсальный интерес мужчин во всех культурах к механике, математике.

Первой женщиной-президентом в мировой истории стала

---

① 布基纳法索共和国，位于非洲西部的内陆国家。
② "The Famous Five"是加拿大为了纪念女权运动的五位先驱而建立的雕像。这五位先驱为争取女性能够进入参议院的权利，向伦敦枢密院司法委员会提出明确妇女在《英属北美法案》中作为"人"的地位，并最终获得胜利。

в 1974 г. аргентинка Исабель Перрон①. В настоящее время во всех странах наблюдаются политические сдвиги в ограничении мужского политического шовинизма. В Западной Европе среди профессионалов высокого уровня в среднем 10% женщин.

Современные кросс-культурные (cross-culture)（跨文化） исследования определяют универсальные гендерные стереотипы. В частности, установлено, что повсеместно женщины плачут чаще, чем мужчины, а мужчины чаще дают волю своему гневу. Другой универсалией является представление о том, что должности, занимаемые мужчинами, более престижны и высокооплачиваемы.

Установлено, что в языковых центрах головного мозга у женщин на 17% больше нейронов（神经元）, чем у мужчин. Они на 30 % быстрее обрабатывают информацию. И у них лучше развита ситуационная вербальная память, они лучше мужчин справляются с текстами на речевую беглость, скорость чтения и понимание прочитанного. К трём годам словарный запас девочек в два раза превосходит таковой у мальчиков. Возможно, это объясняется тем, что они больше времени проводят с матерью. Среди пациентов логопедов（言语矫正师） больше мальчиков. В каждой популяции среди гениев и умственно отсталых больше мужчин.

На протяжении длительного исторического периода гендерная дифференциация позволяла оптимально распределять социальные роли мужчин и женщин. В наши дни для дальнейшего развития общества основную ценность представляет интеллект, а по данному параметру женщины ничуть не уступают мужчинам. Этим объясняются современные тенденции метросексуальности, разрушения института брака и семьи, а

---

① 伊莎贝尔·庇隆（1931— ），阿根廷前总统，她是阿根廷首位女性总统，也是现代史上首位女性总统。

также дисбаланс в отношениях между полами и внутри таковых. Физиологи утверждают, что 15–20 % мужчин от рождения имеют феминизированный мозг, а 10 % женщин – мужскую когнитивную структуру.

В среде учёных твёрдо укоренилось представление о том, что система ценностей и взгляд на мир представлены в глобальной коммуникации с позиции белого европейца, а сознание современного человека пропитано идеями и ценностями мужской идеологии.

学者们对性别歧视在语言中的体现展开了研究，具有代表性的学者有莱考夫。她在1975年自己的论著《语言和妇女的地位》中，揭示了语言中的男性中心主义及语言世界图景中女性形象受到的损害。俄语中男性中心主义有一系列具体表现特征。

В 1975 г. Робин Лакофф① (США) написала работу «Язык и место женщины»②. Она обосновала андроцентричность（男性中心主义）языка и ущербность образа женщины в языковой картине мира, показав, что язык ориентирован на мужчин. Ей принадлежит термин гендерлект（性别语言）– особенный язык мужчин и женщин в пределах одного национального языка.

Учёные выделяют следующие признаки андроцентричности в русском языке:

— понятия *мужчина* и *человек* отождествляются;

— имена существительные женского рода являются производными от слов мужского рода (*преподаватель – преподавательница, повар – повариха,* за исключением: *доярка – дояр*). Но до сих пор около 500 профессий остаются недоступными для женщин (среди них, к примеру, водолаз, пожарный, ассенизатор（污水处理工）), поэтому они не

---

① 罗宾·莱考夫（Robin Lakoff）（1942– ），语言学家，美国加利福尼亚大学伯克利分校教授，著有《语言和妇女的地位》《语言的战争》。
② 《语言和妇女的地位》，美国语言学家罗宾·莱考夫著，在本书中作者从语言学角度对语言和性别的关系进行了系统性研究，总结了女性用语的特征并将其归结为"妇女语体"（women's style）。莱考夫认为女性语言具有从属性，属于无力语体。她是社会性别语言学研究中"缺陷论"的代表之一。

имеют гендерных эквивалентов;

– имена существительные мужского рода употребляются для обозначения лиц женского пола (например, названия профессий в официально-деловом стиле русского языка).

В наши дни в английском языке наблюдается тенденция к преодолению языкового сексизма. Рекомендуются следующие замены в духе *«gender-neutral language»*: A child must respect his parents → Well children must respect their parents; a gold policeman knows his duty well → Good police officers know their duty well.

Идеология феминизма – одна из сторон постмодернистской философии. Представители гендерной лингвистики утверждают, что языковая картина мира основана на мужской точке зрения, а женская картина мира предстает в роли объекта.

性别语言学的代表人物认为世界语言图景建立于男性视角，女性世界图景是作为客体被呈现的。性别语言学是社会语言学的一个部分。性别语言学逐渐发展出两个方向。

В гендерной лингвистике развиваются два направления:

– исследование проблем асимметрии в аспекте игнорирования женщин в языковой картине мира;

– изучение особенностей коммуникации в однополых и смешанных группах.

Гендерная лингвистика рассматривается как раздел социолингвистики – науки о языке в его социальном контексте. Прежде социолингвистические исследования были сосредоточены на социальной стратификации языка. Теперь внимание учёных переключилось на гендерные проблемы. Такой подход к языку предполагает изучение вариативности языкового поведения мужчин и женщин.

В сфере интересов социолингвистики находится, главным образом, спонтанная разговорная речь.

Установлено, что, хотя мужчины лучше владеют собой,

自发的日常口语交流是社会语言学研究的主要内容之一。在日常口语交流中女性比男性更加礼貌和温婉，这使得女性在与男性交流的过程中经常处于被动地位。性别语言学研究的专家甚至提出了一些专门的言语行为策略帮助女性摆脱这种境地。由于生理和心理的自然差异，女性与男性在言语交际中表现出不同的特征。女性更擅长倾听、通过婉转的方式表达反对意见、借助恰当方式保障交际成功。男性则表现出一定的强势和言语攻击性，容易引发言语交际失败。

речевое поведение женщин характеризуется как более гуманное. Женщины лучше умеют слушать и сосредоточиваться на проблемах собеседника, используют больше форм вежливости и смягчения. Кроме того, в русской языковой среде женщины чаще прибегают к уменьшительно-ласкательным суффиксам.

Именно эти достоинства при общении в смешанных группах имеют отрицательные последствия для женщин, укрепляя сложившееся убеждение, что они менее уверенны и компетентны, поэтому специалистами по гендерной лингвистике были разработаны специальные тактики, которые помогают женщинам быть услышанными. В частности, Дж. Коутс[①] в книге «Женщины, мужчины и язык» советует женщинам быстрее переходить в наступление в споре, исключать уменьшительно-ласкательные формы, редуцировать (弱化) этикетные формы.

Различия в языковом поведении мужчин и женщин всегда были предметом внимания лингвистов. Традиционно подчёркивалось, что женщины болтливы: *Там, где женщина, нет молчания* (французская пословица); *Молчание – лучшее украшение женщины* (английская пословица).

Хотя стереотипное мнение о том, что женщины болтливее мужчин, широко распространено, различные исследования, напротив, выявили, что в публичной сфере, скорее, мужчины злоупотребляют временем для вербальной самопрезентации.

Учёные утверждают, что у женщин области речи расположены в двух полушариях, что помогает им лучше и быстрее овладевать иностранными языками и синхронно участвовать в двух видах речевой деятельности – говорении и аудировании. Мужчины не способны делать и то, и другое.

---

① 詹妮弗·科茨，萨利罗汉普顿大学英语和语言学教授，语言学家，出版《女士交谈：建构女性友谊的话语》《男士交谈：建构男性气质的话语》等著作。

Женщины испытывают бóльшую потребность в коллективном общении, чем мужчины. Их не смущают одновременные реплики всех участников, они придают огромное значение форме высказывания — интонации, взглядам, мимике, жестам.

У мужчин в задней части левого полушария есть специальная область, отвечающая за чёткий подбор слов, а у женщин такой чётко расположенной области нет. За словарь у женщин отвечают лобные и затылочные доли обоих полушарий.

Функциональная асимметрия головного мозга у мужчин и женщин отчётливо проявляется в случае поражения одного из полушарий. Давно известно, что нарушение работы левого полушария у мужчин ведёт к потере речи, правого — к ухудшению образного и пространственного мышления, к потере ориентации. У женщин в этом случае вербальные и невербальные функции сохраняются, так как здоровое полушарие берёт на себя функции повреждённого.

Женщины чаще задают вопросы, используют их как часть общей стратегии для поддержания диалога, а также для переключения беседы на новую тему. Мужчины чаще утверждают, констатируют, требуют.

У мужчин смена тем для общения носит скачкообразный характер (跳跃式的特点), в женских беседах темы развиваются более последовательно. Мужчины в беседах часто принимают на себя роль эксперта, не склонного говорить о собственных проблемах. Женский разговор терапевтичен(疗愈的) по своему характеру; его цель — поделиться опытом, приободрить собеседника. Крик, брань, угрозы, оскорбления нередко свидетельствуют о вербальной агрессии мужчин. Для женщин такие проявления означают разрушение беседы, для мужчин — это часть традиционной структуры разговора.

Мужчины очень любят перебивать с целью захвата инициативы, при смешанном общении перебивание приводит к молчанию женщин во время разговора. Женщины внимательно слушают и склонны к кооперативному стилю общения, а не соревновательному, как у мужчин. Кроме того, женщины применяют больше усилий, поддерживая предложенные другими темы, уважая очередность вступления в беседу, облегчая ход диалога с помощью вопросов. В смешанном общении, в целом, отмечается доминирование мужчин и ущемление коммуникативных прав женщин. Таков общий вывод исследователей в области гендерной лингвистики.

人类学和方言学的某些研究涉及语言中的性别差异问题。学者们的研究揭示了语言使用中因性别不同产生的不平等现象。在学术交流领域同样存在性别差异问题。在交往中，女性立足于交际合作，而男性表现出的更多是交际对抗。

Существуют две дисциплины, область исследований которых затрагивает проблему гендерных различий в языке: *антропология* и *диалектология*.

В антропологической литературе уже с XVIII в. отмечались различия в языковом поведении мужчин и женщин. Миссионеры（传教士）встречали общества, где наличествовали *язык мужчин* и *язык женщин*. Например, чукотский（楚科奇的）язык Западной Сибири обнаруживает фонологическую（音位的）вариативность в зависимости от пола его носителя: система фонем в языке мужчин богаче.

Есть (особенно в диалектах) и морфологические различия, связанные с полом носителя языка. Так, Э. Сепир[①] в работе «О языке яна в Калифорнии»[②], вышедшей в 1929 г., отмечал,

---

① 爱德华·萨丕尔（1884–1939），美国著名人类学家和语言学家，描写语言学派奠基人之一，著有《语言论》《萨丕尔论语言、文化及个性》等。
② 萨丕尔对美国加利福尼亚州的土著语言"Yana"进行了深入研究，他对土著语言进行搜集、记录和分类，在此基础上区分了"Yana"语在语法和词汇层面的性别特征。在其1929年发表的题为"Male and Female Forms of Speech in Yana"的研究中，他指出"Yana"语中男性和女性用语的区别，发现了语言意识、文化与性别之间的关系。

что слова, употребляемые в общении мужчин, длиннее. По мнению автора, сокращения в женских формах отражают низкий социальный статус женщин.

Различные примеры коммуникативных неудач в подобном общении приводит Дебора Таннен в книге «Ты просто меня не понимаешь: Женщины и мужчины в диалоге»[①] (1990).

В академическом и профессиональном общении приветствуется выражение несогласия как способ открыть дискуссию. Мужчины активнее и агрессивнее отстаивают свою позицию. Женщины реже берут слово, чтобы выразить свое несогласие, в чём проявляется свойственная им тенденция к вербальной стеснительности и скромности. При этом женщинам лучше настороженно относиться к восторженной похвале мужчин, так как за ней, как правило, последует беспощадная критика. Женщины реагируют на социальный статус активнее, чем на внешнюю привлекательность и возраст. Для мужчин одежда – это демонстрация статуса, для женщины одежда – способ привлечь внимание. Но мужчины находят привлекательные стороны в женщине, независимо от одежды и статуса.

Амплитуда（振幅）между начальным комплиментом и заключительной критикой у женщин меньше, чем у мужчин. Женщины редко иронизируют, критикуя оппонента, поэтому их высказываниям не хватает остроты. Женщина быстрее соглашается с точкой зрения критикующего. В то же время у неё обнаруживается тенденция к неиронической самокритике, которая иногда может быть изящным приёмом кокетства. Не всякий собеседник улавливает эту языковую игру и, как правило, в итоге терпит коммуникативную неудачу.

---

① 《你误会了我——交谈中的女人和男人》，是美国乔治大学语言学教授德博拉·坦嫩的社会语言学作品。作者用通俗的笔触阐明女性和男性不同的说话风格及其对人际关系的影响。

性别语言学研究指出，在当今交际行为中性别差异在缩小，女性和男性都表现出对彼此的包容性。正是女性与男性不同的思维逻辑和语言表达方式等使得女性更具魅力。

В целом, женщины ориентированы на коммуникативное сотрудничество, а мужчины на коммуникативное соперничество. У них разные коммуникативные стратегии.

В настоящее время в западном обществе наблюдаются различные симптомы перемен в гендерной политике юмора. Исторически сложившаяся несовместимость женственности с активным и даже с агрессивным юмором начинает постепенно изживать себя. Женщины, по наблюдениям социолингвистов, стали терпимее относиться к обсценной（淫秽的）лексике и грубому мужскому юмору.

В целом, исследования гендерной лингвистики эксплицитно констатируют стирание гендерных различий в коммуникативном поведении. Между тем, возможно, именно недоумение и недопонимание пробуждает у представителей противоположных полов желание общаться и постигать непостижимое. Непознанное очаровывает, удивляет и притягивает:

Разве можно от женщины требовать многого?
Там, где глупость – божественна, ум – ничего. (А. Вертинский)

Надо отметить, что мужчины никогда не отказывали себе в удовольствии поиронизировать над женским образованием. Вспомним одно из лирических отступлений в романе А. С. Пушкина «Евгений Онегин»:

Не дай мне бог сойтись на бале
Иль при разъезде на крыльце
С семинаристом в желтой шале

Иль с академиком в чепце!
Как уст румяных без улыбки,
Без грамматической ошибки
Я русской речи не люблю.
Быть может, на беду мою,
Красавиц новых поколенье,
Журналов вняв молящий глас,
К грамматике приучит нас;
Стихи введут в употребленье;
Но я... какое дело мне?
Я верен буду старине.

В юмористическом рассказе «О женщинах» А. П. Чехов писал: «*Женщина с самого сотворения мира считается существом вредным и злокачественным*».

Есть много анекдотов с гендерным подтекстом: Человек хозяин своей *судьбы*, пока не встретит хозяйку.

Принято считать, что женщины обладают особой логикой, поэтому мужчинам трудно их понять. Профессор математики МФТИ (Московский физико-технический институт 莫斯科物理技术学院) Д. В. Беклемишев[①] в статье «Заметки о женской логике» в мягкой иронической манере даёт советы мужчинам, которые хотят понять женщин. Он предупреждает: мужская логика зародилась 2 500 лет назад, а женская ещё ждёт своего Аристотеля. Автор пишет о том, что в споре оппонентка всегда может неожиданно отречься от предыдущего высказывания или изменить его до неузнаваемости. Как нельзя дважды войти в одну и ту же реку, так в разговоре с дамой нельзя вернуться к ранее сказанному.

---

① 德米特里·弗拉基米罗维奇·别克列米舍夫（1930—2021），教育学博士，莫斯科物理技术学院教授，著有数学经典教材《解析几何和线性代数课程》。

В ходе спора для женщины важным оказывается не содержание ответа собеседника, а его форма, тональность（语气）, и это обстоятельство мужчинам совершенно непонятно.

Без специальной подготовки мужчине трудно понять женщину, так как отсутствует возможность прямого декодирования информации и необходимо использовать дискурсивный подход.

Высказывания дам многоплановы: первый план – что она сказала, второй – что хотела сказать, третий – что усвоил адресат.

В интерпретации мужчин главный закон женской логики – исключение подтверждает правило. Женская логика не знает полутонов, любое сомнение – это оружие в руках противоположной стороны. Всё должно быть выпукло, конкретно и доведено до крайности.

Одна из важных особенностей женской логики – стремительный переход в другую плоскость（面）. Суть перехода состоит в том, чтобы как можно менее заметно изменить предмет суждения (по типу: *В огороде бузина, а в Киеве дядька*[①]).

Следует заметить, что плоскость, в которой ведётся спор с женщинами, иногда меняется со значительной скоростью, поэтому мужчина без специальной подготовки вообще не может понять, о чём идет речь. Женщина способна обезоружить любого мужчину и неожиданно выйти из спора, сказав: *Ну и что? Ну и что ты этим хотел сказать? Ничего нового я не услышала! Ты думаешь, что ты умнее всех?*

Шутливые замечания Д. В. Беклемишева никак не принижают умственных способностей женщин, а лишь подчёркивают своеобразие и загадочность женщин, которые лучше понимают друг друга, чем мужчин.

Но сколько бы мужчины ни иронизировали над женскими

---

① "基辅城有笨大叔，菜园里有接骨木"，比喻风马牛不相及。

способностями, представительницы слабого пола（弱势性别，指女性）твёрдо убеждены: мужчины – малые дети, в жизни ничего не понимают, говорят не пойми о чём и требуют постоянного сопровождения. Но надо отдать должное прекрасному полу（美好的性别，即女性）: они не иронизируют, а искренне жалеют мужчин и стремятся помогать им.

В последнее время мы видим всё больше женщин на политическом олимпе（高层）, и в связи с этим учёные уже начали размышлять о возможном изменении политического климата на мировой арене. Хочется надеяться, что это ослабит дискриминацию женщин, поднимет их на новые вершины, но не удалит представительниц прекрасного пола с пьедестала очарования и восхищения их загадочностью и красотой.

ГЛАВА II
РУССКИЙ ЯЗЫК И КУЛЬТУРА РЕЧИ

2.1 История преподавания русской словесности в России

> **本节重点：**
> 俄语的历史渊源、俄语教学的发展历史

俄语字母是西里尔字母。所有古斯拉夫字母都有特殊意义。除了Б、Ж等字母，其他西里尔字母当时都具有数值意义。由于用字母表示数字不利于科技发展，在彼得大帝时期开始使用阿拉伯数字。俄罗斯于9世纪开始普及识字。

Алфавит, которым мы сейчас пользуемся, называется кириллицей. В IX в. (863 г.) монахи Кирилл и Мефодий по указанию византийского императора создали славянскую азбуку и с целью распространения христианства перевели первые греческие богослужебные тексты на славянский язык. В основу старославянского языка (так именуется язык первых переводов) был положен один из диалектов македонского языка. Старославянский называют *«мёртвым»* языком: на нём никто никогда не говорил, потому что славянские племена, получившие от миссионеров тексты на старославянском языке, были носителями различных славянских диалектов.

Кириллическую азбуку начали использовать уже в Древнем Новгороде. В ходе археологических раскопок (考古发掘工作) были обнаружены берестяные грамоты – записки бытового содержания новгородцев. Эти находки, относящиеся к IX веку, свидетельствуют о начале распространения грамотности на Руси.

Все буквы старославянской азбуки имели особое название: *А – аз, Б – буки, В – веди, Г – глаголь, Д – добро, Е – есть, Ж – живете, З – зело, I – иже, К – како, Л – людие, М – мыслете, Н – наш, О – он, П – покои, Р – рцы, С – слово, Т – твердо* и т. д.

Для передачи греческих заимствований употреблялись греческие буквы: *Ψ – пси, Ξ – кси, Θ – фита.*

В азбуке были и забавные названия букв: *Х – хер, Ф – ферт.* Отсюда происходят глагол *похерить* – 'перечеркнуть, запретить' и выражение *ходить/стоять фертом*①, то есть подбоченясь. Со словесным обозначением букв *Х* и *О* связано наименование дореволюционной гимназической игры – *херики и оники* (современное название – *крестики и нолики*)②.

Почти все буквы кириллицы, за исключением *Б, Ж* и некоторых других, имели числовое значение (в этом случае над буквой ставился знак титло（上标符号）~). Например, $\tilde{A}$ – 1, $\tilde{I}$– 10, $\tilde{K}$– 20, $\tilde{Л}$– 30, $\tilde{П}$– 80, $\tilde{Т}$– 300; $\tilde{ГI}$– 13 («*три на десяте*») и т. д.

Буквы под титлом использовались для числовых обозначений и расчётов вплоть до начала XVIII в., что создавало значительные неудобства для развития науки и международных торговых связей. В 1702 г. Петр I, после взятия крепости Орешек (Нотебург)③, повелел издать журнал, где впервые были представлены арабские цифры с числовыми значениями. А в 1703 г. была напечатана первая учебная книга с арабскими цифрами – «Арифметика» Магницкого④, учителя Петра I Леонтия Теляшина⑤, которому остроумный ученик дал прозвище «магнит». Михаил Васильевич Ломоносов назвал её «вратами учёности».

Существовала и другая славянская азбука, именуемая глаголицей⑥. Начертания букв в глаголице совершенно не

---

① 双手叉腰洋洋自得地走/站着。
② 圈圈叉叉，一种井字格游戏。两个玩家，一个打圈(O)，一个打叉(X)，轮流在3乘3的格上打自己的符号，最先把横、直、斜连成一线者获胜。如果双方都下得正确无误，将得和局。
③ 奥列舍克要塞（诺德堡），位于涅瓦河源头的奥列霍夫岛上的一座古老的俄国要塞。它由诺夫哥罗德人于1323年建立，1612年至1702年归瑞典人所有。
④ 马格尼茨基，彼得一世给俄国数学家列昂蒂·菲利波维奇·特利亚辛起的化名。马格尼茨基于1701年起在莫斯科数学与航海学校任教，所著《算术即数的科学》为18世纪前期俄国学校数学课的基本教科书。书中不仅包括算术知识，且附有代数、几何、三角、天文、大地测量和航海的初步知识。
⑤ 列昂蒂·菲利波维奇·特利亚辛（1669 –1739），马格尼茨基的原名，俄国数学家、教育家。
⑥ 格拉哥里字母表，一种古老的斯拉夫字母表，由斯拉夫传教士圣君士坦丁哲学家西里尔和他的兄弟梅多迪乌斯于863年应摩拉维亚王子罗斯蒂斯拉夫的要求创建。格拉哥里字母被认为是比西里尔字母更早的字母。

похожи на привычные для нас формы. Вопрос о первичности происхождения кириллицы и глаголицы является дискуссионным. Некоторые учёные считают глаголицу своеобразной тайнописью, появившейся в период турецкого нашествия на Балканы и угрозы уничтожения письменных святынь.

Сведения об образовании в допетровской Руси скудны, поэтому методы обучения грамоте описываются в научной литературе гипотетически（假定的）. С известной долей догадки исследователи предполагают, что чтению обучали по Часослову, Псалтыри и Апостолу①.

Московское государство обладало сетью начальных школ, не уступавшей Западу, и уровень грамотности в стране был не ниже европейского. Белое духовенство② отличалось поголовной грамотностью, 70 % монахов и 20 % посадских③ людей（工商业者）умели читать и писать. Но следует иметь в виду, что на Руси грамотным считался не просто умевший читать и писать, а *начётчик*, то есть знаток и толкователь духовной литературы, самостоятельно постигающий мудрость. При этом естественные науки довольно долго не были у нас в почёте: «Богомерзостен пред Богом всяк, любяй геометрию...»④ – читаем мы в древних текстах.

Первый печатный букварь появился на Руси в 1634 г. Его

---

① 《小时之书》，祈祷书，包含日常宗教礼仪中固定的祈祷词，供朗读者和唱诵者使用；《诗篇》是《希伯来圣经》中的一卷，共150篇，多为犹太教在宗教活动时唱诵的歌曲和赞美诗；《使徒行传》是《新约》的第5卷。
② 白人神职人员是非修道院基督教神职人员的非正式通用名称。僧侣牧师被称为黑人神职人员。
③ 10–18世纪俄国的工商业者。
④ Ключевский В.О. Неопубликованные произведения. М.: «Наука», 1983. С. 522.

автором был Василий Бурцев[①] – патриарший дьяк и справщик Печатного двора. В «Букваре» перед грамматической частью была помещена гравюра （版画）с надписью «Училище» – первый в московском книгопечатании светский сюжет. На гравюре были изображены дети, сидящие за столом с раскрытыми учебниками, а рядом – наставник с розгой. Под рисунком подпись: «Виждь чадо сию лозу, // Яко сотворена тебе на грозу».

В XVII в. очень широкое хождение получил русский «Азбуковник» «Школьное благочиніе». В нём в алфавитном порядке располагались правила и нормы поведения. В азбуковнике было 42 главы – по количеству букв старославянского алфавита, а правила поведения служили материалом для чтения. В итоге «славные и груборо́дные отроки» в ходе частого повторения заучивали их наизусть[②]. Главная задача школы состояла в «науче́нiи дѣтей книжному разумѣнiю».

На протяжении XVII – первой трети XVIII вв. все учебные книги содержали тексты нравственно-религиозного характера. Вот пример из печатной «Азбуки» 1679 г.:

В школу тщательно иди,

И товарища веди,

В школу с молитвою входи,

Тако же и вон исходи[③].

В середине XIX в. развернулась дискуссия об истоках российской методики и педагогики. Историки спорили о том,

1634年在古罗斯出现了第一本字母书，之后，多部俄语教材陆续出版。这些教材除了传授知识，还具备道德说教功能。古罗斯的俄语教学方法主要是死记硬背。

---

① 瓦西里·费奥多罗维奇·布尔采夫（生年不详，卒年晚于1648年），俄国出版商，在莫斯科印刷厂工作。他是俄国出版世俗内容的"大众"书籍及印刷教科书和日历的第一人。

② Мордовцев Д. Л. О русскихъ школьныхъ книгахъ XVII вѣка. М., 1862, с. 5–6.

③ Там же, с. 5–6.

был ли курс обучения в древних училищах основан только на механическом чтении Часослова и Псалтыри или он вмещал в себя грамматику, арифметику и «необходимыя науки в общежитіи». Вспоминали летописные разыскания В. Н. Татищева[①] о том, как Ярослав Володимирович[②] в 1030 г. основал в Новгороде первое училище для трёхсот отроков, в котором учили чтению и письму. В летописях также отражено свидетельство Владимира Мономаха, что отец его «дома сѣдя, изумѣяше пять языкъ», а «княжичь Михаил Тверской» учился грамоте в Новгороде. Дочь Всеволода Ярославича[③] Анна, принявшая постриг（剃度，落发）, собрав молодых девиц, обучала их «писанію, пѣнію, швенію и инымъ полезнымъ ремесламъ».

Все участники полемики признавали, что основным методом обучения в Древней Руси было многократное повторение и заучивание наизусть, которое стимулировались «сладкимъ поученіемъ, ласковымъ утѣшеніемъ, радостовиднымъ страхомъ и любовнымъ обычаемъ»[④]. Составители «Степенной Книги» (1560–1563 гг.) – одного из самых известных памятников русской исторической литературы XVI в. – отмечали, что матери плакали о детях, отданных в училище, как о мертвецах.

В «Степенной книге» содержатся первые методические рекомендации наставнику: частое повторение, прямое, красивое, правильное письмо и умеренные уроки, по силам учеников[⑤].

Главным инструментом регулирования учебного процесса

---

① 瓦西里·尼基季奇·塔季谢夫（1686–1750），俄国炮兵工程师、历史学家、地理学家、经济学家和政治家；《俄国历史》（1768）的作者，是斯塔夫罗波尔（现陶里亚蒂）、叶卡捷琳堡和彼尔姆三座城市的奠基人。

② 智者雅罗斯拉夫·沃洛迪米罗维奇（978–1054），罗斯托夫大公、诺夫哥罗德大公、基辅大公。

③ 安娜·雅罗斯拉夫娜（1036–1079），弗谢沃罗德·雅罗斯拉维奇的女儿。

④ Лавровскій Н. О древнерусских училищахъ. Харьков, 1854, с. 29–38.

⑤ Там же, с. 185.

была розга（做惩戒用的树枝）, в полезности которой никто не сомневался. В первых учебных книгах – «Азбуковниках» – упоминается, что розги были разными в зависимости от возраста обучающихся: для детей – черёмуховая（樱桃树枝）, для взрослых – берёзовая, старым рекомендовался «дубовый жезлъ»（橡木棒）①.

«Азбуковники» напоминали энциклопедические словари: слова с одной начальной буквой составляли словарную статью для заучивания. Тексты для чтения содержали нравоучительные наставления школьникам, тем самым учителя добивались запоминания наизусть правил поведения:

В школу добрую рѣчь вноси,
Изъ нея же словесного сору не износи.

или

Книги ваши добре храните,
И опасно на мѣсто свое кладите,
*На седалищном мѣстѣ не оставляйте*②.

Учитель тоже получал наставления от автора: например, не превозносить «борзоучащихся» и не оскорблять «грубоучащихся».

В Московском государстве были особые дома, где собиралось юношество «для наученія книжному дѣлу». В 1551 г. Стоглавый Соборъ③ принял решение о повсеместном учреждении городских училищ «при домах духовных лиц» для детей всех сословий: «славных и худородных», но только в 1633 г. близ Патриаршего

1633年在莫斯科出现第一所市立学校。古罗斯的学校里主要教授俄语读写。与西方国家贸易关系的发展激发了外国商人对俄语的兴趣，他们希望尽快掌握商业交易口语技能，并率先指出学习俄语口语表达的必要性。他们甚至编写了商贸俄语教材，其中最具代表性且保存至今的有汉斯·索伦森编写的《十七世纪俄语口语手册》（«Русский разговорник XVII в.»）和托马斯·芬尼编写的《俄语口语的低地德语起源》（«Нижненемецкий источник разговорного русского языка»）。汉斯·索伦森的口语手册包括按主题编写的54个对话及附录，适用于多次分角色朗读、慢慢背下对话的学习方法。托马斯·芬尼的口语手册是按主题编写的字典。字典正文的前面是祷告词。字典正文的开头是表达"创造世界与自然现象"的语义词群。鉴于俄语动词前缀的广泛构词能力，作者试图通过激发学习者的语言猜想，借助相同前缀的词列，来解释前缀的意义。

---

① Мордовцев Д. Л. О русскіхъ школьныхъ книгахъ XVII вѣка. М., 1862, с. 5–6.
② Там же, с. 6.
③ "百项决议"教会会议，是由伊凡雷帝于1551年在莫斯科召集的教会大会。

дворца① было учреждено первое городское училище. Учитель относился к неподатному сословию（免税阶层）, приравнивался к ремесленнику и получал «могарцъ», или «могарычь». Школьники поочерёдно дежурили, мыли пол, топили школу, следили за порядком.

Полный курс обучения в училище был рассчитан на два года. Для обеспечения учебного процесса в московской типографии печатались азбуки-прописи. В азбуках-прописях XVII в., или «пописях учительных для отрочат», третий раздел непременно включал образцы деловых бумаг (челобитные, завещания, заёмные кабалы), которые заучивались путём многократного переписывания.

В этой связи очень интересной представляется одна из ранних работ выдающегося педагога и лингвиста Л. В. Щербы – его доклад на педагогическом собрании преподавателей Первого кадетского корпуса②. В своём выступлении Щерба утверждал, что для практического обучения письму нет никакой надобности проходить всю грамматику. Основным методом обучения письменному языку должен быть зрительный, или моторный: учащимся следует запоминать вид слов и движения, необходимые для их написания. Систематическое списывание верных образцов и обобщение некоторого числа частных случаев – суть предложенной учёным *методики бессодержательного*, то есть совершенного *владения письменной речью*. Л. В. Щерба убеждал, что если бы мы думали обо всех движениях, которые совершаем при ходьбе, то разучились бы ходить. Ибо только то совершается

---

① 牧首宫，位于圣母升天大教堂的北侧，受时任大主教尼康命令，于1656年建成。尼康非常不愿意受到国外教会的影响，所以建造了这个专门为俄国教会做礼拜用的教堂。
② 第一军校，位于圣彼得堡的一所军事学校，1731年7月29日遵照安娜·伊万诺夫娜皇后的法令成立。

безошибочно, что совершается бессознательно, механически①.

Первая просветительская программа создания высшей школы была подготовлена греческим митрополитом Феофаном, приехавшим в 1645 г. в Москву просить денег у царя Алексея Михайловича. Он провёл в столичном граде пять месяцев и написал челобитную (禀帖，呈文) с изложением программы создания типографии, а также школы греческого и русского языков для подготовки переводчиков в преддверии книжной справы – исправления книг по греческим образцам. 25 июня 1645 г. Феофан передал её в Посольский приказ, но ответа не последовало.

В 1667–1668 гг. поэт и просветитель Симеон Полоцкий② написал проект создания Славяно-греко-латинского училища при церкви Иоанна Богослова в Бронной слободе③. Но только в 1687 г. с открытием Славяно-греко-латинской академии эти планы были воплощены в жизнь. Несмотря на появление в 1596 г. «Грамматики словенской» Лаврентия Зизания④, а затем (в 1619 и 1648 гг.) – «Грамматики» Мелетия Смотрицкого⑤, обучение в школах проводилось по азбуковникам и «пописям учительным», ориентированным на овладение двумя видами речевой деятельности – чтением и письмом.

О необходимости приобретения навыков говорения первыми

---

① Щерба Л. В. О служебном и самостоятельном значении грамматики как учебного предмета. М., 1914. С. 15.
② 西蒙·西特尼亚诺维奇·彼得罗夫斯基（1629–1680），俄国神学家、诗人、剧作家、扎伊科诺斯帕斯基修道院的创建人。
③ 布朗纳斯洛博德的圣约翰教堂，东正教教堂，现位于俄罗斯东正教莫斯科市教区的中心部分，为了纪念使徒和福音传道者约翰及圣尼古拉斯，于1625年建成。
④ 拉夫连季·伊万诺维奇·齐扎尼（1550–1634），立陶宛大公国的语言学家、作家、翻译家、教师、神学家和教会活动家。
⑤ 梅列季·斯莫特里茨基，原名马克西姆·格拉西莫维奇·斯莫特里茨基（1577–1633），波洛茨克大主教、俄国西南部和立陶宛大公国的教会和社会活动家。

задумались иностранные купцы. В 1603 г. Борис Годунов[①] пожаловал грамоту городу Любеку[②] и ряду Ганзейских городов[③] на право торговли в Новгороде, Пскове и Ивангороде[④]. Будучи отрезанной от Балтийского моря, Россия могла осуществлять прямые торговые связи только через Архангельск[⑤], который в течение 120 лет был единственным морским портом, имевшим выход в Западную Европу. Архангельск называют «первым окном в Европу»: там в начале XVII в. появились первые колонии иностранных купцов, там зародилась отечественная традиция преподавания русского языка как иностранного.

Развитие торговых отношений с западными странами стимулировало интерес иностранных купцов к русскому языку, диктовало необходимость скорейшего овладения навыками устной речи для ведения торговых операций. Первые практические пособия по русскому языку, написанные иностранцами, отражают стихийные попытки авторов, профессиональная деятельность которых была связана с торговлей, создать профессионально ориентированный учебник русского языка для делового общения. Примерами таких учебных пособий являются «Русский разговорник XVII в.» Ханса Соренсена и «Нижненемецкий источник разговорного русского языка» Томаса Фенне, написанный во Пскове с пометкой «1 сентября 1607 г.». Оба текста хранятся в Королевской библиотеке Копенгагена.

---

① 鲍里斯·费多罗维奇·戈都诺夫（1551–1605），沙皇费多尔一世的妻兄，1587–1598年实际统治国家，1598年2月27日至1605年4月23日在位，是戈都诺夫王朝的第一位沙皇。
② 吕贝克，德国北部城市，波罗的海的一个港口，历史上被誉为汉萨同盟最大的中心。
③ 汉萨同盟城市，12世纪中叶于欧洲西北部贸易城市间形成的大型政治和经济联盟，一直存在到17世纪中叶。130个城市被列入汉萨名录，其中约100个是港口。
④ 普斯科夫和伊万哥罗德，俄罗斯西北部城市，分别是普斯科夫州的首府和列宁格勒州的一个城镇。
⑤ 阿尔汉格尔斯克，位于北德维纳河口附近，历史上是俄罗斯重要的港口，阿尔汉格尔斯克州和滨海边疆区的行政中心。

Книга Ханса Соренсена содержит 54 беседы «десяти человѣкъ», которые построены в форме тематических полилогов: «Беседа», «Болезни», «Гость» и др. В приложениях к беседам даны упражнения на подстановку: *Отколе ты нынѣ идёшь? – Ты спрашиваешь, откуда иду – из школы, из кирхи, из церкви, из торгу, из ряду.*

Несколько бесед, объединённых в тематический блок, посвящены русскому гостеприимству, особенностям русского застолья, в них даются примеры русских тостов:

– *Язъ пью до тебя.*

– *Ты не выпилъ, язъ тобѣ дополню*[1].

Разговорник Ханса Соренсена был предназначен для многократного прочтения по ролям и постепенного заучивания наизусть диалогов.

Разговорник Т. Фенне – это тематически организованный словарь. Очевидно, что Т. Фенне был хорошо знаком с русской средневековой книжной традицией. Основному тексту предшествует молитвенная запись: «*Во имя Святой Троицы аз починахъ писати сию русскую книгу. Господе Иисусе Божий приди ко мнѣ да помози мнѣ тѣ русские рѣчи прямо учити. Отче наш! Да будет воля твоя*»[2]. В начале словаря представлена лексико-семантическая группа слов, объединенная темой «сотворение мира и явления природы», далее следуют наименования дней недели, месяцев, отрезков времени.

Иногда в тексте появляются короткие фразы: *Рожуй рот, Стисни рот;* афоризмы: *Малыми кунами великого товару не купить.*

---

[1] Кортава Т.В. Первые практические пособия иностранных авторов XVII века по русскому языку. // ж. «Русский язык за рубежом», 2006, №2. – с. 30.

[2] Там же, с. 22.

Подметив широкие словообразовательные возможности русских глагольных приставок, автор пытается объяснить значение с помощью ряда слов, пробуждая в учащемся лингвистическую догадку: *передумать, переметить, перепродать, перебирать; вытрить, вывадить, вымолить, вынять.*

Поскольку для записи чисел использовались буквы кириллического алфавита под титлом, для иностранцев денежные расчёты были весьма затруднительными, так как предполагали знание цифрового значения букв кириллицы. Именно поэтому Т. Фенне даёт подробный комментарий «Числу русскому»:

21 – первый да двадцать, 2,5 – полтретьи, 95 – сто без пяти, 75 – полосьмадесять, 1.000.000 – леорд, 100.000 – легион, 10.000 – тьма.

Томас Фенне, как и Ханс Соренсен, предлагает образцы диалогов, тематика которых связана исключительно с торговлей:

— *У меня не достало три бочки сельди.*

— *Пожалуй, помедляй дозатрея. Аз приготовлю тебе тѣ три бочки сельди да доложу, что не достанет*[①].

В XVII в. анонимные авторы написали «Азбуковник» для голландских и английских купцов и «Парижский словарь московитов». Эти учебные материалы были также рассчитаны на многократное повторение и заучивание наизусть.

В 1724 г. первый русский экономист, «правды же всеусердный желатель» Иван Тихонович Посошков[②] представил Петру I «проэктъ о школахъ для обучения отрочатъ». Впоследствии его

---

① Кортава Т. В. Первые практические пособия иностранных авторов XVII века по русскому языку. // ж. «Русский язык за рубежом», 2006, №2. С. 26.
② 伊万·季霍诺维奇·波索什科夫（1652-1726），俄国第一位理论经济学家，思想家、企业家和发明家，彼得一世军事和经济改革的支持者，主要著作是1724年写成的社会经济专著《贫富论》。

обнаружил в архивах М. В. Ломоносов и в 1752 г. представил в Академию наук для снятия копии. С точки зрения содержания проект был ориентирован скорее не на приобретение знаний, а на нравственное воспитание родителей, детей и духовенства. Значительная часть трактата посвящена осуждению грубого поведения и пороков: «піемъ до піана и живемъ… лежа на боку, хочемъ безъ труда въ царство небесное войти»[①].

В «Письме втором» И. Посошков настаивал на введении гражданского шрифта, переводе на «славенский язык» философских книг. Но главным предложением было «в царствующемъ градѣ Москвѣ состроить бы академию великую патриаршу», «собрать учителей отъ различныхъ странъ», поповых, диаконовых и дьячковых детей и учить их «грамматическаго разума»[②]. Этот проект И. Т. Посошкова, к сожалению, так и остался нереализованным.

Первым российским печатным учебником по русской словесности считается «Краткое руководство к красноречію» М. В. Ломоносова (1748 г.). Во второй половине XVIII в. многие мастера слова размышляли над развитием российской филологической культуры. Однако первоначальный курс русской словесности опирался на риторику и эстетику.

В 1783 г. Н.И. Новиков[③] в статье «О воспитании и наставлении детей» обосновал необходимость целостной концепции воспитания и обучения детей на национальной почве, на почве отечественной литературной речи, с уважением

俄罗斯第一本正式印刷出版的俄语教科书是米·瓦·罗蒙诺索夫编写的《演说简要指南》（《Краткое руководство к красноречію》）。俄罗斯早期的俄语课程主要关注演说术和美学。1755年莫斯科大学建立。莫斯科大学建立之初便开设了附属中学。莫斯科大学附中在俄语语言文字的教学中发挥了重要作用。

---

① Письма Посошкова митрополиту Стефану Яворскому. СПб, 1900, с. 29.
② Там же, с. 22.
③ 尼古拉·伊万诺维奇·诺维科夫（1744—1818），俄国教育家、记者、出版商、评论家、慈善家和共济会会员，俄国启蒙运动最有影响力的人物之一。

к личности ребёнка и учётом его индивидуальных и возрастных особенностей①. В 1783–1786 гг. Н. И. Новиков издавал первый русский литературный журнал для детей «Детское чтеніе для сердца и разума». В первом «Словаре русских писателей», увидевшем свет в 1772 г., уже было 300 имён.

В 1755 г. открылся Московский университет. На философском факультете читался двухгодичный курс риторики («оратории и стихотворства»), который был своеобразной подготовительной школой к обучению на юридическом и медицинском факультетах. Лекционный курс сопровождался занятиями по практической риторике с еженедельными диспутами（学术辩论） по объявленным за три дня тезисам. По результатам дискуссий составлялись письменные отчёты.

С момента основания Московского университета по замыслу М. В. Ломоносова при нём начала работать Академическая гимназия②. Она просуществовала 57 лет и сгорела во время пожара в 1812 г. Число гимназистов в десять раз превосходило число студентов. В высших классах гимназии русский язык и словесность преподавали профессора и адъюнкты③, в низших – бакалавры и студенты.

Важную роль в формировании курса российской словесности сыграли преподаватели гимназии Московского университета и Царскосельского лицея④, члены «Дружеского литературного

---

① Новиков Н. И. О воспитании и наставлении детей // Избранные сочинения. М., 1951, с. 452–453.
② 模范中学，俄罗斯帝国第一所为来自不同自由阶层的男孩开设的公立中等教育机构，于 1724 年在彼得一世的领导下成立。
③ 高等军事学校的研究生，担任副手和助理。
④ 皇村中学，俄罗斯帝国专门为贵族子女开设的高等教育学校。1811 年至 1843 年学校在沙皇村进行教学活动，教育来自最优秀家庭的年轻人——他们将在为帝国效力的事业中占据重要地位。

общества»① (1801 г.), «Общества любителей российской словесности»② (1811 г.) и «Общества любомудров»③ (1823 г.).

Фундаментальные основы российской методики преподавания русской словесности были заложены в эпоху образовательных реформ Александра II④. Ключевым фактором прогрессивных изменений в сфере просвещения стала системная подготовка педагогов и тщательная разработка учебных материалов. В 1858 г. при Московском, Санкт-Петербургском, Казанском и Харьковском университетах были открыты педагогические курсы для подготовки учителей средних и низших учебных заведений. Лучшие представители академического сообщества возглавили эту работу, сформулировали методические принципы преподавания и подготовили учебные пособия.

Ещё в 40-е гг. XIX в. академик Ф. И. Буслаев⑤ выступил против «учёных» грамматик А. Х. Востокова⑥ и Н. И. Греча⑦ и

俄语教学法的基础在亚历山大二世教育改革时期得以奠定。这期间系统性的教师培养和教材研发是推动教育领域变化的关键因素。1847年3月27日，亚历山大二世签署命令，国家为所有学校的所有科目编写统一教学大纲。

费·伊·布斯拉耶夫院士为推动俄语语言教学做出突出贡献。他反对"学术语法"，倡导创建"教学语法"，坚持俄语教学与阅读经典文学作品相结合的理念。

---

① "友好文学协会"是一个由志同道合的学生组成的作家协会，1801年在莫斯科组建。其发起者是安德烈·伊万诺维奇·屠格涅夫。1797–1800年间，他在寄宿学校领导了一个前浪漫主义文学俱乐部，1801年"友好文学协会"形成。
② 俄罗斯文学爱好者协会，1811在莫斯科大学成立，一直存在到1930年。协会由阿列克谢·费多罗维奇·梅尔兹利亚科夫教授等发起，汇集了大学教师、图书馆工作人员、科学家、作家、诗人和文学爱好者，旨在研究和普及语言学、俄罗斯文学、俄语。
③ 爱智协会，由莫斯科青年知识分子组成的哲学俱乐部，成立于1823年，于1825年12月解散。
④ 亚历山大二世（1818–1881），即亚历山大·尼古拉耶维奇·罗曼诺夫，罗曼诺夫王朝第十六位沙皇，俄罗斯帝国第十二位皇帝，同时兼任波兰国王、芬兰大公，沙皇尼古拉一世与皇后亚历山德拉·费奥多罗夫娜的长子。他进行了一系列政治、军事、司法、教育、财政等方面的改革，下诏废除了农奴制。
⑤ 费奥多尔·伊万诺维奇·布斯拉耶夫（1818–1897），俄国语言学家、民俗学家、文学和艺术史学家、俄罗斯神话学派主导人。他的作品《关于俄语教学》（1844）和《俄语历史语法经验》（1858）为俄罗斯的语言学奠定了基础。
⑥ 亚历山大·赫里斯托弗洛维奇·沃斯托科夫（1781–1864），俄国语言学家、斯拉夫学家、诗人、古文字学家、考古学家、词典编纂者。
⑦ 尼古拉·伊万诺维奇·格雷奇（1787–1867），俄国作家、出版商、编辑、记者、散文家、语言学家、创新教师、翻译、回忆录作家，出版了《实用俄语语法》（1827）（1834）、《俄语语法初级规则》（1828）、《详细俄语语法》（1827）（1830）一系列俄语语法权威教科书。

провозгласил необходимость создания «учебных» грамматик, при этом настаивая, что учитель «должен смотреть на науку и глубже, и дальше того, сколько сообщается ученикамъ»①.

27 марта 1847 г. Его Императорское Высочество② подписало указ о составлении единых программ по всем предметам для всех учебных заведений. Во исполнение этого указа в 1852 г. академик Ф. И. Буслаев и А. Галахов③ написали «Конспектъ русскаго языка и словесности для руководства въ военно-учебныхъ заведеніяхъ». Согласно этому руководству, ведущая роль в преподавании российской словесности отводилась изучению сочинений «двигателей нашей словесности, нравственных по содержанию и изящных по выражению». При этом рекомендовалось с «духом знаменитых писателей» знакомиться «в классах русского же языка»④.

Авторы разработали систему работы по чтению художественной литературы, определили виды чтения: «отчетливое», «сознательное», «ясное», «толковитое» и «критическое» с преимущественным вниманием к заучиванию наизусть прозы и требованием как можно чаще писать лучшие образцы словесности под диктовку. Думается, что авторам современных методик обучения чтению были бы интересны тексты для чтения с элементами рассуждения, составленные академиком Ф.И. Буслаевым: «Один шалун разложил огонь, зажег пруд и сжег всех рыб в пруду» или «Загорелся дом со всех четырех

---

① Буслаев Ф.И. О преподаваніи отечественнаго языка. М., 1844, с. 1.
② 这里指亚历山大二世。
③ 阿列克谢·德米特里耶维奇·加拉霍夫（1807–1892），俄国文学史学家、教授、枢密院议员，著有《俄罗斯儿童读者》《新旧俄罗斯文学史》。
④ Конспектъ русскаго языка и словесности для руководства въ военно-учебныхъ заведеніяхъ, составленный А. Галаховым и Ф. Буслаевымъ, на основании Наставленія для образованія воспитанниковъ военно-учебныхъ заведеній высочайше утвержденного 24-го декабря 1848 года. СПб.: Типографія военно-учебныхъ заведеній, 1849, с. 26.

углов, прилетела добренькая птичка, да своими крылышками и потушила пожар»①. Они построены на основе логического парадокса и требуют аргументированного объяснения, которое направлено на развитие речевых навыков учащихся. По мнению автора, эти тексты способствуют развитию мысли и укреплению благородных чувств.

Неоценимый вклад в разработку основ методики преподавания русской словесности внёс выдающийся славист, этнограф（民族学家）, палеограф （古文字学家）и фольклорист академик Измаил Иванович Срезневский②. Он считал русскую словесность главным предметом школьного образования, подчёркивая, что именно на уроках русского языка и литературы происходит становление личности, прививается любовь к Отечеству.

Перед гимназическим курсом русской словесности И. И. Срезневский поставил четыре задачи: упорядочение устных и письменных упражнений; ограничение изучения грамматики существенно важным «для разумѣнія языка и для правильнаго его употребленія»; «освобожденіе отъ схоластическихъ мелочей»; «расширеніе изученія литературы в объеме и сокращеніе в содержаніи», при этом критика должна быть «совершенно опущена»③.

То, что в современных методических статьях называют *компетенциями*, академик И.И. Срезневский называл ожиданиями.

为奠定俄语教学法基础做出突出贡献的还有伊·伊·斯列兹涅夫斯基院士。他认为中学教育的主要课程是俄语语言文学课，并强调正是在俄语语言文学课程上学生的个性得以形成，学生的爱国情怀得以产生。当代教学法文章中经常提及的"能力"概念在伊·伊·斯列兹涅夫斯基院士的教学思想中早有体现，只是他把"能力"概念称为"期待"。

---

① Буслаев Ф. И. О преподаваніи отечественнаго языка. М., 1844, с. 219–221.
② 伊斯梅尔·伊万诺维奇·斯列兹涅夫斯基（1812–1880），俄国语言学家和斯拉夫学家、民族学家和古文字学家、彼得堡科学院院士，1855–1880年，在圣彼得堡皇家国立大学担任历史和语言学系主任，编撰了《古俄语词典》。
③ Срезневскій И. И. Замѣчанія объ изученіи русскаго языка и словесности въ среднихъ учебныхъ заведеніяхъ. М., 1871, с. 22.

Главными были – умение вникать в смысл и последовательность изложения слушаемого и читаемого и толково пересказывать услышанное и прочитанное, умение выражать свои мысли устно и на письме правильно, отчетливо и последовательно и безупречное владение правописанием①. Грамматический же разбор он считал «бесполезным занятием»②. Заметим, что в своих трудах И. И. Срезневский название предмета «Русский язык» всегда писал с прописной буквы.

将语言文字教学置于首要位置的不只是语言学家，还有其他领域的专家，如俄罗斯杰出医生、教育家尼·伊·皮罗戈夫。俄罗斯教育学奠基人之一康·德·乌申斯基认为母语课程是中学的主要课程，母语课程可以发展学生的智力、观察力、想象力、记忆力并教会学生独立获取知识。他出版儿童读物教育孩子尊重俄语、尊重俄罗斯历史文化。对出版儿童读物同样感兴趣的还有列·尼·托尔斯泰。他完成的多部读物被当时的教育部推荐为教学用书。

На первое место курс российской словесности ставили не только филологи. Выдающийся врач и педагог Николай Иванович Пирогов③, посвятивший немало работ школьному образованию, считал главными задачами школы – воспитать нравственную личность, научить верить в себя и любить истину④. Все эти задачи решались на уроках русской словесности.

В 1861 г. один из основоположников русской педагогики К. Д. Ушинский⑤ завершил работу над хрестоматией для гимназий «Дѣтскій міръ». Эта книга была приложением к учебнику «Родное слово», которое вышло в свет в 1864 г. и выдержало 146 изданий. Книга «Детский мир» ориентировала педагога на преподавание родного языка как главного предмета, который развивает умственные способности, наблюдение, воображение, память и

---

① Срезневскій И. И. Замечанія объ изученіи русскаго языка и словесности въ среднихъ учебныхъ заведеніяхъ. М., 1871, с. 5.
② Срезневскій И. И. Объ изученіи родного языка вообще и особенно въ дѣтскомъ возрастѣ. СПб, 1899, с. 69.
③ 尼古拉·伊万诺维奇·皮罗戈夫（1810–1881），俄国外科医生、解剖学家、博物学家，教授。他绘制了第一部局部解剖学图册，是俄罗斯军事野战外科和俄罗斯麻醉学派的创始人。
④ Румянцев Н. Е. Пироговъ, его взгляды на природу дѣтей и задачи воспитанія. Спб., 1910, с. 75.
⑤ 康斯坦丁·德米特里耶维奇·乌申斯基（1823–1870），俄国教育家、作家和科学教育学的创始人。他创立的教学体系基于公共教育民主化和大众教育需求，著有《儿童世界》《母语》和《作为教育主体的人》。此外，他还非常重视对学生进行系统的逻辑思维训练，著有《逻辑学第一课》。

учит самостоятельно добывать знания. К. Д. Ушинский проявлял особую заботу о национальной основе образования[①]. Его книги воспитывали уважение к русскому народу, его истории и культуре. Особенно большое значение автор придавал воспитанию любви к природе. Ушинский был прекрасным стилистом – в своей хрестоматии он сознательно избегал иностранных и трудных слов.

Тема детского чтения живо интересовала Л. Н. Толстого. В 1859 г. он открыл школу в Ясной Поляне, затем отправился за границу для знакомства с европейскими методами образования. Его не устроила хрестоматия К. Д. Ушинского по причине излишней дидактичности. И он написал «Азбуку», затем «Новую азбуку» и «Русскіе книги для чтенія», которые были рекомендованы Министерством народного просвещения для школ и использовались вплоть до 1917 г. В роли текстов сначала выступали коротенькие пословицы, поговорки, затем – простенькие рассказы, преимущественно в диалогической форме, такие как «Филиппок»[②], легенды, русские, еврейские, немецкие, турецкие и персидские народные сказки.

Споры вокруг обязательного списка произведений для детского чтения не прекращались никогда. В 90-е гг. XIX в., в пору утверждения новых гимназических обязательных программ и примерных планов, многие педагоги сомневались, что сатира Н. В. Гоголя и М. Е. Салтыкова-Щедрина, основанная на эстетическом принципе – «утверждение идеала прекрасного через отрицание безобразного»[③], может воспитать нравственно чистого гражданина Отечества. Много спорили о целесообразности включения в

关于儿童必读书目这一问题的争论一直没有停歇过。大家争论的焦点是文学作品的教育意义。19世纪末，在俄罗斯教学法领域出现了"课外阅读"这一概念。对儿童阅读做出贡献的有赫·达·阿尔切夫斯卡娅。她的教学法旨在研究语篇接受心理。她的方法与尼·亚·鲁巴金的理念不谋而合。尼·亚·鲁巴金创立了读者影响与作者影响相互作用理论，认为随着读者的变化，作品的内容也在发生着变化。

---

① Ушинский К. Д. Избранные педагогические сочинения в 2 т. М., 1974.
② 列夫·托尔斯泰所著儿童故事《菲利波克》，讲述了一个好奇的男孩菲力波克上学的故事。
③ Гоголь Н. В. Неаполь, 10 января н. ст. 1848 г. «Письма» IV. М., 1999. с. 134-140.

программу новейшей литературы. В 1905 г. в гимназический курс после долгих споров наконец вошли произведения И. С. Тургенева, А. Н. Островского, Ф. М. Достоевского, Ф. И. Тютчева и Л. Н. Толстого.

В конце XIX в. в российской методике появилось понятие *внеклассного чтения*. Значительная роль в организации детского чтения принадлежит директору харьковской воскресной школы Христине Даниловне Алчевской[①], под руководством которой были изданы 3 тома библиографического критического указателя книг для народного и детского чтения «Что читать народу?»[②].

Методика Х. Д. Алчевской, нацеленная на изучение психологии восприятия текста, была созвучна идеям выдающегося русского книговеда, библиографа и писателя Николая Александровича Рубакина[③]. Он создал новое научное направление *библиопсихологию* — системный, научно обоснованный анализ «книжного дела», который подразумевал взаимодействие всех лиц и учреждений, вовлеченных в процесс «создания, издания, распространения и потребления книгопродукции»[④]. Библиопсихология — это синтез экономики, психологии и педагогики.

Н. А. Рубакин обосновал *теорию взаимного влияния читателя и писателя*, утверждая, что с изменением читателя содержание печатного, рукописного и устного текста меняется[⑤]. В советские годы его часто обвиняли в субъективизме: он полагал,

---

① 克里斯蒂娜·丹尼洛夫娜·阿尔切夫斯卡娅（1841–1920），俄国与乌克兰苏维埃社会主义共和国社会活动家、教师和教育家。她因致力于公共教育而闻名，著有儿童故事《菜农》等。

② Алчевская Х. Д. Что читать народу? М., 1906.

③ 尼古拉·亚历山德罗维奇·鲁巴金（1862–1946），俄国书商、书目学家、科学普及者和作家，毕业于圣彼得堡皇家大学，同时在自然、历史–哲学和法律三个院系学习。

④ Рубакин Н. А. Что такое библиологическая психология. Л., 1924.

⑤ Там же, с. 9.

что содержание книги не передаёт мысли автора читателю, а пробуждает в нём новые мысли и стремления, которые зависят от всей суммы накопленных им знаний, поэтому у книги нет однозначного содержания. Она есть проекция читательского восприятия. Сколько читателей – столько и содержаний у книг. И для пробуждения интереса к чтению надо подобрать книгу в соответствии с типами мышления[①].

С первых лет советской власти детская книга становится средством воспитания нового человека и орудием идеологической борьбы. В декабре 1917 г. был поставлен вопрос об издании русской и мировой классики массовым тиражом. Уже через четыре дня после Великой Октябрьской социалистической революции, 29 октября (по старому стилю) 1917 г., под руководством Анатолия Васильевича Луначарского была создана Комиссия по просвещению, и Луначарский сразу же выдвинул идею – включить задачу по организации детского чтения в государственную программу развития образовательной системы. Детские книги поступали в продажу по себестоимости, учащимся школ их раздавали бесплатно.

Благодаря А. В. Луначарскому в первые годы советской власти появились новые переводы зарубежной детской литературы. Активно занималась развитием детского чтения Н. К. Крупская, но, к сожалению, она недооценила роль сказки, фантазии и выдумки в воспитании молодого поколения и считала, например, что «Крокодил» К. И. Чуковского[②] пугает детей.

苏维埃政权初期，儿童图书成为育人手段和开展意识形态斗争的武器。十月革命胜利后的第五天，教育委员会便宣告成立。委员会负责人安·瓦·卢那察尔斯基为推动儿童阅读开展了大量工作。当时，每一本儿童读物都要经过多个委员会的审查。大批散文、诗歌作者和绘画方面的顶尖级专家投入儿童读物的写作、绘制和出版工作。他们认真对待读物的每个细节。

---

① Рубакин Н. А. Что такое библиологическая психология. Л., 1924., с. 10–11.
② 科尔尼·伊万诺维奇·丘科夫斯基（1882–1969），诗人、文学评论家、翻译家、文艺学家、儿童作家和记者。他对苏联儿童教育事业做出了巨大贡献，著有儿童故事《蟑螂》《电话》等。

Каждое произведение для детского чтения рассматривалось в нескольких комиссиях, которые порой слишком усердствовали. В 1927 г. вокруг русской народной сказки «Курочка Ряба» разгорелись серьёзные споры. Главное управление по делам литературы и издательств запретил её издание на основании того, что куры не несут золотых яиц и не следует обманывать детей. За «Курочку Рябу» вступился А. В. Луначарский, который посоветовал разъяснять детям семантику многозначного слова «золотой».

Лучшие мастера прозы и стиха, живописи и графики работали над детской книгой. Самым строгим цензором（书刊审查员）был директор Ленинградской редакции «Детгиза» С. Я. Маршак[①].

С. Я. Маршак внимательно изучал архитектонику текста – шрифт, отступы, расположение текстов и рисунков. Особое внимание он уделял детской научно-художественной книге, которую создавали настоящие мастера своего дела, обладавшие литературным даром. Писатель Борис Житков[②] был инженером-химиком и капитаном дальнего плавания, прекрасные рассказы о животных писал зоолог и охотник Виталий Бианки[③].

С. Я. Маршак много внимания уделял «сестре детской литературы» – учебной книге, настаивая, что хороший учебник по литературе должен пробуждать интерес к чтению художественной литературы. Именно поэтому каждая фраза учебника и особенно биографии писателей должны быть продуманы и

---

① 萨穆伊尔·雅科夫列维奇·马尔夏克（1887-1964），诗人、剧作家、翻译家、文学评论家、编剧、儿童作家，著有《小阁楼》《猫舍》等作品。其作品曾荣获列宁奖（1963年）和四个斯大林奖（1942年、1946年、1949年、1951年）。

② 鲍里斯·斯捷潘诺维奇·日特科夫（1882 – 1938），作家、小说家、旅行家和探险家，以写作冒险故事和与动物有关的作品出名，1905年发表小说《维克多·瓦维奇》。

③ 维塔利·瓦连季诺维奇·比安基（1894-1959），著名儿童作家。他创作了约三百篇面向儿童的作品，如《森林报》《谁的鼻子更好》等。

отточены пером опытных редакторов, отрывки из классических произведений не должны быть обрывками, а комментарии к ним «убийственными»[①].

К. И. Чуковский тоже критиковал «вульгарносоциологический метод» преподавания литературы в школе и канцелярит в школьных учебниках. Он считал главной задачей учителя литературы не провести на уроке «социальный анализ», а научить восхищаться художественным словом, неповторимым мастерством каждого автора и настойчиво напоминал слова А. Т. Твардовского[②], сказанные на I Всероссийском съезде учителей: «нельзя читать Гоголя, как расписание поездов», надо научить детей восхищаться искусством писателя и радостно общаться с книгой[③].

В наши дни в обществе открыто звучит тревога о резком падении, а иногда и полном отсутствии интереса детей к чтению. Причины находят в новых методиках обучения чтению в начальной школе, ориентированных на показатель скорости, во вредном влиянии информационных технологий, в формировании у детей «дефицита внимания», их рассеянности и неорганизованности.

Споры о необходимом корпусе текстов, обязательном для изучения в школе, то разгораются, то затихают, при этом характерно, что эта проблема волнует не только профессиональное сообщество. Общество проявляет заботу о высоком уровне филологической культуры, который достигается путём серьёзного изучения словесности в школе, последующего самообразования и саморазвития человека.

---

① Маршак С. Я. Воспитание словом. М., 1964, с. 564–570.
② 亚历山大·特里丰诺维奇·特瓦尔多夫斯基（1910–1971），作家、诗人、散文家、记者，《新世界》杂志主编，著有诗歌《瓦西里·特金》（1941）、《路边的房子》（1946）等。
③ Чуковский К. И. Живой как жизнь. М., 2004, с. 164.

2.2 Языковая система: норма и узус

本节重点：
俄罗斯民族语言、现代俄语标准语

概述部分重点：
现代俄语标准语与俄罗斯民族语言的区别、现代俄语标准语的发展过程

俄语是世界文明的遗产，它是伟大的文学语言和文化语言。俄语词汇丰富，在词义、构词、句法和词序等方面独具特色。

Современный русский литературный язык в широком смысле – это язык, начало которому положил А. С. Пушкин; в узком – язык определённого синхронного среза.

Овладение богатствами современного русского литературного языка требует каждодневной и кропотливой работы. Умение правильно, логично и убедительно говорить – важное качество любого профессионала. Русский язык – это достояние мировой цивилизации. Это язык великой литературы и культуры.

Достоинства русского языка определяются следующими признаками:

— огромным словарным запасом;

— широкой многозначностью слов;

— разнообразием способов словообразования;

— подвижностью ударения;

— стройным синтаксисом, который характеризуется разнообразием смысловых отношений между частями сложного предложения;

— разнообразием пунктуации;

— свободным и смыслоразличительным порядком слов.

Следует чётко различать понятия русский национальный язык и современный русский литературный язык. Первое – более широкое.

Русский национальный язык – это общенародный язык. Он охватывает все сферы речевой деятельности, независимо от образования, воспитания, территории проживания его носителей, и включает в себя литературный язык со всеми функциональными стилями, диалекты, профессиональные жаргоны, региональные разновидности и просторечие.

Диалект (или говор) – это устная разновидность языка, обладающая отличительными особенностями и распространённая в определённой местности. Диалекты изучает особый раздел лингвистики – *диалектология*. С течением времени диалектные различия постепенно нивелируются（消除）.

Просторечием называется социальная разновидность языка, которая обладает несистемными свойствами, маргинальной（边缘的）позицией по отношению к языковой норме и большой способностью стихийного распространения.

На периферии（边缘）национального языка находятся жаргон (профессиональная речь), *сленг* (молодёжный жаргон) и арго (разновидность речи различных асоциальных групп). В отличие от диалектизмов, они составляют агрессивную по отношению к литературному языку речевую стихию.

Объективные процессы сглаживания（抹平）диалектных различий, которые объясняются, с одной стороны, влиянием СМИ, с другой – несбалансированным развитием города и деревни, перемещением людских потоков из различных диалектных зон и чересполосным расселением привели, по мнению учёных, к появлению лингворегионализмов (местных слов). Примерами

应该区分现代俄罗斯标准语与俄罗斯民族语言，后者涉及的内容更加宽泛，它涵盖言语活动的所有领域，包括俄语标准语、方言、职业行话、俗语等。

方言之间差异的消除，一方面是媒体影响的结果，另一方面，是城乡发展不平衡、不同方言区人口的流动和交叉定居的结果。这一过程导致了语言区域主义的出现。

регионализмов, отражающих местный колорит на общерусском культурном фоне, могут служить такие слова, как: *тремпель* (белгор.) – 'вешалка' /возможно, от имени местного мебельного фабриканта XIX в./; *синенькие* (белгор.) – 'баклажаны', *баклажаны* (белгор.) – 'помидоры', *оттудоветь* (владим.) – 'выздороветь', *балаболка* (белгор.) – 'колокольчик', *поребрик* (петерб.) – 'бордюр', *посекунчик* (перм.) – 'пирожок' и др.

俄语标准语是相对狭义的概念。它是由作家、文化活动家及学者这些语言大师加工而成的语言。16-17世纪莫斯科官方事务用语对俄语标准语的形成发挥了积极作用。在中央集权国家形成的时候，随着国家行政机构的出现，莫斯科官方事务语言开始形成。这一体裁的语言经历了由不规范到规范的发展过程，直到亚历山大一世时期才基本形成。我们所说的现代俄语标准语指的是19世纪初到现在的俄语。亚·谢·普希金对现代俄语标准语的形成做出了巨大贡献。

Русский литературный язык – понятие более узкое. Это язык, обработанный мастерами слова: писателями, деятелями культуры, учёными.

В образовании русского литературного языка большую роль сыграл московский приказный язык XVI–XVII вв[①]. – по происхождению административно-деловой язык московских канцелярий, где профессиональные писцы (抄写员) составляли тексты по установленным формулярам. Приказный язык по сути своей является языком юридическим, его корни уходят в дописьменную эпоху, в устное обычное право[②], точное время возникновения которого неизвестно. В древнейшую эпоху суды совершались в устной форме на основе норм обычного права. На письме впоследствии был закреплён обработанный на практике и устоявшийся устный текст. Учёные полагают, что в дописьменную эпоху язык играл посредническую, второстепенную роль в интерпретации норм устного обычного права. Впоследствии правовой статус языка в юридической практике принципиально

---

① 一种书面语言，它是在14-17世纪鲜活、流行的莫斯科方言的基础上发展起来的。强大的中央集权国家使其逐渐取代了地方的和区域的书面语并于16世纪成为莫斯科公国的统一语言。它具有全国性和高度规范化特征。

② 习惯法，俄罗斯习惯法的出现可以追溯到古代斯拉夫人生活的年代。古斯拉夫人使用"真相""习俗""传统"等来代表习惯法。习惯法形成于某一部落或民族的共同意志，并对法律体系产生一定的影响。

изменился.

Развитие письменного юридического языка примерно совпадает с развитием письменности на Руси. В ранний письменный период сформировалась особая каста（层级）профессиональных писцов, которые занимались составлением не только юридических, но и бытовых текстов. В пору образования централизованного государства, с появлением «дьячьих изб»[①], а затем и приказов (административно-государственных учреждений) началось становление московского приказного языка – единого административно-государственного письменного языка.

Любые нововведения трудно приживались в русском делопроизводстве. Иностранный путешественник Самуил Коллинз[②], служивший в середине XVII в. врачом при дворе царя Алексея Михайловича[③], писал в своих заметках, что русские потребляют много бумаги, излагают свои дела слишком пространно, пишут на коленях по древнему обычаю, хотя перед ними стоят столы[④].

Становление норм письменного юридического языка началось в период правления Ивана Грозного[⑤] и имело стихийный характер. Инвентарь（清单）формуляров, или образцов документов отличался нестабильностью, большим разнообразием в зависимости от языковой и профессиональной подготовки писца-составителя. Наличие строго определённого набора юридических

---

① 文员机关，莫斯科公国官僚机构，于15世纪末到16世纪初伴随着国家行政文职系统的建立而出现，负责处理国家管理中的具体问题。
② 塞缪尔·柯林斯（1619–1670），英国医生、作家，于1659–1666年在沙皇俄国担任阿列克谢一世的私人医生，著有《俄国现状》。
③ 阿列克谢·米哈伊洛维奇·罗曼诺夫（1629–1676），罗曼诺夫王朝第二位沙皇。
④ Коллинз С. Нынешнѣе состояніе Россіи. М., 1846.
⑤ "伊凡雷帝"（1530–1584），伊凡·瓦西里耶维奇，俄国第一位沙皇，莫斯科及全罗斯大公。在其统治期间，沙皇俄国的领土面积超越了其他所有欧洲国家。

формул зачина и концовки не исключало широкой вариативности основной части. Юридические документы отличались высокой степенью вольности вследствие отсутствия систематического обучения письменному юридическому языку.

В Московской Руси не было специальных профессиональных учебных заведений для подьячих – составителей текстов. Корпоративная замкнутость плохо обученных писцов, мздоимство（受贿）и лукавство（作假）не способствовали доверительному отношению к государственной законодательной и правоприменительной практике. Кроме того, своевольные изменения в формулах создавали возможность двоякого толкования приказной словесности.

В XVIII в., в пору петровских преобразований и становления канцелярий, возникла острая потребность в подготовке образованных чиновников, которые должны были прийти на смену подьячим, или «безграмотным крючкотворцам», как назвал их А. П. Сумароков[①]. При Петре I деловой язык изобиловал заимствованиями. Надо отметить, что в ту пору вообще мало писали. Письменные распоряжения заменялись устными или личным участием распорядителя. Не было чёткого разграничения законодательной, судебной и исполнительной власти.

Деловой и государственный слог был создан в эпоху правления Александра I[②], когда при Министерстве внутренних дел было учреждено училище для чиновников и введена устная судебная речь, или так называемые рассуждения о делах при

---

① 亚历山大·彼得罗维奇·苏马罗科夫（1717–1777），俄国诗人、剧作家和文学评论家。18世纪俄国文学的最伟大代表人物之一。他被认为是俄罗斯第一个职业文学家和"俄罗斯戏剧之父"，著有《霍烈夫》（1747）、《西纳夫和特鲁沃尔》（1750）等作品。

② 亚历山大·帕夫洛维奇·罗曼诺夫（1777–1825），罗曼诺夫王朝第十四位沙皇，俄罗斯帝国第十位皇帝。

свидетелях. Эти нововведения способствовали формированию русского канцелярского стиля, основными признаками которого стали «правильность, точность, краткость, благородная простота, смелый и удачный перевод иностранных слов, порядок в изложении и приличный тон»①.

Под современным русским литературным языком принято понимать состояние языка в период с первой трети XIX в. до наших дней.

Выдающаяся роль в создании современного русского литературного языка принадлежит А. С. Пушкину, который считал язык *первым училищем для юной души*. Его произведения открыли целую эпоху в развитии нового русского литературного языка.

Формы русского литературного языка

本部分重点：
书面语与口语的差异、俄语的规范化和标准化问题、对俄语标准化发挥重要作用的俄语辞书、俄语读音和词汇的规范化

Современный русский литературный язык существует в двух формах: книжно-письменной и устно-разговорной. Принято считать, что письменность является ключевым условием прогресса. Однако эта точка зрения разделяется не всеми. Древнегреческий философ Платон в диалоге «Федр»② привел и другое мнение:

俄语标准语有两种形式：书面语形式和口语形式。普遍认为文字记录是人类进步的关键条件，但是柏拉图却提出了另外的观点。他认为文字记录会削弱人的记忆力。文字记录的利与弊这一问题时至今日仍然具有现实意义。

---

① Магницкий М. Л. Краткое руководство к деловой и государственной словесности для чиновников, вступающих в службу. СПб., 1835, с. 16.
② 《斐德鲁斯》，柏拉图所写的苏格拉底与菲德鲁斯的对话。在这次谈话中，苏格拉底拒绝虚假的口才，认为辩证法只有在真正的哲学基础上才有价值，并与菲德鲁斯探讨了真爱的意义、灵魂的本质。

«Сократ. Так вот, я слышал, близ египетского Навкратиса родился один из древних тамошних богов, Тевт. Он первый изобрел число, счёт, геометрию, астрономию, вдобавок игру в шашки и в кости, а также и письмена. Царем над всем Египтом был тогда Тамус, правивший в великом городе верхней области, который греки называли египетскими Фивами. Придя к царю, Тевт показал свои искусства и сказал, что их надо передать остальным египтянам. Царь спросил, какую пользу приносит каждое из них. Тевт стал объяснять, а царь, смотря по тому, говорил ли Тевт, по его мнению, хорошо или нет, кое-что порицал, а кое-что хвалил. Когда же дошел черёд до письмен, Тевт сказал: «Эта наука, царь, сделает египтян более мудрыми и памятливыми, так как найдено средство для памяти и мудрости». Царь же сказал: «Искуснейший Тевт, в души научившихся им они вселят забывчивость, так как будет лишена упражнения память: припоминать станут извне, доверяя письму, по посторонним знакам, а не изнутри. Стало быть, ты нашел средство не для памяти, а для припоминания. Ты даешь ученикам мнимую, а не истинную мудрость. Они у тебя будут многое знать понаслышке, без обучения, и будут казаться многознающими, оставаясь в большинстве невеждами, людьми, трудными для общения; они станут мнимомудрыми вместо мудрых».

Платон был писцом и секретарем Сократа. Он высоко ценил память, называя ее «вольером с птицами». Чтобы поймать нужную, требуется большое искусство. Владение искусством запоминания и припоминания высоко ценилось древними греками и римлянами. У греков был институт *мнемонов*[①] – «живых справочников», которые должны были помнить юридическую

[①] 古希腊由政府官员或律师组成的机构，负责记忆政府的重要法令以及国家或公民个人的条约。这种记录方法后来渐渐被书面记录取代。

информацию и выдавать её по запросу. В Древнем Риме ту же функцию выполняли рабы *graeculi* ('маленькие греки'), специализировавшиеся на интеллектуальном труде. Античная богиня памяти *Мнемозина*[①] была также покровительницей искусства.

Много веков прошло, а вопрос не потерял своей остроты. Последние наблюдения физиологов из UCL (University College of London) свидетельствуют о том, что способность говорить генетически обусловлена, в отличие от способности читать, которая не заложена в наших генах. Человеку приходится обучать свой мозг раскодированию письменных знаков. Учёные установили, что отделы мозга, управляющие памятью и интерпретацией зрительной и звуковой информации, работают по-разному. И записанный текст не всегда становится достоянием памяти – хранителя знаний.

В наши дни лингвисты активно изучают способы записи и хранения информации с помощью интернет-ресурсов и мобильных устройств. Появился термин *texting* ('пальчиковая речь') – 'способ передачи информации с помощью *sms*'. С терминами *язык Интернета, язык sms* трудно согласиться: ведь это не новые знаковые семиотические системы, а, скорее, способы кодирования и декодирования некоторого объёма информации теми же знаками в условиях высокоскоростных массовых потоков информации.

Книжно-письменную форму русского литературного языка отличают общепризнанность, подготовленность, продуманность, правильность и редакторская обработка. Для письменной речи характерно следующее:

俄语书面语和口语在词汇组成、语法结构、修辞色彩等方面都具有明显差异。书面语普遍经过加工和准备，而口语更具自发性。

---

① 谟涅摩辛涅，希腊记忆女神，文艺女神缪斯之母。

– сложная система графики, орфографии и пунктуации;

– строгое соблюдение литературных норм;

– тщательный отбор лексики и фразеологии;

– употребление сложных и осложнённых предложений;

– правильный порядок слов;

– монологическая форма.

Главная характеристика устно-разговорной формы русского литературного языка – спонтанность. Кроме этого, отмечаются:

– смыслообразующая роль интонации;

– спорадическое（偶然的） появление просторечной лексики и фразеологии;

– редкое использование осложнённых и сложных предложений, с разнообразными типами сочинительной, подчинительной и бессоюзной связи;

– диалогическая форма;

– широкое применение паралингвистических（副语言的） средств общения: мимики, жестов.

Родному языку надо учиться постоянно, совершенствуя полученные знания. Это занятие более серьёзное и кропотливое, чем овладение иностранным языком. Очень доходчиво написал об этом Н. В. Гоголь в поэме «Мертвые души». В лирическом отступлении о слове, «излетевшем из уст» Чичикова, автор сатирически высмеивает нежелание читателей высшего сословия совершенствовать владение родным языком: «Кажется, из уст нашего героя излетело словцо, подмеченное на улице. Что ж делать? Таково на Руси положение писателя! Впрочем, если слово из улицы попало в книгу, не писатель виноват, виноваты читатели, и прежде всего читатели высшего общества: от них первых не услышишь ни одного порядочного русского слова, а французскими, немецкими и английскими они, пожалуй, наделят в таком количестве, что и не захочешь, и наделят даже с сохранением всех возможных произношений: по-французски в нос картавя, по-английски произнесут как следует птице, и даже физиономию сделают птичью, и даже посмеются над тем, кто не сумеет сделать птичьей физиономии; а вот только русским ничем не наделят, разве из патриотизма выстроят себе на даче избу в русском вкусе. Вот каковы читатели высшего сословия, а за ними и все причитающие себя к высшему сословию! А между тем какая взыскательность! Хотят непременно, чтобы все было написано языком самым строгим, очищенным и благородным, – словом, хотят, чтобы русский язык сам собою опустился вдруг с облаков, обработанный как следует, и сел бы им прямо на язык, а им бы больше ничего, как только разинуть рты да выставить его».

Гоголь призывает читателей любить родной язык, заботиться о его чистоте и постоянно совершенствовать свои навыки владения им.

Современный литературный язык – строго нормированная и кодифицированная форма общенародного национального языка.

Под языковой нормой понимается совокупность наиболее устойчивых, общеобязательных и общепринятых правил произношения, употребления слов, грамматических форм и стилистических средств.

Норма исторически подвижна и вариативна. Эти свойства неразрывно связаны. Подвижность порождает вариативность, которая обусловлена не столько временными и социолингвистическими факторами, сколько системными. Если в языке действует тенденция к упрощению форм выражения, то одновременно, по философскому закону единства и борьбы противоположностей, активизируется тенденция к усложнению семантической организации за счёт имплицитности（隐性）, или

现代俄语标准语是一种严格规范的通用民族语言形式。语言规范是最稳定、最必须和被普遍接受的有关发音、词语使用、语法形式和修辞手段的规则的集合。语言规范是社会历史范畴，它是历史性变化的，且具有多样性。语言规范如艺术家手中的调色板，具有修辞多样性，但受新的语言标准制约。语言规范不是个人化的，它针对所有必须或愿意遵守它的人。在语言规范自然形成的过程中，语言学家和国家语言政策会对其加以引导和干预，但是这些引导和干预经常是滞后的。根据语言结构，语言规范分为拼写规范、词汇规范、语法规范和标点规范。

так называемых скрытых смыслов.

Норма как совокупность общепринятых кодифицированных способов выражения определённых смыслов есть явление социальное. Она соотносима с эталоном как палитра возможных красок для художника и предполагает стилистическое варьирование в пределах системы литературного языка (в зависимости от коммуникативных целей говорящего) и регулирование посредством новых кодификационных источников (например, словарей и справочников). Норма не персонифицирована, она существует для всех, кто должен или желает её придерживаться. Каждый носитель языка потенциально стремится следовать идеалу, образу, который легко описать, но трудно найти среди окружающих. Эталон – это модель, образец, произведение искусства, в то время как нормы речевого поведения – отражение эталона в жизни, обрамленное сводом этикетных, произносительных и грамматических правил.

Норма реализуется в узуальном употреблении, которое отражает на карте её временного движения пороги, активизирующие профессиональную филологическую деятельность и языковую политику в обществе, препятствующую разрушению устоявшихся норм. Иногда эта экстралингвистическая деятельность бывает успешной, но чаще узуальная стихия приводит к появлению сначала вариантов с пометкой «устаревшее», а затем и новых, единственно верных форм. Этот процесс тем стремительнее, чем менее осмысленной является государственная языковая политика и чем безразличнее становится общество к своему языку и культуре.

Норма литературного языка – это социально-историческая категория, формирующаяся в результате отбора и реализации элементов системы языка, которые культивируются мастерами слова, преподаванием в средней и высшей школе, социально ответственными средствами массовой информации. Нормы литературного языка обязательны в общеязыковой практике и обслуживают все сферы жизни общества.

В соответствии со структурой языка различаются орфоэпические, лексические, грамматические (словообразовательные, морфологические, синтаксические), орфографические и пунктуационные нормы. Они важны для обеспечения функционирования русского языка как общегосударственного, особенно в условиях культурно-языкового многообразия.

Нормы современного русского литературного языка, которые фиксируются в грамматиках и толковых словарях, складывались в практике языкового общения образованных носителей языка. Это непрерывный процесс, отражающий динамику общественной жизни. Регламентация норм требует постоянного анализа функционирования литературного языка в сопоставлении с предшествующими стадиями его развития. Для этого необходимы тщательные и многолетние наблюдения за особенностями употребления литературного языка в разных речевых жанрах, отраженных в специальных картотеках и словарях. Таким образом, для анализа норм языка нужны исследования фундаментального характера лексикологов и лексикографов, результаты которых закрепляются в словарях и грамматиках, то есть кодифицируются лексикографами.

Норма – одно из важнейших условий стабильности, единства и самобытности национального языка. Но неверно думать, что норма неподвижна. Постоянство нормы не исключает её развития. Норма изменяется во времени, в ней отражается стремление носителей к сохранению традиций и одновременно желание обновить её, сделать языковые средства более выразительными. Динамические изменения нормы реализуются в узусе (от лат. usus – 'употребление').

米·瓦·罗蒙诺索夫非常关注语言规范问题。他于1755年创立了俄语语体理论，将语体划分为"高雅语体""中间语体""低俗语体"。这一理论开启了对俄语词汇与修辞的多样性研究。

Вопросам нормирования языка много внимания уделял выдающийся русский учёный-энциклопедист, основатель Московского университета Михаил Васильевич Ломоносов. В 1755 г. он обосновал теорию «трёх штилей» – «высокого», «среднего» и «низкого», основанную на классификации лексики:

– «высокий стиль» предполагает использование стилистически возвышенных, архаических слов, по преимуществу старославянского происхождения: лик, очи, перси, рамена, дерзать, зиждиться, внимать;

– «средний стиль» (стилистически нейтральный) объединяет слова из общеупотребительного языка: лицо, глаза, грудь, плечи, стараться, основываться, слушать;

– «низкий стиль» характеризуется просторечной лексикой: морда, зенки, девка, мужик, балакать, шляться.

Теория «трёх штилей» положила начало научному исследованию лексического и стилистического разнообразия русского языка.

Норма – не плод воображения учёных. По словам В. Г. Белинского, создать язык невозможно, ибо его творит народ; филологи лишь открывают его законы и приводят их в систему, а писатели только творят на нём сообразно с сими законами.

Закрепление, или фиксация языковых норм на письме называется кодификацией.

Источниками кодификации русского литературного языка являются словари, грамматики и учебники.

Существуют самые разнообразные словари: толковые, двуязычные, терминологические, словари иностранных слов, устаревших слов, синонимов, антонимов, омонимов, паронимов, фразеологизмов, словари языка писателей и поэтов и многие другие.

Первый полный толковый словарь русского языка – «Толковый словарь живого великорусского языка» в четырёх томах – в 1863–1866 гг. составил Владимир Иванович Даль. Интересно что В. И. Даль, выпускник Дерптского университета, врач по образованию, видел предназначение своего фундаментального труда не в кодификации норм, а в их фиксации на определённом синхронном этапе с этимологическими и диалектологическими комментариями. Он полагал, что язык не математика, и не надо заботиться о его совершенствовании, потому что это делается само собою. Язык всегда развивается соразмерно потребностям века и образованности, и человек не в силах ничего изменить. Примечательно, что со временем написания словаря В. И. Даля некоторые слова изменили своё значение. Например, слово *банить* у Даля – мыть, чистить водою, а сейчас – отключить доступ к интернет-ресурсу; *лох* у Даля название рыбы из семейства лососевых в Олонецком крае①; *простыня* у Даля не только предмет постельного белья, но и прямодушный человек; *стерва* у Даля – труп околевшего животного, падаль.

В школьной практике наиболее популярными являются толковые словари Д. Н. Ушакова, С. И. Ожегова и этимологический （词源的） словарь Макса Фасмера.

Первую систематизированную грамматику русского языка – *«Российскую грамматику»* – в 1755 г. написал М. В. Ломоносов. Существует несколько изданий Академической грамматики современного русского литературного языка (1952, 1970, 1982 гг.).

将语言规范以书面形式加以固定和记录被称为标准化。俄语标准化通过编写字典、语法书和教科书进行。字典是确定语言标准的主要手段，在俄罗斯有各种各样的俄语字典。第一本俄语详解字典是由弗·伊·达里在1863－1866年期间编写的《俄语详解词典》（《Толковый словарь живого великорусского языка»）。中学教学中普遍使用德·尼·乌沙科夫和谢·伊·奥热果夫编写的详解词典。第一本系统性俄语语法书是米·瓦·罗蒙诺索夫于1755年编写的《俄语语法》。现行的权威语法书是苏联科学院编写的《科学院语法》（1952年，1970年，1982年）。

---

① 奥洛涅茨省是俄罗斯帝国的一个省，其范围包括现卡累利阿共和国大部分地区、阿尔汉格尔斯克州西南部、沃洛格达州西北部等地区。该省成立于1801年，首府是彼得罗扎沃茨克。

俄语的发音、构词、词法、句法、书写和标点符号都经历了规范化和标准化过程。具备良好的语言知识指的是遵循所有标准语规范并正确使用语言单位。俄语标准语的读音经历了漫长的发展过程。虽然有大量字典，但是人们仍然会把很多单词的重音读错。

Нормативность, общепризнанность, правильность, длительная письменная традиция способствуют поддержанию традиционно высокого уровня отечественной филологической культуры.

В литературном языке нормализации и кодификации подвергаются все стороны языка, в том числе фонетика, словообразование, морфология, синтаксис, орфография и пунктуация. Но если грамматические нормы более устойчивы, то орфоэпические очень подвижны. В словарях нередко даются произносительные варианты: *Избу – избУ, Отраслям – отраслЯм, Отнял – отнЯл, творОг – твОрог, пЕрчить – перчИть;* примером расшатывания орфоэпических норм можно считать формы: *свЁкла – свеклА, сОздал – создАл*. Последние слова в парах употребляются все чаще. Колебания в употреблении нередко являются переходными ступенями к утверждению новых произносительных норм.

Когда говорят о хорошем знании языка, имеют в виду следование всем нормам литературного языка и правильное использование языковых единиц.

Нормативное произношение закреплено в орфоэпических словарях. Один из первых таких словарей – словарь под редакцией Р. И. Аванесова «Русское литературное произношение и ударение» вышел в свет в 1954 г.

Русское литературное произношение складывалось на протяжении долгого времени. Ядром произносительных норм русского литературного языка послужил северо-восточный говор Москвы, в котором сглажены наиболее резкие диалектные различия северного и южного наречий.

В литературном языке второй половины XVIII – первой

половины XIX вв. существовали произносительные варианты. Высокий произносительный стиль, отличавшийся от разговорного, в частности, требовал оканья, ему было свойственно отсутствие перехода [э] в [о] под ударением после мягких согласных. Так, в стихотворении А. С. Пушкина «Анчар» мы читаем:

В пустыне чахлой и скупой,
На почве, зноем раскаленной,
Анчар, как грозный часовой,
Стоит – один во всей вселенной.

В настоящее время выделяют старопетербургское произношение (например, [шч] на месте [щ] перед гласными: [шчу́ка]) и старомосковское произношение ([ы] на месте [а] после [ж], [ш] в предударном слоге: [жыра́], [шыры́]; мягкий [р'] после [э] перед губными и заднеязычными: пе[р']вый, четве[р']г).

В современных орфоэпических словарях встречаются и особые пометки: «не рекоменд.» (*красив_е_е, зв_о_нит*), «старая норма» (*кровот_о_чить*).

Произношение – очень важный диагностический фактор происхождения человека, показатель его образовательного и культурного уровня. Несмотря на наличие большого числа словарей, существует устойчивая группа слов, в которых часто допускаются ошибки: *асимметрИя, вероисповЕдание, договОр, звонИт, Иконопись, исчЕрпать, квартАл, красИвее, кулинАрия, мастерскИ, облегчИть, обеспЕчение, украИнский, фенОмен, христианИн, в Яслях*. И это далеко не полный перечень.

Лексика современного литературного языка также нормирована.

В литературном языке не допускается использование

在俄语标准语中一般不使用俗语、行话，但是如今，俄语中有大量俗语类感叹词。语言学家们将类似词汇称为"寄生词汇"，认为它们在一定程度上造成了语言污染。

просторечных и жаргонных форм. Следует принять во внимание, что иногда слова литературного языка начинают употребляться в просторечии как экспрессивные частицы с имплицитным (скрытым) значением. Например, слово *блин* имеет определённое лексическое значение в литературном языке, но в просторечии используется как эпентеза (прокладка). Наличие таких экспрессивных частиц недопустимо в литературном языке.

Экспансия просторечных экспрессивных частиц в речи – далеко не новое явление. Снова вспомним бессмертную поэму Н. В. Гоголя «Мёртвые души». Сатирически высмеивая губернское чиновничество, автор отмечал, что чиновники любили «уснащивать» речь частицами, пытаясь показать свою начитанность. Вот что автор писал о почтмейстере Иване Андреевиче: «Впрочем, он был остряк, цветист в словах и любил, как сам выражался, уснастить речь. А уснащивал он речь множеством разных частиц, как-то: «сударь ты мой, эдакой какой-нибудь, знаете, понимаете, можете себе представить, относительно так сказать, некоторым образом», и прочими, которые сыпал он мешками; уснащивал он речь тоже довольно удачно подмаргиванием, прищуриванием одного глаза, что все придавало весьма едкое выражение многим его сатирическим намёкам».

И жалкий Акакий Акакиевич, чиновник 14 класса из повести Гоголя «Шинель», тоже не мог связно изъясняться, постоянно прерывал свою речь частицами: «Нужно знать, что Акакий Акакиевич изъяснялся большею частью предлогами, наречиями и, наконец, такими частицами, которые решительно не имеют никакого значения. Если же дело было очень затруднительно, то он даже имел обыкновение совсем не оканчивать фразы, так что весьма часто, начавши речь словами: «Это, право, совершенно того…» – а потом уже ничего и не было, и сам он позабывал, думая, что все уже выговорено».

Это явление хорошо знакомо и современному носителю русского языка. Лингвисты называют такие единицы словами-паразитами. Они заполняют пустоты, демонстрируют неуверенность говорящего, раздражают слушающего и в то же время свидетельствуют об особом психологическом складе человека, его потребности в постоянной коммуникативной поддержке со стороны собеседника.

Самые распространённые словесные паразиты нашего времени – *так сказать, как бы, по-любому, в принципе, по большому счёту, абсолютно, достаточно, в полном объёме*. Весьма широко паразитируют в современном просторечии слово *типа*, аналогичное по смыслу английскому неопределенному артиклю *a*, и слово *конкретно*, соответствующее определенному артиклю *the*. Слова паразиты засоряют и другие языки. Так, например, в современном английском языке активно паразитирует слово *like* – аналог нашему *как бы*: *I'm like twenty*.

У слов-паразитов проявляется одно важное свойство – тенденция к сжатию, так как частотность их употребления очень высока: *так сказать* → [тксать], *это самое* → [этсам], *говорит* [гыть]. По наблюдениям лингвистов, прочный, живучий паразит должен быть односложным, тогда он, как сорняк, легко приживается в просторечии.

Слово-паразит может быть семантически нагруженным (к примеру, *как бы*) и показывать, что говорящий опасается делать окончательные выводы, высказываться определённо, хочет выглядеть скромным. Психолингвисты считают, что обилие слов-паразитов в русском языке отражает особенность национального менталитета. В данном случае речь идет о неуверенности, боязни утверждения собственной позиции. При этом нужно заметить, что паразиты появляются не вдруг. Как правило, они имеют контекстную опору. Например, у слова-паразита *как бы* есть прекрасный источник – стихотворение З. Н. Гиппиус①:

Всегда чего-нибудь нет, –
Чего-нибудь слишком много...
На все ***как бы*** *есть ответ –*
Но без последнего слога. (1924 г.)

В последнее время активно паразитирует сложная синтаксическая конструкция, формируемая указательным местоимением ***то*** с вмещающим значением, типа *он сказал то, что*.

Появляясь в языке, слова-паразиты, подобно инфекции, заражают организмы, лишённые лингвистического иммунитета, который вырабатывается вдумчивым отношением к слову, постоянным вниманием к форме и содержанию речи. Задача каждого образованного человека – укреплять лингвистический иммунитет, развивая *языковую интуицию*, или языковое чутье, препятствовать проникновению в речь слов-паразитов. Поэт А. Вертинский② оставил нам поэтическое предупреждение:

Есть слова, как монеты истёртые,
Как средь ярких цветов травы сорные,
Неживые, пустые и мёртвые.

---

① 季娜依达·尼古拉耶芙娜·吉皮乌斯（1869–1945），俄罗斯象征主义诗人及作家、共济会会员，1920年后流亡法国，著有诗集《1889–1903年诗集》《1903–1909年诗选》《1914–1918年，最后的诗篇》《闪烁集》等。
② 亚历山大·尼古拉耶维奇·维尔京斯基（1889–1957），俄罗斯文艺家、电影演员、作曲家、诗人和歌手，20世纪上半叶的文艺偶像，著有诗歌《我们的痛苦》《爱情》等。

Необходимость внимательно относиться к слову отражается в пословицах и поговорках русского народа: *Слово не воробей, вылетит – не поймаешь; Что написано пером – не вырубишь топором; Слово не пуля, а ранит; Хороша верёвка длинная, а речь короткая; Не всякое слово в строку пишется.*

Словарный состав языка является наиболее открытой и саморазвивающейся системой, живо реагирующей на все изменения в жизни общества; он непрерывно пополняется новыми словами. В мировой лексикографической практике принято регулярно издавать словари новых слов.

В наши дни часто приходится слышать, что современные школьники не знают русского языка, что они безграмотны. Но грамотность не есть гарантия хорошего владения русским языком. Знания по орфографии и пунктуации перцептивны, то есть основаны на восприятии готового продукта. А подлинное знание языка предполагает репродуктивное владение, другими словами – способность воспроизводить и конструировать оригинальные, самостоятельные тексты. Не все люди свободно владеют родным языком. Это умение не впитывается с молоком матери, а приобретается каждодневным неустанным трудом.

Сохранение высокого уровня языковой и речевой культуры, строгое соблюдение норм русского литературного языка во всех сферах официального и публичного общения является важнейшей задачей языковой политики государства и делом каждого носителя языка.

2.3 Стили русского литературного языка

本节重点:
俄语功能语体

概述部分重点:
语体和修辞学概念

语体是选择、组织和建构语言单位的社会化和功能化体系。修辞学是语言学的一个分支，它研究语言表达手段、情感评价资源、形象表达资源以及基于交际目的对这些手段和资源的使用。修辞学分为资源修辞学和功能修辞学。传统上将语体分为口语语体和书面语体，书面语体细分为科技语体、官方事务语体、报刊政论语体和文学艺术语体。每个语体都有自己独特的词汇、词法、句法和修辞特色，但是语体之间的界限并非固定不变。

Современный русский литературный язык, как и другие мировые языки, полифункционален и отличается стилистическим многообразием.

Стиль (от слова *стило* – палочка, которой в Древней Греции писали по дощечке (板子), покрытой воском) – это социально и функционально обусловленная система отбора, сочетания и преобразования языковых единиц. Раздел языкознания, изучающий выразительные средства языка, экспрессивно-оценочные и образные ресурсы, а также особенности их использования в зависимости от коммуникативной установки называется стилистикой.

Стилистика имеет два направления: стилистика ресурсов, которая изучает выразительные возможности языковых средств, и функциональная стилистика, исследующая варианты литературного языка – функциональные стили общения в социально значимых сферах.

Традиционно выделяют разговорный и книжные функциональные стили языка; при этом книжные стили классифицируются таким образом: научный, официально-деловой, публицистический, литературно-художественный (последний не всеми лингвистами признаётся как самостоятельный функциональный стиль).

Сфера действия того или иного функционального стиля определяется областью его применения. Иногда границы между стилями размываются. Некоторые книжные стили для создания определенного стилистического эффекта допускают включение элементов разговорного стиля, например, экспрессивно окрашенной лексики. В последнее время этот процесс становится непредсказуемым и неконтролируемым и препятствует формированию лингвистического иммунитета у читателя или слушателя, поэтому, работая со словарями, необходимо обращать особое внимание на стилистические пометы.

Разговорный стиль

本部分重点：
口语语体的语调、词汇、词法和句法特点

Разговорный стиль используется для устного, в частности бытового, общения. Неофициальность и непринуждённость разговорного стиля проявляется в относительно свободном речевом поведении, в так называемой речевой раскованности.

Главные функции разговорного стиля – общение и передача информации в устной форме.

Разговорный стиль отличается: спонтанностью; непринуждённостью; фрагментарностью речевых форм; экспрессивностью; широким использованием паралингвистических средств; низким уровнем этикетности.

Основная форма разговорного стиля – непринуждённая беседа. Мы говорим не так, как пишем, в отличие от главного героя сатирической комедии А. С. Грибоедова «Горе от ума», которым восхищается Фамусов: Чацкий «и говорит, как пишет».

Особую роль в разговорном стиле играет интонация. Она проявляется в резком повышении и понижении тона, сопровождающимися удлинением гласных, скандированием

口语语体用于口头表达，特别是日常口头交流。口语语体的主要功能是交流与信息传递功能。口语语体具有自发性、无拘束性、富有表现力等特性。这些特性决定了口语语体在语调、词汇使用、词法、句法等方面的特点。当代俄语口语中存在大量俗语、行话、黑话和俚语。

слогов（按音节读）, неожиданным изменением темпа речи. Именно интонация во взаимосвязи с особым синтаксисом создаёт впечатление разговорности.

По звучанию легко различить академический (строгий, или полный) стиль произношения и разговорный.

Для разговорного стиля характерны редукция（弱化）звуков, или «звуковой эллипсис»① (*Марь Иванна*) и меньшая напряжённость органов речи в частотных словах (*здрасьте, чё, щас*). Особенно это заметно в нелитературной форме разговорного стиля – просторечии.

В области синтаксиса разговорный стиль отличается сокращением количества звеньев речевой цепи, «синтагматической экономией». Ещё Платон наставлял собеседника: «Если хочешь со мной говорить, применяй краткословие»②. Именно «принцип экономии речевых усилий»③, открытый в 1956 г. французским лингвистом Анри Мартине④, проявляется в разговорном стиле наиболее полно.

В разговорном стиле также наблюдается слоговая компрессия (килограмм *мандарин*).

Визуальный контакт участников коммуникации обусловливает широкое применение паралингвистических средств（副语言手段）(мимики, жестов), которые усиливают эмоциональный эффект. Разговорный стиль выступает как осложнённая семиотическая система также за счёт использования возможностей темпа речи, силы и тембра голоса, приемов паузирования и

---

① 发音省略，指在言语交流中省略语言单元的某些结构元素。
② Платон. Избранные диалоги. М., 1965, с. 80.
③ 言语经济原则，指说话者在向对方传递信息时使用最少的语言手段，借助上下文和各种非语言（非文字）手段来弥补语言手段过少的不足。
④ 安德烈·马丁内（1908–1999），法国语言学家，结构主义的主要理论家之一，受到了布拉格学派功能主义的影响，著有《语音变化中的经济原则》。

тактики молчания.

Неподготовленность и быстрота устной речи меняют её интонационный рисунок, поэтому паузы возникают там, где в нормированной книжной речи их нет.

Между тем высокая культура речи требует от говорящего точности произнесения слов, правильной постановки ударений, выразительности интонационного рисунка.

Лексика разговорного стиля делится на две группы: общеупотребительная и разговорная (*кило, ныть, картошка, плестись*).

В разговорном стиле допустимы просторечия, диалектизмы, жаргонизмы, окказионализмы (随机词). Снятие цензурных запретов в 80-е гг. XX в. привело к вспышке жаргонизации в разговорной речи, где, к сожалению, часто слышны арготизмы (*арго* – в переводе с французского значит 'замкнутый', 'нелепый'). Словарь арго пополняется за счёт «блатного» языка представителей криминальной субкультуры: *мочить рога* – отбивать нападение; *мыть* – воровать у спящего; *сало* – человек, раскалывающийся на первом допросе; *шара* – рынок; *гнать* – лгать; *забить* – забыть. Арго засоряет литературный язык.

Это не новое явление в языке. Достаточно вспомнить *офенский язык.*[①] Офени – бродячие торговцы на Руси. Их язык, существовавший примерно с 1700 г. только в устной форме, был абсолютно непонятен окружающим и требовал перевода: *Мас скудится, устрекою шкуры не прикосали и не отюхтили шивару.* – 'Я боюсь, как бы нас дорогой не прибили воры и не отняли товар'; *Масу зетил ёный ховряк – в хлябом костре Ботусе мастырится клевая оклюга...* –

---

① 货郎的行话，俄罗斯最著名、最有影响力的秘密行话，由流动商贩发明。

'Мне говорил один господин – в столичном граде Москве строится чудесная церковь…'. В языке офеней зафиксированы, например, такие слова, как *клёвый* – 'знатный', *пылиха* 'мука', *кресо* 'мясо', *мастырить* – 'работать', *лох* – 'мужик', *бухарица* –'кружка', *клевее* – 'лучше', *мас* – личное местоимение 1-го лица. Офенский язык – это язык профессиональной корпоративно замкнутой социальной группы.

Еще в середине XIX в. В. И. Даль начал собирать материалы для «Офенско-русского словаря»; языком офеней занимался также И. И. Срезневский. Современный лингвист В. Д. Бондалетов[①] подготовил материалы В. И. Даля к печати и выпустил «Словарь офенско-русского языка», содержащий около 1340 единиц.

В настоящее время, к сожалению, элементы криминального, или воровского **арго** – языка уголовников проникают в СМИ и широко тиражируются: *косить под дурака, жить по понятиям, стоять на шухере, гнать дурку* и др.

В разговорной речи широко распространены:

— слова-паразиты*: реально, типа, в принципе, в полном объёме, ровно это, как бы, ровно поэтому, достаточно, конкретно, по большому счёту, в этом смысле*. Следует отметить, что паразиты – это глобальная проблема: современный литературный английский язык также страдает от паразитов *like* (семантически очень близок к русскому *как бы*) и *really* (нечто вроде русского *конкретно*). Паразиты отражают глобальное понижение речевой культуры, связанное как с влиянием высокоскоростных информационных потоков, так и с небрежением к форме в стремлении скорее передать информацию адресату.

---

① 瓦西里·丹尼洛维奇·邦达列托夫（1928–2018），苏联和俄罗斯语言学家、语言学博士、教授、俄罗斯苏维埃联邦社会主义共和国荣誉科学活动家。

— окказионализмы (от англ. occasion – 'случай') – своеобразные неологизмы, которые придумывают анонимные авторы по уже известной модели: *усыновить – увнучить, преподаватель – препод, научный руководитель – научник, студенческий билет – студак, второкурсник – второкур.* Иногда творцами окказионализмов становятся известные авторы: *зомбификация* (В. Пелевин); *руконаложники* (С. Соколов); *упырствовать* (А. Битов). Такие окказионализмы можно назвать *крылатыми окказионализмами.*

— указательные слова с вмещающим значением (указательные и определительные местоимения, местоименные наречия, частицы): *как, этот, та, туда-сюда, вот, вся такая, весь такой, этого-того, того* и т. д.

— гиперонимы (родовые слова) с элиминированным (опустошённым) лексическим значением: *дело, вещь, штука, история*;

— составные номинации, которые используются вместо забытого слова: *Дай мне чем едят (чем отрезать), Пришел этот, как его, Петр.*

Разговорный стиль отличают языковая игра и лексическая сниженность речи. Лексика разговорного стиля динамична даже на коротких временных отрезках.

В современный разговорный стиль литературного языка активно вторгаются элементы сленга. Интересно, что некоторые слова быстро выходят из употребления, другие, напротив, обретают второе дыхание и с течением времени возвращаются в разговорную речь.

Особенно подвижен набор языковых единиц в молодёжном сленге. Это наиболее открытая и быстро развивающаяся из всех жаргонных систем. Лингвисты, наблюдающие за её бытованием, пытаются обобщить данные, полученные с помощью анкетирования в ходе лингвистического эксперимента.

Молодёжная лексика от 50-ых годов до наших дней

понятие	50-е	60-е	70-е	80-е	90-е	2000-е	2010-е
девушка	девка	герла, коза	чувиха, бикса, матрёна	мочалка, баба	тёлка, грелка, цыпа	чикса, лавка	деффачка, баба, тёлка, чика, чикуля, гёл, тян, тянка, скакуха, швабра, кадра
юноша	парень	мэн, пипл, кадр	чувак, кекс	персонаж, мужик, штрих	перец, пацан	крендель, чел	кент, бой, чувак, чел, кент, мэн, кекс, балбес, кадр
друг	земляк, свояк	бразер	кент	френд	кореш, корефан	брателло	братан, хоуми, дружбан
сильная эмоция	кулл	рулез	отпад	круто	конкретно	жесть, не-по-детски	аффтар жжот, блин, вау, круто, воу, трэш, лол
плохо	душно, стрёмно	голимо, фигня	облом, хрень	фуфло, шняга	отстой, беспонтово	ботва	низачот, отстой, жесть, печаль, пичалька, трабл
хорошо	клёво, в тему	класс, жирно, балдежно	ништяк, супер, все пучком	чётко, зыко, адидас, полный угар	зашибись, круто, понтово	отпад, улетно	кул, гуд, офигенно, суперски, круто, найс, труёво, мазёво
бесплатно	за так	на шару	за лысого, по блату	халява	сырно	фри	дурняком, халявно, изи, фри
голова	балда, башка, грызло	кумпол, репа	чайник, тыква	котелок, башня	чердак, бубен	крыша	башка, башня, репа, тыква, жбан, купол, чугунка, решалка, скворечник

Молодёжный сленг обедняет язык и ослабляет лингвистический иммунитет образованного человека. Но это явление неизбежно и присуще другим языкам. Во всех странах выпускаются словари молодёжного жаргона, вызывающие особый интерес у иностранцев.

Существует также студенческий жаргон, который имеет свою историю. В XIX в. семинаристы (神学院学生) любили пошутить, выдумать новое слово, его тут же подхватывали остальные. Например, словом *катавасия* (от греч. *katabasion* – 'беспорядок, суматоха, путаница, возня') изначально называли действо в ходе утренней церковной службы, когда два хора сходились на середину церкви и пели. Семинаристы в это время озорничали, радуясь возникшей неразберихе. Именно в таком значении данное слово закрепилось в современном русском языке.

Слово *ахинея* тоже пришло из языка семинаристов и представляет собой искажение прилагательного: на уроках риторики семинаристов обучали «афинским» премудростям, которые их утомляли.

Глагол *расквасить* в значении 'разбить, повредить' тоже связан с языком семинаристов, но к русскому слову *квас* он не имеет отношения. Латинское слово *quassus* переводится как *разбитый, треснувший*. Семинаристы адаптировали латинский корень и приспособили его к русской словообразовательной модели. Слово оказалось таким удачным, что бытует в нашем языке и по сей день.

Разговорный стиль богат фразеологией. Фразеологизмы придают разговорной речи образность, но многие из них отличаются стилистической сниженностью, например: *вешать лапшу на уши, гнать волну, наставить рога*.

Для современной разговорной речи характерно такое явление, как паремиологическая трансформация (谚语变形) – намеренное искажение пословиц и поговорок: *Лучше поздно, чем как тогда; Любишь пиво пить – люби и памперсы носить; На то и тёща,* чтобы зять не дремал; *Не всё коту лаптем щи хлебать; Одна голова хорошо, а с телом лучше.*

В области морфологии в разговорном стиле заметно преобладание глаголов. Под действием «закона экономии речевых усилий и средств», открытого французским учёным Анри Мартине, активизируются сочетания вещественных существительных с числительными *(три кефира, два молока)*, отмечаются преимущественно употребление форм именительного падежа *(купила шубу – серый каракуль)*, отсутствие склонения у составных имен числительных и компрессия словоизменительных аффиксов – *5 килограмм помидор (вместо 5 килограммов помидоров).*

В словообразовании отмечается компрессия – образование слова на базе устойчивого словосочетания с помощью суффиксации и усечения – универбация（词汇合成）: *маршрутное такси – маршрутка, пятиэтажное здание – пятиэтажка, читальный зал – читалка.* Разновидностью универбации является конверсия на базе усечения: *вступительные* (экзамены), *дипломная* (работа), *посадочный* (талон).

Что касается синтаксиса, то в разговорном стиле редко употребляются осложнённые и сложноподчинённые предложения, чаще – бессоюзные: *Уеду – тебе же легче.* Характерен непрямой (инверсионный) порядок слов по модели рема – тема: *Компьютер мне купи; На лекцию иду.* Активно используются приёмы синтаксической компрессии: *Помоги мне с квартирой, Получи за работу; Сижу на кафедре.*

В разговорной речи активно используется эллипсис （省略结构）: *Взвесьте красных / мелких. Взвесьте одну.* Эллипсис поддерживается коммуникативной ситуацией и паралингвистическими средствами общения.

Научный стиль

> **本部分重点：**
> 科技语体的词汇、词法、句法和结构特点

Научный стиль занимает особое место среди книжных стилей. Главная функция научного стиля информативная. Она заключается в хранении и передаче научной информации. Тексты научного стиля имеют в основном монологический характер.

Стилистической доминантой научного стиля является точность. Именно поэтому в научном стиле сложилась особая система специальных единиц – термины. Термин – это слово или словосочетание, которое выражает понятие, специфичное для определённой отрасли знания.

Научные термины делятся на три группы:

– общенаучные *(дисперсия, структура, эксперимент, модификация, модуль, масса, функция, инерция)*;

– межотраслевые *(морфология, парадигма, оппозиция, дистрибуция)*;

– узкоспециальные, включающие в себя термины, относящиеся к конкретной науке *(кварки, глюоны, мюоны, адроны, бозон Хиггса; конкреции, элювий, трог; фонема, лингвокультурема, логоэпистема)*.

Определённая часть терминологии, благодаря средствам массовой информации, школьному обучению и научно-популярной литературе, становится общеизвестной, и таким образом происходит деспециализация терминов. Узкоспециальные термины переходят в разряд общенаучных, например: *апоптоз, анабиоз, модуль, парадигма, нанотехнологии*. Использование терминов в других стилях литературного языка считается одним

科技语体在书面语体中占有重要地位。它的主要功能是信息功能。准确性是科技语体的重要属性，所以该语体中有大量术语。科技语体中的术语分为普通术语、多领域通用术语及专有术语三类。科技语体在词汇使用、词法、句法和结构方面均体现出严谨性、客观性。

из ведущих факторов интеллектуализации литературного языка.

Среди терминов выделяют ориентирующие термины, внутренняя форма которых подсказывает их значение: в физике – *электромагнитные волны, магнитное поле*; в геологии – *осадочные породы, ветровая аккумуляция, гравитационное линзирование, геотермический градиент, тектоническое скручивание* и др.

Надо отметить, что термины, придуманные М. В. Ломоносовым, имели ориентирующий характер: *упругость, теплота, чертёж, преломление света, давление, плоскость.*

По мнению американского физика Ф. Роллера, термин должен более или менее объяснять себя. Этому требованию не удовлетворяют иноязычные, с трудом запоминающиеся термины, что является одной из причин терминологического пуризма (纯语主义) – стремления к изгнанию иноязычных терминов. В. И. Даль, активный сторонник терминологического пуризма, считал, что некоторые иноязычные слова можно заменить русскими эквивалентами: *гимнастика – ловкосилие, автомат – самосдвиг*. Задолго до него Н. В. Гоголь предложил слово *звездонаблюдалище* вместо *обсерватория, любословие* вместо *филология*. Хотя современный русский язык легко усваивает англоязычные термины, не только узкоспециальные, но и общенаучные, в целом это, безусловно, наносит вред литературному языку. Такие слова, как *пролонгировать, провайдер, аутсайдер, авуары*, засоряют русский литературный язык.

Для научного стиля характерен отказ от экспрессивно-эмоциональной лексики, так как в научном тексте важна точность и однозначность словоупотребления. В то же время научная проза содержит не меньше фразеологических единиц (устойчивых сочетаний разного типа), чем разговорный или публицистический стили, например: *пастушья сумка, роза ветров, земная кора, камень преткновения, научная новизна, фундамент развития* и др. Фразеологические единицы в научном стиле речи возникают на основе метафоризации, с помощью которой воспроизводится субъективное отражение факта действительности. Особенно много метафорических терминов и терминологических сочетаний в биологии *(голосовой аппарат, древесина жилки, детка луковицы, глазное яблоко* и др.*)*. Возможно, это связано с нашим образным восприятием себя как части природы.

В области морфологии научного стиля отмечается:

— количественное преобладание имён, особенно отглагольных имён существительных;

— широкое использование причастий и деепричастий;

— активное употребление производных предлогов: *в связи с, в течение, в соответствии с, в зависимости от, благодаря, вследствие* и др.;

— большая частотность глаголов несовершенного вида, так как преобладающими типами речи в научных текстах являются описание и рассуждение.

Синтаксис научного стиля речи отличается стереотипностью （公式化、模式化）, которая создаёт возможность построения текста или фразы из блоков по определённой схеме, а также способствует ускорению процесса понимания текста на основе предсказуемости:

— фразы строятся по определённым лексико-синтаксическим моделям: *что представляет собой что; что состоит из чего; что заключается в чём; что объясняется чем* и т. п.;

— фиксируется обилие устойчивых глагольно-именных сочетаний (описательных предикатов), что подтверждает номинативный характер научного стиля: *колебаться – совершать колебания; решать – принимать решение; исследовать – проводить исследование; экспериментировать – ставить эксперименты,* и т. д.;

– отсутствуют неполные предложения, что соответствует требованию полноструктурности текста;

– широко используются сложные и осложнённые причастными, деепричастными оборотами и вводными конструкциями предложения, а также союзы и скрепы для связи предложений и сверхфразовых единств;

– отмечается большое количество безличных и неопределенно-личных предложений;

– преобладают сложноподчинённые предложения с причинно-следственным значением;

– не употребляются вставные и присоединительные конструкции;

– обязателен прямой порядок слов (тема – рема).

Структура научного текста имеет особую композицию:

– для более лёгкого восприятия текст обязательно членится на разделы, главы, параграфы;

– четко выделяются абзацы, которые объединяют несколько предложений в сверхфразовые единства, помогающие подчеркнуть логическую последовательность;

– ход логических рассуждений обязательно комментируется;

– пояснения в научной речи часто оформляются с помощью вопроса, на который тут же даётся ответ, то есть используется так называемый вопросно-ответный тип рассуждения.

В научном тексте активно употребляются средства архитектоники текста: иерархия шрифтов (курсив, петит, разрядка, жирный шрифт), различные способы рубрикации и пометок.

Основным источником получения научной информации является чтение.

阅读是获取科学信息的主要渠道。有学习性阅读、了解性阅读及快速阅读等多种阅读方法。现代化信息技术及虚拟现实的出现对人们的阅读产生很大影响。

В Средние века приобщение к чтению описывалось с помощью метафор физического насыщения, глотания и пережёвывания (ср. фразеологические сочетания *глотать* книги, читать *запоем*, *прожевать* текст). В те времена читали только вслух, тексты были лишены архитектоники, писались без пробелов (空格) и отступов (缩进). Постепенно появилась заставка, красная строка (якорь) и знаки препинания.

В настоящее время учёные выделяют несколько видов чтения.

Наиболее распространено изучающее чтение – довольно медленное чтение со скоростью 60 слов в минуту, преимущественно вслух: так текст легче запоминается.

Другим видом является ознакомительное чтение. Это, как правило, чтение «про себя» со скоростью 150–200 слов в минуту (для сравнения: скорость говорения составляет 120 слов в минуту). Процент активного понимания составляет 65–75 % от прочитанного. Цель такого вида чтения – отделить новое от известного, определить ключевые слова.

Известно и просмотровое чтение – самый быстрый вид чтения. Скорость просмотрового чтения достигает 500 слов в минуту, а понимание – 25 %. Цель просмотрового чтения – выяснить степень собственной заинтересованности в более тщательном и подробном ознакомлении с источником.

Надо отметить, что с развитием компьютерных технологий всё большее распространение получает поисковое чтение. Этот вид чтения очень актуален для научно-исследовательской работы, но слишком раннее знакомство с ним, по мнению психолингвистов, ослабляет тягу к чтению художественной литературы, потому что ребёнок теряет способность концентрироваться на одном сюжете.

В начале XXI в. учёные выделили еще один вид чтения – *skimming reading* (англ. skim – '*тонкая пленка на поверхности*') – так называемое поверхностное чтение, когда читатель, пропуская ряд сюжетных моментов, вычленяет интересующую его нить рассуждения и следует за ней.

Данный термин принадлежит американскому писателю и учёному публицисту Николасу Карру. В 2008 г. в журнале «Атлантик»① была опубликована его статья «Гугл нас оглупляет?», в которой он доказывал, что у современного поколения ослабла способность концентрировать внимание и запоминать прочитанное. Внимание стало «порхающим»（飘忽不定）.

Профессор Гарвардской медицинской школы Джон Рейти предложил ввести в научный оборот термин «синдром приобретенного дефицита внимания», пояснив, что в обществе деградирует навык чтения длинного текста. Причина кроется в беспрецедентной атаке сетевых ресурсов, которые используют психологические раздражители – «клики»（点击）, привлекающие внимание к частностям во вред целостному восприятию.

Современный читатель оказывается узником высокоскоростных информационных потоков и подчиняется технологиям, ослабляющим способности его мозга. В 90-е годы прошлого века в научной литературе появилось понятие «*клипового сознания*» （剪报意识）(от англ. clipping – подборка газетных вырезок на определённую тему). Цифровое поколение привыкает к

---

① 《大西洋月刊》，美国历史最悠久的文学和文化评论杂志之一，于1857年在波士顿创办。创始人为弗朗西斯·亨利·安德伍德以及新英格兰作家詹姆斯·罗素·洛厄尔等人。

избирательному восприятию зрительной информации; не требующей сложного декодирования. Более того, в систему образования активно внедряется модель *plug & play*, в центре которой идея игрового обучения.

Специалисты в области онтологии познания утверждают, что активное использование современных информационных технологий и появление виртуальной реальности ослабляет понятийное сознание человека, его способность самостоятельно анализировать и синтезировать информацию и пробуждает устойчивую потребность увидеть готовый результат процесса познания в виде зрительного образа. Наглядность превалирует (占上风) над мыслительным постижением окружающего мира.

По степени владения видами чтения выделяют три типа чтецов: *зрелый чтец* (часто владеет навыком быстрого или скоростного чтения); оперирует всеми видами чтения и по мере необходимости свободно переходит от одного вида к другому; *подготовленный чтец* адекватно понимает текст, может изложить его в устной форме, то есть пересказать, выделив главное и второстепенное, разделить текст на части (при этом скорость его чтения соответствует поставленной задаче); *неподготовленный чтец* избегает самого процесса чтения.

Считается, что современный профессионал должен уметь читать текст со скоростью 800 и более слов в минуту. Такая скорость обеспечивается стереотипностью научного текста и хорошими навыками чтения. Чтение научного текста требует особенно пристального внимания.

Техника чтения в значительной степени определяет качество интеллектуальной деятельности человека. По данным ЮНЕСКО, только 10 % населения Земли адекватно понимает содержание прочитанного текста.

Согласно опросам ВЦИОМ, 35 % россиян вообще не читают книг, ежедневно читают книги только 22 %, причём 43 % книжного выбора составляют «милицейские» детективы, 26 % – фантастика и фэнтези (奇幻小说) и только 11 % – поэзия. Россия, некогда самая читающая страна мира, перестала читать.

Родители не приучают детей к книгам. Всего 10 % родителей регулярно читают дошкольникам книги, некоторые ученики 3–4 классов иногда читают по слогам. Современные школьники практически потеряли навык элементарного пересказа прочитанного текста. Эта проблема не только российская – она имеет глобальный характер.

Государство и общество серьёзно озабочены потерей у молодого поколения интереса к чтению. В нашей стране 2015 год Указом Президента РФ был объявлен Годом литературы. Россия стремится вернуть себе титул самой читающей страны в мире.

Официально-деловой стиль
(административно-деловая речь)

本部分重点：
官方事务语体的词汇、词法和句法特点

Официально-деловой стиль – это стиль документов, уставов, инструкций, деловой переписки и т. п. Он начал формироваться раньше других стилей литературного языка.

В официально-деловом стиле, который обслуживает сферы письменно-деловых отношений (дипломатическую, юридическую административную и канцелярскую), выделяются три подстиля: дипломатический, законодательный, административно-канцелярский.

Основная функция данного стиля – информативная, то есть функция сообщения.

В официально-деловом стиле существует своя терминосистема. Выделяют термины двух видов: 1) дипломатические (нота, коммюнике, ратифицировать, меморандум); 2) юридические (опись, завещание, наложить арест).

Отличительной особенностью лексики официально-делового стиля являются и номенклатурные наименования, то есть названия различных учреждений, должностных лиц и их постов, а также их аббревиатуры.

Для официально-делового стиля характерны: императивность; точность и стандартизированность; строгое соблюдение литературных норм; преимущественно письменная монологическая форма; бесстрастность изложения фактов, точные логические ударения.

В области морфологии отмечается:

– абсолютное преобладание имён существительных, особенно отглагольных;

– редкое употребление личных местоимений;

– высокая частотность различных глаголов-связок;

– преобладание глаголов несовершённого вида, прежде всего со значением долженствования;

– широкое использование производных предлогов: *в целях, на основании, в силу, в связи с, в соответствии с, вследствие, ввиду того что* и др.;

– отсутствие экспресивно-оценочной лексики, междометий, уменьшительно-ласкательных форм, сравнительной и превосходной степеней сравнения прилагательных и наречий;

– употребление существительных, обозначающих должности, только в мужском роде.

官方事务语体是文件、条文、指南和商务通信等文本所属语体。它的形成早于其他语体。官方事务语体分为外交、司法和行政办公三个分语体。官方事务语体的主要功能是信息功能。官方事务语体具有公文属性，信息量大，且具有严谨性、保守性和语义单义性特点，因此在词汇、词法、句法等使用方面表现出强制性、官方性特点。

И всё-таки определенная абстрактная оценочность в официально-деловом стиле присутствует. Речь идёт об экспрессивно-оценочных наречиях-*интенсивах*, например: *категорически возражаю, следует неукоснительно соблюдать все нормы закона, абсолютно недопустимо нарушать права граждан*. Кроме того, экспрессивность в официально-деловой стиль вносят *транспозитивы* （转换词）– языковые единицы, ставшие экспрессивными в определенных контекстах. Так, обращение к судье со словами *Ваша честь!* не только этикетная формула, но и транспозитив имени существительного.

Для синтаксиса официально-делового стиля характерно:

— активное использование безличных (в том числе инфинитивных) и неопределенно-личных предложений: *Запрещается; Не курить; Не следует делать; Не рекомендуется; Принято считать; Здесь не курят;*

— частотность описательных предикатов: *совершить побег; произвести ремонт; причинить ущерб;*

— замена сложноподчинённых предложений простыми с производными предлогами;

— большое количество генитивных номинативных словосочетаний （第二格称名短语）, типа: *признание необходимости изменения проекта строительства здания Департамента образования города Москвы*. Эта черта присуща также научному стилю речи и является отражением влияния латинского языка.

Русский официально-деловой стиль, в сравнении, например, с английским, отличается повышенной императивностью（命令性）. В английском языке русским императивным предложениям часто соответствуют конструкции с формами сослагательного наклонения（虚拟结构形式）, сопровождающиеся формулами предупредительной благодарности.

Документы официально-делового стиля обладают высокой информативной избыточностью, что вызвано необходимостью максимально точно и полно представить тот или иной вопрос. На уровне построения текста создаются тексты-матрицы (формуляры) – стандартизированные, унифицированные тексты, которые заполняются переменной информацией. Важная черта официально-делового стиля – однозначность. Отсюда следуют запреты на инверсию и замену номинаций (даже под угрозой тавтологии), недопустимость универбатов（由词组单词化构成的词）и сокращения составных номенклатурных наименований.

Официально-деловому стилю присущи шаблоны – штампы и клише, иногда формирующие административно-деловой жаргон: *довести до сведения, обратиться с просьбой, предъявить претензии, установить порядок, нанести ущерб, поднять отчетность, снять с баланса, вступить в силу* и т. д. Устойчивые выражения не редкость и в устной официально-деловой речи *(в двух словах, остаться при своих интересах, порядка двух тысяч и др.)*, но в деловых переговорах, в том числе телефонных, следует соблюдать этикет и избегать использования слов и конструкций, относящихся к периферийным явлениям.

Композиция документа включает целый ряд реквизитов（形式要点）, в ряду которых, например, эмблема（标志）, код и наименование организации, регистрационный номер документа, ссылка на номер и дату документа-запроса при ответе на него, резолюция, отметка о контроле и т. д. – всего 31 реквизит согласно ГОСТу[①].

---

① 全称为государственный общесоюзный стандарт，全苏国家标准。1991年苏联解体后，独立国家联合体成员国缔结了一项协议，承认苏联的国家标准为国家间标准，其新修正的国家间标准保留了这一名称。

Хотя официально-деловой стиль считается наиболее кодифицированным и консервативным, в нём тоже происходят изменения. Появляются новые документы: *рекламное письмо, резюме, письмо о найме, кодекс корпоративной этики*, что объясняется потребностями современной деловой коммуникации.

Искусство владения данным стилем речи и его подстилями требует внимания и хорошей памяти.

Публицистический стиль

本部分重点：
报刊政论语体的主要功能和特点

报刊政论语体是大众传媒对当前事件进行报道时使用的语体，具有两个主要功能：信息功能和作用功能。它的重要特点是情感表现力与标准化的结合。报刊政论语体的语言应通俗易懂。媒体报道的信息应根据重要性的程度借助突出显示、富有吸引力的标题、醒目的副标题、成功的配图等手段加以调整和编排。

Публицистический стиль – это стиль сообщений в СМИ о текущих событиях. Средства массовой информации в настоящее время оказывают огромное влияние на состояние общественного сознания и формирование речевой культуры.

Старейшей российской газетой была рукописная газета «Вести-Куранты», издававшаяся с 1621 г. и упраздненная Петром I. Вместо неё появилась печатная газета «Ведомости», которая впервые вышла в свет 2 января 1703 г.

Публицистический стиль характеризуется двумя основными функциями – это информативная и воздействующая функции. Важнейшая черта публицистического стиля – сочетание экспрессии и стандарта.

Публицистический текст всегда персонифицирован, в нём повествование обычно ведется от первого лица.

В качестве главного критерия отбора языковых средств выступает общедоступность. В публицистических текстах не рекомендуется использовать узкоспециальные термины, окказионализмы, диалектные, жаргонные слова, иноязычные вкрапления, просторечия. Но современные средства массовой информации в отсутствие цензуры весьма свободны в отборе языковых средств, что очевидным образом сказывается на качестве текстов.

Информация в СМИ должна быть адаптирована и структурирована по степени важности с помощью различных приёмов актуализации, в числе которых вынесение на первый план, интригующий заголовок, яркий подзаголовок, удачный снимок и т. д.

Лексика публицистического стиля отличается разнообразием, широкой образностью, соединением контрастных по стилевой окраске слов, наличием устойчивых речевых оборотов – клише: *коммерческие (силовые) структуры, на данном этапе, на сегодняшний день, тупиковая ситуация, нерушимая дружба, братские страны, выдвигать версию, резкая критика, широкие полномочия, острый кризис, люди доброй воли, жёлтая пресса, подавляющее большинство, выполнить интернациональный долг*. Набор речевых штампов с годами меняется и определяется общественно-политической и экономической ситуацией в стране. Например, сейчас популярны ненормативные штампы: *озвучить точку зрения, задействовать все силы, отследить процесс, использовать все средства в полном объёме*.

Использование речевых клише делает публицистический текст в определённой степени предсказуемым.

Именно СМИ, в угоду извечной моде преклонения перед иностранцами, сатирически осмеянной ещё А. С. Грибоедовым в его бессмертной комедии «Горе от ума», тиражируют неконтролируемый поток случайных иноязычных слов, многие которых имеют соответствия в русском языке. В 2014 г. слово *selfie* – 'снимок себя с помощью мобильного устройства' – было объявлено словом года в Оксфордском словаре английского языка. Оно сразу пришло в русский язык, наглядно продемонстрировав формирование «глобального языка культуры без границ».

В области словообразования в публицистическом стиле отмечается большая активность иноязычных приставок и суффиксов: *пост-, мега-, транс-, гипер-, -изм-, -ациj-*.

Иногда происходит соединение гетерогенных корней, в результате чего появляются смешные неологизмы: *нанооттепель* (греч. *nanos* – 'карлик') – эпоха Б. Н. Ельцина, *наноасфальт, нанопарикмахерская, наноденьги* и др.

Язык современных СМИ, особенно электронных, подвижен, малоисследован и требует отдельных комментариев.

Литературно-художественный стиль

> **本部分重点：**
> 文学艺术语体的典型特点

Литературно-художественный функциональный стиль представляет словесное изображение действительности в эстетически признанной форме. Понимание красоты слова тесно связано с понятием вкуса, который, по мнению М. М. Сперанского[①], состоит в умении чувствовать изящное в вещах.

Становление в России литературно-художественного стиля относится к XVI–XVII вв. Ярким и самобытным писателем был

---

① 米哈伊尔·米哈伊洛维奇·斯佩兰斯基（1772–1839），俄国国务活动家，改革家。在尼古拉一世时期，他领导了立法的编纂工作，为俄罗斯的理论法学奠定了基础。

царь Иван Грозный. Его «кусательный стиль»①, неподражаемый метафорический слог отразил глубину и оригинальность литературного таланта. «Огненный протопоп» Аввакум②, создатель автобиографического «Жития»③, также оставил нам неподражаемый образец оригинального речетворчества.

Литературно-художественный стиль отличается многообразием языковых средств, помогающих создавать образы. Именно образность отличает художественную речь от научной или официально-деловой. Вряд ли этому стилю можно научить, хотя в Москве существует Литературный институт имени М. Горького④ для будущих поэтов, писателей и литературных критиков. Тем не менее литературно-художественный стиль поддаётся литературоведческому анализу, и каждый человек, изучая в процессе чтения книг опыт мастеров слова, должен стремиться к созданию самостоятельных текстов.

Следует отметить, что поэт с помощью звукописи может создавать не только словесный, но и звуковой, ритмический образ, как это делал, например, А. А. Фет⑤:

Шёпот, робкое дыханье.

Трели соловья,

Серебро и колыханье

Сонного ручья.

文学艺术语体是用美学上公认的形式对现实进行语言文字描写的语体。形象性是文学艺术语体的典型特点，因此，文学艺术语体塑造形象的语言手段丰富多样。在阅读文学作品的过程中，既要理解其表面文字意义，又要挖掘其潜文本内涵，只有这样才能真正读懂作品。

---

① 伊凡雷帝的文艺作品，有鲜明的语言风格，常以尖锐的公共辩论方式与论敌展开激烈争论，向论敌提出大量反问，并嘲弄模仿论敌的论点，常常使用大量尖酸刻薄的词汇，语言风格变幻莫测。
② 阿瓦库姆·彼得罗维奇·彼得罗夫（1620–1682），俄国神学家、大司祭、作家，著有自传《生活纪》。
③ 《生活纪》，阿瓦库姆·彼得罗维奇·彼得罗夫著，写于1672年，是阿瓦库姆的自传，讲述他同推行教会改革的尼康牧首之间的冲突，以及受迫害、被流放西伯利亚的经过。
④ 高尔基文学院，一所培养文学工作者的联邦高等教育机构，位于莫斯科，成立于1933年。
⑤ 阿法纳西·阿法纳西耶维奇·费特（1820–1892），俄国抒情诗人、翻译家、作家、圣彼得堡科学院通讯院士，著有诗集《抒情诗的万神殿》。

Восприятие содержания художественного текста имеет нелинейный характер, предполагает поиск авторского подтекста, «подводного течения» и требует широкого общекультурного кругозора.

Индивидуальный художественный стиль писателя называют идиостилем（个人风格）. Литературоведы издают словари языка отдельных авторов. Именно потому, что идиостиль предполагает наличие литературной одаренности, а не приобретение конкретных навыков владения им, многие лингвисты исключают его из общей классификации стилей.

2.4 Риторика и ораторское мастерство

本节重点：
演讲术、演讲话语、公开演讲、话语逻辑、论证、公开辩论、争论

概述部分重点：
演讲术的起源和发展、著名的演讲家

普遍认为演讲术起源于古希腊。古希腊人非常重视言语表达，创建了专门的演讲艺术学校（那里有专业辩论师）。正是这些专业辩论师奠定了演讲术的基础。罗马时代，演讲术的繁荣期是公元前1世纪。在俄罗斯，演讲术最初在修道院学校讲授。第一本俄罗斯演讲术教科书出现在1640年。"演讲者"一词于18世纪出现在俄语中。

В русской филологической традиции синонимом *ораторского искусства* является *красноречие*. Инициатором введения в науку этого термина был М. В. Ломоносов. В своём «Кратком руководстве к красноречию» (1848) он разграничил риторику и красноречие. Риторика – это наука, учение, правила, а красноречие – искусство, умение говорить и писать.

Родиной риторики считается Древняя Греция, хотя ораторское искусство знали и в Египте, и в Ассирии（亚述）, и в Вавилоне（巴比伦）. Расцвету ораторского искусства способствовала рабовладельческая демократия, при которой верховным органом было Народное собрание. Политики обращались к Народному собранию и убеждали его принять определённые решения.

Самым выдающимся оратором Древней Греции был Демосфен[①] (384–322 гг. до н. э.). Он имел физические недостатки: слабый голос, плохую дикцию, привычку подёргивать плечом, но самоотверженно боролся с ними. Тренировал громкость: брал в рот камешки и произносил речи на берегу моря, стараясь заглушить шум волн. К плечу подвешивал меч так, что при подёргивании он впивался в горло. И в результате Демосфен сделался ярким оратором, научился искусно драматизировать свою речь, используя вопросно-ответную форму.

Греки высоко ценили речь, создавали школы ораторского искусства, где работали платные учителя-софисты (诡辩者). Именно они заложили основы риторики – науки об ораторском искусстве. Знаменитый софист Горгий [②](483–375 гг. до н. э.) считал слово *великим властелином*. Цель оратора, по мнению софистов, – не раскрыть истину, а убедить аудиторию. Против учения софистов об относительности истины выступил Сократ (469–399 гг. до н. э.). Для Сократа абсолютная истина божественна, она есть мера всех вещей.

Ученик Сократа Платон (427–347 гг. до н. э.) настаивал на высокой нравственности оратора, которая является ключом к познанию истины. Мысли Платона изложены в «Риторике» Аристотеля[③] – ученика Платона и учителя Александра

---

① 德摩斯梯尼（前384–前322），古希腊著名演说家、政治家。
② 高尔吉亚斯（前483–前375），西西里的勒昂提尼人，智者，修辞学家。公元前427年来到雅典，在那里开设修辞学校，把西西里的修辞学传入雅典。他的演说辞华丽、和谐、悦耳，被称为"高尔吉亚斯风格"。
③ 亚里士多德（前384–前322），世界古代史上伟大的哲学家、科学家和教育家之一，著有《工具论》《修辞学》《形而上学》等。

Македонского①. Именно Аристотель впервые выделил три «рода речей»: совещательные (их цель – склонять или отклонять), судебные (их цель – обвинить или оправдать) и, наконец, эпидейктические（展示性的）– с целевой установкой хвалить или порицать.

Расцвет римского красноречия приходится на I в. до н. э. Вершиной ораторского искусства Древнего Рима считается Марк Туллий Цицерон② (106–43 гг. до н. э.) – римский политический деятель и писатель, сторонник республиканского строя. Его имя стало символом красноречия, а книги «Об ораторе», «Брут», «Оратор» имеют фундаментальное значение для риторической науки.

Цицерон полагал, что красноречие рождается из многих глубоких знаний и умений. Красоту речи он видел в свежести, страстности, логичности и благородстве.

Важнейшими условиями ораторского красноречия, которые составили риторический канон, Цицерон считал следующие:

– найти что сказать;

– найденное расположить по порядку;

– придать ему словесную форму;

– утвердить всё это в памяти;

– произнести;

– расположить к себе слушателей;

– изложить сущность дела;

– подкрепить своё положение;

– опровергнуть мнение оппонента;

– придать блеск своим положениям;

---

① 亚历山大（前356–前323），古代马其顿王国腓力二世的儿子。
② 马尔库斯·图利乌斯·西塞罗（前106–前43年），古罗马著名政治家、哲学家、演说家、法学家，著有《论共和国》《论义务》《论神性》等。

– окончательно низвергнуть противника.

Кроме того, Цицерон разрабатывал теорию античного красноречия. В труде «Об ораторе» он писал о различных типах ораторов: первые «ораторы велеречивые（辞藻华丽的）с возвышенной силой мысли и торжественностью выражений, решительные, разнообразные, неистощимые, могучие, во всеоружии готовые трогать и обращать сердца – и этого они достигали с помощью речи резкой, строгой, суровой, не отделанной и не закругленной, а иные, напротив, – речью гладкой, стройной и законченной». Другой род ораторов – это ораторы «сдержанные и проницательные, всему поучающие, всё разъясняющие, а не возвеличивающие, отточенные в своей прозрачной, так сказать, и сжатой речи». Между этими двумя родами (группами) ораторов, утверждал Цицерон, есть ещё один – «средний и как бы умеренный род, не применяющий ни тонкой предусмотрительности последних, ни бурного натиска первых: он соприкасается с обоими, но не выдаётся ни в ту, ни в другую сторону, близок им обоим, или вернее говоря, скорее, не причастен ни тому, ни другому».

Под стать ему по мастерству был Марк Фабий Квинтилиан[①] (ок. 35–96 гг.) – древнеримский адвокат и оратор, теоретик ораторского искусства, директор первой государственной школы риторики в Риме. В Средние века появилась гомилетика[②] – искусство церковного красноречия.

В России риторике обучали в монастырских школах. Первый русский учебник риторики появился в 1640 г. Это был, предположительно, перевод с латинского или польского языка,

---

① 马库斯·法比尤斯·昆体良（35–100），古罗马律师、教育家、演说家，著有《雄辩术原理》等作品。

② 布道学，亦称"宣道方法"，源自希腊文"homilein"。

выполненный новгородским писцом Иваном Козыревым[①]. Текст «Риторики» И. Козырева сохранился в библиотеке школы Заиконоспасского монастыря[②] в Москве.

Автор первой русской риторики даёт такое описание этой науки: «азъ бо мудрость есмь сладкогласнаго речения», «азъ гневъ пожинаю и брань попираю, азъ ложъ обличаю и лесть отсекаю, а целомудрие утверждаю, азъ младыя научаю и старыя умудряю».

Оратором называют человека, обладающего даром красноречия. В греческой риторике и римской элоквенции (искусство красноречия) различались фигуры ритора и оратора. Ритором называли красноречивого человека, обучающего этому искусству других. Оратор – человек, прекрасно владеющий риторическим мастерством, выступающий на публике, пропагандирующий высокие нравственные идеалы.

Слово *оратор* появилось в русском языке в XVIII в. Оно происходит от латинского глагола *orare* – 'говорить'. В. И. Даль подобрал следующие синонимы и синонимические выражения к этому слову: *вития, краснослов, речистый человек, мастер говорить, краснобай*. В древнерусском языке синонимами слова *красноречие* были *благоречие, добрословие, сладкогласие, златоустие*.

Служители церкви отличались блестящими ораторскими способностями и превосходной техникой речи. В духовных семинариях они овладевали гомилетикой – наукой о правилах церковного красноречия, искусством ведения проповеди, приобретали прочные навыки в экзегезе – искусстве толкования текстов.

Задачи оратора, сформулированные в «Риторике»

---

① 伊万·科济列夫，17世纪中期俄罗斯诺夫哥罗德抄写员，是大马士革的圣约翰《辩证法》译文注释的编写者。
② 扎伊科诺斯帕斯基修道院，俄罗斯东正教男子修道院，位于莫斯科。

И. Козырева, строго совпадают с современными аспектами культуры речи: быть «в науке речения зело хитрым»; в речах быть «строго деловым»; «уметь рассуждать и ко всякому делу подобающие слова прилагать».

Особенности ораторской речи

本部分重点：
演讲话语的特点、演讲者应该具备的能力、演讲策略

– Наличие «обратной связи». Оратор всегда стремится преодолеть пассивность восприятия адресата и вовлечь его в активную мыслительную деятельность. В идеале ораторская речь – двусторонний процесс (*диалог на уровне мышления*). Оратор должен наблюдать за поведением аудитории, улавливать её настроение по реакции на свои слова, корректировать собственную речь, то есть устанавливать контакт со слушателем. В уста героя комедии «Горе от ума» Репетилова А. С. Грибоедов[①] вложил сатирическую характеристику «оратора» Ипполита Маркелыча Удушьева:

Когда ж об честности высокой говорит,

Каким-то демоном внушаем:

Глаза в крови, лицо горит,

Сам плачет, и мы все рыдаем.

– Устная форма общения. Публичная речь реализуется в устной форме литературного языка. Для оратора важно

演讲术的特点体现在以下几个方面：演讲者与听众之间的有效互动、书面表达与口头形式表达的合理切换、多种语言和非语言手段的使用。米·弗·罗蒙诺索夫对俄罗斯的修辞学和演讲术的发展做出了巨大贡献。历史证明，演讲术发展的重要条件是公民对政治生活的积极参与。

---

① 亚历山大·谢尔盖耶维奇·格里鲍耶陀夫（1795–1829），俄国剧作家、外交家、语言学家、历史学家，著有《聪明误》《年轻夫妇》等作品。

так построить публичное выступление, чтобы содержание его речи было понятно слушателям. Учёные доказали, что при восприятии письменной речи усваивается только 50 % полученной информации, а при восприятии устной – 90 %.

— Сложная взаимосвязь между книжной речью и её устным воплощением. Ораторская речь тщательно готовится. Подготовленная речь – это, по сути, книжная речь. Тем не менее, выступая с трибуны, оратор должен не просто механически прочитать текст, а именно произнести его. Тогда, в процессе импровизации (即兴演说), и появляются элементы устной речи. Чем опытнее оратор, тем искуснее переходит он от книжно-письменной формы речи к живой.

— Использование различных средств общения (лингвистических и паралингвистических). В применении паралингвистических средств оратор должен быть особенно осторожен (вспомним описанный в комедии Н. В. Гоголя «Ревизор» неудачный опыт учителя, который во время урока «утюжил бороду»).

О силе воздействия слова писали ещё древние авторы. Знаменитый римский поэт Публий Овидий Назон[①] в стихотворении «Наука любви» советовал своим ученикам умело пользоваться словом в различных ситуациях, понимать его силу:

Римские юноши, вам говорю, не гнушайтесь наукой
Тою, что учит в суде робких друзей защищать!
Ибо не только народ, не только судья и сенатор,
Но и подруга твоя сдастся на красную речь.
Будь, однако, не прост, храни про себя свою силу,

---

① 普布留斯·奥维第乌斯·纳索，又称奥维德（前43—18），古罗马诗人，著有《爱的艺术》《变形记》等作品。

Не допускай на письме велеречивых словес.

Кто, коли он не глупец, перед милой витийствовать станет?

Часто единственный звук может родить неприязнь.

Будь убедителен, ласковым сделай привычное слово.

Основатель Московского университета Михаил Васильевич Ломоносов был прекрасным оратором, постоянно работал над совершенствованием своего мастерства. В 1748 г. в «Кратком руководстве к красноречию» Ломоносов отмечал, что «красноречие есть искусство о всякой данной материи красно говорить и тем преклонять других к своему об оной мнению». Он мечтал научить читателей «о всякой предложенной материи красно говорить и писать».

Поначалу М. В. Ломоносов задумал трилогию: «Риторика», «Оратория» и «Поэзия», но успел написать только «Учение о красноречии вообще, поколику оно до стихов и прозы касается».

История свидетельствует о том, что важнейшим условием появления и развития ораторского искусства является активное участие граждан в политической жизни страны. Не случайно ораторское искусство называется духовным детищем демократии.

Наибольшая активность в этой области наблюдается в переломные периоды жизни общества. Расцвет ораторского искусства отмечался в эпоху Возрождения, в пору социальных революций и борьбы за власть.

Выделяются следующие роды красноречия: социально-политическое; академическое; судебное; социально-бытовое; духовное.

В современной литературе по ораторскому искусству отмечаются два типа ораторов. Для представителей первого типа

演讲者应该具备严谨的逻辑思辨能力和情感表达能力，应该掌握一定的方法和技巧。真正的演讲者应该是知识渊博和道德高尚的人，他们了解社会政治，知晓文学艺术，能够唤起听众的善良情感。演讲者的首要任务是与听众建立联系并能有效作用于听众。他应该根据听众的听讲动机来组织言语。演讲者应该不断学习，丰富自己的知识储备，并完善演讲技能。

основное средство ораторского искусства – логика рассуждений; представители второго типа воздействуют на слушателей эмоционально. Но в идеале речь каждого оратора должна быть логичной и эмоциональной. Эти качества неразрывно связаны.

Оратор должен обладать определёнными навыками и умениями: правильно подобрать литературу, составить план, написать текст. На протяжении всего выступления оратору в любом случае следует сохранять самообладание, соблюдать регламент, уместно использовать технические средства и наглядные пособия, понимая, что устное выступление нельзя отождествлять с текстовой презентацией на мониторах.

Как правило, настоящий оратор – человек эрудированный, высоконравственный, хорошо разбирается в общественно-политической ситуации, литературе, искусстве, вызывает у слушателей добрые чувства и намерения. Правда, в истории развития человечества были и исключения. Так, например, Адольф Гитлер был ярким демагогом（煽动者）, популистом（民粹主义者）, обладавшим загадочным магическим даром захватывать внимание аудитории, но при этом человеком безнравственным, жестоким, способным манипулировать толпой.

Основная задача оратора – установить контакт с аудиторией и добиться нужного эффекта воздействия на неё. *Аудиторией* в античные времена называли публику, пришедшую послушать оратора или посмотреть театральное выступление. В наше время это слово приобрело дополнительное значение – 'помещение для чтения лекций'.

Психологи выделили три группы мотивов, которые побуждают людей слушать выступления ораторов: интеллектуально-познавательные мотивы; мотивы морального плана (*обязаны присутствовать*); мотивы эмоционально-эстетического плана (*оратор вызывает симпатию*).

Именно поэтому оратору необходимо выявить основной мотив, объединяющий данную аудиторию, и соответствующим образом построить свою речь.

В «Риторике» 1640 г. выделялись всего три «рода глаголания»: *смиренный, высокий* и *мерный*.

В настоящее время разграничивают шесть видов речей: информационные; убеждающие; воодушевляющие; призывающие к действию; развлекательные; речи по специальному поводу (приветствие, траур).

Оратор должен постоянно совершенствовать свои навыки и умения, то есть заниматься систематическим риторическим самообразованием: создавать собственный архив иллюстративного материала (примеров, фактов, цифр), читать художественную и специальную литературу. Выступающему перед широкой аудиторией следует постоянно повышать культуру письменной и устной речи, участвовать в публичных дискуссиях, писать письма, статьи. Нужно уметь критически анализировать выступления других.

Чтобы привлечь внимание аудитории, воздействовать на сознание, воображение и даже волю слушающих, оратору необходимо также овладеть техникой речи, которая предполагает правильное дыхание во время говорения, хорошо поставленный голос, чёткую дикцию, безупречное произношение, равномерный темп, присущий *«изысканной русской медлительной речи»* (К. Бальмонт[①]).

Подготовка оратора к выступлению требует серьёзных

---

① 康斯坦丁·德米特里耶维奇·巴尔蒙特（1867—1942），俄国象征主义诗人，著有《无边无际》《寂静》等作品。

演讲者在演讲之前应该对自己的演讲内容和展开步骤进行认真思考，确定主题，明确问题的轻重缓急，设计开头与结尾，选择演讲方法和策略，撰写演讲提纲。

предварительных размышлений над его композицией, которая должна отвечать стандартному риторическому канону（规范），отражающему путь развития мысли и речи. Он включает в себя пять стадий и при сравнении с каноном Цицерона очевидно проигрывает: инвенция – «изобрести что сказать»; диспозиция – расположение; элокуция – украшение словами; запоминание; произнесение.

Готовясь к выступлению, оратор должен:

– сформулировать тему,

– определить перечень вопросов и степень их важности для раскрытия темы,

– продумать начало (введение) и конец (заключение) выступления,

– выделить рему, поддерживающую обоснование темы,

– сверить тезисы и аргументы,

– выбрать ораторские приёмы, способные украсить речь.

При этом необходимо помнить, что на вступление и заключение отводится по 10 % регламента.

Подготовке публичного выступления обязательно предшествует написание плана. Существует несколько видов планов выступления: предварительный; рабочий (после того как изучена необходимая литература, собран фактический материал); основной.

演讲内容的结构安排和内容展开步骤直接影响演讲效果。设计演讲稿的整体布局、开头、主要内容部分、结尾均有一定的方法。整体而言，口头公开发言的结构如同音乐作品的结构，遵循和谐的原则。

Важную роль в восприятии речи играет её композиция. Принципы логико-композиционного построения ораторской речи можно сформулировать следующим образом:

– принцип последовательности – каждая вновь высказанная мысль должна вытекать из предшествующей;

– принцип усиления – значимость и убедительность

аргументов должны постепенно нарастать, самые сильные доводы приберегаются к концу выступления;

– принцип экономии – поставленная цель должна достигаться наиболее простыми рациональными способами с минимальными затратами усилий, времени и речевых средств.

Публичная речь обязательно должна иметь вступление – своеобразную прелюдию, цель которой состоит в том, чтобы привлечь внимание аудитории. Опытные ораторы рекомендуют начинать с интересного примера, пословицы, поговорки, крылатого выражения, юмористического замечания. Во вступлении можно использовать цитату.

Чтобы найти оригинальное начало речи, надо много работать. Не следует начинать выступление непосредственно с существа вопроса, так как аудитории требуется время, чтобы привыкнуть к тембру（音色）голоса оратора, манере его поведения. Именно по этой причине опытные ораторы тратят первые несколько минут на то, чтобы поблагодарить председателя, объявившего их выступление. Однако в начале речи не стоит приносить извинения за то, что вы не готовы, что недостаточно компетентны, что вообще взяли слово.

Для основной части важно сохранить логическую последовательность и стройность в изложении материала. Существуют различные методы его преподнесения:

– индуктивный（归纳的）метод – от частного к общему. Оратор начинает речь с конкретного случая, а затем подводит слушателя к обобщениям и выводам. Этот метод часто используется в агитационных выступлениях;

– дедуктивный（演绎的）метод – от общего к частному. Сначала оратор выдвигает какое-либо положение, затем разъясняет его смысл на конкретных примерах. Данный метод применяется в выступлениях пропагандистского характера;

– метод аналогии – сопоставление различных явлений, фактов, событий с тем, что хорошо известно слушателю;

– концентрический метод – расположение материала вокруг главной проблемы, поднимаемой оратором (в речи всегда присутствует центральная проблема и круг более частных проблем, которые рассматриваются в связи с центральной);

– ступенчатый метод – последовательное изложение одного вопроса за другим, без возвращения к предыдущему;

– исторический метод – изложение материала в хронологической последовательности.

Известно, что при восприятии устной речи лучше всего запоминается то, что даётся в начале и в конце сообщения, поэтому заключение (как и вступление) является важной композиционной частью выступления *(Конец – делу венец)*. В конце рекомендуется повторить основные мысли, суммировать наиболее важные положения и сделать краткие выводы. Убедительное и яркое заключение всегда запоминается слушателям. Недопустим обрыв речи по причине нарушения регламента. Плохо, если оратор заканчивает речь в стиле самоуничижения. Конец должен быть таким, чтобы слушатели почувствовали финал. Последние слова оратора призваны мобилизовать слушателей, воодушевить их или призвать к активной деятельности. В Древнем Риме была фраза, которой оратор обычно заканчивал своё выступление: *Dixi!* (*'Я всё сказал'*).

В целом, можно сказать, что композиция устного публичного выступления подобна композиции музыкального произведения, которая подчинена законам гармонии. Не случайно многие ораторы сравнивали публичную речь именно с музыкальным произведением. Анатолий Федорович Кони① (1844–1927 гг.), юрист, член Государственного Совета, выдающийся оратор, писал: *«Кто имеет музыкальное чутьё, тот всегда может сказать, не зная пьесы, судя только по аккорду, что она закончилась».*

Учёные горячо спорят о том, что такое риторика – искусство или наука и даётся ли дар красноречия при рождении. Этот вопрос по-прежнему остаётся дискуссионным.

关于什么是演讲术、如何提高演讲水平，这些问题学界一直存在激烈的讨论。很多学者认为口才是一种与生俱来和日积月累的能力，后期的学习可以使这一能力得到发挥和提升。

Основоположник отечественной риторики, которого А. С. Пушкин называл *«первый наш университет»*, М. В. Ломоносов считал, что для приобретения красноречия требуется пять условий: природные дарования; научные знания; подражание классическим авторам; упражнения в составлении речей; знание других наук.

Природные дарования М. В. Ломоносов разделял на душевные и телесные. Среди душевных особенно ценил память, среди телесных отмечал громкий и приятный голос, «долгий дух», «крепкую грудь», «дородство» и «осанковатый вид».

В «Риторике» Ломоносов представил трёхступенчатый канон и выделил в красноречии «правила трёх родов»: изобретение, украшение, расположение②.

По мнению М. В. Ломоносова, главными достоинствами оратора являются *«совоображение»* и *«остроумие»*. Оратор должен учитывать свойства слушателей: возраст, пол, воспитание, образование – и вести себя перед аудиторией подобающим образом. Автор отмечал, что у «обученных» людей «надлежит возбуждать страсти с умеренной живостью», а «у простаков…

---

① 阿纳托利·费多罗维奇·科尼（1844—1927），俄国律师、法官、国务活动家、社会活动家、文学家。

② Ломоносов М. В. Полное собрание сочинений. М., 1952. Т. 7. С. 126.

должно употреблять всю силу стремительных и огорчительных страстей», так как «нежные страсти» для них, что «лютня для медведя».

Любопытны замечания знаменитого судебного деятеля и блестящего лектора А. Ф. Кони о красноречии и возможностях обучиться хорошо говорить: «Если под красноречием разуметь дар слова, волнующий и увлекающий слушателя красотою формы, яркостью образов и силою метких выражений, то для этого нужно иметь особую способность, частью прирождённую, частью же являющуюся результатом воспитательных влияний среды, примеров, чтения и собственных переживаний… Поэтому невозможно преподать никаких советов, исполнение которых может сделать человека красноречивым»[1].

Того же мнения придерживался выдающийся русский оратор и политический деятель граф Михаил Михайлович Сперанский (1772–1839 гг.), ближайший советник Александра I, инициатор либеральных преобразований, в частности создания Государственного Совета (1810), который утверждал, что обучить красноречию нельзя, можно лишь научить, как пользоваться этим божественным даром. И это — есть предмет риторики[2].

Римский оратор Марк Фабий Квинтилиан (жил ок. 35–96 гг.), теоретик ораторского искусства (главный его труд – «Об образовании оратора»), утверждал, что *лишь с помощью писания можно достигнуть лёгкости речи.*

Некоторые пытаются заучивать речь (это оправдано, если речь пишется для митинга), другие – выступают с опорой на текст. В таком случае важно выделить, пронумеровать, подчеркнуть наиболее значимые пункты текста.

---

[1] Кони А. Ф. Приемы и задачи обвинения // Право и образование, 2002. № 4. С. 124– 137.

[2] Сперанский М. М. Правила высшего красноречия. СПб., 1844.

Мечта многих ораторов – импровизация (即兴演说). Это вершина мастерства публичных выступлений. Прекрасным импровизатором был Анатолий Васильевич Луначарский (1874–1933 гг.) – писатель и общественный деятель, Нарком просвещения, Полпред СССР в Испании с 1933 г. Однажды на вопрос, как ему удалось так блестяще выступить, он ответил: *Я готовился к этому всю жизнь*. Таким образом, удачная импровизация – это награда за многолетний труд.

Искусство словесного воздействия достигается длительной практикой. Многие ораторы специально запинаются и делают ошибки, чтобы их выступление звучало более естественно и непринуждённо. Тот, кто говорит очень уверенно, иногда рискует утратить расположение аудитории. Очевидно, это происходит из-за того, что каждый слушатель мысленно ставит себя на место выступающего и болезненно переживает собственную неловкость и замешательство, которые могли бы возникнуть при подобных обстоятельствах. Вот почему слишком самоуверенное и бойкое начало речи часто вызывает враждебность аудитории. Чем естественнее звучит голос оратора, чем проще его язык и манера поведения, тем больше доверия проявляет к нему аудитория.

Для установления контакта с аудиторией необходимо интеллектуальное и эмоциональное сопереживание. На контакт с аудиторией влияют актуальность обсуждаемого вопроса, личность оратора и его репутация. Внешне контакт проявляется в поведении аудитории (*тишина, реакция на шутки, замечания*).

Таким образом, ораторское искусство – это основанное на глубоких фундаментальных знаниях мастерство построения публичного выступления с целью оказания желаемого воздействия на аудиторию.

由此可见，演讲艺术是一种基于深厚知识储备进行公开发言，并能对听众产生预期影响的艺术。有一些明确的适用于公开发言的交际技术手段。

Существует определённая коммуникативная техника публичных выступлений.

К основным приёмам управления аудиторией относятся:

– прямое требование внимания;

– удачное обращение к аудитории с неожиданным вопросом;

– юмор, каламбур;

– сопереживание, соучастие;

– апелляция к речи и личности предыдущего оратора;

– ссылки на авторитетные источники;

– примеры из художественной литературы, фольклора, фразеологические выражения;

– голосовые приёмы (понижение и повышение тона, ускорение и замедление темпа), а также выдержанные паузы.

Нужно помнить, что особенно невыразительна речь, изобилующая клише: *Тема моего выступления связана с…*; *С чувством глубокого удовлетворения…*; *И в заключение хотелось бы отметить…* и т. д.

Готовясь к публичному выступлению, не следует забывать, что очень многие люди плохо воспринимают информацию на слух, вот почему одну и ту же мысль необходимо повторять неоднократно в разных формулировках, а также стараться использовать любую возможность проиллюстрировать речь с помощью чертежей, графиков, слайдов, фрагментов фильмов и видеоматериалов.

Искусство публичного выступления

本部分重点：
进行公开演讲需要注意的地方

Плутарх① советовал говорить *или как можно короче, или как можно приятнее*. В начале выступления рекомендуется искать приёмы возбуждения интереса, поляризовать внимание аудитории, создать эмоциональный фон, на котором можно развивать главную мысль. А. Ф. Кони на протяжении всего выступления использовал так называемые *крючки* (юмористические замечания, удивительные случаи, шутки) для создания атмосферы доверия в аудитории.

М. В. Ломоносов советовал сильные и важные доводы *«положить наперёд»*, послабее – в середину, самые сильные – на конец, *«ибо слушатели и читатели больше началу и концу внимают»*.

М. М. Сперанский писал: *«Основание красноречия суть страсти. Сильное чувствование и живое воображение для оратора необходимы совершенно. И как сии дары зависят от природы, то ораторы столько же родятся, как и пииты»*.

Оратор всегда стремится в чём-либо убедить аудиторию. Ситуация убеждения включает в себя три компонента:

— говорящий (оратор) – внешний фактор убеждения;

— публичная речь и её содержание – внутренний фактор убеждения;

— слушающий (аудитория) – внешний фактор убеждения.

Убедительность общения оратора с аудиторией зависит, прежде всего, от внутреннего фактора (то есть от содержания речи).

В целом, ораторское мастерство – это искусство использования внешних и внутреннего факторов убеждения.

Цицерон, в своё время придумавший формулу: логика +

演讲者的说服力首先取决于演讲内容。成功的演讲是演讲内容、演讲语言、演讲方式、演讲风格、演讲态度等综合作用的结果。

---

① 普鲁塔克（约46–120），罗马帝国早期的希腊传记作家和伦理学家，是作品被传诵最广的西方古典作家之一，著有《传记集》《道德论集》等。

риторика + этика, писал, что *оратор есть тот, кто любой вопрос изложит со знанием дела, стройно и изящно, с достоинством при исполнении*.

Можно выделить следующие черты красноречия: остроумие; литературный вкус; владение приёмами ораторской речи; умение пользоваться образцами народной мудрости; собственный риторический стиль.

Каждый представитель лингвоинтенсивной（语言密集型的） профессии должен работать над мастерством публичных выступлений, следуя полезным советам:

– настойчиво практиковаться – только практика способна избавить оратора от страха перед аудиторией;

– готовясь к выступлению, надо твёрдо знать свой предмет;

– начало речи должно быть очень энергичным и показывать, что Вы стремитесь достичь своей цели;

– речь должна иметь чёткую композицию. Бывает, что начало неумеренно затянуто, а финал представляет собой сумбурные（杂乱无章的） дополнения к основной части. Произнося речь, оратор должен идти прямо, как поезд по рельсам, не возвращаясь, не задерживаясь, не сходя с «железнодорожного полотна»;

– в речи должна присутствовать свежесть и индивидуальность. Часто самое важное заключается не в том, что Вы говорите, а в том, как Вы говорите;

– речь не следует читать с листа и не нужно заучивать её наизусть. Оратор должен уметь импровизировать（即兴演说） на основе собственного текста;

– очень важно установить контакт с аудиторией и удерживать её внимание до конца;

– нельзя говорить без воодушевления, то есть равнодушно. Эмоциональный подъём оратора должен зажечь аудиторию, заставить сопереживать;

— не нужно демонстрировать, что вы специально обучались ораторскому искусству, но нельзя забывать также об украшающих речь тропах, фигурах, цитировании, игре слов, которые называют «цветами красноречия».

Оратор должен следовать определённым правилам поведения перед аудиторией. Этические нормы ораторского искусства, соблюдение которых располагает аудиторию к оратору и создаёт благоприятные условия для ситуации убеждения, включают в себя:

— вежливость (приветливость, доброжелательность, уважительное отношение к слушателям);

— тактичность (деликатность, толерантность（宽容）);

— обязательность (пунктуальность, аккуратность);

— скромность (сдержанность, нехвастливость);

— достоинство (сохранение собственного лица и лица слушателей).

В публичной ораторской речи иногда используются диатриба（抨击，谴责）и инвектива（谩骂）.

Диатриба (греч. *diatribe*) — резкая, желчная речь, часто не очень логичная, состоящая из рубленых фраз. Цель диатрибы — эмоционально воздействовать на собеседника. Диатриба характерна для политических и предвыборных кампаний.

Инвектива (лат. *invectiva*) — бранная речь. Её применение нежелательно, но некоторые современные политические и общественные деятели не отказывают себе в таком удовольствии.

В каждой стране на протяжении её исторического развития складываются определённые риторические традиции. Круг тем риторики отражает национально-ментальный стереотип. Для русской риторики традиционными являются темы любви к Родине, истории Отечества и бережного отношения к русскому языку, который, по словам Н. В. Гоголя, *«сам по себе уже поэт»*.

Логика речи

本部分重点：
逻辑学的起源及奠基人、亚里士多德对逻辑学发展的贡献、形式逻辑的四大基本规律

逻辑学出现在2500年前，古希腊哲学家亚里士多德对逻辑学的发展做出了重要贡献，他将形式逻辑进行了系统化，提出了形式逻辑四大基本规律中的三个规律：同一律、矛盾律、排中律。

Логика (от греч. *logos* – '*слово*') – наука о законах и формах правильного мышления. Логика пронизывает всю жизнь человека. Человек может не знать законов формальной логики, но действовать логично. Многие и мыслят логично, не зная логики (так же, как многие говорят правильно, не зная грамматических правил).

Логика – одна из древнейших наук. Она возникла как часть риторики – науки об ораторском мастерстве около 2 500 лет назад. М. В. Ломоносов назвал логику *главной предводительницей всем наукам*. С древнейших времён сферами применения логики были судопроизводство и математика. Одним из основоположников логики считается древнегреческий философ Демокрит[①] (460–370 гг. до н. э.), автор учения об атомистическом（原子论的）строении материи и трактата «О логике».

Логика получила своё развитие в трудах софистов (от греч. – '*умелец, знаток*'; софист – платный преподаватель красноречия в Древней Греции). Они рассматривали её, прежде всего, как искусство достижения успеха в дискуссии. Древнегреческий философ Протагор[②] в книге «Искусство спорить» изложил теорию логики в аспекте диалога оппонентов.

---

① 德谟克利特（前460—前370），希腊哲学家，原子论者。
② 普罗泰戈拉斯（约前485—约前415），西班牙南部阿布得拉人，最著名的早期智者之一。

Важнейшая роль в развитии логики принадлежит древнегреческому философу Аристотелю (384–322 гг. до н.э.). Именно он систематизировал законы формальной логики. Сочинения Аристотеля вошли в сборник «Органон»[①] (от греч. *organon* – '*орудие, инструмент*'). Главным предметом его логических рассуждений был поиск истины и основ бытия.

Учение Аристотеля о силлогизме（三段论）(от греч. *syllogismós – опосредованное умозаключение*) вообще и о категорическом силлогизме（直言三段论）, в частности, имело огромное значение для развития логики. Идеи философа получили дальнейшее развитие в трудах мыслителей Средних веков и Нового времени.

Аристотель утверждал, что речь должна быть логичной. Он сформулировал три из четырёх важнейших законов логики: *закон тождества, закон противоречия, закон исключённого третьего*. Кроме того, Аристотель всесторонне исследовал *категорический силлогизм*, теорию понятия и суждения и способствовал развитию не только формальной, но и математической логики.

Четвёртый закон логики (*закон достаточного основания*) был сформулирован немецким философом-идеалистом, математиком, физиком и изобретателем *Г.-В. Лейбницем*[②] (1646–1716 гг.).

М. В. Ломоносов придавал особое значение логическим упражнениям. В его трудах мы находим авторский пример силлогизма:

Всяк, кто закон хранит, есть Богу приятен.

Но всяк добродетельный человек закон хранит.

---

① 《工具论》，亚里士多德逻辑学著作的总称，包括《范畴篇》《解释篇》《前分析篇》《后分析篇》《论题篇》《辩谬篇》。

② 戈特弗里德·威廉·莱布尼茨（1646—1716），德国哲学家、自然科学家，著有《神义论》《单子论》等作品。

Следовательно, всяк добродетельный человек есть Богу приятен[①].

Под логическим законом принято понимать существенную связь между мыслями в процессе рассуждения. Четыре формально-логических закона существуют вне зависимости от воли или желания отдельного человека или общества в тот или иной период его развития.

Первый закон логики – закон тождества (лат. *lex identitatis*), согласно которому каждая мысль, приводящаяся в данном умозаключении, при повторении должна иметь одно и то же содержание. Нельзя отождествлять разные мысли, запутывать собеседника, действуя по поговорке: *Я ему про Фому, а он мне про Ерёму*[②]. Предмет мысли в пределах одного рассуждения должен оставаться неизменным. Между тем нередко говорящий, начав рассуждать, незаметно переключается на другую тему.

Второй закон логики – закон противоречия (лат. *lex contradictionis*), в соответствии с которым высказывание и его отрицание не могут быть одновременно истинными. В этом случае они противоречат друг другу. Например: *Этот тенор на конкурсе добился наилучшего результата, не менее высоких оценок добился его соперник.*

Третий закон – закон исключённого третьего (лат. *tercium non datur* – 'третьего не дано'). Два противоречащих суждения не могут быть одновременно ложными, одно из них – истинно. Например: *Все студенты сдали экзамен на «отлично», а Петров даже не смог ответить на первый вопрос.*

---

① Ломоносов М. В. Полное собрание сочинений. М. 1952. Т. 7. С. 581.
② "我跟他说张三，他和我讲李四"（Ему про Фому, а он про Ерёму，俄罗斯俗语），表示对话者没有讨论同一话题，各讲各的。Фома 和 Ерёма 是俄罗斯民间故事中的一对双胞胎喜剧角色。

Четвёртый закон – закон достаточного (единого) основания – требует, чтобы любое утверждение было обосновано другими мыслями, истинность которых уже доказана. Ср.: *Данное вещество является металлом, потому что оно электропроводно.*

Мышление и язык взаимосвязаны. Мышление – это опосредованный способ восприятия человеком окружающего мира, предполагающий две стадии познания: чувственную и рациональную.

Основные формы чувственного познания – ощущение, восприятие (в единстве всех свойств и ощущений), представление (с опорой на ощущение, восприятие и фантазию).

Формами абстрактного мышления являются понятие, суждение и умозаключение.

Язык – это знаковая система, с помощью которой человек познаёт окружающий мир, приобщается к сокровищам мировой цивилизации.

Наука о знаках – семиотика – зародилась в XIX в. Её основы заложили американские философы Чарльз Пирс[①] и Уильям Моррис[②], открывшие трёхмерное пространство языка. Различаются знаки *языковые* и *неязыковые*: копии (фотографии, отпечатки пальцев, карты и др.), признаки (показатели и индексы), сигналы (звуковые, световые и др.), символы (дорожные знаки, гербы, жесты и др.).

Языковые знаки выражаются именами. Имя, как и любой другой знак, имеет значение и смысл. Значение имени – это сам предмет. Смысл имени (концепт) – способ обозначения предмета.

思维与语言相互联系。思维是人们感知周围世界的方法，涉及感性和理性两个阶段。语言是符号系统，借助语言人们能够认识周围世界。语言分为自然语言和人工语言。自然语言具有一定的缺点（如多义性和隐喻性），而这些缺点同时也是它的优点。

---

① 查尔斯·桑德斯·皮尔士（1839–1914），美国哲学家、逻辑学家，实用主义创始人。
② 查尔斯·莫廉·莫里斯（1901–1979），美国实用主义哲学家，符号学创始人之一。

Значение существует независимо от автора или интерпретатора. Постижение взаимосвязи значения и смысла является объектом изучения семантики и прагматики, которые наряду с семиотикой формируют трёхмерное пространство языка.

Языки делятся на *естественные* и *искусственные*. Естественные языки возникли стихийно и сформировались в результате длительного исторического развития. Искусственные языки создаются человеком для решения определённых задач (нотный язык, языки программирования).

Естественный язык, с формальной точки зрения, обладает рядом недостатков, которые в то же время считаются его достоинствами: это многозначность и метафоричность.

Источником и результатом процесса познания является понятие – форма рационального мышления, в которой отражаются существенные признаки класса однородных предметов. Понятия в языке выражаются с помощью слов или словосочетаний. Понятие отличается от представления – высшей формы чувственного познания, когда создаётся образ предмета. В понятии не должны отражаться несущественные (случайные) признаки. Существенные признаки не следует отождествлять с отличительными, исчезновение которых принципиально не влияет на качественную определённость вещи.

Логические приёмы определения понятий

本部分重点：
对概念进行定义的逻辑手段、推理方式

Понятие является результатом нескольких логических операций, в их числе:

– анализ – мысленное разделение предмета на его составные части и выделение их признаков;

– синтез – мысленное объединение целого из его частей или признаков;

– сравнение – мысленное установление сходства или различия по существенным и несущественным признакам;

– абстрагирование – вычленение существенных признаков и отторжение несущественных;

– обобщение – мысленное объединение однородных предметов в некоторый класс.

Всякое понятие характеризуется содержанием и объёмом. Содержание понятия – это совокупность его существенных признаков. Объём понятия – это множество предметов, которые вмещаются в данное понятие.

Важнейшими правилами определения понятий являются следующие:

– определение понятия должно быть соразмерным: *Рецидивист есть лицо, осуждённое судом в соответствии с УК* (понятие несоразмерно); *Рецидивист есть лицо, совершившее новое преступление после того, как было осуждено за предыдущее преступление* (понятие соразмерно);

– определение понятия не должно заключать в себе замкнутого круга: *Преступник есть лицо, преступившее какой-нибудь закон* (однокоренные слова замыкают круг неопределённым местоимением);

– определение понятия должно быть ясным: *Преступник есть нарушитель определённых правил* (определение понятия неясное, так как есть непонятное слово);

– определение понятия не должно быть отрицательным:

概念是一系列逻辑活动的结果，这些活动包括：分析、综合、比较、抽象、概括。定义概念最重要的规则是：匹配、不循环、清晰、非否定形式。抽象思维更为复杂的阶段是判断。与判断相关的一个最重要的问题是辨别真伪。推理是由一个或多个判断得出新判断的思想过程。有四种推理方式：演绎（由整体到局部）、归纳（由局部到整体）、类推（由局部到局部）、溯因（由结果到过程）。

Преступник есть лицо, не соблюдающее правила поведения в обществе (в определении содержится отрицание).

Из понятий на более сложной стадии абстрактного мышления формируются суждения.

Суждение – это мысль, в которой утверждается наличие или отсутствие свойств, признаков или связей у предметов и ситуаций. Суждения выражаются повествовательными предложениями.

Одна из главных проблем, связанных с суждением, – это установление их истинности или ложности.

Умозаключение – мыслительный процесс, в ходе которого из одного или нескольких суждений, называемых *посылками*, выводится *новое суждение*, называемое *заключением*, или *следствием*. Структура умозаключения представляет собой единство посылок (исходящих суждений), заключения и логических связей между ними.

Первой теорией умозаключений, произведённых из простых категорических суждений, была силлогистика (др.-греч. *'выведение следствий'*), по сути – наука о дедуктивных умозаключениях.

Существует четыре вида умозаключений: дедуктивные – от целого к части; индуктивные – от части к целому; по аналогии – от части к части; по абдукции（溯因推理）– результат есть, а ход не ясен (этот тип умозаключений присущ творчеству).

Основной объект силлогистики – простой категорический силлогизм.

Категорический силлогизм (греч. *syllogismós*) – рассуждение, состоящее из трёх простых атрибутивных высказываний: двух посылок и одного заключения. Посылки силлогизма разделяются на бóльшую, содержащую предикат заключения, и меньшую, включающую его субъект.

Пример силлогизма:

Всякий человек смертен (большая посылка).

Сократ – человек (меньшая посылка).

Сократ смертен (заключение).

В основе вывода в категорическом силлогизме лежит аксиома силлогизма: всё, что утверждается (или отрицается) относительно всех предметов данного класса, утверждается (или отрицается) относительно каждого предмета (или любой его части). Например:

Все орлы летают.

Ни один заяц не летает.

Ни один заяц не является орлом.

В ходе рассуждений необходимо уметь формулировать гипотезы. Гипотеза – это обоснованное предположение с целью выяснения свойств и причин изучаемых фактов. Если гипотез по данному факту больше, чем одна, их можно назвать версиями.

Для построения гипотезы или версии нужно сначала проанализировать факты и отношения между ними, затем синтезировать (обобщить) их, после этого выдвинуть предположение.

Аргументация

本部分重点：
论证的构成、提出论点和论据的原则

Структура аргументации в ходе логических рассуждений должна включать в себя:

– тезис – мысль, которую нужно обосновать, поддержать или опровергнуть;

– аргументы – доводы, при помощи которых говорящий предлагает продемонстрировать истинность своих суждений и

论证包括论点、论据、论点与论据之间的逻辑关系。论点和论据的提出需要遵循一定的原则。逻辑性和连贯性是言语的重要品质。破坏逻辑导致逻辑混乱。有三种常见的逻辑混乱类型。造成逻辑混乱的原因有偷换概念、概念细化不清等。

умозаключений;

— демонстрации – виды логических связей между тезисом и аргументом.

Правила выдвижения тезиса: тезис должен быть чётко сформулирован; тезис должен оставаться неизменным на протяжении общения; тезис не должен содержать в себе логического противоречия.

Различают два вида аргументов: логические (обращение к разуму) и психологические (апелляция к чувствам).

Правила выдвижения аргументов: в качестве аргументов выдвигаются только истинные положения; аргументы должны быть весомыми и достаточными для доказательства данного тезиса.

При нарушении этих правил в доказательствах возникают логические ошибки. Они бывают непреднамеренными（无意的）и преднамеренными. Наиболее распространёнными преднамеренными логическими ошибками являются:

— подмена тезиса;

— ложное основание (введение в заблуждение), когда автор даёт ссылки на несуществующие факты, документы, приводит неверные статистические данные;

— выдвижение в качестве аргументов недоказанных положений;

— «порочный круг» в доказательстве（循环论证）, когда тезис обосновывается аргументами, а аргументы выводятся из тезиса: *Сегодня плохая погода, потому что у меня плохое настроение. Наступила снова зима, потому что я убрала шубу.*

В процессе аргументации могут совершаться умышленные и неумышленные (непреднамеренные) ошибки.

Умышленно ложные умозаключения, когда один из собеседников намеренно запутывает другого, нередко с аморальной (不道德的) целью называются софизмами (诡辩) (от греч. *'хитрая уловка, выдумка'*). Софисты, которые были последователями Софоса – одного из мудрецов в Древней Греции, придумывавшего упражнения для тренировки своих учеников, исходили из представления об относительности истины и обучали искусству побеждать в споре независимо от того, был ли исходный тезис верным. (Сократ называл софиста *рыболовом*). Пример софистических приёмов:

– *Когда было написано стихотворение Пушкина «Пророк»?*

– *В 1922 году.*

– *Неверно.*

– *Почему?*

Паралогизмы (谬误) – это неумышленные ошибки, когда суждения объединяют две несовместимые части по принципу: *Я потеряла перчатки, и от меня ушёл муж*. При этом подобный непреднамеренный эффект может быть вызван слабой квалификацией одного или обоих собеседников. Этот приём часто лежит в основе логического парадокса: *Женщину может обидеть всё и даже ничто.*

Паралогизмы часто присутствуют в поэтической речи для создания стилистического эффекта рассеянности, растерянности, раздвоенности души:

Так беспомощно грудь холодела,
Но шаги мои были легки.
Я на правую руку надела
Перчатку с левой руки. (А. А. Ахматова.)

Важные достоинства речи – логичность и связность. Нарушение законов логики порождает алогизмы (от греч. *а* – 'не', *logos* – 'разум', то есть *'нерассудительность, безумие'*).

Один из наиболее распространённых алогизмов основан на нарушении закона единого (достаточного) основания: *Шёл дождь и три студента: первый – в пальто, второй – в университет, третий – в плохом настроении.* // *Они по вечерам пили чай с лимоном и с удовольствием.* // *Играть в таких условиях опасно и для игроков, и для зрителей.* // *Ключевой вопрос – борьба с пиратством у берегов Сомали и в других частях света.* // *По меньшей мере один человек погиб (а меньше и не бывает!).* // *Как только я выдержала экзамены, то сейчас же поехала с мамой, мебелью и братом Иоанном на дачу* (А. П. Чехов).

Другой тип алогизмов базируется на нарушении логического закона противоречия: *Потом были показаны турецкие кинжалы, на одном из которых по ошибке было вырезано: «Мастер Савелий Сибиряков»* (Н. В. Гоголь). // *Мы выполнили все пункты плана от «А» до «Б»* (В. С. Черномырдин).

Третий тип алогизмов основан на смешении времён и логической последовательности описываемых событий: *Умрём и бросимся в бой* (Вергилий). // *Во двор въехали две лошади. Это были сыновья Тараса Бульбы.* // *Солнце то всходило, то заходило* (А. П. Чехов).

Причиной нелогичности высказывания может стать подмена понятия: *Плохо, когда во всех кинотеатрах демонстрируется одно и то же название фильма.* // *Наша страна сумеет стать инновационным игроком.*

Ошибки могут быть вызваны недостаточно чёткой дифференциацией понятий: *Все с нетерпением ждали приближения конца спектакля.* // *Это зависит от целой совокупности факторов.*

Логические ошибки часто встречаются в сложных синтаксических конструкциях, особенно при выражении временных и причинно-следственных отношений: *Я прожил с женой тридцать три года, и, могу сказать, это были лучшие годы моей жизни, не то чтобы лучшие, а так вообще* (А. П. Чехов). // *Соловьёв пошёл дальше и выстроил историю своего народа с древнейших времён.*

Соблюдение законов логики речи требует вдумчивого и внимательного отношения к слову. Эти законы регулируют взаимоотношения между мышлением и языком. Логика публичной речи должна быть безупречной. Нарушение законов логики в сфере речемыслительной деятельности является стилистически значимым, поэтому недопустимым для образованного носителя русского языка.

Искусство публичной полемики

本部分重点:
辩论的本质、特点、类型、规则、手段

Язык – необходимое средство аргументации. Незнание выразительных возможностей языка, неумение воспользоваться ими для достижения целей аргументации делают речь малоубедительной и бесполезной.

Теория аргументации исследует многообразные способы убеждения аудитории с помощью, в первую очередь, речевого воздействия, анализирует и объясняет скрытые механизмы «незаметного искусства» речевого влияния в рамках самых разных коммуникативных систем – от научных доказательств до политической пропаганды, языка художественной литературы и

论证艺术在辩论中表现最鲜明。辩论的典型特征是：针对论题，反对者必然提出反论题；双方都提出支持各自立场的理由；争论双方互相批评对手立场。

рекламы.

Искусство аргументации наиболее наглядно проявляется в ситуации спора, в которой обоснованно опровергается противоположное мнение. Спор выступает как частный случай аргументации, её наиболее острая и напряжённая форма. Один из основателей риторики Горгий считал, что она есть искусство спорить и побеждать в споре – «искусство изящно доказывать нужное, но не обязательно истинное».

Спор характеризуется наличием несовместимых представлений об одном и том же объекте и предполагает активное отстаивание каждой из сторон собственной позиции. Спор – это способ выяснения истины, столкновение мнений и позиций, приведение аргументов в поддержку своих убеждений и критика представлений другой стороны. Исторические корни ведения спора уходят в античные времена. Наука о мастерстве спора – эристика（争论术）– сформировалась в V в. до н. э. Она представляла собой учение о «практическом искусстве». В Древней Греции под эристикой понимались поиски истины и добра, но постепенно этим словом стали называть обучение искусству ведения спора с целью победы.

Эристика имела два направления: диалектику – искусство ведения эффективного спора, диалога, в котором путём взаимозаинтересованного обсуждения проблемы достигается истина, и софистику, цель которой – спор ради победы, ради самого спора.

Спор имеет характерные признаки: в ответ на тезис оппонент обязательно выдвигает антитезис; обе стороны приводят доводы в поддержку своих позиций; каждый из оппонентов подвергает критике позицию противника.

Виды спора

本部分重点：
争论的类型、目的、规则

Словом спор часто описываются разные коммуникативные ситуации:

– диспут (от лат. *disputo* – '*рассуждаю*'). В форме диспута происходит обсуждение нравственных, политических, научных, социальных проблем, в ходе которого участники высказывают свои мнения и оценки;

– дискуссия (от лат. *discussio* – '*рассмотрение, исследование*'). Обычно это публичное обсуждение спорных вопросов и проблем;

– полемика (от греч. *polemikos* – '*враждебный, воинственный*'). Спор в ходе полемики приобретает враждебный, противоборствующий характер.

Диспуты и дискуссии обычно завершаются мирно, цель же полемики – любой ценой одержать победу над противником.

Применительно к политике часто используется слово *дебаты* （辩论）(от англ. *debate* – 'обсуждение, спор').

Логическую основу спора представляют доказательство и опровержение. В некоторых видах спора присутствует арбитр （仲裁者，公断人） – организатор диалога. Опосредованным участником спора нередко является аудитория.

По содержанию выделяются следующие разновидности спора: спор ради истины; спора ради убеждения противника; спор ради победы; спор ради спора; спор-игра.

Конструктивные цели （建设性目的）ведения спора: обсуждение вариантов решения проблемы; опровержение

争论一词经常用来描述不同的交际场景：辩论、讨论、论战。争论的逻辑基础是证据和反驳。根据内容，争论分为以下类型：求真之争、说服之争、好胜之争、为争之争、游戏之争。进行争论要遵循一定规则。

неконструктивных подходов и мнений; привлечение на свою сторону единомышленников; оценка потенциала явных и возможных противников. Деструктивные цели（破坏性目的）ведения спора: раскол участников на непримиримые группы; сведение дискуссии на уровень схоластики（经院哲学）и демагогии（煽动）; разгром и дискредитация инакомыслящих.

Для начала конструктивного, или рационального спора необходим предмет спора, относительно которого должна существовать реальная противоположность мнений. Необходимо чётко сформулировать основной тезис спора. Важно иметь некую общую платформу – убеждения, мнения, которые признаются всеми сторонами спора. Чтобы спор не был бессмысленным переливанием из пустого в порожнее, участники должны обладать хотя бы минимальным представлением о его предмете, проявлять уважение к собеседнику.

Существуют определённые правила ведения спора:

– не нужно спорить без особой необходимости, но нельзя избегать споров в научных исследованиях;

– всякий спор должен иметь собственный ясный предмет;

– тема спора не должна меняться;

– спор следует вести при наличии несовместимых взглядов на одно и то же;

– спор предполагает для сторон единый базис, на котором он может развернуться (ср. средневековое выражение: *С еретиками не спорят, их сжигают*);

– участие в споре основано на определённом владении логикой;

– участники спора должны иметь точные знания о предмете спора (нельзя спорить о том, что знаешь понаслышке);

– в споре надо бороться за утверждение истины и добра, а не

собственного мнения;

— в споре необходимо применять гибкую тактику, так как ситуация постоянно меняется, вводятся новые аргументы, появляются неизвестные факты, изменяются позиции участников. На все это надо реагировать. Но, вступив в спор, необходимо твёрдо стоять на занятой позиции;

— не следует бояться признавать в ходе спора свои ошибки;

— надо быть терпимым к критике.

Наиболее распространены два крайних способа ведения спора: жёсткость и уступчивость. Жёсткость следует применять по принципиальным вопросам, а в частностях можно проявлять уступчивость.

Стратегия и тактика споров должны быть безошибочными. Стратегия – это общие принципы аргументации. Тактика – поиск и отбор аргументов, наиболее убедительных для данной аудитории, а также реакция на контраргументы других сторон в процессе спора.

В спорах используются разные приёмы, в том числе корректные и некорректные.

Правила ведения спора

本部分重点：
争论的手段及技巧

В споре очень важен доброжелательный тон. В начале спора не рекомендуется сразу противоречить оппоненту, иногда полезно частично согласиться с предлагаемыми доводами, а потом высказать свою точку зрения, что подчеркнёт Вашу

赢得争论需要采用一系列合理有效手段，其中不乏心理手段。争论需要争论者集中全部心力和体力，在争论中争论者的记忆力和想象力不可或缺。进行良性争论不应使用不当手段。

беспристрастность и объективность в споре.

Для победы в споре необходимо знать следующее: инициатор должен стремиться к тому, чтобы спор развивался по его сценарию. Поэтому лучшая стратегия – наступление. Нужно предвидеть возражения собеседника, постараться самому их сформулировать и опровергнуть.

Необходимо владеть приёмом отвлечения внимания противника от той мысли, которую говорящий хочет провести без критики. В этом случае выдвигают другую – оппонент концентрирует на ней своё внимание, вследствие чего пропускает более важную для стратегии спора мысль.

Немаловажно уметь использовать приём перекладывания «бремени доказывания» （举证责任转移法）на противника – это фактически предложение ему всесторонне аргументировать своё положение как исключение из всех известных правил. Такое бремя оказывается непосильным для противника, который приготовился к оборонительной стратегии и не готов к быстрой смене тактики в споре.

Ещё одним важным тактическим приёмом является поражение противника его собственным оружием – путём выведения неожиданных для противника следствий из его же доводов. Эффект неожиданного удара оказывается очень действенным. Таким образом, внезапность – очень существенный момент в стратегии спора, поэтому необходимо «придержать» самые неожиданные и важные аргументы до конца спора.

Недопустимые (некорректные) приёмы в споре не только многочисленны, но и весьма разнородны. Среди них есть очень грубые и очень тонкие. Наиболее грубыми считаются следующие механические уловки: намеренное запутывание противника; неожиданный выход из спора; перебивание оппонента;

организация «полуслушателей», восхваляющих доводы одной стороны (*Превосходно! Прекрасно сказано!*) и демонстративно скептически относящихся к доводам другой (*Неубедительно! Плохие доводы!*); апелляция к тайным мыслям и невыраженным побуждениям, которые якобы известны противнику; использование физического насилия.

Следует отметить, что спор – это деятельность, требующая концентрации всех душевных и физических сил человека, его памяти и воображения. И. В. Гёте[①] писал: «Многие только потому и спорят против истины, что пропадут, признав её как таковую».

Очень трудно спорить с человеком, о котором вам ничего неизвестно, но самый трудный собеседник – тот, которого соперник недооценивает.

В ходе спора используются допустимые и недопустимые психологические приёмы (уловки).

К допустимым психологическим приёмам в споре относятся следующие:

— оттягивать возражение. Если трудно найти основания для немедленного возражения, ловко и незаметно ставят дополнительные вопросы, хотя вовсе не нуждаются в них. Оттягивать возражение особенно необходимо тем людям, психологическое состояние которых неустойчиво, людям нервным или застенчивым, испытывающим шоковое состояние опустошения от неожиданного довода;

— не занимать с самого начала жёсткую позицию, не спешить твёрдо излагать свою точку зрения, иначе при перемене обстоятельств её будет трудно модифицировать (变动);

---

① 约翰·沃尔夫冈·冯·歌德（1749–1832），德意志戏剧家、诗人、自然科学家、文艺理论家和政治人物，著有《浮士德》《少年维特之烦恼》等作品。

— использовать комплимент как средство расположения противника к себе и создания доверительной атмосферы;

— взять слово в конце спора, когда все доводы выступавших уже известны и противник не может дать развёрнутый ответ;

— не рассчитывать на поддержку друзей. Обычно люди только в крайнем случае отдают должное достоинствам других;

— вежливо благодарить за замечания, обещать доработать текст;

— уклоняться от полемики с эгоцентристами и надменными людьми.

Существует также целый ряд недопустимых психологических приёмов, которые могут вывести оппонента из равновесия:

— использование ложных и недоказанных аргументов, сопровождаемых фразами: *Всем известно…; Никто не станет отрицать…; Ни для кого не секрет…* и т. п.;

— намеренное запугивание оппонента;

— выведение противника из состояния равновесия;

— быстрый темп речи, нарочито усложнённый способ выражения смысла, быстрый переход от одной мысли к другой;

— апелляция к подробностям личной жизни.

Эффективность спора во многом зависит от этики общения. Этика спора – это манера поведения в условиях конфликтного диалога. Б. Шоу считал, что поведение человека во время спора является мерилом его воспитанности.

С нравственной точки зрения высшей формой является джентльменский спор. В нём не допускаются никакие уловки, участники не опускаются до насмешек и грубостей. Сильная сторона «сохраняет лицо» противника и старается помочь ему сформулировать свои доводы наиболее привлекательным образом.

Хамский спор характеризуется циничным и презрительным тоном, насмешками, перемигиванием（使眼色）со слушателями, непрерывными оскорблениями противника.

В современной юридической практике в качестве одной из мер предупреждения споров используется медиация（调解）(от лат. *посредничество*). Медиация предполагает добровольное участие сторон в процедуре спора, беспристрастность медиатора, равноправие сторон и конфиденциальность. Появилась новая профессиональная позиция – фасилитатор（促进者）– человек, умеющий примирять противоборствующие стороны.

В настоящее время культура спора заметно упала. Это следствие политического дискурса. В полемиках и дискуссиях остро не хватает глубины, веских（有力的，有价值的）доводов, терпимости к инакомыслию. Даже в политических дебатах встречаются грубость и насилие, что свидетельствует о плохой подготовке партнёров и о том, что корни политической метафорики лежат в уголовном жаргоне. Невербальные оскорбительные сигналы однозначно переводят спор в разряд публичных скандалов.

Навыки ведения спора необходимо постоянно совершенствовать. Особенно это важно для политических и общественных деятелей, которые непременно должны обращаться к лучшим традициям ораторского искусства.

ГЛАВА III

КОММУНИКАТИВНЫЙ ПОРТРЕТ СОВРЕМЕННИКА

3.1 Культура русской речи в зеркале коммуникологии

> **本节重点：**
> 言语文化、言语活动、口头商务交流、谈判艺术、有效交流策略、交际失败

> **概述部分重点：**
> 言语文化的内涵及构成、称呼的使用规范、俄语人名及父称的发展历史

言语文化包括言语规范、言语交际及言语礼仪三个方面。其中，言语规范最重要，它关乎言语使用的正确性，即对标准语规范的遵守。能根据交际目的选择和使用语言手段是言语交际的基础。

Культура речи включает в себя умение чётко и ясно выражать свои мысли, говорить грамотно, привлекать внимание аудитории не только содержанием своего выступления, но и эмоциональным воздействием на слушателей.

Русскую филологическую и педагогическую традицию отличает «неустанная забота о культуре речи» и постоянная борьба со словесным мусором и так называемым «заблатнением» （黑话化）языка. Академик В. В. Виноградов[①] настойчиво советовал совершенствовать культуру речи, бережно относиться к традициям, напряженно думать над смыслом слов, предупреждать «лихое желание щегольнуть （哗众取宠）острым словцом». Он отмечал, что каждый из нас – участник грандиозного процесса словотворчества, но академическое и педагогическое сообщество должно широко распространять общенаучные сведения о законах и правилах русского языка, способах образования новых слов и воспитывать эстетическое чутье у подрастающего поколения[②].

---

① 维克托·弗拉基米罗维奇·维诺格拉多夫（1895–1969），苏联著名语言学家、文艺学家，曾任苏联科学院俄语研究所所长，主要著作有《论文艺作品的语言》《普希金的语言》《对修辞学问题讨论的总结》等。

② Виноградов В. В. О культуре русской речи // Русский язык в школе, 1961. № 3.

Владение культурой речи – своеобразная характеристика профессиональной пригодности людей, которые по роду деятельности организуют и направляют работу, ведут деловые переговоры, воспитывают, оказывают разного рода услуги.

Культура речи предполагает: соблюдение правил речевого общения; владение нормами литературного языка в его устной и письменной формах; умение выбрать и организовать языковые средства, способствующие в конкретной ситуации общения достижению определённых коммуникативных целей. （言语文化指的是：遵守言语交际规则，掌握口头和书面形式标准语的使用规范，能够选择和组织有助于在具体交际情境中实现特定交际目的的语言手段。）

Таким образом, культура речи содержит три аспекта: нормативный, коммуникативный и этический.

Важнейшим является нормативный аспект. Он отражает правильность речи, то есть соблюдение норм литературного языка. Языковая норма – центральное понятие языковой культуры. «Умение правильно говорить – ещё не заслуга, а неумение – уже позор, потому что правильная речь не столько достоинство хорошего автора, сколько свойство каждого гражданина», – утверждал знаменитый римский оратор Цицерон.

Культура речи не может быть сведена к перечню запретов. Необходимо иметь навыки отбора и употребления языковых средств в соответствии с коммуникативными задачами. Это основа коммуникативного аспекта культуры речи.

Носители языка должны владеть разными функциональными стилями, чтобы осуществлять оптимальный выбор языковых средств в зависимости от конкретной ситуации общения.

Этический аспект предписывает знание этических норм речевого поведения и предполагает уместное использование речевых формул приветствия, просьбы, вопроса, благодарности, извинения, прощания и т.п.

Нарушение этики общения приводит к коммуникативным неудачам типа: *У меня (есть) вопрос* или *Есть вопрос* вместо *Разрешите / позвольте задать Вам вопрос* или *Скажите, пожалуйста*. Подобные коммуникативные неудачи связаны с нарушением рамок общения, которые зависят от характера отношений между собеседниками (официальные, неофициальные, дружеские, интимные).

Этический аспект культуры речи накладывает строгий запрет на сквернословие（脏话）, повышенный тон, деликатные (табуированные)（忌讳的）темы. Русское речевое поведение отличается пониженной этикетностью, поэтому мы должны повышать уровень вежливости, не забывать о «волшебных словах» благодарности, предупредительной просьбе вступить в коммуникацию и выйти из неё. Этический аспект требует от нас уважения «лица собеседника».

在交际过程中呼语和称谓的规范使用非常重要，它直接反映讲话人的言语文化水平。俄罗斯人的名字具有丰富的语言文化价值。俄语人名中的父称经历了从无到有的过程。最初只有权贵能够使用父称，直到19世纪中叶普通民众才能使用父称。

Коммуникативные неудачи могут быть связаны и с незнанием особенностей речевого поведения представителей других языковых сообществ. Подобные пробелы（缺漏）в знаниях следует неустанно восполнять. В этическом аспекте культуры речи отчётливо, как в зеркале, отражаются нормативный и коммуникативный аспекты. Например, для современной просторечной речевой культуры характерно неразличение сферы *ты-* и *Вы-* обращения.

Форма *Вы* была заимствована из западноевропейских языков в XVII–XVIII вв. Одна из гипотез её появления такова. В эпоху распада Римской Империи, когда два императора занимали престолы в Риме и Константинополе（君士坦丁堡）, при обращении к каждому из них использовали форму множественного числа, дабы не обидеть другого.

Исконной для русского языка является форма *ты*, о чём свидетельствуют молитвенные обращения к Богу.

В некоторых сообществах, социальных группах (как правило, в среде интеллигенции) даже при хорошем знакомстве может сохраняться обращение на *Вы*. В просторечной среде отдаётся предпочтение обращению на *ты* как демонстрации простоты, равенства, доверительности.

Современная тенденция, особенно в средствах массовой информации, игнорировать форму *Вы* свидетельствует о серьёзном нарушении норм русской речевой культуры и о неудачных попытках слепого подражания Западу. Нередко журналист, гордясь своим личным знакомством с солидным политиком, учёным, бизнесменом, в публичном общении использует форму *ты*, в то время как хорошо воспитанный человек будет испытывать смущение, услышав обращение на *ты* к даме или к господину возраста его родителей.

К этическому аспекту культуры речи относится и правильное обращение к собеседнику по имени. Наука о личных именах носит название антропонимии[①]. Выбор личного имени определяется национально-ментальным стереотипом. Личное имя имеет несколько понятийных опор: одушевлённость, пол, возраст.

Русские личные имена живут активной социальной жизнью и составляют значительный пласт лингвокультурологически значимой лексики, то есть таких слов, в которых сохраняется культурная память народа. Русский классик А. И. Куприн писал, что *язык – это история народа, путь цивилизации, культуры, поэтому*

---

① 人名学，又称"姓氏学"，研究人类姓名的起源、语义、分布及其演变规律的学科。

изучение и сбережение русского языка является не праздным занятием, от нечего делать, но насущной необходимостью.

Большинство современных личных имён имеет иноязычное происхождение. В Древней и Средневековой Руси бытовали собственно русские имена, и они могли быть весьма нелестными (不赞的): *Дурак* (князь *Фёдор Дурак Семенович Кемский*, XV век); *Безум* (XV век); *Безпута* и *Разпута Кирьяновы* (XVI в.); *Лишний, Мордан, Небылица, Нехорошка* (Коломна, XV в.)①.

В семьях часто из поколения в поколение давали имена из одной лексико-семантической группы: *Степан Пирог* и *Иван Оладьины, Андрей Каравай Оладьин*. У новгородского помещика *Ивана Линя*, жившего в середине XV в., были сыновья *Андрей, Сом* и *Окунь Ивановичи*②.

Очень часто ребёнок после крещения получал греческое имя (например, *Александр, Ксения*), но в миру его называли именем-оберегом③ (*Волк, Сила*).

В 20-е гг. прошлого века нашу речевую стихию захлестнула мода на аббревиатуры, которая отразилась и в личных именах. Появились дети с именами *Ким* (Коммунистический Интернационал Молодёжи), *Рэм* (революция, Энгельс, Маркс), *Велиор* (Великая Октябрьская революция), *Сталина, Даздраперма* (Да здравствует Первое мая), *Марклен* (Маркс, Ленин), *Эрлен* (Эра Ленина), *Тролебузина* (Троцкий, Ленин, Бухарин, Зиновьев). После смерти В. И. Ленина мальчиков нередко называли именем *Вилен, Владлен*.

В 40-е гг. популярными именами были *Мэлс* (Маркс, Энгельс,

---

① 带有贬义的名字，分别译为费奥多尔·杜拉克（傻的）·谢苗诺维奇·克姆斯基；别祖姆（疯的）；别兹普塔（浪荡的）而且拉兹普塔（风流的）·基里娅诺娃；利什尼（多余的）、莫尔丹（肥头大耳的）、涅贝利察（虚构的）、涅霍罗什卡（丑陋的）。
② Культурное наследие Древней Руси. М.: Наука, 1976.
③ 具有辟邪、护身符意义的名字。

Ленин, Сталин) и *Польза* (Помни ленинские заветы). В 50-е гг. появились имена *Мират* (Мирный атом), *Нинель* (Ленин – в обратном порядке), *Гертруда* – Герой труда.

Примеры подобных явлений встречаются среди имен известных людей: бизнесмен *Рэм* Вяхирев (Революция, Электрификация, Мир), писатель *Виль* Липатов (В. И. Ленин), историк *Рой* Медведев (Революция, Октябрь, Интернационал), режиссёры *Марлен* Хуциев (Маркс, Ленин) и *Мэлор* Стуруа (Маркс, Энгельс, Ленин, Октябрьская революция), актрисы *Элина* Быстрицкая (Электрификация, Индустриализация) и Нонна Мордюкова (по метрике была *Ноябриной*), поэтесса Римма Казакова на самом деле носила имя *Рэмо* (Революция, Электрификация, Мировой Октябрь).

В годы оттепели традиция давать сложносокращённые имена пошла на спад, потому что Н. С. Хрущев[①] критически отозвался о «собачьем языке сокращений», и творческая активность народа ослабла.

Следует отметить, что люди всегда создавали новые имена. Например, имя *Светлана* придумал А. Х. Востоков[②] и увековечил его в романсе «Светлана и Мстислав». А популярным имя Светлана стало благодаря одноимённой балладе В. А. Жуковского[③].

Современные оригинальные имена – плод творчества молодых родителей, которые живут в эпоху свободы, демократии и стремятся к эпатажу (不体面的、乖谬的行为) (от франц.

---

① 尼基塔·谢尔盖耶维奇·赫鲁晓夫（1894–1971），曾任苏联共产党中央委员会第一书记以及苏联部长会议主席等重要职务。
② 亚历山大·赫里斯托福罗维奇·沃斯托科夫（1781–1864），俄国语言学家、古文学家，俄国历史比较语言学奠基人，著有《论斯拉夫语》等。
③ 瓦西里·安德烈耶维奇·茹科夫斯基（1783–1852），俄国浪漫主义作家、翻译家，著有《傍晚》《俄罗斯军营的歌手》《斯维特兰娜》等作品。

choquant – 'скандальная выходка'), иногда бессмысленному. Загсы① не имеют права отказать родителям в выборе имени для ребёнка, однако есть запрет на имена, содержащие цифры, иностранные буквы, а также ругательства. Родители называют детей *Ангелами* и *Дельфинами, Амурами* и *Ангелами*; в Москве живут мальчики с именами *Каспер, Ненаглядный, Господин, Ярослав-Лютобор, Мир, Кит, Оушен*. Девочек нарекают（起名）*Луной, Россией, Зарёй-Заряницей, Принцессой, Прохладой, Весной, Шоссиной* и даже *Приватизацией*. Подражая Западу, некоторые родители стали называть детей двойными именами (*Мария-Елена, Алёна-Цветочек, София-Солнышко, Саша-Александр, Денис-Иоанн*) и даже тройными: так, в Москве зарегистрирован мальчик по имени *Архип-Урал-Никита*.

В октябре 2014 г. в Екатеринбурге многодетные родители назвали своего шестого сына *Крымом*, в 2015 г. в Ижевске зарегистрирован *Люцифер*, в Москве – *Сирия*.

Редкие имена чаще всего дают родители, которые не знают и не желают знать свои корни и родословную. Между тем в русской семье издавна существовала традиция чередования имён: например, отец – *Пётр Иванович*, сын – *Иван Петрович*, а внук носил имя деда.

Справедливости ради стоит отметить, что стремление к вычурности（奇异、独具一格）свойственно всем народам. Так, 36-летняя преподавательница из Колумбии Ледизунга Киборг два года боролась с национальной регистратурой и всё же изменила своё имя. Теперь в её паспорте первое имя состоит из букв английского алфавита от *A* до *h*, второе от *G* до *n*, а фамилия начинается с *O* и оканчивается на *z*. Преподавательница считает

---

① ЗАГС，全称为Запись актов гражданского состояния，民事登记处、户籍登记局。它是俄罗斯负责登记户籍的机关，登记内容包括出生、婚姻状况、家庭关系、子女收养、更名、死亡等。

этот поступок проявлением творческого характера своей натуры.

Отчество упоминается в русских летописях с XII в. На Руси говорили: *Как Вас звать-величать? Величание*, то есть обращение по отчеству, – это демонстрация уважительного отношения к человеку. Сначала по отчеству называли князей, затем бояр и дворян. Были также формы полуотчеств со словом *сын*: *Фёдор Иванов сын*. Петр I① отличившимся в служении государству людям, например купцам, жаловал величание по отчеству как знак особого уважения. （也存在带有"儿子"一词的半父称形式，例如：费奥多尔·伊万诺夫之子。彼得大帝把父称授予那些在服务国家中表现突出的人以示尊重，例如商人。） (Интересно, что указом от 18 февраля 1706 г. Петр I запретил падать перед собой на колени и подписываться уменьшительными именами, типа *Прошка*, *Алексашка*, повелел вместо *раб* писать *подданный*, вместо *бьёт челом* – *приносит жалобницу*, а годом ранее он выпустил указ о запрете подписываться полуименами).

Екатерина II② в «Табели о рангах»③ особ первых пяти классов повелела писать с *-(в)ичем*, чинов VI–VIII классов – с полуотчествами, а всех остальных – только по имени. В соответствии с этим указом профессор Императорского Московского университета мог удостоиться только полуотчества!

С середины XIX в. отчеством на *-(в)ич, -(в)н-(а)* уже пользовались все другие сословия (кроме крепостных крестьян).

Отчество известно уже при рождении человека, но входит в употребление по достижении им социальной зрелости, то есть с приобретением авторитета в обществе. Отчество коррелирует （相关联）с формой обращения на *Вы*, хотя в практике общения

---

① 彼得·阿列克谢耶维奇(1672–1725)，即彼得一世，俄国罗曼诺夫王朝第四代沙皇。
② 叶卡捷琳娜·阿列克谢耶夫娜（1729–1796），即叶卡捷琳娜二世，俄国女皇。
③ 官秩表，俄罗斯帝国军队、政府和宫廷中职位和级别的清单，由彼得大帝于1722年首次颁布。

партийных работников эпохи социализма известны примеры контаминации（错合现象）обращений на *ты* и по имени-отчеству.

Если личному имени свойственен дейктический（指示语的）(указательный) статус, то отчество подчёркивает авторитет личности, а отсутствие отчества показывает неуважение к человеку, ср.: *Иван Иванович сказал, значит надо сделать* и *Да что нам этого Ваньку слушать!*

В русской коммуникативной культуре предпочтительно обращение по имени и отчеству, так как отчество составляет важную национальную особенность русской речевой культуры.

Сейчас в СМИ формы обращения по имени-отчеству остаются неизменными только по отношению к старшему по возрасту и уважаемому человеку. Исследования показывают, что, убирая отчество, мы «отчуждаем» человека, переводим общение в сугубо официальную или совсем постороннюю сферу. Когда человек говорит о своём учителе, родителях, он не может не использовать отчество, но в отчуждённом смысле всемирно известного или популярного человека можно именовать по имени и фамилии: *Лев Толстой, Сергей Эйзенштейн, Марина Цветаева*.

Отучая（使摆脱，使戒除）людей от необходимого русскому человеку отчества, СМИ подают плохой пример отступления от норм русского речевого употребления, нарушают правила речевого этикета и коммуникативного поведения, потому что отчество является неотъемлемым элементом русского национального менталитета.

Раздел антропонимии, изучающий названия местностей и улиц, называется топонимией; имена рек и водоемов – сфера исследования гидронимии.（名称学中研究地名和街道名称的部分称为地名学。河流和水塘的名称是水名学的研究范围。）

Названия могут многое рассказать об историческом прошлом народа. Некоторые из них забавные и даже курьёзные (稀奇有趣的). Например, на карте Москвы есть такие топонимы: *улица Пруд-Ключики, Упорный переулок, Потешная улица* (на ней, кстати, располагается психиатрическая больница), *улица Вешних Вод, улица Красная Сосна, проезд Соломенной Сторожки, Последний переулок, 4-ая улица 8 марта*. Многие города пережили времена яростного переименования в годы советской власти и возвращения прежних названий в эпоху перестройки. В г. Самаре, например, все улицы имеют двойные названия. Топонимические забавы ложатся тяжелым финансовым и моральным бременем на жителей соответствующих «топосов». Подобная речетворческая деятельность – это одно из проявлений непродуманной государственной языковой политики.

Типы речевых культур и коммуникативные качества речи

> **本部分重点：**
> 言语文化类型、言语交际品质

В современной лингвистике утвердилась типология внутринациональных речевых культур, которые сосуществуют и непосредственно связаны с образовательным и культурным уровнем говорящих и пишущих.

Самым высоким типом речевой культуры является элитарный (精英的) тип. Речь представителя элитарной речевой культуры не только безукоризненна с точки зрения соблюдения языковых норм, но и отличается богатством словарного запаса, выразительностью, аргументированностью, логичностью, доступностью и ясностью

言语文化水平和层级与说话人、书写人的受教育程度和文化程度密切相关。在现代俄语中分为高级言语文化类型、中级言语文化类型、口语言语文化类型和俗语言语文化类型，不同的言语文化类型具有不同的言语表现。

изложения.

Среднелитературному типу речевой культуры свойственна меньшая строгость соблюдения всех норм, а ошибки в устной и письменной речи представителей этого типа речевой культуры не носят систематического характера.

Данный тип речевой культуры характеризуется некоторым смешением норм устной и письменной речи: иногда в устной речи используются книжные штампы, причастные или деепричастные обороты, а в письменную речь (в частности, в язык документов) проникают разговорные конструкции и жаргонизмы.

Среднелитературный тип речевой культуры отличается нестрогим выполнением этикетных требований: обращением на *ты* при каждом удобном случае, низкой частотностью использования этикетных форм, которые обычно представлены очень ограниченным набором: *спасибо, здравствуйте, до свидания, извините.*

Если носители элитарной речевой культуры оперируют всеми стилями, то представители среднелитературной речевой культуры обычно пользуются лишь одним–двумя стилями (например, официально-деловым и разговорным), остальными же владеют только пассивно. С точки зрения принадлежности к речевым культурам, деловые люди чаще всего представители среднелитературного типа речевой культуры.

В отличие от элитарной, среднелитературная речевая культура не является эталонной (标准规范的), однако данный тип наиболее распространён во всех сферах современной общественной жизни и представляет речь большинства теле- и радиожурналистов, поэтому речевые ошибки, к сожалению, тиражируются в СМИ: *кв*а*ртал, в*а*ловый,* э*ксперт, обеспе*ч*ение, отзвонить, отследить, разговор по экономике, расчет по плитам,* *отмечая о том, что…* – и засоряют нашу речь.

Разговорный, или фамильярно-разговорный, тип речевой культуры может быть разновидностью элитарного и среднелитературного типа речевой культуры, если общение протекает в неофициальной обстановке, в сфере близкородственного, дружеского общения. Этот тип речевой культуры допускает использование в узкой корпоративной（公司的）среде сниженной лексики (жаргонизмов, просторечных выражений, обсценной лексики) при общем соблюдении языковых норм.

Просторечный тип речевого поведения следует рассматривать как субкультуру（亚文化）. Просторечие является показателем низкого образовательного и культурного уровня. Носитель просторечия отличается ограниченным запасом слов, неумением строить сложные предложения; его речь характеризуется высокой экспрессивностью, граничащей с несдержанностью, повышенным тоном и громкостью, частотностью ругательств и слов-паразитов. Просторечный тип речевого поведения дополняет неприглядный коммуникативный портрет его носителя.

Речь адресанта, обращённая к адресату, должна отличаться коммуникативной целесообразностью, чтобы адресат правильно декодировал（解码）её.

Главной коммуникативной характеристикой речи является точность, то есть умение чётко и ясно выражать свои мысли. Адресант должен иметь точное представление о предмете разговора, не путать факты, не нарушать логику повествования. Но не только от этого зависит точность речи. Говорящему необходимо хорошо знать язык; иметь богатый словарный запас. Нельзя смешивать паронимы, необходимо дифференцировать омонимы, умело пользоваться синонимами, безупречными должны быть

准确性是重要的言语交际品质。准确性不仅指发话人表达的内容准确，而且指发话人很好地了解语言，拥有充足的词汇量，不会混淆近音词，能区分同音同形异义词，会使用同义词，所表达的言语在句法和逻辑方面无可挑剔。

синтаксис и логика речи.

Особенно внимательно следует относиться к омонимам – словам, совпадающим друг с другом в звучании и написании при полном несоответствии значений: *лук* ('оружие') – *лук* ('растение'); омофонам – словам, имеющим одинаковое звучание, но различающимся на письме: *леса – лиса, плод – плот, будет – будит*; паронимам (от греч. para – 'подобный' и ónyma – 'имя, название, слово'), то есть словам, близким по звучанию, частичное совпадение внешней формы которых является случайным и не обусловлено ни семантикой, ни словообразовательными процессами（近音词，源自希腊语"近似的"和"词汇"，意为发音相近的词汇。它们在外形上的部分重合是偶然的且不由语义和构词过程决定。）: *описка – отписка, подпись – роспись, дипломат – дипломант, экономный – экономичный*.

言语的另一个重要交际特性是可懂性，即能让交际对象听明白、听懂。可懂性取决于对言语手段的精心筛选、对受话人熟悉词汇的使用。需要指出的是，俄语词汇分为普遍使用的词汇、使用受限的词汇。

Другое важное коммуникативное свойство речи – понятность, иными словами доходчивость, доступность для тех, к кому она обращена. Понятность определяется тщательным отбором речевых средств, использованием слов, известных слушателям.

Необходимо иметь в виду, что словарный состав русского языка делится на две группы: общеупотребительная лексика; лексика ограниченного употребления (*профессионализмы, жаргонизмы, термины, иноязычные слова, диалектизмы*).

Диалектизм – слово определённого диалекта (dialektos – греч. 'говор'), то есть территориально закреплённой разновидности русского языка: *елань* (тамб. и ряз.) – 'поляна', *балахта* (новг.) – 'лягушка', *баской* (помор.) – 'удачный', *дробына* (белгор.) – 'лестница', *байдак* (белгор.) – 'холостой', *сгуха* (перм.) – 'сгущенное молоко', *близок* (арх.) – 'родственник', *векша* (арх.) – 'белка', *анадысь* (арх.) – 'недавно'.

Лексика литературного языка постоянно пополняется диалектизмами (например, диалектное происхождение имеют слова *глухомань, пойма, затемно, зря* и др.). Диалектизмы бывают не только лексические, но и фонетические, морфологические, словообразовательные и синтаксические.

Хотя диалектизмы существуют за пределами литературного языка, они входят в сокровищницу национального языка, так как хранят генетическую память народа. Н. В. Гоголь любил путешествовать по России и всю жизнь собирал материалы для словаря русского языка. Он поражался «меткостью и разумом русских слов» «посреди чужеземной жизни» общества. Призывая лингвистов «носить в себе внутреннее ухо», Гоголь записывал не только слова с яркой образной семантикой (*нищеброд, размирие, впробель* – 'местами с белизной', *недопес* – 'молодая лисица' и др.), но и пословицы, поговорки и напевы. Непревзойдённый мастер слова, Гоголь считал язык «высшим подарком Бога человеку»[①].

Существенными коммуникативными качествами речи являются её богатство и разнообразие, свидетельствующие об эрудиции говорящего, о его широком кругозоре и высоком интеллекте.

能够见证讲话人渊博的知识、开阔的视野以及高智商的言语丰富性和多样性是言语的重要交际品质。

Богатство языка заключается в богатстве его словаря. Одни исследователи считают, что активный словарь современного человека не превышает 7–8 тыс. слов, другие полагают, что он составляет 11–13 тыс. слов. Людям лингвоинтенсивных профессий надо постоянно заботиться о пополнении своего словаря.

Известный американский филолог русского происхождения

---

① Гоголь Н. В. Материалы для словаря русского языка. Собр. соч. в 4 т М.: Библиосфера, 1999. Т. 4, С. 427–484.

М. Эпштейн① с тревогой размышляет об обеднении словарного запаса русского языка и утверждает, что исконно русские корни замедлили и даже прекратили свой рост в языке.（著名的俄裔美国语文学家米哈伊尔·爱泼斯坦对俄语词汇量减少表示担忧，他认为俄语固有词在语言中的发展已经放缓，甚至停止。）Он приводит следующие примеры: в словаре В. И. Даля с корнем *люб-* зафиксировано 150 слов, в Академическом четырехтомном словаре 1982 г. – их всего 41; у В. И. Даля с корнем *добр-* представлено 200 слов, в словаре АН СССР подобных слов всего 56②.

По мнению автора, «обогащение» языка словами с русскими корнями в настоящее время идёт за счёт жаргонной лексики. Появляются такие слова, как *беспредел, разборка, отморозок, озвучить, наезжать*, которые отнюдь не делают русский литературный язык богаче; в то же время в английском языке за 6 лет XXI века появились тысячи новых слов, например: *glurge* – 'история, распространяемая по e-mail'; *carnography* – 'описание насилия' и др.

В настоящее время М. Эпштейн насчитал в русском языке не более 150 тысяч лексических единиц. По его мнению, количество словарных единиц увеличивается за счет уменьшительно-ласкательных форм (кстати, В.И. Даль не включал в словарь такие единицы как самостоятельные), а также видовых и возвратных форм глаголов как самостоятельных лексических единиц.

Мнение М. Эпштейна разделяют многие лингвисты, подтверждающие, что в постсоветское время обновление словарного состава русского языка, к сожалению, идет за счёт двух источников: английских заимствований и уголовного жаргона.

---

① 米哈伊尔·纳乌莫维奇·爱泼斯坦（1950– ）俄裔美国哲学家、文学评论家、语文学家，著有《俄罗斯后现代主义：文学与理论》等。
② Эпштейн М. Русский язык в сфере творческой филологии /ж. «Знамя». 2006. № 1.

Слова в языке рождаются постоянно. Специалисты в области семиотики (теории знаков) выделяют три вида деятельности, связанной со знаками: знакосочетательную (*пользователь*), знакоописательную (*лингвист*), знакосозидательную (*писатель, творец*).

Каждый носитель языка в зависимости от своих способностей и широты кругозора может быть творцом новых слов. К сожалению, проследить за созданием новых слов – неологизмов – нет возможности, так как это процесс индивидуальный. Неологизмы появляются в языке под влиянием социально-экономических факторов. Но даже авторские неологизмы, как правило, образуются по уже существующим моделям.

Признанным мастером неологизмов был В. В. Маяковский[①]. Вместе с футуристами （未来派）, искавшими «самовитое» слово, освобождённое от исторической связи с определенным предметом, поэт отметал （摒弃、批驳） слова, которые «входят в привычку, ветшают, как платья», и создавал новые: *любёночек, водкоборцы, пианинить, обносочить, жидконогий, виолончелить*. Исследователи отмечают нигилистический налёт в литературном поведении Маяковского: в запале отчаянной борьбы с литературным мещанством он требовал сбросить Пушкина, Толстого и Достоевского с парохода современности[②]. （研究者注意到马雅可夫斯基文学行为中的虚无主义攻击：在与文学庸俗主义进行绝望斗争的狂热中，他要求将普希金、托尔斯泰和陀思妥耶夫斯基逐出时代舞台。）Но его строки «*Я немало слов придумал вам…*» и «*Я бесценных слов мот и транжир*» – чистая правда, а

语言中永远有新词产生。符号学领域的专家划分出三种与符号相关的行为类型：符号组合行为、符号描写行为和符号创造行为。取决于自己的能力和视野的广度，每一位语言承载者都能成为新词的创造者。语言中新词的出现受社会-经济因素影响。著名人物可以成为新词的创造者。

---

① 弗拉基米尔·弗拉基米罗维奇·马雅可夫斯基（1893-1930），苏联诗人，著有《列宁》《好！》《穿裤子的云》等作品。

② Пощечина общественному вкусу: В защиту свободного искусства: стихи, проза, статьи / Д. Бурлюк, Н. Бурлюк, А. Крученых, В. Кандинский, Б. Лившиц, В. Маяковский, В. Хлебников. М.: Изд. Г. Л. Кузьмина, 1913, с. 3.

высказывания о классиках противоречивы. Так, например, в 1914 г. в статье «Два Чехова» Маяковский называл Пушкина «*весёлым хозяином на великом празднике бракосочетания слов*».

Авторами новых слов могут быть известные люди: М. В. Ломоносов① придумал слова *созвездие*, *рудник*, *насос*; Н. М. Карамзин② – *промышленность*; К. П. Брюллов③ – *отсебятина*; А. С. Шишков④ – *лицедей*; Ф. М. Достоевский⑤ – *стушеваться*; М. Е. Салтыков-Щедрин⑥ – *головотяпство*; В. Хлебников⑦ – *лётчик*; И. Северянин⑧ – *бездарь*; В. В. Набоков⑨ – *нимфетка*; А. И. Солженицын⑩ – *образованщина*.

Новые слова-паразиты выдумывают совсем другие «творцы», их имена остаются неизвестными. Часто инициаторами засорения （污染）русского языка выступают малообразованные политики и чиновники из высших эшелонов власти. Нечёткая, невнятная, невразумительная речь приводит к падению авторитета власти.

---

① 米哈伊尔·瓦西里耶维奇·罗蒙诺索夫（1711–1765），俄国百科全书式科学家、语言学家、哲学家、诗人，著有《俄语语法》《论俄文诗律书》《物理化学基础》等。
② 尼古拉·米哈伊洛维奇·卡拉姆津（1766–1826），俄国作家、历史学家，著有《苦命的丽莎》《俄罗斯国家史》等。
③ 卡尔·巴甫洛维奇·布留洛夫（1799–1852），俄国学院派画家，代表作有《庞贝的末日》《晚会归来》等。
④ 亚历山大·谢苗诺维奇·希什科夫（1754–1841），俄国作家、文学评论家、语言学家、海军上将，曾任俄国科学院院长、教育部长和国务委员。
⑤ 费奥多尔·米哈伊洛维奇·陀思妥耶夫斯基（1821–1881），俄国作家，著有《罪与罚》《被侮辱的与被损害的》《卡拉马佐夫兄弟》等作品。
⑥ 米哈伊尔·叶夫格拉福维奇·萨尔蒂科夫·谢德林（1826–1889），俄国现实主义作家，著有《一个城市的历史》《戈洛夫廖夫老爷们》等作品。
⑦ 维克托·弗拉基米罗维奇·赫列勃尼科夫（1885–1922），俄国未来主义诗人、剧作家，著有《笑的咒语》《苏维埃的前夜》等作品。
⑧ 伊戈里·瓦西里耶维奇·谢维里亚宁（1887–1941），俄国未来主义诗人，代表作有《自我未来主义序幕》《思想的闪光》等。
⑨ 弗拉基米尔·弗拉基米罗维奇·纳博科夫（1899–1977），俄裔美籍作家，著有《洛丽塔》《微暗的火》《黑暗中的笑声》《普宁》《文学讲稿》等作品。
⑩ 亚历山大·伊萨耶维奇·索尔仁尼琴（1918–2008），俄国作家，著有《古拉格群岛》《癌病房》等作品。

Такие слова, как *кошмарить, наработки, задел, отследить*, не обогащают наше национальное достояние – родной язык.

Очень печально, что современные дискуссии о русском языке ведутся только под флагом орфографической реформы и орфоэпических норм, как будто судьба языка зависит от правописания слова *парашют* или произношения слов с вариантным ударением. Такая постановка проблемы свидетельствует о тенденции сведения общего к частному, к примитивному осмыслению вопросов языковой политики в государственном масштабе.

Богатейший источник пополнения словарного запаса языка – синонимия. Синонимы, различаясь оттенками значений и стилистической окраской, позволяют с предельной точностью сформулировать мысль, придать речи разговорный или книжный характер, выразить положительное или отрицательное отношение к тому, о чём говорится. В работе над письменным текстом необходимо активно пользоваться словарями синонимов, стремясь расширить изобразительные возможности своей речи.

К важным коммуникативным достоинствам речи относится умелое использование фразеологических единиц, которые привлекают своей экспрессивностью, потенциальной возможностью положительно или отрицательно оценивать явление, образно выражать одобрение или осуждение, иронию или насмешку. Фразеология – раздел науки о языке, изучающий различные устойчивые сочетания слов – фразеологизмы, или идиомы.

К фразеологическим единицам примыкают пословицы, поговорки, крылатые слова и выражения. Наличие в речи пословиц и поговорок, крылатых слов и выражений свидетельствует о её богатстве.

В пословицах и поговорках отражён многовековой опыт

народа. Обычно они содержат прямой совет, их считают образцами народной мудрости. Границу между пословицей и поговоркой чётко определил В. И. Даль: *Поговорка, по народному определению, цветочек, а пословица – ягодка. Поговорка – окольное выражение, переносная речь…, но без притчи, суждения, заключения.* Поговорка всегда часть суждения и даёт явлению эмоциональную оценку: *свалился как снег на голову, в крещение льда не выпросишь, умяли Бурку крутые горки*. Пословица же существует в речи на правах целого суждения: *Лес рубят – щепки летят; Горбатого могила исправит; Запас карман не тянет; Счастье и труд рядом идут.*

В настоящее время издано много словарей пословиц и поговорок, а первый сборник старинных пословиц, поговорок и загадок XVII–XIX столетий составил Павел Симони[①]. Среди записанных им такие замечательные образцы русской речи, как: *Слово знак ума. Кто пьёт до дна, тот живет без ума. Мягкое слово кость ломит. Жена мужу пластырь, а он ей пастырь. В чужих руках ломоть шире. Бешену мужу и море за лужу.*

Крылатые слова и выражения – это авторские меткие, образные выражения, получившие широкое распространение: *Счастливые часов не наблюдают; Чины людьми даются, а люди могут обмануться* (А. С. Грибоедов); *Любви все возрасты покорны* (А. С. Пушкин); *Как бы чего не вышло; В человеке всё должно быть прекрасно: и лицо, и одежда, и душа, и мысли* (А. П. Чехов).

Богатство языка отражается и в перифразах. Перифраза – это замена однословного наименования предмета, явления или действия описательным оборотом, указывающим на один или несколько его существенных признаков.

---

① Симони Павел. Старинные сборники русских пословиц, поговорок, загадок и проч. XVII–XIX столѣтій. – Выпускъ первый. – I–II, СПб, 1899.

Перифраза – важное средство, с помощью которого можно сделать речь более разнообразной. Например: *Санкт-Петербург – город на Неве, Северная Пальмира, окно в Европу, северная столица, творение Петра, Северная Венеция; луна – ночное светило, царица ночи* (А. С. Пушкин); *солнце – дневное светило* (А. С. Пушкин); *президент – гарант конституции*; *врачи – люди в белых халатах*; *чиновники – белые воротнички*; *Москва – стольный град, сердце России*; *Иисус Христос – Вечный Судия* (М. Ю. Лермонтов), *Сын Человеческий, Сын Божий*; *нефть – черное золото*, *Памир – крыша мира*; *сахар – белая смерть*; *соловей – ночной певец любви* (*Слыхали ль вы за рощей глас ночной певца любви, певца своей печали...* А. С. Пушкин); *Россия, родина – страна березового ситца* (*И страна березового ситца Не заманит шляться босиком.* С. А. Есенин). Важными источниками перифраз, список которых постоянно пополняется, являются художественная литература и СМИ.

Синонимы, фразеологизмы, перифразы позволяют избежать тавтологии и разнообразить речь. Но правильно использовать эти средства может только широко образованный и хорошо начитанный человек.

Важной характеристикой коммуникативного аспекта речи является её чистота, что подразумевает отсутствие лишних слов, синтаксических нагромождений, повторов и слов-паразитов, которые не несут никакой смысловой нагрузки, а, наоборот, отвлекают внимание от содержания речи, затрудняют её восприятие, психологически воздействуют на слушателя, раздражая его. Причины появления в речи слов-паразитов – волнение, неумение рассуждать публично, быстро подбирать нужные слова для оформления мыслей, бедность индивидуального словаря. Слова-паразиты снижают общее впечатление о говорящем и понижают уровень доверия к нему.

言语表现力是言语交际必不可少的催化剂。能够使用辞格和修辞手段是加强言语表现力的语言基础。与语言形象性紧密相连的词汇多义性是辞格和修辞手段形成的发端。辞格和修辞手段赋予言语独特性、生动性和吸引力。

Неотъемлемая черта коммуникативного аспекта речи – её выразительность. Выразительной считается речь, способная увлечь слушателя и поддерживать его внимание на всём протяжении данной коммуникации.

Лингвистическим фундаментом выразительности речи является умелое использование изобразительных и выразительных средств, называемых тропами и фигурами. Источником для формирования тропов и фигур служит многозначность слов, тесно связанная с образностью языка. Тропы и фигуры придают речи оригинальность, наглядность, привлекательность.

辞格是作者通过转义所使用的表达。辞格包括隐喻、借喻、拟人、矛盾修饰法、夸张，以及言小、比喻、怪诞手法、寓喻等。

Троп – это выражение, употребленное автором в переносном значении. К тропам относятся:

– метафора – перенос по смысловому сходству с целью создания нового образа: *Зёрна глаз твоих осыпались, завяли, / Имя тонкое растаяло, как звук; Полюбил я тоской журавлиною / На высокой горе монастырь* (С. А. Есенин); *Слезают слёзы с крыши в трубы; Обдают дождём дела бумажные; Одежным жирком отложились года; Я тоже в бешеном темпе галопа по меди слов языком колоколил* (В. В. Маяковский);

– метонимия – перенос названия с одного объекта на другой, по принципу их реальной или ассоциативной смежности: *А Петербург неугомонный уж барабаном пробужден* (А. С. Пушкин); *Я три тарелки съел* (И. А. Крылов);

— олицетворение — наделение предметов, растений, животных и явлений природы свойствами людей: *Нет участи слаще, Желанней конца, / Чем пепел, стучащий / В людские сердца* (В. Шаламов); *Туча кружево в роще связала* (С. А. Есенин);

— оксюморон — соединение обычно несовместимых понятий, как правило, противоречащих, и создание при этом нового понятия или представления: *Ты и убогая, ты и обильная, Ты и могучая, Ты и всесильная, Матушка — Русь* (Н. А. Некрасов); *О, как убийственно мы любим!* (Ф. И. Тютчев); *Я пришёл на эту землю, чтоб скорей её покинуть* (С. А. Есенин);

— гипербола — художественное преувеличение тех или иных свойств изображаемого предмета или явления: *И в ту же минуту по улицам курьеры, курьеры, курьеры... можете представить себе, тридцать пять тысяч одних курьеров!* (Н. В. Гоголь); *В сто сорок солнц закат пылал* (В. В. Маяковский);

— литота — художественное преуменьшение какого-либо признака предмета, явления, действия: *Ваш шпиц — прелестный шпиц, не более наперстка* (А. С. Грибоедов); *Ниже тоненькой былиночки надо голову клонить* (Н. А. Некрасов);

— сравнение: *Побледнела, словно саван, Схолодела, как роса; Душегубкою-змеею развилась её коса* (С. А. Есенин); *Я кружил поэтической белкой* (В. В. Маяковский);

— гротеск — художественное преувеличение до невероятного, фантастического: *И вижу: сидят людей половины* (В. В. Маяковский);

— аллегория (иносказание): *змея* — зло, коварство, мудрость; *заяц* — трусость; *осёл* — упрямство; *лиса* — хитрость;

весы – правосудие; *лук и стрелы* – любовь; *Дон-Жуан* – переменчивость в любви; *Иуда* – предательство и т. п.; *Вагоны шли привычной линией, / Подрагивали и скрипели; / Молчали жёлтые и синие; / В зелёных плакали и пели* (А. А. Блок).

Различаются два вида тропов:

— общеязыковые: *горячая пора* (метафора); *солнце село* (олицетворение); *съешь тарелочку* (метонимия); *устал до смерти* (гипербола); *мужичок с ноготок, от горшка два вершка* (литота);

— оригинальные: *мармеладное настроение* (А. П. Чехов); *майский день… именины сердца* (Н. В. Гоголь); *лысый фонарь* (В. В. Маяковский).

辞格是句法上非同寻常的言语结构。主要的句法辞格包括：

Фигура – оборот речи, необычный по синтаксису. Основные фигуры речи – это:

— анафора – совпадение начальных слогов или слов:

Бриллианты в свете лунном,

Бриллианты в небесах,

Бриллианты на деревьях,

Бриллианты на снегах. (А. А. Фет)

Иногда анафора осложняется градацией:

Что он не ведает святыни,

Что он не помнит благостыни,

Что он не любит ничего,

Что кровь готов он лить как воду,

Что презирает он свободу,

Что нет отчизны для него. (А. С. Пушкин)

– эпифора – совпадение конечных слогов:

Любил студентов засыпать

Он, видно, оттого,

Что те любили засыпать

На лекциях его. (С. Я. Маршак)

– повтор: *Зимы ждала, ждала природа. / Снег выпал только в январе* (А. С. Пушкин); *И ближе, ближе всё звучал / Грузинки голос молодой* (М. Ю. Лермонтов);

– синтаксический параллелизм – использование одноструктурных словосочетаний и фраз, то есть тождественное или сходное построение смежных фрагментов художественного текста (чаще – стихотворных строк или строф):

О России петь – что стремиться в храм

По лесным горам, полевым коврам...

О России петь – что весну встречать,

Что невесту ждать, что утешить мать...

О России петь – что тоску забыть,

Что любовь любить, что бессмертным быть! (И. Северянин)

– градация – усиление действия или признака: *В старину любили хорошенько поесть, ещё лучше любили попить и ещё лучше любили повеселиться* (Н. В. Гоголь); *Не жалею, не зову, не плачу…*(С. А. Есенин);

– антитеза – противопоставление: *Клянусь я первым днём творенья, / Клянусь его последним днём* (М. Ю. Лермонтов); *Познай, где свет – поймёшь, где тьма* (А. А. Блок);

– инверсия – нестандартный, изменённый порядок слов: *Швейцара мимо он стрелой / Взлетел по мраморным ступеням* (А. С. Пушкин); *Белеет парус одинокий / В тумане моря голубом...* (М. Ю. Лермонтов);

– парцелляция – разрыв высказывания с определённой стилистической целью: *И ещё века. Другие. Те, что после будут. Те, В уши чьи, пока тугие, Шепчет он в своей мечте.* (Б. Пастернак); *А городской старик смотрел на него. Внимательно, Грустно.* (В. М. Шукшин);

– эллипсис – значимое отсутствие языковых единиц: *Мы сёла – в пепел, грады – в прах, в мечи – серпы и плуги.* (В. А. Жуковский); *Зверю – берлога, Страннику – дорога, Мёртвому – дроги, Каждому – своё.* (М. И. Цветаева);

– риторический вопрос – вопрос, не требующий ответа: *Знаете ли вы украинскую ночь?* (Н. В. Гоголь); *На кого не действует новизна?* (А. П. Чехов);

– риторическое восклицание – утверждение в форме восклицания: *Как хороши, как свежи были розы в моём саду!* (И. П. Мятлев); *Какое лето, что за лето! Да это просто колдовство!* (Ф. И. Тютчев);

– риторическое обращение – подчёркнутое обращение к кому/чему-либо не столько с целью называния адресата, сколько с целью выражения к нему своего отношения: *Мечты, Мечты! Где ваша сладость?* (А. С. Пушкин); *Тише, ораторы! Ваше слово, товарищ маузер!* (В. В. Маяковский).

К средствам художественной выразительности относится

и звукопись（音响表现法）: *Как упоительно калошей лякать в слякоть!* (А. Белый).

Возможны разнообразные сочетания изобразительно-художественных средств. Как правило, в художественном произведении представлена целая палитра разнообразных словесных штрихов, среди которых *повтор, анафора, антитеза, метафора, градация, сравнение, эпитет, аллитерация* и др. (艺术描写手段可以进行不同的排列组合。通常而言，文学艺术作品中呈现出的是多样语言文字创作手法的调色板，这些手法包括重复、回指、对照、隐喻、递进、比喻、修饰语、叠韵等)：

Слёзы людские, о слёзы людские,
Льётесь вы ранней и поздней порой.
Льётесь безвестные, льётесь незримые,
Неистощимые, неисчислимые, –
Льётесь, как льются струи дождевые
В осень глухую порою ночной. (Ф. И. Тютчев)

К выразительным средствам речи относят также фразеологизмы, пословицы, поговорки и крылатые выражения.

成语、谚语、俗语和名言警句同样属于言语表达手段。

Коммуникативные качества речи определяют речевой портрет носителя языка. Богатство и разнообразие речи – это результат кропотливой работы над словом и развития природного дара образного восприятия действительности, подкрепленного желанием передать слушателям или читателям бесконечную череду индивидуальных впечатлений о мире. Главным источником вдохновения творца является незыблемая (坚定的) вера в великую силу Слова, которое формирует представления человека об окружающем мире.

Речевой этикет и речевая деятельность

本部分重点：
言语礼节的定义、遵守言语礼节的重要性、言语礼节与言语文化的关系；言语活动的定义、类型、基本原则

言语礼节是具有社会性和民族特征的言语行为标准，是正式和非正式场合里交际者之间建立、保持和中断言语交流情况时的言语交际标准模式总和。言语礼节是言语文化不可分割的部分，言语礼节具有民族特点，对言语礼节的遵守具有教育意义。

Этикет – это совокупность принятых правил, определяющих порядок какой-либо деятельности. Например, существуют «дипломатический этикет», «деловой этикет».

Речевой этикет – это социально заданные и национально специфические правила речевого поведения, то есть совокупность формул речевого общения в ситуациях установления, поддержания и прерывания контакта участников коммуникации в официальной и неофициальной обстановке. Речевой этикет – неотъемлемая часть культуры речи, а культура речевого общения является важнейшей частью общей культуры человека. Высокий уровень владения речевым этикетом определяет степень профессиональной пригодности человека, помогает приобрести авторитет у окружающих, порождает доверие и уважение собеседников. Кроме того, речевой этикет имеет национальную специфику, которая может выражаться, к примеру, в обращении к собеседнику по имени-отчеству и использовании *Вы*-формы.

Соблюдение правил речевого этикета имеет большое воспитательное значение, потому что способствует повышению уровня общей культуры в социуме, поддерживает положительную репутацию не только конкретного человека, но и коллектива, к которому он принадлежит. Культура речевого общения – показатель уровня нравственного климата в обществе. Речевая культура в обществе определяет речевую культуру личности, которая заимствует часть речевой культуры общества, но, безусловно, отличается индивидуальным своеобразием. Существуют эталоны речевой культуры носителей языка – признанных писателей, поэтов и политических деятелей.

Речевую культуру можно рассматривать как общечеловеческий феномен и как национально-окрашенное явление.

Небрежное отношение к родному языку – это проблема глобального характера, она имеет давнюю историю и отражает тенденцию к быстрому саморазвитию. Так, в 1911 г. в Санкт-Петербурге было опубликовано руководство по речевому этикету «Интересный собеседникъ», где пространным списком приводились слова-паразиты: *«знаете ли, вот именно, в некоторой степени, итакъ»*①. Людям со светским воспитанием не рекомендовалось говорить: *честное слово, клянусь честью*, потому что светские воспитанные люди всегда должны верить слову собеседника. Выступая против окказионализмов, автор отмечал: «В наше время развилась мания употреблять в печати и в устной речи слова собственного сочинения. В своем стремлении выражаться метко наши современники заходят далеко»②.

В том же 1911 г. в газете «The New York Times» появилась статья о небрежном употреблении английского языка③, в которой подвергалось резкой критике пренебрежение языковой формой в пользу содержания, в частности: неверное употребление вспомогательных глаголов, местоимений, использование так называемого *big-worded style,* сленга, окказионализмов, смешение значений и функций прилагательных и наречий: *Doesn't it*

对母语的随意使用是全球性问题，早在20世纪初就引起了大家的普遍关注。言语礼节的建构需要考虑交际伙伴以及交流情境的特点。一些言语礼节策略具有全球性特点，比如与寄生词汇不断斗争的策略。

---

① Интересный собеседникъ. СПб, 1911.
② Там же. СПб, 1911. С. 12
③ Leila Sprague Learned. The Careless Use of English. *The New York Times*. 1911, July, 2.

look softly? He looks beautifully tonight, оксюморонов типа *She is an awfully pretty girl*, неверное употребление иноязычных слов, обусловленное незнанием другого языка. По мнению автора, правильное речеупотребление – это обязанность не только педагогов или педантов, а дело повседневной жизни каждого человека, потому что без языка он не сможет проявить свои достижения ни в какой области. И через 100 лет тревога английских и американских филологов не ослабла. Современные слова-паразиты *like (I'm like shocked; He is like 20), basically* и др. засоряют литературный английский язык.

Ошибки в разговорной речи, вольности в языке СМИ и рекламы порождают активные дискуссии в профессиональной среде, которые часто сводятся к анализу фактов, но не к обсуждению превентивных（预防性的）мер.

Речевой этикет строится с учётом особенностей партнёров, вступающих в коммуникацию, а также ситуации общения. Некоторые стратегии речевого этикета имеют глобальный характер. Такова, например, стратегия непрерывной борьбы со словами-паразитами.

有一系列典型的言语礼节情境，每种情境都有对应的言语标准模式，同时在这些模式里存在修辞细化现象。了解这些模式是有效交际的必备条件，当然遵守言语礼节规则并不只是对这些模式的使用。

Типичные ситуации речевого этикета: обращение; накомство, приветствие; прощание; извинение, благодарность; поздравление, пожелание; одобрение, комплимент; сочувствие, соболезнование; приглашение; совет, просьба; согласие, отказ.

Каждой ситуации соответствуют определённые речевые формулы, знание которых необходимо для эффективного общения. При этом в сфере речевых формул наблюдается стилистическая дифференциация. Например, в ряду следующих фраз можно выделить формулы, относящиеся к высокому и низкому стилю: *Моё почтение; Позвольте Вас пригласить; Сделайте* одолжение; *Сделайте милость; Не сочтите за труд; Не извольте беспокоиться; Не стоит благодарности; Не за что; Будь другом.*

В формах обращения также дифференцируются высокий и низкий стили: *господин, госпожа, сударь, сударыня, барышня, дамочка, женщина, мужчина, старик, братан, кекс.*

Но соблюдение правил речевого этикета, безусловно, не ограничивается использованием этикетных формул.

Речевая деятельность представляет собой процесс и является самым распространённым и самым сложным видом человеческой деятельности.

言语活动是一种过程，是人类活动中最普遍和最复杂的类型。言语活动有四种：听、说、读、写，其中最复杂的是听。人类活动的三分之二源于言语活动。言语活动的特点是其总是作为必要成分参与到更加广泛的活动体系。言语交流的基本单位是言语情境、言语事件、言语相互作用。

Существуют 4 вида речевой деятельности: аудирование (слушание); говорение; чтение; письмо.

Наиболее сложным видом речевой деятельности является аудирование.

На две трети человеческая деятельность состоит из речевой. Особенность речевой деятельности заключается в том, что она всегда встраивается как необходимый компонент в более широкую систему деятельности.

Речевая деятельность имеет сознательный характер. Схематично её можно представить следующим образом:

Основные единицы речевого общения: речевая ситуация; речевое событие; речевое взаимодействие.

Речевая ситуация диктует (操纵) правила речевого этикета. Это структура, или контекст высказывания. Составляющие речевой ситуации: говорящий, слушающий, время и место общения.

Речевое событие – это основная единица речевого общения, некое законченное целое со своей формой, композицией и границами (например, *школьный урок, заседание кафедры, лекция, диалог в магазине*).

Структура речевого события: речевая ситуация; обстоятельства, при которых происходит общение.

Речевое взаимодействие – это говорение, восприятие речи адресатом (то есть декодирование содержания чужой речи), оценка полученной информации и реагирование с помощью вербальных и невербальных (паралингвистических) средств.

有时人们使用话语这一术语表达言语的相互作用。话语在意思上与语篇概念接近，但它不是线性语篇。话语自身增加了伴随意义和篇际联系，在时间和空间里展开。话语是语篇创作者、接受者及解读者三维接受中的语篇。话语是言语活动的产物，是处于确定的意识、心智和语用条件中的语篇。

Для обозначения речевого взаимодействия иногда используется термин *дискурс*, который близок по смыслу к понятию «текст». Однако это не линейный текст. Он разворачивается во времени и пространстве, обогащаясь коннотациями и интертекстуальными ссылками. Это текст в трёхмерном восприятии создателя, реципиента и интерпретатора. Дискурс – это продукт речевой деятельности, текст в определённом сознании, ментальных и прагматических условиях.

Наиболее продуктивным понятие дискурса оказывается для социолингвистики, так как оно позволяет принять во внимание принадлежность участников общения к определённой социальной группе, с учётом обстоятельств и условий общения. Выделяются два наиболее важных типа дискурса.

Личностно-ориентированный дискурс, который позволяет человеку раскрыть свой внутренний мир и не связан с его социальным статусом. Это наблюдается обычно в обиходно-бытовом общении и в литературных произведениях.

Статусно-ориентированный дискурс может иметь институциональный （制度性的）и неинституциональный характер. Неинституциональный дискурс отличается в ситуации общения с малознакомыми людьми. Институциональный дискурс, в свою очередь, реализуется в соответствии с определёнными социальными нормами, в регламентированных （严格规定的） рамках общения.

Изменение социально-ролевого статуса человека требует изучения правил общения в каждой новой для него среде. Институциональный дискурс в современном обществе представлен такими подвидами, как политический, научный, административно-деловой, спортивный, педагогический, дипломатический, информационный, рекламный и др. Для выделения каждого нового подвида необходимо определить цель и круг участников общения.

Основные принципы речевой коммуникации: принцип последовательности (вопрос-ответ); принцип предпочтительной структуры (немедленное согласие, обоснованный отказ, умение держать паузу); принцип кооперации (уважение интересов других); принцип вежливости.

Необходимым условием эффективного речевого общения является умение слушать. Это очень редкое качество.

Бернард Шоу шутливо заметил: человеку дан один язык и два уха для того, чтобы он меньше говорил, а больше слушал. Вспомним русскую народную пословицу: «Слово – серебро, а молчание – золото». Слушание – это психологическая готовность к контакту с другим человеком. Как утверждают специалисты, слушание – не только тяжелый труд, но и ценнейший дар. Исследования показывают, что умением сосредоточенно и выдержанно выслушать собеседника обладают не более 10 %

言语活动的基本原则是：一致性原则、优先结构原则、合作原则、礼貌原则。有效言语交流的必备条件是会听，这是非常稀缺的品质。听是复杂的言语思维过程，即所谓的"代码转换"：从记录听者所感知到的他人表达的思想的声学代码，到内部语言代码，即思维代码的转换。听是一种同时感知和理解声音的言语活动。

людей.

Слушание, или аудирование, – очень сложный речемыслительный процесс, так называемый «кодовый переход» с акустического кода, в котором слушающий воспринимает мысль, высказанную другим человеком, на код внутренней речи, то есть на мыслительный код. В этом и состоит понимание воспринятой речи, ибо мыслительный код каждого человека индивидуален (в том смысле, что его память хранит определённый фонд образов, схем, представлений, понятий). Таким образом, слушание представляет собой вид речевой деятельности, при котором происходит одновременное восприятие и понимание звучащей речи. «Непослушный» ребёнок – это не сознательный вредитель, а существо, в силу психолого-когнитивных причин не успевающее декодировать поступающую в его мозг информацию. Слушанию необходимо учить так же напряжённо и долго, как учат чтению и письму, но начинать это надо в более раннем возрасте.

Устная речь предполагает наличие адресата, слушателя, то есть по самой своей природе она рассчитана на интерпретацию. Общие знания в процессе коммуникации, общие интересы и взаимопонимание являются исходными моментами эффективной речевой коммуникации, составляя «план говорящего» и «план слушателя». Совпадение этих планов – идеальный случай при восприятии устной речи, связанной с определённым воздействием на сознание и чувства слушателей.

По наблюдениям психологов, мужчины и женщины слушают по-разному. Мужчины любят слушать самих себя. В разговоре мужчина в два раза чаще прерывает женщину. Если мужчины обычно сосредоточены на содержании разговора, то женщины – на самом процессе общения, они настроены на эмоциональное восприятие речи, очень чутки к улавливанию вербальных и паралингвистических（副语言的）сигналов.

Психологи выделяют два вида слушания: рефлексивное и нерефлексивное.

Нерефлексивным называется такой вид слушания, который не предполагает вербально выраженной реакции на услышанное. На первый взгляд, подобное слушание кажется пассивным, но оно требует значительного физического и психологического напряжения. В диалогическом общении нерефлексивное слушание используется в таких ситуациях, когда один из собеседников взволнован, хочет выразить своё отношение к тому или иному событию, обсудить наболевшие проблемы, но испытывает трудности в выражении мысли. Однако нерефлексивное слушание не всегда бывает уместным. Отсутствие вербальной реакции на сообщение может быть воспринято говорящим как знак согласия. Именно поэтому в деловом общении преобладает другой вид слушания – рефлексивный, который предполагает активное вмешательство в речь собеседника, оказание ему помощи в выражении своих мыслей и чувств, создание благоприятных условий для общения.

Суть рефлексивного слушания заключается в выражении реакции на сообщаемое. Реакции могут быть различными: реакция согласия: *Вот именно. Правильно. Несомненно. Да-да!* (лёгкий кивок головы); реакция удивления: *Да что Вы! Что Вы говорите! Подумайте только!* (покачивание головой из стороны в сторону); реакция усвоения информации: *Угу. Так-так.* (лёгкий кивок головы); реакция негодования: *Ну знаете! Это уж слишком!* (энергичные движения головой).

Таким образом, рефлексивное слушание предполагает активное использование жестикуляции, мимики и позволяет

心理学家划分出两种听话方式：反射式和非反射式。非反射式听话方式指的是，听话人对所听到的内容不做出口头反应。这种情况会出现在交谈一方因过于激动而难以用语言表达自己思想的时候。反射式听话方式则指的是，听话人对所听内容做出口头反应。反射式听话往往比非反射式听话交际效果更明显。

обоюдно регулировать процесс передачи информации. Возможность уточнить, переспросить услышанное делает рефлексивное слушание более эффективным, чем нерефлексивное.

阿特沃特划分出四种反射回答：澄清、重新表述、情感反映、总结。这四种反射回答都有利于对话双方进行全面深入有效的沟通。

И. Атватер① в книге «Я вас слушаю…» выделяет четыре вида рефлексивных ответов: выяснение, перефразирование, отражение чувств и резюмирование.

— Выяснение – это обращение к говорящему за уточнениями; оно помогает сделать сообщение более понятным слушающему. Чтобы получить дополнительную информацию или уточнить смысл отдельных высказываний, слушающий может употребить следующие формулы: *Пожалуйста, уточните это. В этом ли состоит проблема? Как Вы её понимаете? Не повторите ли Вы ещё раз? Что Вы имеете в виду?*

Уже сам факт заинтересованности в предмете сообщения, желание вникнуть в суть проблемы делают диалог более продуктивным.

Для уточнения информации слушающий может использовать открытые и закрытые вопросы. Открытые вопросы заставляют говорящего расширить или сузить свое первоначальное сообщение. Такой тип вопросов обычно предпочтителен. Закрытые вопросы, требующие простых ответов – *да* или *нет*, переключают фокус общения с говорящего на слушающего, заставляя говорящего подчас защищаться.

— Перефразирование – это попытка сформулировать ту же мысль иначе. В беседе перефразирование состоит в передаче

---

① 伊斯特伍德·阿特沃特（1925–1996），美国心理学家，著作有《心理学改变生活》《人类关系》《青少年》等。

говорящему его же сообщения, но словами слушающего.

Цель перефразирования – собственная формулировка сообщения говорящего для проверки точности понимания. Перефразирование можно начать словами: *Как я понял Вас... По Вашему мнению... Как я понимаю, Вы говорите / считаете... Другими словами, Вы считаете / полагаете... .*

Таким образом, перефразирование сообщения даёт говорящему возможность увидеть, что его слушают и понимают, а если понимают неправильно, то существует возможность своевременно внести соответствующие коррективы в сообщение.

– Отражение чувств говорящего, понимание его установок и эмоционального состояния слушающим – это также один из видов рефлексивного ответа. Хотя различие между чувствами говорящего и содержанием сообщения не всегда легко уловить, часто оно имеет решающее значение для дальнейшего хода беседы.

– Резюмирование высказывания помогает соединить фрагменты разговора в смысловое единство. Оно подытоживает (总结概括) основные идеи говорящего и весьма уместно в продолжительных беседах. Без резюмирующих заявлений собеседники могут потратить много времени, реагируя на поверхностные, отвлекающие реплики вместо обсуждения содержания самой проблемы. Резюмирование необходимо в проблемных ситуациях, а также при обсуждении разногласий, урегулировании конфликтов, рассмотрении претензий. Резюмирующие высказывания формулируют по-разному, но типичными вступительными фразами могут быть следующие: *То, что Вы в данный момент сказали, может означать... Вашими основными идеями, как я понял, являются... Если подытожить сказанное Вами, то... .*

阿特沃特总结出一系列有效的听话准则。

Существует несколько правил эффективного слушания, сформулированных И. Атватером:

— не уходите от ответственности за общение; помните, что в общении участвуют как минимум два человека: один говорит, другой слушает (причём в роли слушающего собеседники выступают попеременно);

— будьте внимательными, повернитесь лицом к говорящему, поддерживайте с ним визуальный контакт (视线接触); убедитесь, что Ваша поза и жесты говорят о том, что Вы слушаете;

— сосредоточьтесь на словах собеседника, поскольку слушание требует сознательной концентрации внимания, а сосредоточенным внимание может быть непродолжительное время;

— старайтесь понять не только смысл слов, но и чувства собеседника; помните, что люди передают свои мысли и чувства «закодированными» — в соответствии с социально принятыми нормами. Воспринимайте не только информацию, но и передаваемые чувства;

— придерживайтесь одобрительной установки по отношению к собеседнику. Это создаёт благоприятную атмосферу для общения. Чем большее одобрение чувствует говорящий, тем точнее он выразит то, что хочет сказать. Любая отрицательная установка со стороны слушающего вызывает защитную реакцию, чувство неуверенности и настороженность в общении.

В подтверждение важности овладения навыками слушания приведём слова Д. Карнеги[①]: «...*Умение слушать встречается,*

---

① 戴尔·卡耐基（1888–1955），美国演说家、作家、教育家，著有《人性的弱点》《沟通的艺术》等。

видимо, гораздо реже, чем чуть ли не любое другое хорошее качество. Именно дружелюбный, сочувственно настроенный слушатель нужен нам, когда у нас неприятности. И зачастую это всё, чего хотят раздражённый клиент, недовольный служащий или обиженный друг»[1].（倾听能力显然比几乎其他任何优秀品质都稀缺。当遇到麻烦时，我们需要的正是友好而富有同理心的倾听者，而这通常也是恼怒的客户、不满的员工或者受委屈的朋友所需要的全部。）

Этикет устного делового общения

本部分重点：
口头商务交往礼节、商务谈判策略

Существует много научно-популярных работ, помогающих, по выражению Д. Карнеги, «приобретать друзей», то есть овладевать приёмами расположения к себе собеседника（博得对话者的好感），без знания которых трудно представить современное деловое общение. Среди подобных приёмов выделяют:

— Приём «имя собственное», основанный на произнесении вслух имени (в деловой обстановке — имени-отчества) человека, с которым вы разговариваете. *Помните, что имя человека — это самый важный и самый сладостный для него звук на любом языке,* — писал Д. Карнеги. Собеседник подсознательно испытывает доверие к источнику положительных эмоций.

— Приём «зеркало отношения», выражаемый формулой *mind your face* и связанный с тем, что мы испытываем симпатию к собеседнику, на лице которого, как в зеркале,

与对话者建立良好关系的方法有以下几种：专名法（呼对方姓名）、关系镜像法（向对方表示出好感，如：友善的表情）、金词法（恰如其分的赞美）、倾听法。

---

[1] Карнеги Д. Большой секрет искусства общения с людьми. Ставрополь, 2002, С. 53.

отражается хорошее отношение к нам. Это должно быть выражение доброе и приятное. Специалисты по имиджу и культуре речи уделяют огромное внимание улыбке и демонстрации максимально доброжелательного тона. Люди редко контролируют и регулируют «изображение» на своём «зеркале отношения», хотя сами внимательно следят и за тоном, и за выражением лица собеседника. Конечно, нельзя думать, что если вы один раз улыбнетесь человеку, то он сразу начнёт действовать в ваших интересах. Однако сопротивления, конфликтов, которые отнимают много сил

и энергии, будет значительно меньше. Не забывайте, что улыбка должна быть к месту, иначе собеседник может истолковать её превратно.

— Приём «золотые слова», заключающийся в использовании слов, содержащих небольшое сознательное преувеличение положительных сторон собеседника. Психологи называют такие слова комплиментами и считают их важнейшим элементом формирования положительного эффекта в служебных делах. Этот приём, довольно трудный в практике общении, поскольку в его основе лежит психологический механизм внушения, применяется в соответствии с определёнными правилами: комплимент должен иметь один смысл, не содержать назиданий, не быть слишком банальным. Овладение данным приёмом приносит общению огромную пользу. При этом стоит помнить об уместности комплиментов. В «вертикальном» общении① комплимент едва ли уместен, поэтому восхищение следует выражать средствами невербальной семиотики

---

① 纵向沟通，指群体或组织中在高低各个结构层次之间进行的沟通，分为下行沟通和上行沟通两种形式。

(мимикой, улыбкой, взглядом). В горизонтальном общении[①] комплиментарность имеет очевидный гендерный оттенок. Доминанта коммуникации – деловое общение – определяет ситуативную сферу комплиментов: деловые качества, пунктуальность, креативность и т. д.

– Приём «терпеливый слушатель», представляющий собой умение терпеливо и внимательно слушать собеседника. Этот навык также помогает расположить к себе человека: говорящий удовлетворяет свою потребность в самовыражении, а слушающий, как источник положительных эмоций, получает некоторое усиление симпатии к себе. Использование данного приёма расположения совпадает с основным требованием речевого этикета для устного общения: не перебивать собеседника, внимательно выслушивать его. Это умение необходимо в любой сфере человеческой деятельности.

Основные принципы этикета устного делового общения – внимательность и уважительное отношение к собеседнику – реализуются в нескольких правилах:

口头商务交往礼仪的基本原则是关注度和对交谈对象的尊重态度。这两个原则是在一系列规则中得以实现的。

– необходимо проявить внимание к входящему в кабинет и предложить посетителю сесть, используя этикетные формулы: *Садитесь, пожалуйста; Прошу Вас* (с указательным жестом), имея в виду, что речевая формула *Присаживайтесь* имеет просторечный оттенок;

– не стоит сидеть в кресле в свободной позе, развалившись или нога на ногу, руки должны лежать на столе;

---

① 横向沟通，指流动于组织机构中职权地位对等的人之间的沟通。

— неприлично осматривать посетителя с ног до головы;

— не следует повышать тон – напротив, рекомендуется постоянно демонстрировать психологическую силу путём сдерживания эмоциональной стихии собеседника;（不应当抬高语调，相反，建议通过控制对话者的情绪来不断展示自己的心理力量；）

— в конфликтных ситуациях нельзя перекладывать всю вину на другую сторону, целесообразнее разделить ответственность.

Эффективное деловое общение – это общение, завершающееся видимым позитивным результатом, когда цели достигнуты, задачи решены и стороны удовлетворены итогами переговоров. Для успешной деловой коммуникации необходимо:

владение нормами русского литературного языка;

навыки использования риторических возможностей речи;

владение правилами построения текстов с разной целевой установкой;

умение слушать партнёра;

умение правильно задавать вопросы и отвечать на заданные вам;

владение приёмами убеждения, внушения и расположения к себе.

当代演讲学领域的专家总结出一百多个商务谈判策略。最常用的策略如下：回避策略、出其不意策略、部分同意策略、防患于未然策略、缓解紧张气氛策略。

Специалисты в области современной риторики выделяют более 100 речевых приёмов ведения деловых переговоров. Наиболее популярные из них:

— «тактика отстранения», которая проявляется тогда, когда привычное, обыденное рассматривается в неожиданно новом ракурсе: *А что, если мы откажемся от наших взаимных* претензий... Обратимся для разрешения конфликтной ситуации к третьей стороне... Будем считать, что произошедшее – это недоразумение... Давайте начнем с чистого листа;

— «тактика неожиданного выдвижения новых гипотез»: *Представим себе... А что если предположить... Давайте подумаем, что произойдёт, если... Допустим... Нельзя не принять во внимание...*;

— «тактика частичного согласия», которая используется для лояльного возражения собеседнику с целью придать конструктивный тон беседе, сохранить доброжелательную интонацию спора: *Вы абсолютно правы, но (однако) в то же время... Нельзя не принять во внимание... С одной стороны, я согласен с вашими доводами, но с другой стороны... Конечно, вы правы, но, как специалист, вы понимаете, что... Трудно не согласиться с вами, и все же...*;

— «тактика предупреждения негативной реакции» адресата, которая выражается в готовности извиниться или взять вину за сложившуюся ситуацию на себя: *Простите, я вас побеспокою... Не хочу Вас огорчать, но... Предвижу ваше недовольство... Не сердитесь, но...*;

— «тактика снятия напряжения» с помощью обращения говорящего к предшествующим высказываниям собеседника с целью выяснить, придерживается ли он ранее сформулированного мнения: *Я бы хотел вернуться к Вашему предложению (сосредоточиться на Вашем видении проблемы)... Если вновь обратиться к Вашему предложению... Как я сумел понять, вы предлагаете... Давайте вернёмся к Вашему предложению... Прежде Вы настаивали на...*

Человеку, обременённому властью, необходим постоянный самоконтроль, и овладение этим искусством требует многих лет упорного труда. В официальной деловой обстановке используется минимум жестов и совершенно исключается фамильярность.

Голосовая экспрессивная модуляция（声音表现调控）и различные формы субъективного интонирования речи должны быть ограничены. Немаловажную роль в деловом общении играет заданная тональность（调性、声调）. В современном деловом общении не принят начальственный императивный тон, приветствуется спокойный, ровный, сдержанный тон, в менее строгих деловых переговорах – доброжелательный и приветливый. Положительную оценку следует выражать нейтральным тоном с рационально-логическим контуром.

Средний темп деловой речи – 75–80 слов в минуту. Ускорение темпа требует чёткой артикуляции, дабы речь не превратилась в скороговорку.

Предпосылки толерантности и стратегии компромисса

本部分重点：
俄罗斯人的交际行为特点

在言语交流过程中，我们应尽量做到宽容。宽容是一个深入和多层次的概念。宽容的先决条件是要做到不强硬、不强加、不强势。

В условиях глобализации, учитывая необходимость унификации рамок речевого общения, следует стремиться к формированию такой черты речевого поведения, как толерантность (терпимость к чужому мнению, привычкам, обычаям и традициям).

Толерантность – понятие глубокое и многоаспектное. Одной из предпосылок толерантности является некатегоричность, предполагающая умение смягчать распоряжения и приказы, избегать, по возможности, в процессе общения резких словесных оценок событий и друг друга, ярких оценочных эмоциональных проявлений, категоричных формулировок, бестактных вопросов, необоснованных отказов.

Другая важная предпосылка толерантности – неимпозитивность (стремление не навязывать собеседнику себя, не вмешиваться в его дела), которая заключается: в минимизации советов, личных вопросов и просьб; исключении близкого общения; ограничении физического контакта; отсутствии быстрого перехода к неформальным отношениям.

Неимпозитивность проявляется также в стремлении не обременять собеседника лишними просьбами о помощи в ситуациях, с которыми легко можно справиться самому.

Современному российскому менталитету понятие толерантности почти незнакомо, несмотря на настойчивые призывы в политическом дискурсе. Напротив, отмечаются: приоритет властной вертикали; неприятие инакомыслия; отсутствие широкой дискуссионной платформы; реабилитация конфронтационной модели массового сознания, основанной на известном принципе: *Кто не с нами, тот против нас*; низкий уровень полемической культуры. (相反，可以注意到以下现象：权力级别优先、对异己思想的拒绝、广泛讨论平台的缺乏、基于"不是我们的人就是反对我们的人"这一众所周知原则的大众意识对抗模式的回归、低水平的辩论文化。)

Безапелляционная пропаганда этой модели поведения особенно опасна для молодёжной среды и неорганизованных масс с низкой политической культурой, поскольку в момент растерянности может привести к стихийному социальному взрыву.

Требуется специальная государственная стратегия по

需要出台专门培养公民宽容意识的国家战略。对于多民族国家而言，倡导宽容言语行为的策略尤其具有现实意义，应该成为国家语言政策的一个主要方向。

формированию толерантного сознания. Участникам политических дебатов и выступлений необходимо овладеть речевыми формулами, поддерживающими этот политический сценарий. Стратегия толерантного речевого поведения особенно актуальна для полиэтнического государства и должна стать одним из ведущих направлений государственной языковой политики.

В среде образованных, культурных и здравомыслящих людей в ходе спора участники придерживаются стратегии компромисса и признают следующие постулаты: инакомыслие существует; в ходе спора необходимо разъяснить обе точки зрения; цель спора – решение проблемы; правота в споре не должна выглядеть торжеством победителя; побеждённый в споре не должен оставаться в состоянии психологического унижения или с ощущением поражения.

В русском коммуникативном поведении, к сожалению, многие из названных установок не соблюдаются. Этому препятствуют коммуникативные нормы и традиции, отражающие национально-культурный стереотип. Одним из ярких примеров такого отражения является коммуникативная ситуация спора.

Споры в русском общении традиционно занимают большое место. Русский человек любит спорить по общим и частным вопросам. Отличительная черта русского коммуникативного поведения – любовь к философским спорам.

Русский человек плохо различает принципиальные и непринципиальные разногласия, часто возводя в ранг принципиального любое разногласие.

Русские не стараются избежать спора, как делают англичане, японцы, финны, китайцы. Русский человек может вмешаться в спор незнакомых людей, он любит наблюдать и оценивать споры, комментировать конфликты, определять, кто прав, а кто не прав.

Достаточно распространён в русском речевом общении такой

жанр, как выяснение отношений – спор «на повышенных тонах» со взаимным эмоциональным предъявлением претензий.

Русские горячо спорят друг с другом, причём накал полемики может достигать очень высокой точки, но это не приводит к разрыву отношений, что вызывает удивление иностранцев. (俄罗斯人会激烈争论，并且论战的激烈程度非常高，但这并不会导致关系破裂，这一点让外国人感到惊讶。)

Русский человек всегда старается довести спор до победного конца. Если его точку зрения не приняли, он может серьёзно расстроиться. При явном несовпадении точек зрения русские люди считают, что между ними произошла ссора. Часто причиной серьёзного разрыва может стать пустяк. Такой сюжет положен в основу «Повести о том, как поссорился Иван Иванович с Иваном Никифоровичем»[1] Н. В. Гоголя.

Другой замечательный пример типично русской ситуации бесцельного спора оставил Н. А. Некрасов[2] в прологе поэмы «Кому на Руси жить хорошо»[3]: семеро мужиков шли каждый по своему делу, случайно *«сошлися и заспорили: кому живётся весело, вольготно на Руси»*. В запале спора ушли за тридцать вёрст, пока их не остановила Дурандиха, *«свалили беду на лешего»*, напились и подрались в беспамятстве:

И вправду: сами спорщики

Едва ли знали, помнили –

О чём они шумят...

---

① 小说《伊万·伊万诺维奇和伊万·尼基福罗维奇吵架的故事》，收录于俄国作家尼古拉·瓦西里耶维奇·果戈理的中短篇小说集《密尔格拉得》。
② 尼古拉·阿列克谢耶维奇·涅克拉索夫（1821–1878），俄国诗人，著有《祖国》《大门前的沉思》等作品。
③ 诗歌《谁在俄罗斯能过好日子》，俄国诗人尼古拉·阿列克谢耶维奇·涅克拉索夫的代表作。

与西方交际文化不同的是，俄罗斯人的争论策略是不妥协。不妥协是俄罗斯人性格和行为的本质特点。在俄语中"不冲突的人"表示没有骨气的人。

В отличие от западной коммуникативной культуры, русская стратегия спора отличается безапелляционностью и бескомпромиссностью при полном отсутствии какого-либо смягчения: или да, или нет.

Бескомпромиссность – существенная черта характера и поведения русского человека. Стремление к компромиссу почти не свойственно русскому коммуникативному поведению: компромиссы рассматриваются как проявление беспринципности. Збигнев Бжезинский[①], бывший госсекретарь США, в 1991 г. писал: *Есть разница в психологии западного и восточного мышления. Для Запада компромисс – это положительная черта политического деятеля. Для восточного восприятия стоять до конца, не поступаться принципами считается доблестью и геройством.*

В русском языке выражение *бесконфликтный человек* – синоним слова *бесхребетный*, а поговорки *И нашим и вашим за пятачок спляшет; Для всех хочет хорошеньким быть; Всем угодить хочет* （谚语"为了五戈比谁都跳舞""希望被所有人认可""迎合所有人"，均有曲意逢迎之意）носят неодобрительный характер.

Нетерпимость к чужому мнению с переносом неприязни на его носителя ярко проявляется в русском речевом общении. Русские открыто говорят о своём несогласии, активно используя речевые формы отказа: *Нет; Ни за что; Ни при каких условиях* и т. д., в то время как многие европейцы и представители стран Юго-Восточной Азии всячески стараются завуалировать（掩饰）явное несогласие.

---

① 兹比格涅夫·卡济米尔·布热津斯基（1928–2017），波兰裔美国作家、地缘战略理论家，著有《苏联集团的统一与矛盾》等。

ГЛАВА III КОММУНИКАТИВНЫЙ ПОРТРЕТ СОВРЕМЕННИКА | 253

Русские очень любят критиковать практически всё, не предлагая при этом рациональных решений для преодоления негативных явлений.

На Западе предпочитают выбирать такие темы для общения, которые не могут вызвать конфликта (погода, домашние животные и др.), в русском общении тематических табу нет. Русские любят рассказывать этнические анекдоты①, изливать душу, задавать интимные вопросы: о семейной жизни, зарплате, политическом выборе, религиозной принадлежности (на Западе данные темы табуированы). Лишь в среде интеллигенции проявляется тактика уклонения от разногласий, выражающаяся в речевых формулировках: *Давайте сменим тему; Не будем об этом; Поговорим о другом.*

Для русского человека приоритетен разговор по душам, который может сопровождаться фамильярным прикосновением друг к другу *(тактильностью).*

В русском коммуникативном поведении допускается перекладывание собственных проблем на плечи другого. Вопрос: *Что мне делать?* – обременяет собеседника необходимостью давать советы и нести ответственность за обратившегося с вопросом. Типичный ответ западного человека – *Это твои проблемы* – непонятен для русских. Они предпочитают активно вмешиваться в чужую жизнь, давать друг другу советы, иногда заведомо вредные.

Русские не скрывают от собеседника своего настроения, открыто выражают собственные чувства; в вертикальном общении допускают резкое повышение голоса, императивные

俄罗斯人的日常话题没有西方式的禁忌，他们喜欢说种族笑话，倾吐心声，问一些隐私性问题。俄罗斯人崇尚推心置腹的交谈，这种交谈可能伴随肢体触碰。交谈中，俄罗斯人不掩饰自己的心情，直截了当表达情感。俄罗斯人民的集体主义和团契精神使得他们乐于干涉他人生活，帮助别人分忧解难。

---

① 种族笑话，指针对一个民族或文化团体的幽默笑话，大多来源于族群刻板印象。

высказывания; в горизонтальном общении используют ярлыки, дают прозвища. С точки зрения европейцев, русские постоянно вмешиваются в дела других, стремятся регулировать поведение окружающих, часто делая им замечания.

У русских отмечается тяга к межличностному неформальному общению, они стремятся скорее перейти на *ты*, легко заговаривают с незнакомыми на улице: предупреждают их о возможных неприятностях, дают советы и рекомендации, чем шокируют представителей других коммуникативных культур.

Недопустимость несанкционированного вторжения в личную жизнь собеседника не осознаётся русскими. Такое проявление коллективизма, соборности русского менталитета отражается в пословицах: *Чужого горя не бывает; Один в поле не воин.* （世上没有他者的痛苦；独木不成林。）

Искусство ведения переговоров

本部分重点：
进行成功谈判需要把握的规则和标准模式

进行成功谈判，必须了解有效沟通规则，这些规则可以归纳为基于礼貌相待原则的一系列标准模式。有多种交际行为标准模式，如：边界模式、宽宏模式、赞许模式、谦虚模式、同意模式、好感模式等。

Переговоры – частный случай общения людей. Для успешного ведения переговоров необходимо знать правила эффективного общения, которые можно свести к перечню максим, основанных на соблюдении принципа взаимной вежливости.

Максима – краткая формула, выражающая какое-либо моральное требование, логические или этические убеждения. Существует несколько видов максим.

– Максима такта *(Не нарушай границ личной сферы!)*.
Это максима деликатного отношения к личной
сфере партнёра. В идеале любой коммуникативный акт

предусматривает соблюдение определённой дистанции между участниками. Не стоит затрагивать потенциально конфликтные, табуированные темы (частную жизнь, политические и религиозные взгляды).

– Максима великодушия *(Не затрудняй других!)*. Это максима необременения собеседника. Деловое предложение надо сформулировать таким образом, чтобы его решение можно было при необходимости отложить. Не следует связывать партнёра обещанием или клятвой, требованием дать немедленный ответ по причине особых финансовых или других объективных причин.

– Максима одобрения *(Не ругай других!)*. Это максима позитивности в оценке других. Атмосфера, в которой происходит речевое взаимодействие, определяется не только позициями собеседников по отношению друг к другу, но и позицией каждого по отношению к действительности и тем, совпадают ли эти позиции. Если оценки партнёров (позитивные или негативные) не совпадают, это сильно затрудняет реализацию коммуникативной стратегии каждого участника ситуации общения.

– Максима скромности *(Отстраняй от себя похвалы!)*. Одним из условий успешного развёртывания коммуникативного акта является, по возможности, реалистичная и объективная самооценка. Слишком завышенные или заниженные самооценки могут отрицательно повлиять на установление контакта.

– Максима согласия *(Избегай возражений!)*. Это максима компромиссности. Она предлагает отказ от конфликтной ситуации во имя решения более серьёзной задачи, а именно – сохранения предмета взаимодействия, «снятия конфликта» путём совместной коррекции коммуникативных тактик собеседников.

— Максима симпатии *(Демонстрируй благожелательность!)*. Это максима доброжелательности, которая создаёт благоприятный фон для перспективного предметного разговора. Недоброжелательность делает речевой акт безуспешным. Определённую проблему в общении представляет так называемый безучастный контакт, когда собеседники, не будучи врагами, не демонстрируют и доброжелательности по отношению друг к другу. Максима симпатии даёт основание рассчитывать на положительное развитие речевой ситуации при намечающемся конфликте.

— Максима взаимной вежливости состоит в том, что не только её нарушение, но и неумеренное, слишком усердное соблюдение вызывает дискомфорт. Примеры нарушения этого принципа демонстрировали герои классических литературных произведений: Манилов и Чичиков в поэме Н. В. Гоголя «Мёртвые души» и Демьян в басне И. А. Крылова «Демьянова уха»[①].

Коммуникативные стратегии эффективного общения

本部分重点：
有效交流的交际策略、谈判技巧、口头交流中的非言语手段

— Запоминайте имя человека и демонстрируйте своё знание. До начала переговоров необходимо выучить имена их участников или расставить на столах двусторонние таблички （标牌）；

---

① 杰米扬，俄国作家伊万·安德烈耶维奇·克雷洛夫所著寓言《杰米扬的鱼汤》中的主人公。

– Искренне интересуйтесь делами других. Человеческая жизнь и деятельность – это всегда кооперация, совмещение усилий многих людей. Надо отказываться от коммуникативного пессимизма – привычки всех критиковать, проявлять недовольство окружающим миром. Именно среди людей, занятых исключительно собой, чаще всего встречаются неудачники. Следует запомнить, что нужно относиться к другим так, как хотелось бы, чтобы другие относились к Вам;

– Будьте хорошим слушателем и поощряйте своих собеседников говорить о самих себе. Хорошие слушатели встречаются реже, чем хорошие ораторы. Человек, который умеет побуждать других говорить о себе и внимательно слушать, считается отличным собеседником, даже если при этом сам мало говорит;

– Старайтесь поддерживать беседу на тему, интересующую Вашего собеседника;

– Внушайте Вашему собеседнику мысль о его значимости, так как человек всегда ищет одобрения со стороны тех, с кем вступает в беседу. (向对话者强调他的重要性，因为人总是寻求与己对话者的认可。) В процессе общения вы должны показать, что готовы поучиться у своего собеседника. Избегайте говорить человеку, что он не прав. Уважайте его мнение;

– Драматизируйте свои идеи, подавайте их эффектно;

– Старайтесь отдавать приказы и распоряжения в вопросительной форме, используя приёмы непрямой коммуникации *(Не могли бы Вы исправить отчёт?* – вместо: *Исправьте отчёт.)*;

在交流的过程中要表现出对对方的尊重和关注，与对方保持平等、友善的关系，即使在不对等的交流中也应做到上述几点。

— Демонстрируйте открытость, чаще улыбайтесь. Улыбка длится мгновение, а в памяти порой остаётся навсегда.

— Используйте любую возможность, чтобы проявить любезность и дипломатичность;

— Сохраняйте хладнокровие（沉着冷静）в обстановке самой жаркой дискуссии;

— Всегда стремитесь к компромиссу.

В ситуации асимметричной коммуникации (если позиция одного участника коммуникации слабее позиции другого) также необходимо следовать определённым правилам: внимательно слушайте партнёра, не выходите из ситуации общения по своей прихоти или без предупреждения; никогда не подчёркивайте своих преимуществ, относитесь к партнёру уважительно, «сохраняйте его лицо»; выражайте свои мысли ясно, избегая недопонимания; всегда стремитесь к компромиссу.

Как это ни парадоксально, но в наиболее сложной коммуникативной позиции находится человек, достигший вершины власти, так как он опутан паутиной лести и интриг. （尽管看上去有悖常理，但事实上处于权力顶峰的人处于更为复杂的交际位置，因为他们已经陷入了由阿谀奉承和阴谋诡计织就的网中。） Екатерина II в одном из своих писем оставила замечательное предостережение «сильным мира сего»: «Оказывайте доверенность лишь к тем людям, у которых достанет духа при случае вам поперечить（反驳几句）и которые предпочитают ваше доброе имя вашей милости. Поступайте так, чтобы добрые люди вас любили, злые боялись, и все уважали. Никогда не окружайте себя льстецами»[①].

---

① Русский архив. М.: 1863, вып. 12.

Нельзя вести переговоры свысока, допускать презрительные жесты и реплики, надо исключить из обсуждения все личные темы. Хороший участник переговоров должен уметь в нужный момент промолчать. Лучший способ достичь взаимопонимания – постараться поставить себя на место оппонента.

Необходимо овладеть искусством создания у партнёра впечатления, что у вас нет никакой твёрдой позиции и вы совместно с ним намерены найти путь решения. Существует мнение, что компромисс – это искусство разрезать пирог так, чтобы каждому его кусок казался лучшим.

Нередко говорят, что на переговорах надо проявлять дипломатичность. Но следует помнить о неоднозначности этого понятия. Искусство вуалировать неприятности чередой банальностей может восприниматься негативно. （用一系列平淡无奇的套话来掩饰不愉快的行为可能会带来负面效果。）

Важные профессиональные качества дипломата – осторожность, любезность, умение сглаживать острые углы и хранить тайны. Речь дипломата всегда уклончива.

Выдающийся французский дипломат Талейран[①] (1754–1838) после победы Французской революции долгое время был министром иностранных дел Франции, верным соратником Наполеона, но затем предал его и тем не менее остался у власти. Корыстолюбивый, беспринципный человек, хотя, безусловно, одарённый дипломат, символ непотопляемости и приспособленчества, он сравнивал дипломатов с дамами: *Если дама говорит «нет», она имеет в виду «может быть»; если дама говорит «может быть», она имеет в виду «да»; если она вдруг говорит «да», то она не дама. Если дипломат говорит «да», он*

[①] 夏尔·莫里斯·德·塔列朗·佩里戈尔（1754-1838），法国著名外交家、政治家，曾任法国外交部部长、外交大臣。

имеет в виду «может быть»; если он говорит «может быть», он имеет в виду «нет»; если он говорит «нет», то он не дипломат. Интересно, что А. А. Громыко,[①] министра иностранных дел СССР, в западной прессе называли *«Мистер Нет»*.

谈判策略涉及一定的技巧。言语交流过程中，人们不仅传递信息，而且说服对方接受信息，证明自己立场和观点的正确性。证明和说服是不同的过程，在这些过程中语调发挥特殊作用。停顿在口头交流中具有重要意义。

Тактика ведения переговоров предполагает определённые умения:

— установить чёткие временные рамки (регламент);

— переходить сразу к сути встречи, без обсуждения второстепенных вопросов;

— беречь наиболее веские аргументы напоследок;

— выработать психологический подход к каждому участнику;

— при возникновении разногласий побеседовать с каждым в отдельности;

— не стимулировать столкновение; объявить перерыв (паузу), если переговоры застопорились;

— чередовать выступления темпераментных и хладнокровных членов одной делегации;

— учитывать национальную специфику участников.

В процессе речевого общения человек чаще не просто передаёт информацию, а убеждает принять её, доказывает правильность своей позиции.

Доказательство и убеждение – разные процессы. Доказывать – это значит устанавливать истинность какого-либо положения, убеждать – заставлять собеседника поверить в то, что позиция говорящего истинна, и побуждать его к совместному действию.

---

① 安德烈·安德烈耶维奇·葛罗米柯（1909–1989），苏联外交家、政治家，曾任苏联外交部部长、苏联最高苏维埃主席团主席。

Доказательства бывают прямые и косвенные. Косвенное доказательство иначе называют доказательством «от противного» (то есть доказательством истинности путём доказательства ложности антитезиса).

В ходе доказательства и убеждения особая роль принадлежит интонации. Она отличает устную речь от письменной, делает её богаче и выразительнее, придаёт ей неповторимый индивидуальный характер.

Акустические компоненты интонации: тон голоса; сила звучания; темп речи (норма – 120 слов в минуту); тембр (音色) голоса.

Интонация в устной речи играет ту же синтаксическую роль, которую в письменной речи играют знаки препинания.

Особое значение в устном общении имеют паузы. К. С. Станиславский[①] полагал, что паузы – это *важнейший элемент нашей речи и один из главных её «козырей».* (康·谢·斯坦尼斯拉夫斯基认为，停顿是言语交流中最重要的因素，是言语的"王牌"之一。) Но паузы не всегда маркируют пунктуационные границы.

Паузы бывают *значимыми* и *пустыми.*

Значимые паузы: интонационно-логические; интонационно-синтаксические; хезитационные (犹豫迟疑的) (*хезитация* – остановка в речи, связанная с поиском слова, грамматической формы; от англ. *hesitation* – 'волнение, колебание'); эмоциональные; физиологические (регулирование дыхания).

Важную роль в общении играют невербальные средства – мимика, жесты, позы, взгляды, такесика (触觉交际/触觉沟通)

---

① 康斯坦丁·谢尔盖耶维奇·斯坦尼斯拉夫斯基（1863–1938），俄国演员、导演、戏剧教育家、戏剧理论家，著有《演员的自我修养》等。

口头交流中非言语手段发挥重要作用。非言语手段包括表情、手势、姿势、眼神、触觉感知、对方的空间位置、彼此之间距离的保持。非言语手段具有民族文化特征。

(рукопожатие, похлопывание, взаимные поцелуи), расположение партнёров в пространстве и соблюдение дистанции между ними.

В эпоху формирования глобального коммуникативного сообщества значительно возрос интерес к невербальным средствам общения.

Наука, изучающая совокупность телодвижений（身体动作）— выразительных жестов, участвующих в общении, называется кинесикой（身势学）. Учение о структурировании пространства в межличностном общении называется проксемикой（空间关系学）.

Такесика изучает невербальное общение людей с помощью прикосновений. Невербальные знаки могут быть произвольными и непроизвольными.

Человек может и должен контролировать своё эмоциональное состояние, особенно в ситуациях делового общения. К бессознательным невербальным знакам можно отнести индивидуальные жесты человека, например потирание носа, щёлканье пальцами. Жесты такого рода можно сравнить со словами-паразитами.

Знание правил невербального общения и умение понимать невербальные сигналы очень важны для деловых людей. Например, японцы при разговоре направляют взгляд на тело собеседника, так что глаза и лицо партнёра находятся в зоне периферического зрения（周边视野）. Прямой взгляд, по их представлениям, невежлив. А шведы во время переговоров смотрят друг на друга в упор.

Большое значение для установления контакта и создания дружеской атмосферы имеет соблюдение правила зеркальности, в соответствии с которым партнёр повторяет или копирует жесты и положение тела партнёра.

В деловом общении принято дифференцировать четыре типа дистанций между партнёрами: интимная (15-45 см), личная (46-120 см), социальная (1,2-3,6 м), публичная (более 3,6 м).

В структурировании пространства общения наблюдаются национально-культурные различия. Так, для англосаксонской （盎格鲁－撒克逊的） и немецкой культур характерны бо́льшие дистанции.

Важно отметить, что пространственные различия влияют на вербальное общение, степень его формальности, открытости, доступности коммуникативного воздействия.

Жанры устного делового общения определяются типами коммуникативных установок, которые зависят от характера участия партнёров и их реплик. Существуют три основных жанра устного речевого общения: беседа – обмен сведениями и мнениями (может быть бесцельным); разговор (отличается от беседы *целенаправленностью*); спор – обмен мнений с целью принятия решения или выяснения истины.

口头交流的类型包括交谈、谈话和争论。这三种类型的口头交流因各自目的的不同而不同。但是，商务交谈和商务谈话是同义词。

При добавлении атрибута *деловой* к словам *беседа, разговор* они начинают функционировать как синонимы.

В ходе деловой беседы (разговора) не следует: с первой секунды брать инициативу на себя и диктовать собеседнику стратегию принятия готового решения; перебивать и унижать партнёра; увлекаться самопрезентацией; использовать элементы речевой и паралингвистической агрессии; переходить к фамильярному стилю общения.

Предпочтительными типами вопросов в процессе обсуждения деталей являются не закрытые вопросы, требующие однозначного ответа *да/нет,* а открытые, предполагающие объяснение и рассуждение по ряду проблем. （在讨论细节的过程中，首选的问

题类型不是需要回答"是或否"的封闭式问题，而是需要对一系列难题进行解释和推理的开放式问题。）

Коммуникативные неудачи

本部分重点：
交际失败的类型、产生交际失败的原因

交际失败经常发生在人们的交往中。导致交际失败的原因既有语言原因，也有文化原因。文化障碍有时比语言障碍导致的后果更严重。交际失败分为社会文化类、社会心理类、语言类。说话人言语策略方面的差异、对其他民族风俗习惯的不了解、非言语交际手段不当使用都会导致交际失败。

Коммуникативные неудачи постоянны в общении людей, они естественны и часто приводят к недопониманию. Это неизбежные спутники коммуникации и следствие культурного и языкового барьеров. Причём культурный барьер опаснее языкового, потому что культурологические ошибки воспринимаются гораздо болезненнее. Обычно родная культура вполне естественно оценивается как единственно правильная. Этноцентризм – свойство почти всех культур.

Коммуникативные неудачи классифицируются по разным основаниям: социально-культурным, психосоциальным и языковым.

К коммуникативным неудачам нередко приводят различия в речевых стратегиях говорящего. Нарушение норм национально специфического речевого поведения воспринимается как непроизвольное вторжение в интимную сферу. Например, в Японии будет странным вопрос в транспорте: *Вы выходите?* Он считается бестактным, потому что нарушает границы личности. На подобный вопрос может последовать ответ: *А Вам какое дело? Хочу выхожу, а хочу – нет.* Японцу надо подать едва заметный сигнал, чтобы он ощутил некоторое неудобство и догадался, как Вам помочь. Китайцу, чтобы правильно обратиться к собеседнику, нужно добавить к имени человека его должность. В китайской коммуникативной культуре допускается задавать женщине вопрос о возрасте.

Коммуникативные неудачи связаны с недостаточным знанием не только языка, но и обычаев другого народа. Так, в Китае суп подают после еды; не зная, что это означает завершение трапезы, иностранцы могут затянуть свой визит в ожидании продолжения. Другой случай: американец, приглашённый в японскую семью на обед, уходя, стал благодарить хозяев. Оказалось, это культурологическая ошибка, потому что в Японии в данной ситуации используются не формулы благодарности, а формулы извинения. В Иране не принято желать приятного аппетита. Слова похвалы еде произносятся в конце трапезы как сигнал к завершению застолья.

Коммуникативные неудачи могут быть связаны с невербальными средствами общения. С. Г. Тер-Минасова в книге «Война и мир языков и культур» приводит такой пример. В январе 2005 г. в европейской прессе прошло сообщение: общественность Норвегии была шокирована тем, что во время инаугурации президент США Джорж Буш сделал жест, который у норвежцев считается приветствием дьяволу (выставленный вперёд указательный палец и мизинец). Это свидетельствует о множественности восприятия паралингвистических сигналов, которую необходимо принимать во внимание.

Таким образом, коммуникативное поведение представляет собой совокупность норм и традиций общения в определённом лингвокультурном сообществе. （交际行为是特定语言文化共同体的交际规范和传统的总称。）В русском общении меньше норм и больше традиций, в западном общении меньше традиций и больше норм. Поэтому русскому человеку легче овладеть высоконормированной западной моделью, чем западному человеку освоить нечётко очерченные традиции русского общения.

3.2 Русское коммуникативное поведение

本节重点：
俄罗斯人的交际行为特点、副语言手段、俗语及俗语使用者、行政事务行话

概述部分重点：
俄罗斯人交际行为的语言及非语言特点

1960年美国人类学家提出了文化休克概念。其实，交际休克同样存在。为了避免交际休克，需要对交际行为进行系统描述。交际行为分为个人的、群体的和民族的。在现代俄语社会中有两类人群：讲俄语标准语的人群和讲俗语的人群。近些年，对讲俗语人群的宣传支持有所加强，特别是在大众传媒领域。

В 1960 г. американский антрополог К. Оберг[①] ввёл понятие *культурного шока*, которое характеризует состояние людей, неожиданно открывших для себя иную культуру, резко отличающуюся от принятой в его сообществе.

Но существует также и коммуникативный шок. Он возникает при неожиданном соприкосновении с незнакомым, чуждым речевым поведением. Для устранения коммуникативного шока необходимо системное описание коммуникативного поведения, которое можно разделить на три вида: личностное, групповое и национальное.

В современном русскоязычном обществе выделяются две социальные группы: носители литературного языка и носители просторечия. Между ними есть двуязычные прослойки.

В последнее время усилилась пропагандистская поддержка носителей просторечия, что особенно заметно в сфере средств массовой информации. Утрачивается культура доверия, доброжелательности. Наблюдаются попытки реабилитации конфронтационной модели массового сознания, появляются элементы русофобии и ксенофобии （反俄情绪和排外主义） (греч. *xenos* – 'чужой' и *phobos* – 'страх'), неприязненного

---

① 卡莱尔沃·奥伯格（1901–1973），美国人类学家，"文化休克"理论首创者。

отношения к определённым культурам. Но в условиях глобального коммуникативного пространства необходимо очень бережное и осторожное отношение к национально специфическим особенностям коммуникативного поведения. （但在全球交际空间中，对交际行为的民族特性采取谨慎小心的态度是非常有必要的。）

Русская культура по параметру ориентации на коллектив или отдельного человека тяготеет к восточным культурам. Русские – евразийская нация, по словам А. А. Блока[①] – *«скифы с раскосыми очами»*[②].

Русский философ Н. А. Бердяев[③] в книге «Судьба России» подчёркивает своеобразие духовного мира русского человека: «В типической русской душе есть много простоты, прямоты и бесхитростности, ей чужда всякая аффектация （矫揉造作）, всякий взвинченный пафос, всякий аристократический гонор, всякий жест. Эта душа – легко опускающаяся и грешащая, кающаяся и до болезненности сознающая всё своё ничтожество перед лицом Бога. В ней есть какой-то особый, совсем не западный демократизм на религиозной почве, жажда спасения всем народом... Ждёт русский человек, что сам Бог организует его душу и устроит его жизнь»[④]. По мысли Н. А. Бердяева, «русский народ есть в высшей степени поляризованный （两极分化的） народ, он есть совмещение противоположностей»[⑤], что

从集体主义和个人主义这个维度来看，俄罗斯文化更倾向于东方文化。因此，俄罗斯民族是欧亚民族，具有矛盾性、两极性，内心充满团契精神和个人主义的矛盾与冲突。洛特曼认为俄罗斯文化的二元性是这种矛盾的原因。

---

① 亚历山大·亚历山德罗维奇·勃洛克（1880–1921），俄国作家、诗人、戏剧家，代表作有《美妇人诗集》《意外的喜悦》《雪中大地》等。
② 斜目的斯基泰人，俄国诗人勃洛克对俄罗斯民族的定义，源自其诗歌《斯基泰人》。
③ 尼古拉·亚历山德罗维奇·别尔嘉耶夫（1874–1948），俄国思想家、哲学家，著有《俄罗斯思想》《自由的哲学》等作品。
④ Бердяев Н. А. Судьба России. Философское общество СССР, 1960. С. 174.
⑤ Там же.

приводит к внутреннему конфликту соборности и индивидуализма «загадочной» русской души.

О загадочности русской души и противоречивости русского человека писали многие философы. Ю. М. Лотман[①] видел причину этой амбивалетности в *бинарности русской культуры*, которая развивается путём взрывов в отличие от тернарных культур, эволюционирующих постепенно. Культурные взрывы в России носят глобальный характер, поэтому в глобальном плане Россия остается *«самой раскольной страной»*[②]. Культурные расколы, разломы отражаются в размытости норм русского коммуникативного поведения.

Россия – многонациональная страна. Её уникальность верно подметил выдающийся русский философ И. А. Ильин[③]: «Мы Западу не ученики и не учителя, Мы Богу ученики и самим себе учителя... Мы призваны самостоятельно быть»[④]. Выступая в публичном собрании Общества младших преподавателей Московского университета с речью на тему патриотизма, И. А. Ильин заметил, что «любить свою родину умеет только тот, кто не умеет ненавидеть и презирать другие народы»[⑤].

通过系统研究、社会调查、文学作品分析，可以得出俄罗斯人交际行为参数模型。

В результате системных исследований, социологических опросов, контекстного анализа корпуса литературных произведений была выделена *параметрическая модель русского*

---

① 尤里·米哈伊洛维奇·洛特曼（1922-1993），俄国美学家、文艺学家、结构主义符号学家，著有《结构诗学讲义》《艺术文本的结构》《诗歌文本分析》等作品。
② Лотман Ю. М. Культура и взрыв. М.: Гнозис»; Издательская группа «Прогресс». М., 1992.
③ 伊万·亚历山德罗维奇·伊里因（1883-1954），俄国哲学家、作家，著有《我们的任务》等作品。
④ Ильин И. А. О воспитании в грядущей России. Собрание сочинений в 10–ти томах. Т. 2. Кн. 2. М., 1993–1999. С. 426.
⑤ Ильин И. А. О патриотизме // Собрание сочинений: Справедливость или равенство? М., 2006. С. 369.

коммуникативного поведения, объединяющая его вербальные и невербальные характеристики:

– *Коллективизм (соборность)*

Коллективизм русского человека проявляется в богатстве и разнообразии безличных конструкций в русском языке, особенно ярко это выступает при анализе научного стиля речи. В русском языке ответственность не персонифицирована, а индивидуум растворён в коллективе, поэтому так много безличных, неопределённо-личных и обобщённо-личных предложений, скрывающих личную позицию человека за позицией социума. В английском же языке человек берёт на себя ответственность за действие, вследствие чего часто используется местоимение первого лица.

俄语中存在大量的无人称结构，这是俄罗斯人集体主义的体现。

– *Контактность*

В русской коммуникативной структуре допустим физический контакт. Очень распространён ритуал рукопожатия (в этом с русскими могут соперничать только немцы). Это жест преимущественно мужской. Инициирует рукопожатие старший по возрасту, лицо более высокого ранга или женщина. （通常由年长者、地位较高的人或女性发起握手行为。）

俄罗斯人在交往中可以有适当的肢体接触。

В русской коммуникативной традиции не возбраняется （禁止） деликатно дотрагиваться до лиц противоположного пола, а учителю – до ученика. В отличие от западноевропейской модели коммуникативного поведения, такое действие рассматривается как дружеское расположение, а не приставание.

На взгляд жителей Северной Европы, русские слишком много целуются и обнимаются, но с точки зрения испанцев и итальянцев – мало.

– *Неформальность*

俄罗斯人不拘泥于形式，喜欢与人交往，即便对方是陌生人，也能展开交流。

Русские демократичны в общении, любят вступать в контакт без церемоний, запросто; активно вторгаются в личную сферу собеседника, как им кажется, из лучших побуждений. В русской коммуникативной среде свободно обсуждаются табуированные темы: политика, религия, секс, личная жизнь, доходы, возраст и т. д.

Русские любят общаться, легко заговаривают с незнакомыми, быстро вступают в контакт и знакомятся, стремясь скорее преодолеть формальные преграды. Отмечается так называемая свобода подключения к общению (в западной традиции недопустимо вторгаться в чужой разговор или перебивать собеседника).

Русские эмоциональны и непредсказуемы в ходе общения, зачастую излишне откровенны и бесцеремонны.

В России не принято выражать свои интимные чувства на людях, хотя в просторечной среде это широко распространено.

— *Самопрезентация*

俄罗斯人喜欢成为交际的中心，喜欢借助与他人的比较来展示自己。

В общении отмечается стремление установить коммуникативную доминантность: в компании русский человек любит блеснуть эрудицией, сказать последнее слово в споре.

Очень показательной оказывается разница в самопрезентации, которая отмечается при анализе текстов резюме английских и русских студентов. Англичанин, характеризуя себя, опирается на личные достижения и успехи, тем самым подчёркивая свою индивидуальность. Русский, склонный к эгоцентризму, часто использует такие конструкции, как *в отличие от других, в то время как другие*, пытаясь создать серый фон для выделения своих достоинств, за которым подспудно скрывается страх быть отвергнутым на фоне более достойных соперников.

— *Пониженная вежливость*

Императивность этикетных норм (то есть обязательность использования элементарных формул вежливости) в русской речевой практике пониженная. Слова благодарности и извинения в повседневном общении слышатся редко.

俄罗斯人在交往中礼貌性不够。

— *Пренебрежение к собеседнику*

Постоянные призывы к вниманию на массовых мероприятиях означают, что в русской коммуникативной культуре оно редуцировано (被弱化). Иностранцев удивляет, почему русские не слушают докладчиков, часто перебивают говорящего и стремятся скорее вступить в спор, неожиданно покидают аудиторию во время выступления оратора.

在交际中，俄罗斯人对交谈对象不够关注，有些随意。

По меткому замечанию Н. В. Гоголя, русский человек не любит признаваться в своих ошибках и с трудом отвечает на вопросы словом *Не знаю* (это явление получило название *синдром Ивана Сусанина*①).

Временами русские грубы, особенно в телефонных беседах; мат в общении не пресекается (停止、制止). Но уровень внимания к старшему поколению в России выше, чем на Западе.

— *Регулятивность*

С точки зрения западноевропейцев, русские постоянно вмешиваются в дела других и пытаются регулировать их поведение. Русский человек может открыто предъявлять претензии незнакомым, часто высказывает замечания посторонним (особенно в транспорте), предупреждает прохожих о возможных неприятностях. В русском обыденном сознании утвердилось

俄罗斯人喜欢管闲事。

---

① "伊凡·苏萨宁综合征"——来源于俄国17世纪抗击波兰的民族英雄伊凡·苏萨宁的故事，引申为"故意带往错误的道路"之意。

мнение, что *плохо, когда никому ни до чего дела нет.*

— **Конфликтность**

俄罗斯人在交际中表现出一定的冲突性。他们喜欢争论，并且轻易不妥协。俄罗斯人乐于批评他人，也擅长自我批评。没有冲突的交流被认为不能坚持己见，不被鼓励。

Русские любят спорить и в ходе спора проявляют бескомпромиссность. Они совершенно нетерпимы к чужому мнению, категоричны, любят критиковать других, способны к самокритике, но если их самих критикуют иностранцы, то сразу горячо протестуют. В этом проявляется противоречивость русского коммуникативного поведения.

В русской коммуникативной среде отмечается допустимость конфликтной тематики, категоричность формулировок и решений: *или – или, да – нет.*

Бесконфликтное общение воспринимается как неумение постоять за себя и не поощряется. Смягчающие слова, типа английских *may be, a little, perhaps,* не используются в русских коммуникативных сценариях. Поляризованность русского речевого поведения, в отличие от западного, когда-то описал Д. С. Мережковский[1]: «Ваш гений – мера, наш – чрезмерность. Вы любите середину, мы любим концы. Вы сберегаете душу свою, мы всегда ищем, за что бы нам потерять её. Вы – «град настоящий имеюще», мы – «грядущего града взыскующе»[2].

Разницу в русском и английском коммуникативном поведении можно проследить на примере анализа фрейма (ситуации) просьбы. Если русскому коммуникативному поведению свойственны императивные формы, то англичане в этой ситуации предпочитают вопросительные конструкции для разрешения, объяснения, привлечения внимания: *Do you have a minute so that we could go*

---

[1] 德米特里·谢尔盖耶维奇·梅列日科夫斯基（1865–1941），俄国作家、文学批评家、宗教哲学家，著有《托尔斯泰与陀思妥耶夫斯基》《基督和反基督》等。

[2] Мережковский Д. С. Не мир, но меч. М.: «Издательство АСТ», 2000.

over the problem together?

При выяснении причин произошедшего русские стараются найти виновного, в то время как англичане склонны перенести вину с субъектов на объекты и вывести конфликт за пределы межличностных отношений（在查探事件起因时，俄罗斯人总试图找到罪魁祸首，而英国人则倾向于将责任从主体转移到客体，使冲突超越人际关系的界限）: *It feels like the grade may reflect the difference of opinion.*

Русский человек сразу старается освободить себя от ответственности, «свалить беду на лешего»[①], как писал Н.А. Некрасов, независимо от реальных обстоятельств. Англичане в любом случае стремятся принять частичную вину на себя: *I know that a lot of the problems are mine.*

Разница в коммуникативном поведении объясняется национально-культурными особенностями и стереотипами поведения. Аналитический и критичный подход к собственному речевому поведению способствует формированию сбалансированного мультикультурного коммуникативного пространства в условиях глобализации.

— ***Откровенность***

В русской коммуникативной среде приветствуется откровенный разговор (разговор по душам). Русский раскрывает свою душу малознакомому человеку и любит заглянуть в чужую. Осуждается человек, уклоняющийся от задушевной беседы *(не наш!)*.

Для русской коммуникативной традиции характерно негативное отношение к светскому общению («ненастоящему») и

俄罗斯人喜欢开诚布公地谈话，甚至对不很熟的人都能敞开心扉。在俄罗斯人的正式和非正式交流中都能感受到明显的评价性和断然性。

[①] 罪过都推到了妖精身上，出自尼古拉·阿列克塞耶维奇·涅克拉索夫的作品《谁在俄罗斯能过好日子》。

к разговору на общие темы.

Русским свойственно любопытство и стремление к интимности запрашиваемой и обсуждаемой информации. Русские высказываются по любому вопросу, независимо от степени информированности. Частые темы разговора – общие знакомые и их дела. Создаётся впечатление, что они живут жизнью других, а не собственной.

В целом отмечается высокий уровень оценочности и категоричность в формальном и повседневном общении.

— *Коммуникативный пессимизм*

很多外国人都发现，俄罗斯人在交际中表现出一定的悲观主义。

Данную черту русских отмечает большинство иностранцев. Возможно, это связано с древнейшей народной традицией – стремлением избежать сглаза①. На вопрос: *Как дела?* обычно даётся ответ: *Ничего* (в отличие от английского: *Fine!*).

Русские любят жаловаться на плохую жизнь и задают слишком много вопросов, при этом уровень их интеррогативности (от англ. *interrogative* – 'любопытный, бесцеремонный') очень высок.

По мнению иностранцев, русский лектор обычно неприветлив, мрачен и скован. Аудитория равнодушна; бесцеремонно покидает аудиторию, подчёркивая своё неуважение к оратору.

— *Коммуникативный эгоцентризм*

俄罗斯人在交际中表现出自我中心主义，乐于把话题转移到自己身上。

Русских отличает коммуникативный эгоцентризм, то есть переключение внимания на себя в любом разговоре. Даже когда человек рассказывает о постигших его невзгодах, собеседник может прервать беседу собственными жалобами на подобную тему.

Похвала в русской коммуникативной среде используется

---

① 避免（因夸奖、赞美等）引起不吉利的后果。

редко. Незначительное место занимает в общении и комплиментарность: русские не умеют говорить комплименты, стесняются благодарить за них, испытывают смущение и неловкость в ситуации похвалы.

— *Сверхкраткая дистанция*

С точки зрения европейцев, дистанция общения у русских сверхкраткая: они слишком близко подходят к собеседнику и садятся вплотную друг к другу (на Западе это рассматривается как заигрывание), очень терпеливы и привычны к давке, в толпе двигаются хаотично, постоянно нарушая границы личного пространства окружающих.

俄罗斯人在交际中身体之间缺乏距离感和边界感。

— *Нерегламентированность общения*

Русский диалог долгий, а монологи по длительности превосходят западноевропейские и обычно выходят за рамки регламента. Русские часто перебивают собеседника, не склонны скрывать отсутствие интереса к теме беседы и могут неожиданно прервать разговор, нимало не заботясь о реакции окружающих.

俄罗斯人在交际中不注意把握时间，讲话容易超时。

— *Пониженный самоконтроль*

Отношение к собственным речевым ошибкам в русском коммуникативном сознании снисходительное: не принято следить за правильностью своей речи, зато не возбраняется указывать собеседнику на его ошибки по принципу *в чужом глазу соринку видит, а в своём бревна не замечает*. Даже полная утрата русским человеком самоконтроля рассматривается как допустимая и привычная.

俄罗斯人对言语错误采取的是一种放纵的态度，既不关注自己的言语正确性，也不愿意指出别人的言语错误，并经常以俄语是一种很难的语言为由为自己的不努力进行开脱。

Представления о родном языке у русских весьма своеобразны. С одной стороны, он устойчиво характеризуется как «великий и могучий», с другой – неизменно оценивается как трудный. Отсюда добродушно-ироническое отношение к своей языковой безграмотности, нежелание прилагать усилия к повышению уровня собственной речевой культуры. Такая позиция опасна для воспитания молодого поколения.

В некоторых кругах существует протестная установка на любое замечание: *Мы всегда так говорили*. Считается, что иностранный язык, хотя он тоже очень трудный, надо обязательно изучать, так как эти усилия затем оправдываются. В обществе высоко ценятся люди, владеющие иностранными языками, и лишь вскользь получают одобрение те, кто хорошо говорит на родном языке.

Паралингвистические сигналы

本部分重点：
俄语与其他语言中副语言手段使用的差异

同其他语言一样，在俄语交际行为中同样积极使用副语言手段。副语言手段具有民族特色，在俄语中有许多有别于西方言语文化的副语言手段。

В русском коммуникативном поведении, как и в любом другом, помимо лингвистических средств, активно используются паралингвистические (невербальные).

Иностранцы подмечают специфически русские невербальные (кинесические)（身势的）сигналы, не встречающиеся в западных коммуникативных культурах: *чесать рукой ухо* – решать сложную проблему; *показывать кукиш* – выражать категорический отказ; *держать себя за горло* – подчёркивать стеснённые обстоятельства; *щёлкать по горлу* – приглашать выпить.

Наиболее распространёнными русскими невербальными сигналами являются *кивок, поворот головы, покачивание головой, пожимание плечами.*

Иностранцам бросается в глаза не только малая дистанция в общении у русских и их стремление к физическому контакту, но и интенсивная жестикуляция, её высокая амплитуда (幅度). Им кажется, что русские занимают много места в пространстве, а их жестикуляция выходит за пределы персональных рамок, вторгаясь в пространство собеседника. Кроме того, русской жестикуляции свойственна тенденция к асимметрии (不对称), то есть обеими руками производится мало жестов, в основном, участвует правая рука с вытянутым указательным пальцем или вся правая кисть.

Русские чаще, чем англичане, краснеют и бледнеют. Они не умеют скрывать положительные эмоции и не стараются скрыть своего недовольства.

— *Взгляд*

Взгляд в русской коммуникативной среде несёт большую эмоциональную нагрузку, чем в Европе. Русские дольше смотрят друг другу в лицо (взгляд англичанина часто направлен в сторону, что для русского является признаком недружелюбия), но, если русский потеряет интерес к разговору, он может внезапно отвести взгляд, не задумываясь о партнёре.

Русские открыто, не стесняясь, рассматривают собеседника с ног до головы. В учреждениях допускается размещение столов сотрудников друг против друга. На Западе это рассматривается как нарушение *privacy* – границ личного пространства.

— *Улыбка*

Улыбка русских весьма своеобразна. Она выполняет совершенно иные функции, чем в европейской культуре, и не является сигналом вежливости, как в американском и японском коммуникативном поведении.

Иностранцы отмечают феномен бытовой неулыбчивости русских. Она выступает как одна из наиболее ярких национально специфических черт русского невербального поведения. Это, кстати, ещё в XVIII веке отметил Яков Брюс в составленной им книге «Юности честное зерцало»: *Не ходи по улице, повесив голову и потупив глаза вниз, и на людей косо не поглядывай, но прямо смотри, а ступай не согнувшись и голову держи прямо, на людей гляди весело и приятно, с благообразным доверием, чтобы не сказали: он лукаво на людей смотрит.*

У русских постоянная улыбка называется *дежурной* и не одобряется в обществе. Не принято улыбаться незнакомым, потому что улыбка – сигнал личного расположения. Для улыбки должна быть причина (ср. поговорку: *Смех без причины – признак дурачины*)（无端发笑，必是傻瓜）. В сфере обслуживания существует устойчивая традиция – не улыбаться. (Для сравнения: в Японии девушки у входа на эскалатор в крупных универмагах улыбаются и кланяются каждому посетителю до 2 500 раз в день.)

Бытовая неулыбчивость во многом поддерживается русским фольклором: *И смех и грех*（啼笑皆非）; *Смехом сыт не будешь*（笑声不能当饭吃）; *Смех до добра не доведёт*（笑多必失）; *Смеётся тот, кто смеётся последним*（笑到最后才是赢家）.

Н. А. Некрасов в поэме «Мороз, Красный нос», создавая образ «величавой и гордой славянки», так описывает свою героиню:

Она улыбается редко,
Ей некогда лясы точить,
У ней не решится соседка
Ухвата, горшка попросить.

俄罗斯人民与美国人民交际行为的主要特征有明显差别。

Таким образом, выделяются следующие доминантные черты русского коммуникативного поведения:

– высокая степень общительности, эмоциональность, искренность;

– приоритетность неформального общения;

— низкое внимание при восприятии речи собеседника;

— пониженный уровень вежливости;

— высокая регулятивность общения;

— менторская доминантность（好为人师）;

— высокая степень бескомпромиссности и безапелляционности;

— широта и интимность обсуждаемой информации;

— высокая степень оценочности информации;

— коммуникативный пессимизм;

— бытовая неулыбчивость;

— короткая дистанция общения и допустимость физического контакта;

— коммуникативный эгоцентризм;

— пониженный коммуникативный самоконтроль.

Для сравнения – доминантными чертами американского коммуникативного поведения являются:

— высокая степень общительности;

— демократизм;

— коммуникативный оптимизм;

— театральность коммуникативного сценария и внутренняя закрытость;

— политкорректность;

— толерантность;

— короткая дистанция общения и допустимость физического контакта; компромиссность;

— низкая степень оценочности, граничащая с равнодушием к окружающим.

Несмотря на специфические особенности коммуникативного поведения, русские имеют чёткие представления о коммуникативном эталоне. С их точки зрения, образцом считается человек, который умеет хорошо слушать и вовремя дать совет, способен убедить собеседника и прийти к консенсусу, не навязывает свою точку зрения; образованный, эрудированный, дружелюбный, откровенный, сдержанный, вежливый, оптимист, с чувством юмора, хорошими манерами и опрятный.

跨文化交际中一些必不可少的内容在俄罗斯交际文化中却有所缺失，如政治正确、交流平等、关注对话者的面子等。但是，在俄语交际环境中有一系列对交际对方表示尊重的规则。

Следует отметить ряд особенностей, которые отсутствуют в русской коммуникативной культуре, но которые необходимо учитывать в межкультурной коммуникации. Это:

— тенденция к политкорректности;

— тенденция к демократизации общения (например, в Дании и Финляндии к собеседнику обращаются на *ты* независимо от возраста и социального положения);

— стремление к сохранению лица собеседника.

В русской коммуникативной среде существует определённый набор правил, демонстрирующих уважение к спутнику или собеседнику:

— подать / помочь снять женщине пальто;

— пропустить женщину при входе в дверь, первому зайти в лифт, идти впереди женщины по лестнице;

— подать руку женщине при выходе из транспорта;

— встать, когда встаёт / входит дама, уважаемый или пожилой человек;

— уступить место старшему;

— проводить гостя до двери, до выхода;

— снять солнцезащитные очки при разговоре;

— смотреть собеседнику в лицо;

— говорить ровным тоном, не повышая голоса.

Просторечие как социолингвистическое явление

> **本部分重点:**
> 俗语使用者与标准语使用者之间的差别、俗语对标准语发展的负面影响、俗语的典型特点

Сам факт существования такого явления, как просторечие, уже не удивляет лингвистов. Противопоставление литературного языка и просторечия отражает различия в культурной ориентации их носителей.

С социолингвистической точки зрения, между носителями литературного языка и просторечия проходит резкая граница. Литературный язык – это язык общения образованных людей, просторечие – язык малообразованных людей, занятых неинтеллектуальным трудом или вращающихся（经常处在……环境的人）в соответствующей среде.

Если носители литературного языка тяготеют к «культуре доверия», то для носителей просторечия типична «культура недоверия», восхищение криминальным миром, стремление подражать его представителям в вербальном и невербальном поведении: например, *раскидывать пальцы веером*（将手指呈扇形展开）, *щёлкать по кадыку*（弹喉结）. Отношения между этими двумя социальными группами не простые и часто весьма напряжённые и непримиримые.

Определить точное число носителей литературного языка трудно, но очевидно, что их значительно меньше, чем носителей просторечия. Примерное соотношение – 1/3:2/3. С каждым годом носителей просторечия становится всё больше не только в нашей стране, но и во всём мире. Опрощивание речевой культуры – явление глобального масштаба.

从社会语言学角度分析，标准语使用者与俗语使用者在受教育程度、工作性质、价值观等方面存在明显差异。整体而言，俗语使用者比标准语使用者多，而且数量在不断增长。

当代俗语使用者具有保守性特点，他们与很久之前的俗语使用者非常相似。除此之外，他们认为自己是在自如使用语言。事实上，对语言松弛有度的使用是分寸与品位的和谐统一，只有受过高等教育且熟练掌握所有俄语功能语体的人才能做到自如使用俄语。

Современные носители просторечия консервативны и удивительно похожи на своих далёких предшественников. В петровские времена, в пору культурного перелома, вышла в свет книга «Юности честное зерцало, или Показание к житейскому обхождению», составленная Яковом Брюсом①. Рекомендации и комментарии автора к нормам коммуникативного поведения звучат забавно, но очень злободневно（轰动一时）: *Дети не смеют без именного приказу родительского никого бранить и поносительными словами попрекать, а если это и приходится делать, они должны говорить всё вежливо и учтиво. Не жри, как свинья, и не облизывай перстов. Над едой не чавкай, как свинья, и головы не чеши.*

Современные носители просторечия бравируют（卖弄、炫耀）своей языковой раскованностью, но она вовсе не свойственна им, так как в действительности языковая раскованность – это проявление гармонии меры и вкуса. Она присуща высокообразованным людям, свободно владеющим всеми функциональными стилями русского языка. Выдающийся русский лингвист Л. В. Щерба② писал, что лишь тогда, когда чувство нормы воспитано у человека, он начинает чувствовать всю прелесть обоснованных отступлений от неё. （只有当一个人被培养出规范感时，他才会开始感受到合理偏离规范的魅力。）А носителей просторечия отличает языковая небрежность и отсутствие всяких представлений о языковом вкусе.

Просторечие наносит непоправимый ущерб литературному языку, так как творческая активность носителей этого

---

① 雅科夫·维利莫维奇·布留斯（1670—1735），俄国政治家、军事家、外交家、陆军元帅。
② 列夫·弗拉基米罗维奇·谢尔巴（1880—1944），苏联著名语言学家、列宁格勒音位学派创始人，代表作有《论俄语中的词类》《法语语音学》等。

маргинального пласта приводит к тому, что литературный язык, хотя и стремительно меняется, но не развивается.

Просторечие – не «простая речь» и не речь «простых людей». Распространено мнение, что просторечие принадлежит исключительно к разговорно-бытовой сфере. Но это не так. Оно живёт и в деловой речи, причём не только в устной, но и в письменной форме. В конечном счёте, просторечные элементы естественным путём вливаются в литературный язык. Такие слова и выражения, как *подвижки, наработки, проживать* (по адресу), *задействовать, набрать кого-то* ('позвонить'), *отзвониться, отследить, дать отмашку*, прочно закрепились в языке. От просторечных элементов не застрахована даже научная речь.

Просторечные формы не имеют никаких дополнительных смысловых оттенков или функций по сравнению с аналогичными формами литературного языка: *без понятия = не знаю, по жизни = обычно, по-любому = в любом случае.*

Просторечная форма, получив самостоятельную функцию, может перейти из разряда «просторечных» в «разговорные». Так, рождённые в просторечии многочисленные фразеологизмы легко входят в разговорный стиль литературного языка. Все экспрессивное просторечие «обречено» на признание.

Идентификация просторечных единиц осуществляется стихийно, благодаря огромной аудитории носителей: в массе случаев критерием служит речевой опыт. Экспрессивность просторечных форм усиливает интонационный рисунок.

Просторечие оценивается как порча языка, но при этом оно обладает своеобразной стихийной некодифицированной нормой, черты которой можно систематизировать следующим образом:

俗语给标准语造成难以弥补的伤害，因为俗语使用者的创造积极性阻碍标准语的发展。俗语不仅存在于口语中，它同时存在于官方事务语体中，甚至渗透到科技语体中。

俗语被认为是对语言的破坏，但是它本身也有自然而然形成的、非规范的标准，这一标准具有一系列特点。

— повышенная громкость речи, особенно в телефонном общении в присутствии посторонних, в разговоре на расстоянии;

— фарингализация（辅音咽化）(«сиплый голос»);

— своеобразная интонация растягивания и резкого повышения тона к концу высказывания;

— оригинальные звукоизобразительные приёмы (специфическое хихиканье в очень высокой визгливой тональности, громкие крики и вопли（哀嚎）, междометие *вау!*), пониженный тембр голоса у мужчин, побудительный свист;

— бытовые провокации («подколы», «наезды»), грубые шутки («приколы»), превентивные（预防性的）, часто беспричинные обвинения;

— повышенная агрессивность речевого акта, в ходе которого собеседник воспринимается как враг;

— вульгаризация（粗俗化）языка, использование так называемых *лингвоцинизмов,* демонстрирующих пренебрежение к общепринятым нормам нравственности;

— активность жаргонизмов (*бабки, беспредел, дать по рогам*) и жаргоноидов (*жаргоноид* – 'подобный жаргонизму'; в словаре русского литературного языка такие слова имеют иное значение (*опустить, примять, отжать*);

— широкое использование слов-паразитов: *типа, короче, конкретно, как бы, реально, жесть;*

— несоблюдение орфоэпических норм: *свекла̲, до̲говор, обеспе̲чение, кило̲метр, зво̲нит, краси̲вее;*

— появление просторечных эвфемизмов при переключении на «вежливый», по мнению носителей просторечия, регистр речи: *покушать* (лит. *поесть*), *отъехать* (лит. *уехать*);

подъехать (лит. *приехать*), *отойти* (лит. *отлучиться*);

— использование в образовании форм имён собственных специфических суффиксов: *-ок-, -ян-, -он-, -ох-,* ø (нулевой суффикс): *Ленок, Толян, Димон, Тимоха, Макс*;

— обращение к любому собеседнику на *ты*;

— отсутствие табуирования мата, выступающего в роли своеобразного кода, маркирующего себе подобных. Некоторые бранные слова десемантизируются и приобретают функции экспрессивных частиц.

Большинство учёных сходится во мнении, что грубые, ругательные слова укоренились в русском языке в период татаро-монгольского ига[①]. Причём матерная брань у кочевых народов （游牧民族）существовала примерно с III века нашей эры и использовалась как инструмент унижения соперника. «Я твои уши топтал» （"我把你的耳朵踩在脚下"）— это самое безобидное выражение. Теорию заимствования обсценной лексики подорвали результаты археологических раскопок в Великом Новгороде, в ходе которых учёные нашли много берестяных грамот X–XI вв. с ненормативной лексикой, что свидетельствует о существовании мата в русском языке задолго до прихода к нам сподвижников Чингисхана. （大诺夫哥罗德的考古发掘结果颠覆了俄语脏话、粗话源自外来语的观点。在这些考古过程中，学者们发现了许多源自10至11世纪的刻着非规词汇的白桦树皮，这表明在蒙古-鞑靼人入侵之前俄语中就存在詈词。）

Носители литературного языка и просторечия понимают друг друга, но оперируют разными языковыми единицами.

Интересно, что просторечие развивается и за пределами

---

① "鞑靼-蒙古枷锁"——俄国从13世纪起长达两个半世纪为蒙古-鞑靼人所统治，这一时期被称为"鞑靼-蒙古枷锁"。

нашей страны. В языке эмигрантов тоже фиксируется просторечие. Так, в романе Василия Аксёнова① «Новый сладостный стиль» герои говорят на ломаном русском языке с вкраплениями англицизмов: «А как ты сегодня дуинг? Вам послайсить или писом?»②. Этот вариант языка получил название *брайтонбичского диалекта*③ (Брайтон-Бич – район Нью-Йорка).

Социолингвистический и психологический портрет носителя просторечия

> **本部分重点**：
> 俗语使用者的行为模式及道德特点、大众传媒在俗语泛滥过程中发挥的作用

Язык – важный показатель социальной стратификации（层次）.

Носители литературного языка и просторечия не имеют конкретных регионов проживания. Носитель просторечия – человек, не получивший достаточного образования и обладающий своей системой ценностей. Внешний облик носителей просторечия однообразен: мрачный, понурый（垂头丧气的）, недовольный вид, бытовая неулыбчивость – типичные характеристики людей этого типа.

Эстетический идеал носителя просторечия определяется такими чертами, как грубость, неопрятность, пренебрежение интересами и вкусами окружающих. Носителей просторечия

---

① 瓦西里·巴甫洛维奇·阿克肖诺夫（1932–2009），俄国小说家，代表作有《烧伤》《莫斯科传奇》《伏尔泰的男女信徒》等。
② Кронгауз М. Кто отвечает за русский язык // Дружба народов, 2011. № 10.
③ 布莱顿海滩方言。纽约市布鲁克林区的布莱顿海滩社区居住着大量俄罗斯移民，其俄英混杂的语言被称为"布莱顿海滩方言"。

отличает стремление затеряться в толпе, они нечистоплотны, передвигаются группой, ведут себя пренебрежительно по отношению к окружающим, представляя для них имплицитную или эксплицитную угрозу, постоянно демонстрируя речевую агрессию.

Носители просторечия часто приносят жертвы Бахусу[①] и бравируют своими вредными привычками, грубо порицая тех, кто не следует их образу жизни.

Нравственные представления носителей просторечия:

– релятивизм（相对主义）, расплывчатость нравственных представлений *(у каждого своя правда)*;

– фатализм（宿命主义） *(от судьбы не уйдёшь)*;

– гедонизм（享乐主义） *(живём один раз)* (гедонизм – греч. *hēdonē* 'наслаждение' – идеалистическое направление в этике, утверждающее, что стремление к удовольствию есть высшая цель жизни. В Древней Греции эта теория связана с именем Аристотеля. Затем её дополнил Эпикур[②], последователи которого получили название *эпикурейцы*);

– психологический эгоизм – убеждение, что альтруизма не существует *(не делай ничего бескорыстно)*;

– нетерпимость по отношению к представителям других культур.

Этими нравственными ориентирами объясняется терпимое отношение представителей просторечия к криминалу, уверенность в том, что виноват не преступник, а жертва *(ограбили – нечего копить; убили – незачем ходить поздно ночью; изнасиловали – не надо было входить в лифт с незнакомым, не носи короткие*

---

① 巴克斯，罗马神话中的酒神和植物神，在希腊神话中对应酒神狄俄尼索斯。
② 伊壁鸠鲁（前341–前270），古希腊哲学家、无神论者、伊壁鸠鲁学派开创者。

юбки).

Типичный представитель просторечия позитивно относится к официальной религии – православию и её атрибутам, но его религиозность является внешней, показной.

Стереотипы поведения носителей просторечия:

— манипулятивность（操纵性）(стремление использовать возможности другого человека в своих целях);

— агрессивность; заискивание перед сильным;

— основная форма времяпрепровождения – гулянка (пьяное застолье), дебош（打架闹事）, кураж（放肆胡闹）, агрессивные насмешки над окружающими, которых они презирают за нежелание разделить их интересы.

Отношение носителей просторечия к искусству:

— любимый вид «искусства» – телевидение (сериалы, выступления пародистов（讽刺性模拟作品作者）, телевикторины, ток-шоу). Государство поддерживает вкусы носителей просторечия, о чем свидетельствует политика в области массового телевещания: prime time отдано ток-шоу и сомнительным пошлым проектам, идеи которых скопированы с американских телеканалов;

— музыка – «попса»（流行音乐）как фон для пьяных разгулов;

— литература – детективы, дамские романы, анекдоты, журналы светской хроники.

Ещё в 20-х гг. прошлого века русский философ Н. А. Бердяев писал о том, что *волна хулиганства хлынула в нашу освобождённую печать и залила её.* И сейчас ситуация очень тревожная. Лингвисты всерьёз озабочены тем, насколько уместно употребление просторечий и жаргонизмов в средствах массовой информации и как нужно изменить языковую политику в СМИ.

Через молодёжные музыкальные каналы также активно передаётся жаргонная лексика. На первый взгляд, нет вреда в том, что ведущие говорят с молодёжью на понятном языке. Однако слушатели привыкают к сленгу и в итоге воспринимают эту лексику как нормативную.

Многие слова из уголовного жаргона (например, *авторитет, бабки, развести, отмыть, завязать, кинуть* и др.) перешли в просторечие именно благодаря СМИ. И политические лидеры поддерживают эту тенденцию. Журналисты проявляют вербальную агрессию по отношению к читателю или слушателю, заставляя его покорно воспринимать уголовную субкультуру.

Носитель просторечия помолодел, стал более или менее образован и социально значим. Чистых «просторечников» почти нет, хотя они легко узнаваемы. Их речевое поведение характеризуют не столько уровень образования и среда, сколько определённые качества личности, её особый психолингвистический склад, в частности:

– раскованность и фамильярность в обращении: *девушка* (по отношению к даме любого возраста), *женщина, мужчина, старик, братан*;

– приоритет содержания речи над её формой;

– пренебрежение формулами речевого этикета и интересами окружающих;

– воинственный эгоцентризм и самолюбование.

Лингвистические особенности просторечия

> **本部分重点:**
> 俗语的语言学特征、某些形态、传播力

— опредмечивание отвлечённости — пренебрежение различием *абстрактное — конкретное*: *Мы кормили сахарной свёклой всё* животноводство; *Теневая экономика скупит все земли; Он работал* в криминальных структурах; Научный потенциал *института уже три месяца сидит без зарплаты; В нашей школе* средний контингент; *На собрании присутствовал весь* профессорско-преподавательский состав.

— упрощение (огрубление) — пренебрежение семантическими различиями лексем: *мешать — тормозить; платить — оплачивать; одеть — надеть* (изгнание слова *надеть* можно признать уже свершившимся фактом);

— бытовая литота (间接肯定法): *неглуп, неплохо, мягко говоря;*

— широкая плеонастичность (同语反复) речи (плеоназм — это структурно-семантическое излишество, в отличие от **тавтологии** — повтора однокоренных слов: *Писатель написал письмо критику*).

Можно выделить несколько видов плеонастичности:
— лексическая плеонастичность: *свободная вакансия, рыбья уха, мусульманская мечеть, православные христиане, в скором времени;*
— формообразовательная плеонастичность: *самый лучший, более худший, будем более лучше стараться;*

— широкое использование указательных и определительных местоимений с вмещающим значением *(Ну ты как этот; Я пришла вся такая; А он такой говорит мне)*;

— синтаксическая плеонастичность: *он сказал то, что приехал...; он сделал это с той целью, чтобы...; как известно, что...*;

— экспансия предлога *о* и указательного местоимения *то* с вмещающим значением: *реклама о...; критиковать о...; видит о том, что...; ожидаем о том, что...; он указал о том, что...* . Писатель В. Аксёнов сравнил предлог *о* с колесом неуправляемого автомобиля, который создаёт аварийную ситуацию в грамматике;

— плеонастический и тавтологический монтаж фраз: *Мы впервые познакомились на Байкале; Мы целиком и полностью поддерживаем его; Рост преступности растёт; Сроки сдачи уже просрочены*;

— семантическая плеонастичность: *Надо мной постоянно висит дамоклов меч страха; Мы поставлены в сложные условия безвыходной ситуации; Он рассказал о планах на будущее.*

Необходимо отметить, что плеоназмы засоряют речь и создают коммуникативные помехи. Плеонастичность построения высказываний в деловой речи является приметой времени и требует отдельных исследований.

— развитие просторечно-метафорических значений: *клеиться* (к девушке), *в упор не видеть*, *прессовать* (фирму), *отжимать* (квартиру);

— собственная система диминутивов (уменьшительно-ласкательных форм): *племяш, кафешка, маманя, сеструха, братан*;

– народная (ложная) этимология: *спинджак, подстамент*.

Просторечие обладает высокой степенью креативности и следует тенденции к экономии речевых усилий, которая реализуется: в избавлении от двувидовых глаголов (например, появляются пары: *женить – оженить, участвовать – поучаствовать*); унификации парадигм (*жгёт, могёт, секёт, стригёт, стерегёт, хочут*); использовании просторечных профессионализмов: *осУжденный, возбУждено, астрОном, дОбыча, рапОрт*. （俗语具有高度创造性，顺应了语言经济原则。语言经济借助规避兼体动词、统一词形变化、使用俗语行话得以实现。）

Интересно, что в просторечии появляются крылатые слова и выражения. Признанным мастером в этом типе словотворчества считается В. С. Черномырдин①. Его изречения обладают своеобразным семантическим и вербальным рисунком: *Сроду такого не было, и опять то же самое. Хуже водки лучше нет. Курс у нас один – правильный. Нам никто не мешает перевыполнить наши законы. Беда не в том, чтобы объединиться, а в том, кто главный. Мы выполнили все пункты от «А» до «Б»*.

Появляются «просторечные поэты», среди которых одним из наиболее популярных считается Всеволод Емелин②. Его вирши（拙劣的诗作）гуляют по Интернету. В. Емелин своим рифмоплётством иллюстрирует латинскую пословицу *Mala herba cito crescit* (*Плохая трава быстро растёт*) и откликается на любое значимое политическое событие. У его лирического героя немало поклонников со схожим образом жизни и интересами:

---

① 维克托·斯捷潘诺维奇·切尔诺梅尔金（1938–2010），俄罗斯政治家，曾任俄罗斯总理、俄罗斯驻乌克兰大使。
② 弗谢沃洛德·奥列戈维奇·叶梅林（1959– ），俄罗斯诗人、演员。

Великой Родины сыны,

Мы путешествовали редко.

Я географию страны

Учил по винным этикеткам.

В современном просторечии активизируется игра слов, усиливается так называемая «карнавализация языка» (например: *Это не пляжи, а какая-то УТОПия; У нас совсем другая политическая поляна*) и бурно развивается процесс метафоризации.

Просторечие распространяется очень быстро, мало реагирует на негативную оценку общества и успешно вербует в свои ряды носителей литературного языка. О причинах появления глубокой пропасти между письменным литературным и разговорным языком много размышлял замечательный русский писатель, лауреат Нобелевской премии 1970 г. А. И. Солженицын. Он полагал, что речевой раскол случился в петровские времена, когда произошла «властная ломка языка». Об этом ранее писал В. И. Даль. Забвение родных корней привело к лингвистической рассеянности, искусственному «заблатнению литературного языка» в первые годы советской власти и стремительному заражению его носителей. Именно тогда русская речь пострадала в складе и потеряла «живость русской пословицы»[1].

Типично просторечные формы могут функционировать как вкрапления в литературную речь. Редкий носитель современного литературного языка не допускает просторечных элементов в разговоре. Но образованный человек должен препятствовать проникновению просторечий в собственную речь и укреплять

---

[1] Солженицын А. И. Не обычай дегтем щи белить, на то сметана // Публицистика в 2-х тт. Т. 2, Ярославль, 1996, С. 5–12.

лингвистический иммунитет. （通常，俗语可以作为标准言语的嵌入成分发挥作用。很少有讲现代标准语的人在谈话中不使用俗语。然而，受过教育的人应该防止俗话渗透到自己的言语中，并加强语言免疫力。） Следует подражать искусным мастерам слова, ориентироваться на лучших представителей отечественной культуры, постоянно вспоминая Цицерона, утверждавшего, что *чистота речи совершенствуется посредством чтения ораторов и поэтов.*

Административно-деловой жаргон

> **本部分重点：**
> 行政事务语体特点、行政事务行话产生的原因及使用人群

当代行政事务语体表现出礼节性降低和言语粗鲁的特点。

Современный административно-деловой стиль характеризуется пониженной этикетностью, а порой и очевидной грубостью. Стремление к нарочитой простоте, грубоватости и корпоративной фамильярности, которые культивировались в чиновничьей среде в советские годы, сменились укреплением вертикали и пренебрежительным общением внутри данного профессионального сообщества.

Размышляя над причинами таких перемен, уместно вспомнить поговорку «*Всё возвращается на круги своя*»[①] и обратиться к бессмертным творениям Н. В. Гоголя. В поэме «Мёртвые души», описывая чиновников казённой палаты, автор отмечал, что «*говорили они все как-то сурово, таким голосом, как бы собирались кого прибить*». Именно интонационный рисунок речи «значительного лица», его отрывистый и твёрдый голос, которому

---

① 俄罗斯谚语，出自《旧约》，表示"没有变化，回到原处"，指某人或某物回到原来的位置，一切重回原样。

он учился в уединении, перед зеркалом, за год до получения генеральского чина, лишил чувств героя повести «Шинель» Акакия Акакиевича Башмачкина, так что он *«не слышал ни рук, ни ног»*.

Речь является важнейшей характеристикой социального статуса человека. Основу деловой коммуникации составляет литературный язык – языковой стандарт, его книжная разновидность, и особенно это относится к письменным жанрам деловой речи. В то же время устная форма русской деловой речи ориентирована на разговорную речь и отличается отсутствием строгой нормированности, свободой выражения мыслей и чувств, возможностью использования специальных средств выразительности. Для устного делового общения характерно смешение разностилевых единиц. Специалисты даже говорят об особом функционально-стилистическом статусе устной деловой речи и о тяготеющем к стереотипам книжности и свободной разговорности своеобразном типе речевого поведения делового человека.

Соотношение нормативных и ненормативных, общеязыковых и профессиональных, нейтральных и эмоционально-экспрессивных речевых элементов в деловой речи зависит от множества условий: от типа ситуации, места и условий общения, уровня образования и культуры участников коммуникации.

Лингвисты признают, что существует особый подъязык – так называемый административно-деловой жаргон, он довольно распространён, активно влияет на современную разговорную речь и представляет серьёзную угрозу для современного официально-делового стиля.

Административно-деловой жаргон – третий, наряду с

言语是一个人社会地位最重要的特征。行政事务交际分为书面交际与口头交际。在书面交际中，人们普遍使用标准语、模式化语言。在口头交际中，大家注重对思想和情感的自由表达，经常使用口语。在口头行政事务交际中存在不同语体混搭的现象。语言学家认为存在行政事务行话。它对当代口语产生影响，并对官方事务语体造成一定的威胁。

уголовным жаргоном и молодёжным сленгом, популярный источник жаргонизации обиходно-бытового и публичного общения, а также один из наиболее активных источников пополнения словаря современной живой речи.（行政事务行话在刑事行话和青年俚语之后，是位列第三的日常和公共交流行话的来源，也是丰富现代鲜活话语词汇的最活跃来源之一。）

同其他职业行话一样，行政事务行话有固定的使用群体。这一群体包括官员、政客、国家公务人员、私有企业办公人员。行政事务行话使用者具有自身独特的双语性，他们在非正式公务交流中倾向使用职业行话，在日常交往中则使用标准语的口语语体。

Как и всякий другой профессиональный жаргон, административно-деловой жаргон сложился в определённом кругу носителей, которые в процессе неформального профессионального общения пользуются специальными обозначениями – «словесными паролями»（"密码词"）, принятыми именно в данном, корпоративно замкнутом кругу.

Круг носителей административно-делового жаргона довольно обширный и в то же время достаточно определённый: это чиновники – государственные служащие, служащие частных компаний, политики. Политическая сфера не исключает активного использования делового жаргона, поскольку в реальной жизни такие понятийные сферы, как политика, бизнес, управление, тесно взаимодействуют: многие политические деятели явно или скрыто занимаются бизнесом, администраторы, особенно крупные, не чужды политической деятельности, и деловые отношения связывают эти сферы социальной жизни.

Жаргонизация – особая *языковая игра* в названия, которая обусловлена желанием создать «свой», корпоративный язык общения, характеризующийся «сниженной» семантикой.（行话化是一种特殊的称名语言游戏，其成因是人们具有创造具有低俗化语义特点的、"自己人"用于企业交流的语言的意愿。）

Участники неформального профессионального общения оперируют специальными понятиями и обозначениями, принятыми именно в этом кругу, например: *безнал, недвижка, икспенсы, социалка, продавить, состыковать, отвизовать, факсануть, прописать, проговорить, расписать, отследить.*

Представители данной профессиональной субкультуры отличаются своеобразным двуязычием. В непринуждённом профессиональном общении они предпочитают нелитературные профессионализмы, лексику и идиоматику делового жаргона, а в обиходно-бытовой коммуникации используют разговорный стиль литературного языка в зависимости от уровня общей культуры и принадлежности к соответствующему типу речевой культуры. Другими словами, владея литературным языком, они сознательно пользуются в профессиональной сфере корпоративным жаргоном.

Как и всякий социолект, административно-деловой жаргон строится на основе русского литературного языка, но с характерным тяготением, с одной стороны, к книжно-письменному официально-деловому стилю (это отличает его от других жаргонов), а с другой – к разговорно-фамильярной и сниженной речи, что сближает его с большинством жаргонных подсистем. Этим объясняется соединение в административно-деловом жаргоне контрастирующих признаков книжно-письменного и устно-разговорного стилей.

С одной стороны, традиционная ангажированность носителей административно-делового жаргона, которая проявляется в ориентации на официоз, на начальство, на принятое в данном кругу речевое поведение, с другой – снижение стиля речи до уровня номенклатурного мата, стремление к нарочитой простоте, грубоватости и корпоративной фамильярности, которые, очевидно, должны демонстрировать «близость к простому народу», стремление говорить с ним на его языке. Отсюда распространённое

同所有社会语言一样，行政事务行话基于俄语标准语，但是带有明显的倾向性。它一方面近似书面官方事务语体，另一方面过于口语化和低俗化。它一方面体现传统等级制下形成的官方言语行为的特点，另一方面表现出"貌似要与普通人打成一片"的言语低俗化倾向。它与其他类型的行话具有明显区别。

в чиновничьей и административно-политической среде обращение на *ты* к младшим по служебной иерархии, нередкая в этой среде грубость по отношению к подчинённым, высокая степень императивности распоряжений и приказов.

Паралингвистические элементы коммуникативного портрета чиновника до конца не исследованы, но некоторые типичные черты подмечены: нарочитая грубость, неуважение к посетителю, низкая этикетность, карикатурная самопрезентация.

Подобно всем другим социолектам, административно-деловой жаргон располагает собственной мотивацией образования и употребления жаргонизмов, собственной ведущей интенцией, то есть профессиональной потребностью использовать жаргонизмы, а также специфической речевой манерой, стилем, который отличает этот жаргон и его носителей от других субкультур.

Административно-деловой жаргон, как и другие социолекты, в основном ограничивается специальной лексикой, фразеологией и особым использованием способов и средств словообразования. Среди жаргонных единиц встречаются:

— лексико-семантические (метафорические) новообразования *(пересечься, наработки, подвижки, задел, продавить, заострить, озвучить, пробить, загрузить)*;

— словообразовательные приставочные варианты *(заволокитить, задействовать, запросить, отследить, отзвонить/ся, проплатить, прописать)*;

— морфолого-синтаксические словообразовательные новации *(пенсионник, дебеторка, презенташка, ежедневка, платник, конкретика, социалка, нобелевка, кафешка)*;

— особые «административные» идиомы *(разбор полётов, сделать втык, вызвать на ковёр, дать по рукам, спустить приказ, доступ к телу, дать отмашку, спустить на тормозах, включить голову, обкатать* (на чём-то); *завязан* (на что-то);

— некоторые субстандартные грамматические трансформации: *в части* (чего), *проговорить* (что), *проголосовать* (что), *заточить* (на что), согласно *приказа, касаемо* (чего).

Большинство из перечисленных жаргонизмов широко используется и в других жаргонных подсистемах, но некоторые типы единиц особенно характерны для административно-делового социолекта и могут рассматриваться как своеобразные маркёры речевого поведения чиновника-управленца. Это морфологические производные с приставками:

— **за-**: *волокитить* – **за***волокитить*, *чистить* – **за***чистить*, *действовать* – **за***действовать*, *просить* – **за***просить*, *мотивировать* – **за***мотивировать*, *читать* – **за***читать*;

— **от-**: *следить* – **от***следить* / **от***слеживать*, *смотреть* – **от***смотреть*, *снять* – **от***снять*, *ехать* – **отъ***ехать* ('уехать'), *звонить* – **от***звонить(ся)*;

— **про-**: *писать* – **про***писать*, *говорить* – **про***говорить* (что), *платить* – **про***платить*.

Еще более ярким признаком жаргонизированной деловой речи является активность универбатов[①] – морфолого-синтаксических стяжений атрибутивных сочетаний и образование от прилагательного в их составе существительных с помощью суффикса *-к-* по модели: пищевая промышленность – *пищёвка*; недвижимое имущество – *недвижка*; платёжное поручение – *платёжка*. Разумеется, универбаты появлялись в языке и раньше

---

① （词组）单词化名词——由形容词和名词组成的一致性词组缩合而成的带后缀的名词。

(вечернее отделение – *вечёрка*, читальный зал – *читалка*). Немало универбатов и в разговорной и разговорно-сниженной речи, в других жаргонах (ср. *агитка, массовка, курсовка, бетонка, времянка, встречка, сольник, ливнёвка*), но такого размаха, такой интенсивности образования и активного использования не было никогда ни в одном корпоративном подъязыке. Можно сказать, что универбаты – это своеобразные маркёры современного делового жаргона, устной и письменной сниженной деловой речи нашего времени.

Современный административно-деловой жаргон строится на основе понятийно-тематической типологии основных жаргонных номинаций, включающей в себя:

当代行政事务行话建立在对主要行话称名进行概念主题分类的基础上，包括下列分类：行政事务亚文化主体、行为主体与行为客体、管理领域、职业行为领域、日常事务的共同概念。这些分类具有一定的相对性，因为大部分亚文化领域的行话具有多义性。在行政事务行话里还出现了隐喻称名单位。

– субъекты административно-деловой субкультуры – по должности, статусу, сфере деятельности: *аппаратчик, управленец, кадровик / кадровичка, энергонадзоровец, трудовик, силовик, налоговик, газовик, угольщик, бюджетник, льготник, теневик*;

– субъекты и объекты деятельности:

– административно-политические: *персоналка, повремёнка, прослушка, усреднёнка; выездной, нелегал, отказник, экстремал, лимитчик*;

– финансово-экономические: *нал, безнал, наличка, материалка, минималка, оптовка, офшорка, недострой, незавершёнка, незаселёнка*;

– офисные: *подбить, список рассылки, сопроводиловка, факсовка, неучтёнка*;

– сферы отраслей управления: *оборонка, социалка, нефтянка, коммуналка, пищёвка, муниципалка, наложка*;

– сферы профессиональной деятельности: административнораспорядительная: *заволокитить, исполнить* (бюджет), *раскрутить, замотать, увязать, разрулить, протолкнуть, пробить, продавить, спустить, определиться, доложиться, состыковаться, дать добро (отмашку), дожать*; нормативно-правовая: *проголосовать* (поправку), *снять* (вопрос), *озвучить* (информацию), *прописать* (в законе), *расписать* (бумаги); финансово-экономическая и налоговая: *вложиться, затаможить, обналичить, проплатить, раскрутить, раскрутка, растаможка, откат*; общая служебная и офисная деятельность: *оперативка, проработка, отследить, загрузить, задействовать, проговорить* (вопрос), *заиметь, прозвонить, обсчитать, выйти* (на кого-л.), *отксерить, отфаксовать, раскидать* (по затратам), *подчистить* (хвосты);

— общие понятия деловой жизни: *задел, задумка, наработки, подвижки, пробуксовка, конкретика, конструктив, негатив, позитив, креатив, деструктив.*

Приведённая тематическая классификация носит условный характер, потому что большинство жаргонизмов этой субкультуры характеризуется обычной для разговорной и жаргонной лексики многозначностью. Так, популярный жаргонизм *социалка* является сокращённым и сниженным наименованием понятий *социальная служба, социальная сфера* государственной политики, *социальная помощь*. Результат компрессии *персоналка* в зависимости от контекста может иметь значения 'персональный автомобиль' крупного чиновника, 'персональное дело' (в офисном делопроизводстве), 'персональная пенсия' (в речевом обороте социальных служб) и т. п.

Разговорной и часто сниженной окрашенностью отличаются:

— многие морфологические новообразования: *доложиться,*

порешать, определиться, заволокитить, задействовать;

– семантические преобразования: *проталкивать* (дело), *продавить* (вопрос), *состыковать, конкретный* (человек), *прозрачный* (отчёт);

– устойчивые сочетания: *по-любому, по жизни, без вопросов, без вариантов, без проблем*;

– сокращения и усечения слов: *вещдок, бомж, нал, безнал, социал, маргинал* и др.

В административно-деловом жаргоне появляются своего рода метафорические номинации: *гадалкинг* ('пренебрежительное обозначение некачественного финансового консалтинга'), *клизмировать* ('склонять клиента к оплате счёта'), *крокодил* ('пустое субконто в отчётах'), *Папа* ('Сбербанк РФ'), *подчистить хвосты* ('устранить недостатки в отчётности'), *рисованная бухгалтерия* ('слишком гладкий и красивый отчёт'), *болтающееся сальдо* ('превышение расхода над доходом'), *физик* ('физическое лицо'), *юрик* ('юридическое лицо'), *финик* ('сотрудник финансовой службы на предприятии') и т. п.

行政事务口语表达与行政事务书面表达正在发生相互影响与相互作用，一些口语表达（甚至是某些犯罪俚语）积极进入到官方事务语体。与此同时，官方事务语体里的行话正在对日常交际及大众传媒造成影响。语言学家们对此深感担忧，他们认为行政事务行话进入大众传媒对俄语标准语造成伤害。

Печальным фактом нашего времени является активное проникновение в административно-деловую речь элементов асоциального（反社会的） диалекта – уголовного жаргона (арго, «блатной музыки»), что отражает связь представителей бизнеса с криминалом. Лексические маркёры типа *по ходу*, *перетереть*, которые перестают осознаваться как маргинальные, выполняют дейктическую функцию и используются для быстрой идентификации и консолидации «своих».

Например, сейчас повсеместно употребляется слово *присаживайтесь* вместо слова *садитесь*, на которое в криминальных кругах наложено табу. В толковых словарях *присаживаться* имеет два значения: 1) 'опускаться, согнув ноги в коленях'; 2) 'садиться ненадолго или в недостаточно удобной позе'. Таким образом, слово *присаживаться* в административно-деловом жаргоне закрепилось именно в значении, известном блатному миру.

Лексико-семантические новообразования (типа *задел, подвижки*), словообразовательные варианты (*задействовать, отследить, отъехать, переговорить; замотивировать, креатив, позитив*), административные идиомы (*дать отмашку, спустить приказ*) из устного общения проникают в служебные записки, письменные заявления и распоряжения.

При этом нельзя не отметить и «встречное движение» – влияние делового жаргона на живое бытовое общение. В обыденной речи широко распространились, к примеру, такие слова и обороты с характерной административно-деловой жаргонной окраской, как: *дожать (партнёров), пересечься (после работы), состыковаться (с друзьями), отзвониться (насчёт рыбалки), озвучить (новость), обозначить конкретику (с покупкой), торгануть (недвижкой), задействовать (родителей), определиться (с женитьбой), выйти (на нужного человека), разрулить (проблемку)* и т. п.

В массовой коммуникации постоянно слышатся словосочетания и фразы: *изложить конкретику, набрать кого-то* ('позвонить'), *проговорить вопросы с начальством*; МВД *отслеживает нарушения*; в вузах *проплачивают обучение*; администрация отмечает, что *у студентов наблюдается прогресс с учёбой;* мать сообщает, что у её ребёнка *наметились подвижки с зубками*; командированный *отзванивается / отписывается жене по приезде*; докладчик *озвучивает тему*; МЧС обещает *задействовать все необходимые силы и средства*; юристы тщательно прописывают всё в законе.

Это проявления жаргонизации речи, использование элементов административно-делового жаргона за пределами его субкультуры. Подобные лексические единицы способствуют формированию своеобразного стиля псевдоделовой речи.

Лингвисты с тревогой пишут об серьёзной угрозе русскому литературному языку со стороны административно-делового жаргона, который посредством тиражирования в СМИ засоряет речь новым «канцеляритом», гораздо более агрессивным, чем тот, о каком в 1961 г. писал в своей книге *Живой как жизнь* К. И. Чуковский[①], выбрав для неё в качестве названия слова вдохновенного борца за чистоту и красоту русского слога Н. В. Гоголя.

Борьба с административно-деловым жаргоном началась не вчера. К. Г. Паустовский[②] называл бюрократический язык «мёртвым» и «тошнотворным». Писатель Б. А. Лавренев[③] в журнале «Новый мир» (1959, № 4) с возмущением отмечал абсурдность употребления глагола *зачитать* вместо *прочитать*, объясняя это «налётом буржуазной безвкусицы».

Много примеров неуместного использования канцелярских штампов, проникающих в устную разговорную речь, приводит К. И. Чуковский: *При наличии средств исходя из положения посетим пункт общественного питания; Хотелось бы заострить вопрос насчёт наших отношений, и, в силу высказанного, давайте прогуляемся в зелёный массив; Обращайтесь в те организации, которые реализуют саженцы по дешёвым ценам.*

---

① 科尔涅伊·伊万诺维奇·丘科夫斯基（1882–1969），作家、文学评论家、翻译家，著有《批评的故事》《鳄鱼》《苍蝇的婚礼》等作品。

② 康斯坦丁·格奥尔吉耶维奇·帕乌斯托夫斯基（1892–1968），作家，著有《金玫瑰》《雪》《烟雨霏霏的黎明》等作品。

③ 鲍里斯·安德烈耶维奇·拉夫列尼约夫（1891–1959），作家、剧作家，著有《风》《第四十一》《决裂》等作品。

Существует множество причин распространения административно-делового жаргона: невысокий уровень речевой культуры чиновников, подобострастное тиражирование жаргонизмов в СМИ, сниженный уровень самоконтроля, присущий русскому коммуникативному поведению в целом. （行政事务行话的广泛传播有诸多原因：官员的语言文化水平不高，媒体对行话逢迎复刻，俄语交际行为整体上的自控水平已下降。）

Административно-деловой жаргон поддерживается и распространяется СМИ, создателями сериалов, ведущими популярных программ. К сожалению, почему-то не слышно возгласов радетелей（保护者） за чистоту русского языка в аспекте конструктивной критики административно-делового жаргона. Одной из причин такой пассивности можно считать активное проникновение жаргонных элементов в речь ведущих политиков и видных государственных деятелей. Лингвистический иммунитет общества в настоящее время понижен, что объясняется отсутствием внятной государственной языковой политики, поэтому стихийные и беспорядочные процессы в области языка не подвергаются контролю. В то же время очевидно, что без государственной поддержки педагоги и учёные-лингвисты не смогут остановить жаргонный «словесный вал», который обрушивается на современное русское общество.

3.3 Язык средств массовой информации

本节重点：
现代信息技术理论、大众传媒语言、隐喻的语义分类、科学隐喻

> **概述部分重点：**
> 马歇尔·麦克卢汉关于现代信息技术及信息化社会的相关论述、媒体语篇及媒体语言学概念、大众传媒的语言及结构特点、大众传媒语言的攻击性

20世纪下半叶和21世纪初，大众传播和新信息技术快速发展。全球性信息革命对社会生活的方方面面造成了影响，并使人们承受信息风险。

Вторая половина XX в. и начало XXI в. характеризуются стремительным развитием средств массовой коммуникации и новых информационных технологий. Появление Интернета, динамическое развитие традиционных СМИ (печати, радио, телевидения) привели к созданию глобального информационного пространства – особой виртуальной среды, состоящей из множества медиапотоков и покрывшей весь земной шар «электронным зонтиком» («паутиной»). Появилось новое интегративное исследовательское пространство – коммуникативистика – наука о влиянии СМИ на жизнь общества, тесно связанная с социолингвистикой и психолингвистикой. На рубеже веков возникла также информациология.

Информациология, или глобальная информационная революция охватывает все стороны жизни общества в эпоху резкого усиления интеллектуального потенциала человека за счёт использования новых информационных технологий, цифровизации техносферы и превращения информатизации в экономическую категорию. Глобализация сетевого покрытия приводит к формированию нового миропонимания, мировосприятия и мировоззрения и одновременно к возникновению новой угрозы – информационной безопасности человека, общества и мироздания.

В наше время человек подвергается информационным рискам, связанным с появлением киберболезней (网络病), киберзависимости, информационного терроризма, кибертроллинга, кибербулинга（网络暴力）и киберпреступности в экономической и политической сферах.

Один из основоположников современной теории информационного общества, видный представитель техницизма в философии культуры, легендарный «пророк из Торонто①» Маршалл Маклюэн② еще в 50-е гг. XX в. занялся изучением последствий влияния средств массовой коммуникации на формирование общества. Маклюэн первым доказал, что в современных условиях экономические связи всё больше принимают форму обмена знаниями, а не товарами. Именно он выдвинул гипотезу о том, что вся история человечества представляет собой смену ведущих средств коммуникации, а следовательно, типов восприятия и формирования картины мира. Маклюэн утверждал, что любое регулирование сети Интернет, какими бы благородными порывами это ни объяснялось, приведёт к сожжению «глобальной деревни» дотла и уничтожению свободного информационного потока.

现代社会信息理论创始人之一马歇尔·麦克卢汉早在20世纪50年代便研究了大众传媒手段对社会形成所造成的影响和后果。他认为电子传媒手段的发展使人们与周围世界的交流方式发生本质变化，并使其对电子手段产生依赖性。他认为交际手段正在构建人们的知识结构，更为重要的是构建了人们对时间和空间的接受原则。

К средствам коммуникации он относил орудия, одежду, транспорт, деньги, дороги, фотографии, часы, рекламу и т. д., то есть предметы и технологии, введение которых приводит к существенным изменениям в общении человека с окружающим его миром – природой и обществом.

Развитие электронных средств Маклюэн рассматривал как финальную «ампутацию（切除、截断）человеческого сознания», в результате чего способности человека выносятся за пределы его существа и приобретают собственную (искусственную) логику

---

① 多伦多，加拿大安大略省首府，加拿大最大的城市。
② 马歇尔·麦克卢汉（1911-1980），加拿大媒介理论家、教育家，著有《机器新娘》《理解媒介：论人的延伸》等。

развития, которая навязывается людям независимо от их воли. Перед лицом этой посторонней технологической структуры человек оказывается слабым и зависимым, но он не осознаёт своей беспомощности и радуется открывшимся перед ним возможностям, как новым игрушкам.

Ещё в 1962 г. Маклюэн доказал, что двигателем исторического прогресса является смена технологий, порождающая смену способов коммуникации, а тип современного общества определяется типом коммуникации и скоростью передачи информации. Средства коммуникации формируют структуру знания и, что гораздо важнее, принципы восприятия пространства и времени.

В 1963 г. в университете г. Торонто М. Маклюэн создал Центр культуры и технологий, целью которого стало изучение влияния информационных технологий и СМИ на психологическое состояние человека и общества в целом.

До изобретения письменности человека окружала только устная речь, он гармонично жил в «Аудиовселенной». Изобретение алфавита и печатного станка привело к тому, что человек стал воспринимать жизнь *линейно и последовательно*, переключив центр восприятия со слуха на зрение. А XX в., принёсший человечеству электричество, превратил мир в «глобальную деревню» с «множеством миров и культур».

Маклюэн выдвинул постмодернистскую теорию мозаичной картины мира из образов и сигналов, которая формируется благодаря высокоскоростным информационным потокам. Именно он предсказал, что с помощью СМИ можно установить «климат-контроль» над целыми культурами, потому что СМИ, как чётко организованная и структурированная система, имеют огромную власть над человеком.

С развитием информационного общества психолингвистика утратила одно из своих перспективных направлений исследования – графологию, в задачи которой входило определение характера человека по его почерку.

Современное научное познание не стремится к нахождению и утверждению единственно верной и персонифицированной （个性化的）точки зрения, а, напротив, старается избежать её, обращаясь к рассмотрению взаимосвязей и взаимоотношений в единой парадигме. Языковая картина мира современного человека складывается не линейно и последовательно, а лучеобразными центростремительными потоками, но, в силу различных особенностей моторного восприятия, она представляет собой мозаичный образный и текстовый коллаж. Всё это отражается на естественном языке.（现代人类的世界语言图景不是线性的、有序的，而是由射线形的向心流构成的，但由于运动感知的各种特征，它呈现为马赛克式的、形象的、文本的拼贴组合，这一切都体现在自然语言中。）

В наши дни одна из самых распространённых форм бытования языка – медиатекст. Их корпус постоянно растёт: появляются новые телеканалы, радиостанции, газеты и журналы, распространяются сетевые версии печатных изданий, онлайновые публикации, форумы и блоги, сетевые энциклопедии и даже словари. В современной науке для обозначения этой новой виртуальной территории используются такие термины, как *информационное пространство, информационная среда, медиаландшафт, инфосфера.*

Противоречивость современного медиадискурса заключается, с одной стороны, в усилении личностного начала, с другой – в стремлении завуалировать（掩盖）чрезмерный субъективизм

当今媒体语篇是最常见的语言存在形式之一。当代媒体话语具有自身矛盾性。这种矛盾性体现在对个性本源的强调与借助互文性对主观性的掩盖的对立中。

покровом интертекстуальности путём усложнения содержания аллюзиями и гипертекстовыми ссылками.

Среди языковых процессов, которые активизируются в средствах массовой информации, следует выделить: размывание чётких стилевых границ; распространение норм разговорного стиля; тиражирование ошибочного речеупотребления; языковая распущенность; усиление речевой агрессии; нарушение норм речевого этикета.

Язык СМИ неоднороден. В нём выделяются два уровня: вербальный и аудиовизуальный (медийный), поэтому язык средств массовой информации следует рассматривать как знаковую систему смешанного типа.

大众传媒语言包括语言表达层面和视听层面，因此它应被视作混合类型的符号体系。在媒体空间里与语言表达层面、信息内容层面一起发挥重要作用的还有认知层面，因为在大众传媒语言里体现着确定的意识形态。

Специфика языка печатных СМИ состоит во взаимодействии вербальных и графических компонентов. Главная особенность языка радио – сочетание словесного и звукового ряда. Язык телевидения – ещё более совершенная система, так как к вербальному и звуковому добавляется визуальный уровень. Именно телевидение считается самым эффективным средством массовой информации в плане воздействия на общественное сознание.

В медиапространстве, наряду с вербальным и информационным, важную роль играет когнитивный уровень: в языке СМИ отражается определённая идеологическая модальность. Медиапсихологи утверждают, что сегодня восприятие человеком окружающего мира в очень большой степени зависит от того, каким его представляет телевидение.

Развитие интернет-технологий привело к дальнейшему совершенствованию языка СМИ как средства информационнопсихологического воздействия. Вербальный текст в Интернете приобрёл «сетевое» измерение: текст (иначе его называют *гипертекст*) разворачивается не только линейно, но и вглубь, с помощью различных ссылок. Массовая информация становится глобальным текстом, объединяющим разные языковые сообщества. Например, в 2014 г. слово *selfie* ('снимок себя с помощью мобильного устройства') в Оксфордском словаре английского языка было объявлено словом года и сразу пришло в русский язык, что наглядно продемонстрировало факт формирования «глобального языка и культуры без границ». Известно также такое явление, как *интернет-эмиграция*, то есть погружение в культуру другого народа с помощью виртуальной реальности.

互联网技术的发展带来了作为信息-心理作用手段的大众传媒语言的进一步完善。有些学者认为存在"互联网语言"这一现象。互联网语言具有一系列典型特点,是独特的交际体裁。

Некоторые учёные признают существование феномена интернет-языка, который характеризуется следующими признаками: взаимодействие письменной и устной форм в границах национального русского языка; сопряжение информативной и экспрессивной функций языка; усиление личностного начала (персональные страницы в соцсетях); диалогичность общения; отсутствие цензуры и «карнавализация языка»; нарочитая неграмотность; неформальность общения; семиотическое осложнение текста иконическими средствами[1] (цвет, шрифт, знаки)[2].

В 1963 г. художник Харви Росс Болл[3] для рекламы страховой компании из линейной комбинации нескольких значков на клавиатуре компьютера нарисовал жёлтую рожицу, а 19 сентября

---

[1] 拟像手段,由法国哲学家让·鲍德里亚提出,指后现代社会大量复制、极度真实而又没有本源、没有所指、没有根基的图像、形象或符号。

[2] Кронгауз М. А. Самоучитель Олбанского. М., 2013.

[3] 哈维·鲍尔(1921—2001),美国商业艺术家、设计师、笑脸符号创作者。

1982 г. американец Скотт Эллиотт [1] впервые использовал этот рисунок в Интернете и назвал её *smiley face*, или *smiley* (в русской словообразовательной модели – смайлик（笑脸符号）). Затем появились словари смайликов, или эмотиконов（表情符号）, за которыми закрепились определённые смыслы и даже микротексты.

Интернет-язык обладает специфическими коммуникационными жанрами, к числу которых принадлежат: электронная почта; форумы; веб-конференции; чаты; мгновенный обмен информацией (ICQ); блоги; социальные сети (ВКонтакте, Живой Журнал, Facebook, Instagram и т. д.); сетевые энциклопедии и словари.

В сети Интернет рождаются и собственные фразеологизмы, например: *крошить батоны* (набирать на клавиатуре), *поставить в копию* (включить в число адресатов), *кинуть мыло* (отправить сообщение по электронной почте).

В Интернете широко распространено такое явление, как «олбанский язык», или «язык падонкафф»[2], главные принципы которого – аграмматизм и сознательное искажение: *превед* – привет, *аццкий сотона* (восклицание), *аффтар жжот* (восхищение текстом), *жыр* – квинтэссенция текста, *кароч* – короче, *бан* – запрет.

Средства массовой информации обладают речерегулирующей функцией: язык СМИ выступает в роли распространителя речевых стилей и формирует у потребителей массовой коммуникации определённые (часто неосознанные) языковые вкусы. Конструктивным принципом организации текста в СМИ является чередование стандартных и экспрессивных сегментов текста. Под стандартом понимаются немаркированные языковые единицы,

---

[1] 斯科特·埃利奥特（1948– ），美国卡内基梅隆大学教授。
[2] 奥尔班斯基语，又称帕东卡夫语，指拼写被故意扭曲、发音保持正确的网络用语。

существующие в готовой форме, воспринимаемые однозначно и легко переносимые из текста в текст. Экспрессивные сегменты — это маркированные элементы медиатекста, выражающие авторское отношение к содержанию высказывания и его оценку.

Язык, как и всякая динамическая система, переводит часто повторяющиеся в СМИ экспрессивные единицы в разряд стандартов, поэтому анализ медиатекстов позволяет получить оперативную информацию о состоянии языковой культуры общества. Этим занимается особая наука — медиалингвистика. Термин медиалингвистика (англ. *medialinguistics*) вошёл в российский научный обиход в 2000 г. Особый статус данного направления в лингвистике объясняется громадной социальной значимостью средств массовой информации.

Наиболее эффективным методом в исследовании текстов СМИ является дискурсивный метод. Дискурс (фр. *disours* от лат. *discursus* — 'беганье взад-вперёд', 'круговорот, беседа, разговор') — это речевой процесс в совокупности с экстралингвистическими (прагматическими, социокультурными и психологическими) факторами. Дискурс предполагает в анализе любого высказывания учёт трёх позиций: говорящего, слушающего и возможного интерпретатора.

Таким образом, влияние средств массовой информации на языковые процессы трудно переоценить. СМИ способны как формировать общественное сознание, так и деформировать его. С их помощью активно распространяется «словесный мусор», и важную роль в этом процессе играет нарастающая раскованность публичной речи. В настоящее время мало кто говорит по заранее подготовленному тексту, предпочитая спонтанную речь, что создаёт благоприятные условия для неконтролируемого смешения книжных и устно-разговорных элементов. Это

大众传媒具有言语调节功能。建构大众传媒语篇的结构性原则是标准化成分与情感表现成分的交替出现。经常性重复出现的情感表现成分会慢慢进入到标准化表达行列，因此分析媒体语篇可以使我们获得关于社会语言文化状态的有效信息。从事这一领域研究的科学就是媒体语言学。大众传媒语篇最有效的研究方法是话语分析法。

приводит к снижению уровня речевой культуры и сопровождается расшатыванием литературной нормы, так как она изначально ориентирована на книжно-письменный тип языка. Официальная, или публичная речь в СМИ испытывает мощное воздействие устной речевой стихии.

信息功能和情感功能是大众传媒语言的主要功能，但是，情感功能正在加强。对情感表现力的追求以及缺少润色语言的时间等原因，导致大众传媒语言出现偏离语言规范的现象。这里既有对词汇规则的偏离，也有对句法规则和发音规则的偏离。

Основными функциями языка СМИ являются информативная и эмоциональная. В последнее время, в связи с расширением сферы приложения свободных жанров, повышается роль эмоциональной функции. Это выражается в стремительной перестройке стиля рекламы, бурном появлении новых разговорных жанров в стиле *ток-шоу*, многие из которых сразу идут в прямой эфир, не подвергаясь редактированию.

Теле- и радиоречь существует в двух вариантах: дикторская (подготовленная) и живая (спонтанная). Промежуточное положение занимает речь корреспондентов и комментаторов, которая опирается на письменный текст, но включает в себя множество элементов спонтанности и непринуждённости, что часто приводит к ошибкам и коммуникативным неудачам.

Основная причина, вызывающая отступление от нормы в речевом потоке, – это недостаток времени для поиска нужного языкового средства и для самоконтроля. Задача говорящего – выразить некий смысл, поэтому в его речевом поведении действует принцип превалирования（占优势）смысла над формой.

С другой стороны, пафос убеждения и эмоциональный заряд говорящего требуют живости и доходчивости речи, что тоже приводит к отступлению от кодифицированной литературной нормы, так как стандарт и экспрессия – непримиримые антагонисты（对立面）. Особенности формирования спонтанной речи способствуют возникновению явлений языковой экономии и избыточности.

Наиболее многочисленны в языке СМИ лексические отклонения, к которым относятся:

— неточное употребление слова: *в начале семидесятых лет; от разработки до внедрения проходит очень большой путь; я внимаю к вашему разуму; это её самое вкусное лакомство; меньшая / большая половина; в районе двух часов;*

— устойчивые лексические штампы, или стандарты: *в открытом режиме, в долгу перед кем, в этом отношении, в режиме реального времени (диалога), в этом смысле, из первых рук, в полном объёме, ни в коей мере, на постоянной основе, ровно такой* и др., в том числе ошибочные: *понести жертвы и лишения, уделить важное внимание, мотивы продиктованы, подобные аналогии, крупный мегаполис.*

Кроме того, в языке СМИ отмечаются:

— явления лексической экономии, связанные с пропуском языковых единиц: *Значит, мы можем ставить о том, что;*

— тавтология: *подтвердить утверждение;*

— лексические плеоназмы[①]: *абсолютно уникальный, насколько мне полностью известно, в конечном итоге, совершенно бесплатно;*

— формообразовательные плеоназмы: *это ещё более худший вариант, самый прекрасный случай, более лучше работать;*

— кальки: *peace enforcement, appeasement* – *принуждение к миру; verbal intervention* – *словесная интервенция;*

— полукальки: *топ-руководитель, телевещание, пролонгировать, трудоголик, wellness-консультант, стритрейсер-убийца;*

---

① 词汇同语反复，指使用由词义相似或相同的词构成的词组。

— транслитерация①: *колумнист* (*columnist*) – 'журналист, имеющий постоянную колонку в газете'; *домен-сайт* (*domain-site*); *топ-менеджер* (*top-manager*); *омбудсмен* – 'человек, отстаивающий чьи-либо права' (от швед. *ombudsman* – 'представитель'); *триггер* (*trigger*) – фактор роста;

— иноязычные вкрапления②: *margin-call* – 'требование выдать деньги немедленно'; *final-call* – 'последнее предупреждение'; *hub* – 'привлекательное место для инвестиций';

— интенсификаторы③, в том числе наречия меры и степени (*значительно легче, чрезвычайно трудно*) и отрицательные местоимения и местоименные наречия (*никоим образом, ни при каких условиях*).

— синкретизм плеонастических средств④: *Вы получите в подарок ещё один билет абсолютно бесплатно. Абсолютно все пришли на лекцию. Громадные толпы народа пришли на митинг. Он проявил колоссальные способности.*

В языке СМИ нередки синтаксические отклонения:

— нарушение согласования по смыслу: *Народ устал от бесконечного вранья, от того, что их обманывают; Сразу несколько конфликтов были погашены; В чём мы различаемся?*

— нарушение управления: *Трудолюбие присуще большинству сельским труженикам; Директор указал о том, что производство будет расширено;*

— нарушение традиционного порядка слов: – дистантное

---

① 音译转写，用一种文字书写另一种文字。
② 外语夹杂，语码转换的一种形式，指夹杂使用保留原语言发音与书写形式的外语词。
③ 强化词，程度副词的一种，在句中增强所要表达的语义。
④ 同语反复手段混用，指对同语表达的混合使用。

препозитивное расположение прилагательных, которое способствует непринуждённому, разговорному звучанию высказывания (破坏传统词序：将形容词前置，使得陈述更加轻松和口语化)： *Мне бы хотелось ещё маленькое сделать замечание; В своё время замечательная была книга напечатана Львом Гинзбургом; Автор колоссальную провёл работу*; – постпозиция (инверсия фольклорного характера): *море синее, поле чистое, писал я не раз, говорили мы ему*;

– синтаксические плеоназмы: *Это показывает (объясняет, доказывает) о том, что…; Мы это делаем с целью, чтобы…, Он сказал то, что…*.

В области фонетики, наряду с очень прочным [г] фрикативным, наблюдается редуцирование звуков и сокращение слов (在语音层面，除了很强的擦音[г]以外，还有发音简化、词语缩略的情况)： *ваще, щас, ч'к, Владим Владимыч, Сан Саныч*. Неверное словесное ударение – бич телеречи: *нужнО, много хлОпот, августОвский, намерЕний, о детских яслЯх, обеспечЕние*.

СМИ изобилуют примерами некодифицированной лексики: *отмазка, отморозок, обкатать, отстегнуть, подсесть на (нефтяную иглу), подставить, прикид, разборка, разруливать, раскручивать, тусовка, тормознуть, порешить, отмашка*.

В медиатекстах быстро закрепляется некодифицированная фразеология: *включить счётчик (голову), выразить респект, замочить в сортире, отпустить под завязку, фильтровать информацию, слить информацию, спустить на тормозах, жить по понятиям, нужно по жизни, надо по-любому*.

Очевидно, что криминальный жаргон остаётся одним из излюбленных источников экспрессивных средств для журналистов. Хочется надеяться, что жаргонизмы в языке СМИ служат для выражения авторской иронии, завуалированной гражданской позиции журналиста и что это и есть эстетический идеал Н. В. Гоголя – *«утверждение идеала прекрасного через отрицание безобразного»* ("以对卑下庸俗的生活的忠实描写，唤起对崇高美好理想的渴求。"（刘宁，1958）/ "如果不展现出人的所有卑鄙龌龊，就不能把整个社会引向美。"（钱中文，1980）). Однако отсутствие прямо и однозначно выраженного авторского мнения может привести читателя и слушателя в недоумение и испортить его языковой вкус.

Не случайно на просторах медиалингвистики появилось новое научное направление – лингвотоксикология, которая рассматривает язык как часть экосистемы, и шире *ноосферы* – биосферы, организуемой мыслью человека (в терминологии В. И. Вернадского). （在媒体语言学中出现新的学科方向"语言毒理学"并非巧合，这一学科将语言视为生态系统的一部分，更广泛地说，视为智力圈——即由人类思想构建的生物圈的一部分。）

现代大众传媒表现出言语攻击性，以展示自己的优越性。大众传媒的言语攻击性分为故意的和非故意的。存在一系列言语攻击词汇手段。言语攻击有其产生的深层原因和媒体环境。

Современные СМИ проявляют речевую агрессию, которая выражается в желании продемонстрировать свое превосходство. Речевая агрессия неоднородна, поэтому целесообразно разграничивать *намеренную* и *непроизвольную* речевую агрессию. Как показывают исследования, намеренная речевая агрессия может быть прямой и косвенной, но всегда целенаправленной. Это типичная черта тоталитарного дискурса, прямой путь к физической агрессии. По мнению известного тележурналиста Г. Юшкявичуса[①], сегодня «только труп оживляет эфир».

Средствами речевой агрессии являются оценочная лексика; инвективная（谩骂的）(бранная) – *корова, козёл*; обсценная (мат), пейоративная（贬义的）(то есть уничижительная,

---

① 海因里希·济格蒙多维奇·尤什基亚维丘斯（1935– ），苏联著名记者、外交家。

неодобрительная) – *попса, подонки*; жаргонная – *отмазать, кошмарить срубить, прикинуть* и т. д. Речевую агрессию можно проявить также с помощью словообразовательных неологизмов (*нашисты, жириновцы, мавродистый, истерить, херург*), криминальных метафор (*опустить ниже плинтуса, лохануться, отстегнуть бабки*), иноязычной лексики (*онкольная операция –* от *on call operation, форфейтинг* – конфискация, *валоризация* – установление цены, *фрик, пэт-стилист, паркур* – комплекс умений, позволяющих преодолевать самые сложные препятствия, *anti-aging медицина, модный корнер, Гейропа*. Неуправляемая речевая агрессия приводит к ксенофобии: *Казино разгрузинили; Людей обамили.*

Непроизвольная речевая агрессия поддерживается низким уровнем самоконтроля, свойственным русскому речевому поведению. Она может быть преодолена только путём восполнения пробелов в знаниях и ориентацией на эталоны, образцы правильной речи мастеров слова, ораторов, авторитетных общественных деятелей. （俄语言语行为所具有的低水平自控力导致非自愿的言语攻击。这种言语攻击只能通过填补知识缺陷，以标准为导向，以语言大师、演说家、权威公众人物的正确言语样板为参照来克服。）

Что касается намеренной речевой агрессии, то филологам и любителям родного слова она неподвластна, так как мотивирована политическими установками и является средством манипулирования（操控）общественным сознанием. Именно речевая агрессия с характерными клише и речевыми штампами структурирует тоталитарный политический дискур, провоцируя слушателей и читателей на физическую агрессию.

Тиражирование современными СМИ маргинальных речевых образцов делает криминальный жаргон как основу современной политической метафорики более понятным и доступным современной молодёжи, чем язык Н. В. Гоголя и И. С. Тургенева. Явления открытой речевой агрессии настолько масштабны, что примеры непроизвольной речевой агрессии, навязывающие собеседнику неряшливый（草率的、马虎的）, небрежный коммуникативный портрет, уже кажутся невинными, простительными, потому что хотя бы не провоцируют социальные конфликты и не подавляют сознание обывателя. Российское общество всерьёз обеспокоено этическим обликом современного российского журналиста.

Для заголовков в современных СМИ характерна ориентация на скандал. Доминирующие темы – секс, коррупция, криминальные подвиги, личная жизнь знаменитостей.

Популярные и усердно насаждаемые телевизионные ток-шоу пропагандируют скандальное и безобразное. Собеседники не умеют слушать друг друга, прерывают оппонентов на полуслове, неумеренно жестикулируют, демонстрируют неконструктивное речевое поведение, вступают в скандальные споры ради победы. Телевидение, таким образом, выступает в роли ретранслятора эпатажных форм поведения, культивируя эти формы и прививая их миллионам граждан.（因此，电视成为这种不体面行为方式的中转站，培育这些形式并将其灌输给数百万公民。）

Появление корпоративной прессы и корпоративного телевидения усугубило ситуацию, создав атмосферу бесконтрольности и неподотчётности. Общая тональность глумления, бесцеремонного вторжения в частную жизнь, фамильярности достигает особого размаха в провинциальной прессе (см. заголовок в газете «Деловое Прикамье» от 10.10.2008 – «*Лизанием задниц никто не занимался*»).

Отдельного комментария заслуживает реклама на телевидении, отражающая безграмотное метафорическое осмысление практически неограниченного числа табуированных тем (реклама антенны НТВ плюс: *У твоего соседа уже стоит!* или реклама медицинского препарата: *Возьмите с собой «Имодиум». Не дайте поносу испортить свой отпуск!*). Распущенность сопровождает журналистов и тогда, когда они информируют общество о высоких политических материях: *«У президента задержка!»* (имеется в виду заминка с назначением нового губернатора).

Журналисты категорически не согласны с упрёками в свой адрес, утверждая, что их задача – информировать, а не услаждать слух читателя и зрителя. Как бы то ни было, общество с течением времени сформирует свою точку зрения и, думается, пойдёт по пути очищения публицистического стиля от жаргона, сленга и просторечных элементов.

3.4 Метафора как способ описания действительности

本节重点：
隐喻、隐喻的语义分类、科学隐喻

概述部分重点：
隐喻概念、后现代主义概念、隐喻生成过程、隐喻功能、隐喻类型

Метафора – универсальное явление. Она встречается во всех языках во все эпохи. История метафорологии – науки о метафоре – насчитывает более двух тысяч лет. В основе метафоризации лежит расплывчатость понятий, которыми оперирует человек, отражая в своём сознании вечно изменяющуюся многообразную

隐喻存在于所有时代的所有语言里，隐喻学已有两千多年的历史。隐喻可以使抽象概念易于接受。隐喻是语言自身发展取之不尽的源泉。它具有鲜明的形象性特点。

внеязыковую действительность.（隐喻化的产生基于概念的模糊性，人们基于这些概念在头脑中反映不断变化的、丰富多彩的语言外现实。）Метафора делает абстрактное легче воспринимаемым.

Метафора – неисчерпаемый источник саморазвития языка. Основное назначение метафоры – высказать другому нечто новое, личностное, это способ уловить индивидуальность конкретного предмета или явления и передать его неповторимость. На стадии формирования любая метафора представляет собой образ, так как образным является сам принцип её формирования и выражения.

Метафора находится в центре внимания философов, культурологов и искусствоведов. Метафорическое восприятие мира как текста является предметом герменевтики – науки о понимании и интерпретации текста. Первая система постижения авторской индивидуальности, неявно вписанной в смысловое пространство линейного текста, родилась в рамках библейской герменевтики Аврелия Августина[①].

Глубинный смысл текста постигается не путём простого сложения смыслов каждого слова, а путём постижения их преломления в определённом культурно-историческом контексте.

1968年美国哲学家和批评家列奥·施坦伯格率先将后现代主义这一术语用于分析当代艺术发展中的趋势。后现代主义的美学原则基于对道德规范的否定和对无限行为自由权利的主张，它否定信息时代作者的独创性。

В 1968 г. американский философ и критик Лео Стейнберг[②] в лекции «Другие критерии» впервые применительно к анализу тенденций в развитии современного искусства выдвинул термин *постмодернизм*.

Эстетика постмодернизма, оксюморонная по своей сути,

---

① 奥雷柳斯·奥古斯丁（354–430），早期西方基督教神学家、哲学家，著有《忏悔录》《论三位一体》《上帝之城》等。
② 列奥·施坦伯格（1920–2011），俄裔美籍艺术批评家、艺术史家、哲学家，著有《文艺复兴艺术及现代健忘中的基督的性征》《另类准则》等。

основана на отказе от принятых норм и направлений, на совмещении несовместимого с целью пробудить в зрителе, читателе и слушателе желание создать собственный образ, основанный на индивидуальном восприятии мира. Эстетические принципы постмодернизма базируются на отрицании моральных норм и утверждении права на неограниченную свободу поведения.

Культура постмодернизма отрицает оригинальность автора в информационную эпоху, когда мир перегружен уже созданными и непрерывно передаваемыми образами. Новый художественный образ — это бегущая строка, коллаж известных сюжетов. Постмодернизм делегирует авторские полномочия зрителю-интерпретатору.

Главной темой постмодернизма становится тема ассоциативного повтора. Постмодернист стремится расшатать все устои, которые сковали человека в эпоху тоталитаризма: жёсткую логику, преклонение перед авторитетами, нравственные аксиомы, и утверждает хаос, дискретность, плюрализм, метафоричность символики. (联想重复主题成为后现代主义的重要主题。后现代主义者试图动摇权威主义时代束缚人性的所有准则——僵化的逻辑、崇拜权威、道德公理，认可无序混乱、非连续性、多元化和隐喻象征。)

Текст понимается как постоянный процесс, а не готовый продукт. Языковой знак указывает не на одно, а на множество толкований. Восприятие языкового знака зависит от интерпретатора, значения слов выходят за рамки толковых словарей и формируют самоорганизующуюся нелинейную, неравновесную и неустойчивую систему метафорических образов.

Интерес к метафоре подкрепляется и тем, что в науке повышается внимание к психологии восприятия. Если прежняя

随着心理学、认知科学的发展，隐喻从语言学领域进入认知科学领域。在认知科学范式里，隐喻被看作对世界语言图景信息进行认识、保存和范畴化的手段，它促成新观念的形成，并塑造世界图景。隐喻经常被赋予一种简化的定义，被当作词汇的转义使用，其实隐喻的生成过程是非常复杂的。隐喻的主要特点是异质现象的统一。

наука о языке ставила целью передачу информации, то в задачи современной лингвистики входит изучение механизмов интерпретации информации слушателем. Из объектов лингвистики метафора переместилась в область, интегративную с лингвистикой, – когнитивистику. В когнитивной научной парадигме метафора представлена как способ познания, хранения и категоризации информации о языковой картине мира. Термин *картина мира* заимствован у физиков: в 1914 г. Г. Герц① ввёл в науку понятие *физической картины мира*, затем в 50-х гг. XX в. американский культуролог Р. Редфилд② использовал этот термин для лингвистического анализа факторов и инструментов культуры.

Языковая картина мира — это совокупность представлений об окружающей действительности, закреплённых в специфических механизмах их вербализации и передаваемая из поколения в поколение. Языковая картина мира определённого этноса хранится в сокровищнице его духовного опыта и знаний – фольклоре.

Одним из постулатов когнитивистики является представление о том, что метафора формирует новый концепт и моделирует картину мира, основанную на множественности ассоциаций, которые определяют мировосприятие человека.

Концепт – динамичная совокупность субъективных представлений о действительности. По своей внутренней форме в русском языке слова *концепт* и *понятие* схожи: *концепт* – калька с латинского *conceptus* (от глагола *concipere* – 'зачинать'), *понятие* восходит к древнерусскому глаголу *пояти* – 'схватить, взять в собственность'; но концепт отличается от понятия, которое представляет собой представление об объекте как совокупности

---

① 海因里希·赫兹（1857－1894），德国物理学家，于1888年首先通过实验证实了电磁波的存在。
② 罗伯特·雷德菲尔德（1897－1958），美国人类学家、社会学家，著有《尤卡坦的民间文化》《小社区》《农民社会和文化》等。

существенных, инвариантных, а не субъективных признаков. (然而，观念不同于概念，概念是表示客观事物本质的、不变的、非主观特征的总和。) В научном языке эти два слова иногда необоснованно используются как синонимы.

Метафоре часто дают упрощённое определение — употребление слова в переносном значении. В действительности процесс создания метафоры гораздо сложнее: слово объединяется с образом в своём случайном значении, и это значение формируется за счёт связей с другими изобразительными средствами, в контексте. При соединении с другими словами случайный образ теряется, но может возникнуть новый, ещё более сложный: *капля жалости*; *капля совести*; *капля сострадания*; // *змея воспоминаний* (А. С. Пушкин); *пасть трамвая* (В. В. Маяковский); *бешеные деньги* (А. Н. Островский).

Иногда метафора представляет собой образный ряд: *Пушкин осчастливил своим нестерпимым гением* (М. М. Зощенко); *Через час отсюда в чистый переулок вытечет по человеку ваш обрюзгший жир* (В. В. Маяковский).

Общеизвестно, что в основе создания метафоры лежит принцип сравнения. Но не всякое сравнение превращается в метафору. В любой метафоре явно просвечивает аналогия — результат сравнения по сходству принципиально несходных объектов.

Для создания метафоры необходим особый поэтический дар. В. Ф. Одоевский[①] писал: *«Мы говорим не словами, но чем-то, что находится вне слов и для чего слова служат только загадками, которые иногда, но отнюдь не постоянно, наводят нас на мысль, заставляют нас догадываться, пробуждать в нас нашу мысль, но*

---

① 弗拉基米尔·费多罗维奇·奥多耶夫斯基（1803—1869），俄国作家、思想家、乐评家、教育家，代表作有《鼻烟壶里的小城》《初级科学教学指南》等。

отнюдь не выражают её»[1].

Таким образом, метафору многие рассматривают как вербализованную аналогию. Основной характеристикой метафоры является объединение гетерогенных явлений. Аристотель писал, что *метафору надо заимствовать из областей сходных, но не явно сходных*. По мнению Цицерона, *метафора вынуждает недостающее слово брать из другой области, что происходит либо потому, что характерной чертой человеческого ума является склонность перескакивать через то, что расположено у самых ног, либо потому, что слушатель мысленно уносится при этом в другую область, не теряя, однако, основного пути, что служит источником величайшего удовольствия.*

Разные языки независимо друг от друга используют одинаковые метафорические переносы. Примером такого единодушия является перенос: *ветер – легкомыслие*.

В целом, метафора предназначена для лингвистического осмысления и презентации новой информации. Она может выполнять различные функции, среди которых выделяются следующие: орнаментальная; предсказательная; объяснительная; сберегающая (экономия речевых усилий); образно-наглядная.

可以将隐喻划分为表现-评价性隐喻和概念隐喻两类，表现-评价性隐喻更为普遍。表现-评价性隐喻主要用于描述人的品格和行为，其中动物隐喻占据重要地位。概念隐喻是增加语言词汇量和成语量的一种常见方法。它主要用于表达科学、社会政治和日常生活领域中的非实物内容。

Выделяют экспрессивно-оценочные и концептуальные метафоры.

Наиболее распространена экспрессивно-оценочная (образная) метафора. Она дополняет характеристику свойств личности и поступков человека и необходима не столько для вербализации действительности, сколько для понимания прагматических установок говорящего.

---

[1] В.Ф. Одоевский. Сочинения в двух томах. – Т. 1. – М., 1981, с. 185–186.

Среди экспрессивно-оценочных метафор особое место занимают зооморфные, в основе которых лежит сравнение человека с животным. Эти метафоры несут чёткие и постоянные оценочные коннотации. Цель зооморфных метафор — приписать человеку некоторые признаки, всегда или почти всегда имеющие оценочный смысл. Сами названия животных оценки не содержат, но соответствующие смыслы, применительно к человеку, очень часто приобретают определённую характеристику: *трусливые зайцы*, *неуклюжие медведи*, *тупые ослы*, *хищные волки*. В некоторых контекстах метафоры имеют однозначные коннотации, связанные с устойчивыми характеристиками поведения животных, переносимыми на человека.

Оценочные коннотации часто сочетаются с аффективностью (情感性) (эмоциональным отношением субъекта оценки к её объекту). Если речь идёт о человеке, метафора становится субъективно окрашенной. Особенно это очевидно, когда денотат метафоры включается в целостную картину мира.

Образная метафора несовместима с деловой речью, однако метафорические обороты активно вторгаются и в данную сферу (*живые деньги*, *поток информации*, *падение курса валюты*, *заморозить фонды* и др.).

Концептуальная метафора служит одним из наиболее распространённых способов пополнения лексического и фразеологического инвентаря языка: *полоса препятствий*, *хребет горы*, *рукав*, *излучина реки*. Часто эта метафора используется для обозначения непредметных сущностей в научной, общественно-политической и обиходно-бытовой сферах: *круг проблем*, *зерно истины*, *поле деятельности*, *узел (клубок) противоречий*, *камень преткновения*, *бремя раздумий*.

Концептуальные метафоры имеют преимущественно

бинарное построение: *русло рассуждений*, *рамки общения*, *точка соприкосновения*.

Среди непредметных сущностей, с которыми связаны концептуальные метафоры, можно выделить антропоцентрическую (*замораживание цен*, *социальный лифт*, *гонка вооружений*) и научную (*семантическое поле*, *коленная чашечка*, *ломаная линия*, *осадочные породы*, *грудная клетка*, *поток сознания*) сферы.

对隐喻兴趣的增长是因为语言学研究范式发生了变化。从对语言结构的关注到对人的关注的转变使人类中心范式成为语言学研究的重要范式。

Рост интереса к метафоре не только как к стилистическому приёму, средству номинации, но и способу создания языковой картины мира объясняется сменой исследовательских парадигм. Вместо статического воззрения на язык как структуру пришла антропоцентрическая лингвистическая парадигма, в которой ведущие роли принадлежат говорящему и адресату, стремящимся к эффективному общению. Всё это создаёт возможность для формирования антропоцентрических, или антропоморфных, метафор. Это наиболее частотная метафорическая модель. Она проявляется в сочетании предикатов, характеризующих признаки человека, переносимые на другие объекты и явления действительности: *Наша Дума должна быть думающей*.

Значительное число работ лингвистов и когнитивистов посвящено природе и типологии метафор. Но прагматический аспект бытования в языке метафор пока недостаточно изучен. Между тем вопрос о том, каков механизм нашего понимания метафор, является фундаментальным.

Широко распространена точка зрения о трёхфазовом восприятии метафоры: от установления буквального значения слова через сопоставление этого значения с контекстом к поиску невербального, метафорического значения при наличии несоответствий.

Семантическая классификация метафор по вспомогательному объекту

本部分重点：
隐喻的语义分类

Зооморфные метафоры: *волчий оскал, бульдожья хватка*; зооморфные метафоры являются очень древними, причём наиболее частотными объектами были змея и собака: *собацкое умышление, псово лаяние, змея сатанина, змеиное коварство* (примеры эпохи Ивана Грозного).

Пространственные метафоры: *жизненный тупик, линия жизни, повороты истории, столбовая дорога развития марксизма.*

Медицинские метафоры: *раковая опухоль преступности, хроническая безработица, здоровая конкуренция, симптомы кризиса, сидеть на нефтяной игле.*

Спортивные метафоры: *игроки на рынке, избирательная гонка, политическая арена, нефтяная эстафета, финишная прямая.*

Финансовые метафоры: *политический капитал, кредит доверия, ценовой скачок, извлекать политические дивиденды.*

Строительные метафоры: *прорабы перестройки, закладывать фундамент общего европейского дома, сколачивать состояние, работать под крышей.*

Театральные метафоры: *марионеточный режим, закулисные игры, действовать по законам жанра, политический дебют / дуэт, политическое трио.*

Метеорологические метафоры: *дружеская атмосфера, политический климат, заморозить цены, потопить финансовую систему.*

Технические метафоры: *механизм урегулирования, перезагрузка*

隐喻可以分为动物隐喻、空间隐喻、医学隐喻、运动隐喻、金融隐喻、建筑隐喻、戏剧隐喻、气象隐喻、技术隐喻、战争隐喻、植物隐喻、诗歌隐喻等。

отношений, дорожная карта, социальный лифт.

Военные метафоры: *мозговой штурм, идеологический фронт, армия безработных, арсенал средств, битва на рынке недвижимости.*

Растительные метафоры: *корень зла, искусственное выращивание, цветы жизни.*

Поэтическая метафора занимает особое место в идиостиле художника слова. Поэтическая речь целиком построена на метафоре, которая накладывается на сравнение и становится очень близкой к символу.

Метафора в поэзии нестандартна, не имеет вспомогательного объекта, и её невозможно заменить описательным эквивалентом. Понимание поэтической метафоры предполагает не поэтапное (трёхфазовое) восприятие метафоры, а непосредственное, с опорой на соответствующий контекст:

Пьяной песней

душу выржу

в кабинете кабака. (В. В. Маяковский)

Безрадостна бывает грусть,

Как тополь, в синеву смотрящий. (А. А. Блок)

Время – мельница с крылом,

Опускает за селом

Месяц маятником в рожь

Лить часов незримый дождь. (С. А. Есенин)

Я не сталь, я хвойный изумруд

Из берёзовой коры сосуд,

Налитой густой мужицкой кровью. (Н. А. Клюев)

*Есть в русской природе усталая нежность,
Безмолвная боль затаённой печали.* (К. Бальмонт)

Научная метафора

本部分重点：
科学隐喻的本质及其价值

Существует точка зрения, что наличие метафор противоречит нормам научного стиля речи. Так, например, позитивисты （实证主义者） отрицали метафору в научном тексте, потому что она мешает однозначному пониманию. Однако феномен метафоризации научного языка объективно присутствует.

Сущность научной метафоры связана с проблемой вербализации нового знания. Нильс Бор[①] считал, что язык — это в известной степени сеть, натянутая между людьми, и мы висим в этой сети со своим мышлением и способностью к познанию.

Новое знание не во всех случаях можно сразу и точно вербализовать, поэтому появляется стадия метафорической интерпретации. Физик М. Планк[②], высказав однажды парадоксальную мысль об одной физической идее: *«Она недостаточно безумна, чтобы быть верной»*, интуитивно уловил суть ассоциативного метафорического мышления. Метафора включает в себя элемент парадокса.

Необходимость метафоры в языке науки вызвана тем фактом,

有一种观点认为，隐喻的存在与科学语体的标准相矛盾。然而，科学语言隐喻化现象客观存在，因为人类已有的语言储备不足以及时精确地表达新知识、新概念。新知识、新概念产生初期往往需要借助隐喻来表达。隐喻存在于任何科学的语言里，甚至存在于基础科学的语言里。

---

① 尼尔斯·玻尔（1885–1962），丹麦物理学家、丹麦皇家科学院院士，哥本哈根学派创始人，1922年诺贝尔物理学奖得主。
② 马克斯·普朗克（1858–1947），德国物理学家，量子力学的创始人之一，1918年诺贝尔物理学奖得主。

что круг предположений всегда шире, чем инвентарь имеющихся языковых средств, вследствие чего быстрый подбор необходимого слова часто оказывается затруднительным. Первоначально метафора в научной терминологии выдвигается одним учёным, являясь частью его индивидуального языка (идиостиля). Затем, в процессе верификации（验证） научным сообществом, она начинает устойчиво употребляться. Удобство метафоры-термина заключается в её гибкости: метафора-термин может уточняться.

М. Блэк[①] писал: *«Возможно, любая наука начинается с метафоры и завершается алгеброй; возможно также, что без метафоры наука никогда не достигла бы алгебры»*[②].

Эта мысль созвучна мнению Нильса Бора, который много размышлял о соотношении искусства и науки: *«Причина, почему искусство может нас обогатить, заключается в его способах напоминать нам о гармониях, недосягаемых для систематического анализа»*[③].

Знаменитый российский физик, академик А. Н. Сисакян[④], называвший себя *«лирикоестествоиспытателем»*, писал:

*Мертва наука без искусства,
Оно ей прибавляет чувства.*

Новое в науке прокладывает себе путь с помощью метафорического языка. Генетическая связь метафоры и новизны выражается в том, что новое может быть высказано только

---

① 马克斯·布莱克（1909–1988），英裔美国哲学家、语言学家、数学家，著有《数学的性质》《批评的思考》《模型和隐喻》等。
② M. Black, More about metaphor – Dialectica, 1977, Vol. 31, p. 242.
③ Бор Н. Атомная физика и человеческое познание. М., 1938.
④ 阿列克谢·诺赖罗维奇·西萨基扬（1944–2010），俄罗斯物理学家、俄罗斯科学院院士，曾任俄罗斯国际联合核研究所所长。

метафорой, поскольку язык не успевает за развитием научной мысли. （科学界新的事物是在隐喻语言的帮助下为自己辅路。隐喻与新事物的基因性联系表现在如下方面：新事物只能用隐喻来表达，因为语言跟不上科学的发展步伐。）

В 70-е гг. XX в. начался период возрождения метафоры в контексте методологических проблем современного естествознания. Метафоричность языка науки стала очевидной. Учёные отмечают кризис наглядности в современной науке, поэтому метафора развивается как символ виртуальности, абстрактности научного познания.

Метафора существует в языке любой науки, даже такой фундаментальной, как квантовая （量子的） физика: *порция света, волновой пакет, пилотируемая волна*. В научных текстах можно выделить стёршиеся (мёртвые) метафоры: *сила тока, электромагнитное поле, масса атома* – и относительно новые: *компьютерный вирус, память компьютера, корзина, отправить в delete* (компьютерный подъязык).

И в научном, и в поэтическом языке некоторые функции метафоры доминируют при сохранении других. Мнение, что метафоризация языка познания противоречит нормам научной традиции однозначного определения понятий, провоцирует пренебрежительное отношение к познавательному содержанию метафоры, в то время как к метафоре учёных подводит внутренняя логика развития знания. Метафоротворчество составляет неотъемлемую часть научного творчества.

Известный математик Ю. И. Манин[①] одну из своих книг так и назвал – «Математика как метафора». Автор убеждает читателя

[①] 尤里·伊万诺维奇·马宁（1937– ），俄罗斯数学家，从事代数几何和丢番图几何研究，著有《作为隐喻的数学》等。

著名数学家尤·伊·马宁将自己的一本书命名为《作为隐喻的数学》，并指出作为认知工具的数学隐喻，可以将一些复杂的现象与数学结构进行比较。他认为数学隐喻是对数学知识的解释，是最高级别的创作行为。

в том, что метафора есть соединение похожего с непохожим, при котором одно может превратиться в другое.

Математическая метафора как инструмент познания позволяет некоторый сложный набор явлений сравнить с математической конструкцией. Наиболее показательной моделью математической метафоры является искусственный интеллект – потенциальная модель функционирования мозга и сознания для физиологов.

Чтобы понять, как именно математическая метафора способствует пониманию реального мира, следует рассматривать её в трёх аспектах: модель, теория и метафора.

Математическая теория — это приглашение к построению работающих моделей[①]. По мнению Ю. И. Манина, математическая метафора есть интерпретация математического знания, акт в высшей степени творческий. Точно сказать, чему учит математика, невозможно, так же, как невозможно сказать, чему учит «Война и мир».

Основой человеческой культуры является язык, и математика – это особый вид языковой деятельности. Естественный язык – гибкий инструмент для передачи информации. Создавая виртуальные миры духовной культуры, он оказывается не очень хорошо приспособленным для хранения и организации растущего запаса знаний о природе. Ю. И. Манин предполагает, что, вероятно, Аристотель был последним великим мыслителем из тех, кто полностью использовал возможности естественного языка. С приходом Галилея[②], Кеплера[③] и Ньютона[④] естественный язык в науках был низведен до роли посредника высокого уровня между

---

① Манин Ю.И. Математика как метафора. М., 2007. С. 101.
② 伽利略·伽利雷（1564–1642），意大利天文学家、物理学家、工程师，欧洲近代自然科学的创始人。
③ 约翰尼斯·开普勒（1571–1630），德国天文学家、数学家、占星家，提出行星运动三大定律。
④ 艾萨克·牛顿（1643–1727），英国物理学家、数学家，提出万有引力定律、牛顿运动定律。

реальным и научным знанием, содержащимся в химических формулах, астрономических таблицах, с одной стороны, и нашим мозгом – с другой.

Пользуясь естественным языком при изучении и преподавании наук, «*мы привносим с ним наши ценности и предрассудки, поэтические образы и навыки манипулятора, но ничего из того, что существенно для научного содержания. Всё существенное содержится либо в длинных списках структурированных данных, либо в математике.*» ("我们连同自然语言带入的是自己的价值观和偏见、诗意形象和操控者技能，却没有带入任何对科学至关重要的东西。所有关键的东西要么存在于长长的结构化数据列表里，要么存在于数学里。") – категорично утверждает Ю. И. Манин, забывая пушкинское предостережение, что нельзя *поверить алгеброй гармонию*.

По ходу своего развития математика, руководствующаяся собственной логикой, создает ещё и виртуальные миры, потрясающие посвящённых своей внутренней красотой, миры, которые противятся любым попыткам описать их естественным языком, но поражают воображение на протяжении поколений.

Из свойств математики как метафорического построения самым удивительным является то, что, применяя формальные правила к конкретному математическому тексту, можно в итоге получить текст, несущий совершенно иное содержание.

Роль метафоры всеобъемлюща. Она преображает окружающий видимый мир и создаёт бесконечное множество индивидуальных образов в реальном и виртуальном пространствах. Совокупность множества языковых картин мира становится исследовательским полем нового научного направления – онтолингвистики（语言本体论）.

3.5 Политический дискурс

本节重点：
政治语言学、政治隐喻、语义政治和交际技术

本部分重点：
政治语言学产生的背景、发展历史、研究对象；政治话语的概念、体裁、策略

政治语言学形成于20世纪20-50年代，20世纪40年代，乔治·奥威尔发表《政治与英语》一文，完成政治语言学研究的首次尝试。20世纪60-80年代，政治语言学研究了那些帮助操控者构建他们所需要的世界图景的言语交际技巧。现代政治语言学体现了全球化进程。

Истоки современной политической лингвистики можно найти в античной риторике: в Древней Греции и Риме активно занимались политическим красноречием, однако эта традиция прервалась на многие столетия, когда на смену античным демократическим республикам пришли феодальные монархии.

Изучение особенностей политической коммуникации приобретает особую актуальность в демократических обществах. Новая отрасль языкознания – политическая лингвистика сформировалась как наука в 20-50-х гг. XX в. Точкой отсчёта стала Первая мировая война, которая привела к невиданным человеческим потерям и обусловила кардинальное изменение миропонимания. Внимание исследователей сосредоточилось на изучении механизмов формирования общественного мнения и эффективности военной пропаганды.

В 40-е гг. XX в. Дж. Оруэлл[①] написал статью «Politics and the English Language», представлявшую собой первый опыт политической лингвистики. Он обратил внимание на то, что такие слова, как *democracy, freedom, justice,* не имеют определённых значений, и назвал их *meaningless words.* Любые

---

① 乔治·奥威尔（1903-1950），英国小说家、记者、社会评论家，代表作有《动物庄园》《1984》等。

попытки дать этим словам определения встречают у политиков резкое сопротивление. Оруэлл утверждает, что подобные слова (*meaningless words*) умышленно используются в целях манипуляции общественным сознанием.

В 60–80-е гг. XX в. политическая лингвистика описала речевые коммуникативные техники, которые позволяют манипулятору создавать необходимую картину мира. Например, опытный политик, не призывая к сокращению социальных программ для бедных, будет говорить о «снижении налогового бремени», о необходимости ликвидации пропасти между богатыми и бедными, что в действительности означает призыв к повышению прямых и косвенных налогов, которые платят все.

Современный период в развитии политической лингвистики отражает процессы глобализации. Если на первом этапе своего развития, в 20–50-е гг. XX в., политическая лингвистика изучала преимущественно тоталитарный дискурс, а на втором, в 60–80-е гг. XX в., – демократический, то сейчас внимание сосредоточено на дискурсе терроризма, политкорректности и толерантности.

Объектом исследования политической лингвистики является политический дискурс. Его формируют: институциональные формы общения, включающие в себя тексты, авторы которых политики (*парламентские стенограммы, публичные выступления политических лидеров и интервью*); неинституциональные формы общения, то есть тексты, созданные журналистами и распространяемые в СМИ. На периферии неинституциональных форм общения – *политические детективы и политическая поэзия*.

В настоящее время наиболее популярны следующие жанры политического дискурса: программная речь, теледебаты, интервью, «прямая линия», предвыборное обращение.

政治话语是政治语言学的研究对象，包括机构性话语和非机构性话语。按照语篇的长短，政治话语体裁分为短篇话语、中篇话语和长篇话语。政治话语领域里有两个基本对立，即自我与他者的对立。在政治话语中，一般使用三种常见策略：降低策略、抬高策略和戏剧策略。不同策略会选择不同的语言手段和修辞方法。

Жанры политического дискурса в зависимости от размера текста можно условно разделить на малые (слоган, лозунг, речёвка на митингах, настенная надпись), средние (листовка, газетная статья, выступление на митингах), крупные (доклад, партийная программа, публикация книги).

В области политического дискурса существует базовая оппозиция *свои – чужие*. Это противопоставление реализуется с помощью вербальных маркёров:

— *они, эти, иже с ними, заморские, заграничные, якобы, так называемый, пресловутый* (маркеры, выражающие недоверие к чужим);

— *вместе, все, союз, единый, мы, друзья, братья, россияне, земляки, мужики, пацаны* (эти слова маркируют тексты для своих).

В общем политическом дискурсе выделяют три стратегии: стратегия на понижение; стратегия на повышение; стратегия театральности.

Стратегия на понижение (*to play on down*) предполагает понижение собственного статуса; в неё входят: тактика «анализ-минус», имплицитно выражающая негативное отношение говорящего к ситуации общения: *Сейчас уже трудно что-либо исправить; Никаких шансов на исправление нет*; тактика прямого обвинения; тактика безличного обвинения; тактика обличения; тактика оскорбления; тактика угрозы（直接指责策略、无人称指责策略、抨击策略、侮辱策略、威胁策略）.

Стратегия на повышение направлена на поднятие значимости собственного статуса. Её отличают: тактика «анализ-плюс», имплицитно выражающая положительное отношение говорящего к ситуации общения: *Всё в наших силах; Нам многое по плечу; Вместе мы сможем многое*; тактика презентации（表现策略）

(ставка на привлекательный внешний вид); тактика неявной самопрезентации (隐性自我表现策略); тактика отвода критики (转移批评策略); тактика самооправдания (自我辩护策略).

Стратегия театральности является наиболее распространённой в политическом дискурсе и предполагает использование императивных конструкций и *перформативных высказываний* с глаголом 1-го лица, по семантике соответствующих однократному выполнению обозначаемого действия (*желаю, призываю, благодарю, хочу сказать, хочу обратить внимание, надеюсь* и т. д.).

Ей присущи следующие тактики: тактика побуждения к действию (行动驱动策略); тактика кооперации (合作策略); тактика размежевания (划清界限策略); тактика информирования (告知策略); тактика обещания (承诺策略); тактика прогнозирования (预测策略); тактика предупреждения (警告策略); тактика иронизирования (讽刺策略); тактика провокации (挑衅策略).

Активизация одной из стратегий в политическом дискурсе определяется соответствующей интонацией, которая проявляется в речевом поведении участников коммуникации. Выбранная стратегия также характеризует отбор языковых средств и риторических приёмов.

В аспекте борьбы за власть и её удержания существует своя классификация речевых стратегий, среди которых выделяются стратегии борьбы за власть (*дискредитация и нападение; прямые обвинения; оскорбления; демагогические высказывания*) и стратегии удержания власти (*признание проблем; разъяснение трудностей; комментирование позитивной информации; провозглашение нового взгляда на нерешённые проблемы*).

Язык — это мощное средство психологического воздействия, направленного на побуждение адресата к совершению определённым адресантом действий посредством искусного внедрения в его сознание целей, желаний, намерений и установок, не совпадающих с теми, которые объект воздействия мог бы сформировать самостоятельно. Таким образом, язык выступает как мощное средство управления или манипулирования обществом.

Отличительной чертой манипулятора является отношение к партнёру не как к личности, а как к объекту, посредством которого достигаются необходимые цели. Обязательными качествами манипулятора являются обаяние, ловкость и мастерство убеждения.

Для того чтобы глубже проникнуть в суть политических пристрастий того или иного политического лидера, политтехнологи используют контент-анализ[①] – содержательный анализ, включающий статистическую обработку, оценку и интерпретацию информационного источника. Контент-анализ предполагает тщательное изучение содержания сообщения, различного рода аллюзий, способов презентации информации, выявление частотности данного сообщения, контекста употребления ключевых слов, политических метафор и интонационной организации высказывания с особым акцентом на его модальности. Контент-анализ — это наследник лучших традиций герменевтики и экзегезы – искусства толкования богослужебных текстов.

С помощью контент-анализа можно составить представление о языковой картине мира, отражающей ментальный портрет общества на определённом синхронном срезе. Идея создания такого портрета родилась на Западе. Уже много лет в США, Франции, Германии и Японии проходит конкурс «Слово года», которое определяется путём сплошной выборки（连续抽样）из различных СМИ на основе анализа частотности

---

① 内容分析法，是一种对传播内容进行客观、系统和定量描述的研究方法。

словоупотреблений и, по мнению экспертов, отражает общественно-политические настроения и психологическое состояние общества.

С 2007 г. конкурс «Слово года» проводится в России. В ходе конкурса выделяются слова года, фразы года, неологизмы года, характеризующие политический дискурс определённого временного отрезка. Например, слово года 2012 – *болотная*, 2013 – *евромайдан*, 2014 – *Крымнаш*, 2015 – *беженцы*, 2016 – *брекзит* (*brexit*). В конкурс входит номинация «Фраза года». В 2016 г. победили фразы *очередь на Серова* – главный мем января 2016 г., *информационная война*. В номинации «Антиязык» победили выражения *«Обама – чмо!»* и *«Денег нет, но вы держитесь»*. В номинации «Неологизм года» победителями стали слова *«неуезжант»* и *«могизм»*.

Политическая метафора

本部分重点：
隐喻、政治隐喻类型、政治隐喻体系特点、政治隐喻功能

Интенсивное развитие информационных технологий, возрастающая роль СМИ, всё большая театрализация политической деятельности способствуют повышению внимания общества к политическому дискурсу, яркой приметой которого в последнее десятилетие стала постоянно усиливающаяся метафоричность.

Одним из наиболее действенных средств манипулирования сознанием является политическая метафора.

Учение о метафоре долгое время находилось на периферии лингвистики, но теперь это едва ли не ведущее направление когнитивистики, психолингвистики и лингвокультурологии,

长久以来，关于隐喻的学说一直处于语言学的边缘地带，而如今隐喻研究可谓认知科学、心理语言学和语言文化学的主要研究方向，因为隐喻是研究新的政治观念域的关键。隐喻不仅是一种思维方式，也是人们获取新知识的途径；它可以使言语更加生动，具有说服力，产生良好语用效果。政治隐喻是操纵社会意识的重要手段。研究政治隐喻可以挖掘其使用者的真实意图、内心想法等。

потому что именно метафора является центром новой политической концептосферы и мощным, притягивающим внимание центром – аттрактором（吸引源）.

Метафора – особый тип восприятия окружающего мира, который не только формирует представление об объекте, но и предопределяет сценарий размышлений о нём. В этом отражается когнитивный аспект функционирования метафоры.（隐喻是对周围世界的一种特殊认知类型，它不仅帮助形成关于客观事物的概念，而且预设思考该事物的场景。这反映了隐喻功能的认知层面。）

Одной из важнейших функций метафоры является моделирование действительности, потому что метафора, будучи тропом, выступает как способ мышления и движения к неизвестному. Креативные свойства（创造性属性）метафоры и её когнитивный потенциал обеспечивают возможность использования метафоры в качестве средства манипулятивного воздействия (*политическое самоубийство; коммуникационный хаб Северного Кавказа; КПРФ и её лидеры впали в анабиоз; хватит майданить народ; вставший с колен россиянин*).

Ещё недавно метафора рассматривалась как одно из многих средств украшения ораторской речи, а теперь – как ведущий способ мышления и инструмент аргументации, обладающий сильным прагматическим эффектом.

Политические метафоры являются значимым инструментом манипуляций общественным сознанием. Политические метафоры, политические эвфемизмы и дисфемизмы（反委婉语）всегда находятся в центре внимания политической лингвистики, потому что скрытые тактики манипулирования общественным сознанием вуалируются как раз с помощью этих языковых средств.

К примеру, в русской политической метафорике очень

распространён мотив пути-дороги, воссоздающий этапы в достижении целей: *обочина капитализма, путь в никуда, идти своим (чужим) путём, тормоз на пути к чему, валютный коридор, социальный лифт, дорожная карта, полоса препятствий, столбовая дорога (рельсы) марксизма, тропа коммунизма.*

Метафоры, используемые при обсуждении жизни общества, отражают социальную психологию, политические процессы и личностные качества их участников. Использование метафор нередко оказывается для политического деятеля удачным способом *выразить многое, сказав немногое,* тонко влиять на настроения в обществе. Исследование метафорического арсенала того или иного политического лидера позволяет выявить его подсознательные установки и стремления, лучше понять психологические механизмы деятельности и подлинное отношение к той или иной проблеме: *зачистить территорию, мочить в сортире, махать перочинным ножичком, закошмаривать несогласных, жевать сопли, поливать поносом с утра до вечера.*

Семантические разряды политических метафор: антропоморфная метафора (*человек, части его тела*); природоморфная метафора (*погода, климат, недра, вода*); социоморфная метафора (*спорт, театр*); зооморфная метафора (*животные и птицы*); артефактная метафора (*транспортные средства, музыкальные инструменты, радио-, теле-, фотоаппаратура*).

В политической метафорике закрепились определённые вербальные приёмы воздействия на общественное сознание:

— эвфемизмы (дисфемизмы): *зачистить политическое поле; расправа, подобная Холокосту; Хватит макать хвост в Индийский океан* (В. Жириновский), *натовский комсомол* (Д. Рогозин);

政治隐喻的语义类型可分为：拟人化隐喻、自然隐喻、社会隐喻、动物隐喻、人工制品隐喻。在政治隐喻中一些对社会意识施加影响的方法已经被固定下来。对于政治话语，像隐喻标题这种能够强化隐喻功能的手段具有现实意义，并被积极使用。

— персонализация: *Брейвик ушёл главу норвежской полиции*;

— метонимия: *Националисты — это исчадие ада*;

— мифологизация: *Америка – страна равных возможностей*;

— гиперболизация: *Мы уже построили хорошую жизнь для всех*.

Таким образом, политическая метафора – инструмент осознания, моделирования и оценки политических процессов, средство воздействия на общественное поведение. (因此，政治隐喻是了解、模拟和评估政治进程的工具，是影响公共行为的手段。)

Для политического дискурса актуален такой метод акцентирования метафор, как метафорический заголовок, использование которого подчиняется определённым политическим целям, среди них: эффект обманутого ожидания, эффект усиленного ожидания и эффект оправданного ожидания.

В метафорических заголовках часто используются приёмы языковой игры:

— графическая игра: *ОбезЖИРенная ЛДПР // Россия снова ПАТРОНирует Кубу*;

— обыгрывание аббревиатур: *Что ПАСЕшь?*

— словообразовательная игра: *Обаманивание народа*;

— обыгрывание просторечной лексики: *Поддать пенделя железнодорожникам // Вас достала коррупция?*

— обыгрывание терминов: *Перезагрузка отношений с Америкой*;

— политическая эвфемизация: *Правящий тандем на встрече с политическими сторонниками*;

— использование фразеологизмов и крылатых выражений:

На воре и шапка горит;

— употребление прецедентных имён: *Не допустим второго Беслана! Путин – Пётр I современной России*;

— паремиологические трансформации（谚语转化）: *Назвался президентом – полезай в кузов*.

У политической метафорики Востока и Запада много общего. Вместе с тем, несмотря на активную глобализацию и вестернизацию（西方化）традиционных обществ, на цивилизационном пространстве Востока остаётся много места для метафорического своеобразия. Примеры специфики восточного метафорического осмысления политических явлений содержатся в монографии Б. Льюиса[①] «Язык Ислама». Так, например, если на Западе *глава государства* часто сравнивается с *капитаном* или *рулевым корабля*, то в исламе метафоры лидерства связаны с *искусством верховой езды*, а власть правителя никогда не ассоциируется с солнцем. Напротив, он – *тень Бога на земле* и закрывает своих подданных от испепеляющих лучей солнца (ср. на Западе: *Людовик XVI – Король-Солнце*, в России: *Владимир Красное Солнышко*).

东西方的政治隐喻既有相同之处，又有所不同。

Интересны наблюдения Б. Льюиса по поводу ориентационных метафор. На Ближнем Востоке властные отношения представлены чаще не в «вертикальных» понятиях, а в «горизонтальных», потому что в исламском обществе власть и статус в большей степени зависят от близости к правителю, чем от ранга во властной иерархии. Правители Ближнего Востока предпочитают не понижать в ранге критически настроенных людей из своего окружения, а скорее дистанцироваться от них или отправлять в ссылку.

---

① 伯纳德·刘易斯（1916–2018），英裔美国犹太历史学家、东方学家、政治评论家，著有《历史上的阿拉伯人》《现代土耳其的兴起》等。

从历史发展角度来看，政治隐喻体系具有两个互补的特性：原型性和可变性。俄罗斯有四百多年的政治隐喻发展史。动物隐喻在俄罗斯政治隐喻中占有重要地位，出现在不同时期。政治隐喻体系在保持部分内容相对稳定的同时，在不同历史时期和政治制度下会发生变化。政治隐喻是政治、社会和历史现状的体现，现代政治隐喻的语义中心是疾病、死亡和战争。语篇中的政治隐喻具有一定的语用功能、语篇建构功能和美学功能。

Если рассматривать политическую метафорику в исторической перспективе, можно заметить, что эта система обладает двумя взаимодополняющими свойствами: архетипичностью и вариативностью.

Архетипичность проявляется в том, что система политической метафорики имеет устойчивое ядро, которое не меняется во времени и воспроизводится в политической коммуникации на протяжении многих веков. （原型性体现为，在政治隐喻系统中有稳定的核心内容，它们不会随着时间推移而改变且在多个世纪的政治交际中能够不断复现。）

История русской политической метафорики насчитывает уже более четырёхсот лет. У её истоков стоит Иван Грозный, личность экспрессивная и во многом загадочная. Его политический дискурс уникален. В нём сочетаются наказание и увещевание, торжественный пафос и нецензурная брань. Один из образованнейших людей своего времени, Грозный знал цену и силу слова и широко пользовался пропагандой в борьбе с противниками. Будучи от природы талантливым актёром, он драматизировал свою речь и даже придумал себе псевдоним «Парфений Юродивый». Грозный любил *игру в смирение*, притворялся обиженным перед противником, а затем наносил ему внезапный смертельный удар. Его политические метафоры носили зооморфный характер. Наиболее популярный метафорический лейтмотив（主旋律）XVI в. – *пёс смердящий, щенок хохлатый, собака косая*.

Этот же лейтмотив присутствует и у «неутомимого обличника» Аввакума: *собачий сын, бешеной, гордый, умерый пёс, борзой кобель*. В противовес мотиву *пса* звучит мотив *зайца бедного*. В XVII в. появляется метафорический образ *козла* – символа бестолковости и крикливости（聒噪、喧哗），образ блудливой, лживой, вороватой *кошки* и образ *змеи* – предателя, олицетворения сатаны: *седмиглавый змей, десятирожный зверь*. Особенно интересен неоднозначный, амбивалентный (矛盾的) образ *змія-собаки* (предательства – верности).

Уже в XVII в. в политической метафорике возникают сравнительные образы *корабля* (прочного верного пути) и *утлого суденышка* (ошибочно выбранного пути), а сам *путь* отождествляется с прочностью веры.

Политические метафоры отражают определённые детерминанты человеческого сознания. Так, метафора болезней на протяжении долгого времени используется в различных обществах для представления *чужого*, угрожающего здоровью общества: *язва на теле, вирус, нарыв, паралич, раковая опухоль*. Анатомо-физиологическая общность людей до некоторой степени предопределила закономерности мышления и стала важным основанием для *метафорического универсализма*. К примеру, в Англии в эпоху королевы Елизаветы I и короля Якова I (XVI в.) были очень распространены метафоры болезней, причинами которых считали ведьм, евреев и католиков. Сотни лет спустя подобные метафоры нашли себе место в политической риторике Адольфа Гитлера. В то же время, по наблюдениям лингвистов, количество метафор воды, широко распространённых в XIX в. (например, *водоворот истории, океан событий, поток сознания* и др.), резко уменьшилось в XX в.

В американском политическом дискурсе начала XX в. звучали антииммигрантские мотивы, использовались образы природных стихий, военного вторжения, трудно перерабатываемой пищи. Они же регулярно фиксируются и в современной политической коммуникации.

Вариативность метафоры проявляется в период политических

изменений. （隐喻的可变性多表现在政治变革时期。） Например, метафоричность российского политического дискурса существенно усилилась в эпоху перестройки и ослабла в постперестроечный период.

Анализ динамики советской и российской политической метафорики второй половины XX в. показал, что во времена Л. И. Брежнева① – метафоры *родства*, в перестройку – *архитектурные* метафоры, эпоху Б. Н. Ельцина② отличали *криминальные, театральные, физиологические* метафоры. Таким образом, политические метафоры образно выражают политическую стратегию режима власти.

Исследователи отмечают, что индикатором недемократического общества служат *пространственные* метафоры (*симметрия, горизонталь, вертикаль, рамки*), метафоры *гигантомании* и *патернализма*.

Смена метафорики особенно заметна в периоды общественно-политических преобразований, она может предупреждать и даже каузировать（使役）их.

Семантический центр современной политической метафорики – *болезнь, смерть, война*. Эти понятия и формируют картину мира, которая навязывается обществу. Политтехнологи и имиджмейкеры явно недооценивают роль вербального поведения своих креатур.

В речи политических деятелей превалируют *морбуальная (медицинская)* метафора: *балканская бацилла, рецепт независимости, шоковая терапия* – и *природоморфная* метафора: *врасти во власть, верхушка власти, семена / плоды будущего мятежа, конституционное поле, рассадник преступности, кадровая нива.*

---

① 列昂尼德·伊里奇·勃列日涅夫（1906–1982），政治家，曾任苏联共产党中央委员会总书记、苏联最高苏维埃主席团主席、苏联国防委员会主席。
② 鲍里斯·尼古拉耶维奇·叶利钦（1931—2007），政治家，俄罗斯联邦首任总统。

Криминальная метафора показывает высокую степень вербальной агрессии в обществе: *отморозки, конкретные пацаны, беспредел, кремлёвско-путинская группировка, ельцинский клан, семья, наезды, откаты, разборки, прессовать, приминать, нагибать*. Подобные метафоры усиливают атмосферу коммуникативного пессимизма, и так присущую русскому коммуникативному поведению, способствуют формированию депрессивных настроений в обществе, создавая ощущение безысходности.

Развёрнутая в тексте метафора способна обеспечить прагматический потенциал политического текста, его связность, цельность, *интертекстуальность*, то есть соотнесённость с общим политическим дискурсом, усилить эстетическую значимость.

Как показывают исследования, метафоры в политических текстах обычно представляют собой не случайный набор автономных элементов, а своего рода систему. Организующим звеном становится некая метафорическая модель. Само по себе то или иное метафорическое выражение может быть новым, авторским, но оно всегда соответствует известной метафорической модели, что пробуждает в читателе образные ассоциации.

Источники политической метафоры разнообразны: спортивные состязания, карточная игра, азартные и настольные игры, театр / цирк, человек (тело, состояние), детали и механизмы, кулинария, война, положение и перемещение в пространстве, власть, медицина, природные явления.

Политические метафоры не только создаются средствами одного языка, но также могут калькироваться: *меры по принуждению к миру* (англ. *peace enforcement*).

В политической метафорике часто используются мерфизмы

（具有墨菲定律性质的表达） – краткие афористичные выражения, в которых концентрируется негативный жизненный опыт носителей языка. Мерфизмы характерны для глобального коммуникативного пространства: *Не делай добра – не получишь зла. If anything can go wrong it will.*

Политические метафоры в СМИ нацелены на манипулирование общественным сознанием. Политтехнологи с их помощью стремятся к распространению определённых образов, отражающих реальные характеристики лица, организации, программы.

Принципиальной особенностью современного «стилистического вкуса» является смешение разнородных единиц, неизбирательность, непривередливость и, в конечном итоге, безразличие не только к форме выражения, но и к реакции слушающих, нежелание «поберечь уши окружающих», презрение к собеседникам, впадающим в состояние коммуникативного стресса, которое побуждает искать пути к самоизоляции.

Наиболее последовательно в средствах массовой коммуникации решается задача привлечения внимания к речевому сообщению или к его автору, поэтому язык СМИ уподобляется языку раскованной бытовой речи.

Конечно, каждая личность имеет свой моральный кодекс, свою систему нравственных ценностей и ориентиров. Но если человеку суждено было подняться на вершину власти, он должен пропагандировать высокие нравственные идеалы, облекая свои мысли в изящную форму. Речь политических деятелей нашего времени насыщена штампами и криминальным жаргоном, что существенно снижает их авторитет в глазах рядовых граждан. Поэтому современные политические лидеры должны обратить внимание на свой речевой портрет и подумать о тех, кто слушает

Семантическая политика и коммуникативная техника

> **本部分重点：**
> 语言操控；维克多·克莱普勒的相关研究；政治委婉语的类型、特点及功能；政治口号的特点、类型及功能

Язык является мощным средством пропаганды и манипуляции общественным сознанием. Манипуляция – скрытое (латентное) воздействие, требующее особого мастерства и знаний о способах программирования мыслей путём скрытого речевого регулирования. (操纵是一种隐藏的（潜在的）影响，这种影响的产生需要特殊技能和通过隐蔽的言语调节对思想进行引导的知识。) Основоположник риторики древнегреческий мыслитель Горгий① считал, что *сила убеждения, которая присуща слову, душу формирует, как хочет*. Немецкий поэт Ф. Шиллер② писал, что *язык сочиняет и мыслит за нас*.

语言是宣传鼓动和操纵社会意识的有力手段。英国作家乔治·奥威尔在反乌托邦小说《1984》、德国语言学家维克多·克莱普勒在《第三帝国的语言》一书里都对语言的强大社会意识影响力进行了生动描述。

В 1948 г. английский писатель Джордж Оруэлл создал роман-антиутопию «1984»③, в котором был описан принцип двоемыслия (*doublethink*) и представлен словарь «новояза» (*newspeak*). На конкретных примерах автор продемонстрировал способы речевого манипулирования человеческим сознанием в целях завоевания и удержания власти в тоталитарном государстве. Оруэлл показал, как можно заставить человека верить лжи с помощью оксюморонных

---

① 高尔吉亚（约前483–前375），古希腊哲学家、修辞学家、诡辩学派学者，著有《论非存在或论自然》等。
② 约翰·席勒（1759–1805），德国诗人、作家、戏剧家，著有《阴谋与爱情》《强盗》《欢乐颂》等作品。
③ 长篇政治小说《1984》，作者乔治·奥威尔，出版于1949年，著名反乌托邦作品之一。

лозунгов: *Свобода – это рабство. Война – это мир.*

Последователем Дж. Оруэлла в изучении тоталитарного языка был Виктор Клемперер[①]. В его книге «LTI – Язык Третьей империи (Язык Третьего рейха. Записная книжка филолога)»[②], перевод которой на русский язык вышел в 1998 г., представлен подробный анализ влияния языка на массовое сознание. Автор убеждён, что *язык – не просто хранитель накопленной информации, но и властный распорядитель жизни.*

По мнению Клемперера, сильнейшее воздействие на массы оказывают не речи, статьи, листовки в целом, а отдельные словечки, конструкции, вдалбливаемые в толпу миллионными повторениями. Так, задолго до появления эсэсовской символики（党卫军标志） значок *SS* можно было встретить на трансформаторных будках（变压器站）, а под ним надпись: *Внимание! Высокое напряжение!* (*S* – стилизованное изображение молнии, *SS* – символ молниеносного удара).

Автор подметил характерное пристрастие отдельных лиц или групп к тому или иному знаку препинания. Например, учёные, стремясь к логическому построению фразы, любят точку с запятой. Можно было бы предположить, что *LTI – Язык Третьей империи* склонен к восклицательным знакам. Оказалось, нет. Он перенасыщен ироническими кавычками: Г. Гейне – *«немец»*, *«поэт»*, А. Эйнштейн – *«учёный»*. В устной речи кавычки сопровождала интонация насмешки. Нейтральность для *LTI* невыносима, ему всегда необходим противник, которого надо унизить.

Клемперер обратил внимание на то, что в 1944 г. вместо глагола *уничтожить* стал использоваться глагол *ликвидировать*,

---

① 维克托·克莱普勒（1881–1960），德国记者、作家、语文学家，著有《第三帝国的语言》等。
② 《第三帝国的语言》，于1947年在德国首次出版。

и усмотрел в этой перемене выражение бессилия и ненависти власти. Глагол *уничтожить* свидетельствует о ярости по отношению к противнику, который воспринимается как личность, а глагол *ликвидировать* принадлежит к языку коммерции, рассматривающему человека как вещь, что подтверждается и частым употреблением данного глагола со словом *штука*.

В 30-е гг. XX в. в немецкий язык вошёл американизм *стопроцентный*. Он восходит к названию романа Эптона Синклера① (1878−1968 гг.) «100 %. Биография патриота» (1920 г.)②. Но ключевым словом нацизма стало *тотальный*: *тотальная война, тотальный контроль, тотальные меры*, «*Тотальная игра*» − настольная игра для детей. Часто употреблялись и слова *вечный, уникальный*.

Клемперер подчёркивает, что использование суперлатива （最高级） (превосходной степени) в отчётах и сводках о победах Вермахта③ имело своей целью не только преувеличение, но и сознательное, злонамеренное одурманивание и обман. Суперлатив есть самое хорошее и эффективное средство оратора и агитатора, это типично рекламная форма. Клемперер делает очень тонкие наблюдения над употреблением превосходной степени. Он не только даёт примеры суперлативов и единиц, выполняющих их функцию, но и выделяет три категории слов, несущих семантику превосходной степени: превосходная степень прилагательных; отдельные выражения, в которых содержится или которым придаётся значение превосходной степени; гиперболизированные обороты. （他不仅给出了最高级和完成这一功能的语言单位的例子，还确定了三类具有最高级语义的词语：最高级形容词、含有

---

① 厄普顿·辛克莱（1878−1968），美国左翼作家，作品曾获普利策小说奖。
② 长篇小说《100%：爱国者的故事》，作者为美国作家厄普顿·辛克莱。
③ 德国国防军，1935至1945年间纳粹德国的正式军事力量，1945年5月9日德国战败投降后被解散。

或被赋予最高级的个别语句、夸张化短语。）

Путём нагромождения（大量堆砌）обычных суперлативов достигалась особая эффектность речи. Например, генерал-фельдмаршал гитлеровской армии, главнокомандующий сухопутными войсками Браухич① говорил, что *«лучшие* в мире солдаты снабжаются *лучшим* в мире оружием, изготовленным *лучшими* в мире рабочими».

Суперлативное значение придаётся слову *мир – мировая держава, мировые враги, всемирно-историческое значение*. Клемперер называет экспансию суперлативов болезнью языка, ядом сознательного обольщения народа и заключает, что Германия в 30–40-е гг. XX в. страдала «злокачественным суперлативом». Для многих вскоре стала очевидной бессильная глупость геббельсовской пропаганды②, но похвальба и ложь тем не менее были очень действенными.

В декабре 1941 г. суперлативы ещё преобладали, но изменилось грамматическое время – настоящее превратилось в будущее и появились апелляции к Богу, потому что, после того как фашистов отбросили от Москвы, никто уже не надеялся на молниеносную победу. Цифровые сводки пестрели не поддающимися проверке цифровыми данными; когда речь заходила о человеческих потерях противника, фантазия авторов ослабевала и появлялись слова *невообразимые, бесчисленные*. Военные сводки Третьего рейха превращались в фантастику и сказку.

Клемперер приходит к выводу: нацисты сознательно

---

① 瓦尔特·冯·布劳希奇（1881－1948），曾任纳粹德国陆军总司令、德国陆军元帅。
② "戈培尔效应"，又称真相错觉效应，指重复性歪曲事实，从而制造并控制舆论。传播学中指，以含蓄、间接的方式向个体发出信息，而个体无意识地接受这种信息，从而做出一定的心理或行为反应。

использовали язык в качестве орудия духовного порабощения целого народа: то, что нацистам удалось 12 лет держать немецкий народ в духовном рабстве, бесспорно, следует по большей части связывать с единовластием особого нацистского языка. Именно этот язык поддерживал воинствующий дух немецкого народа. （克莱普勒得出的结论是：纳粹分子特意使用语言作为对整个民族进行精神奴役的工具；毫无疑问，纳粹分子能够对德国人民精神奴役12年，在很大程度上与特殊的纳粹语言的独裁有关。正是这种语言支撑了德意志民族的战斗精神。）

Когда рухнул фашистский режим, Клемперер с горечью обнаружил, что язык Третьего рейха не умер, он сохранился в головах живущего поколения и передаётся новым.

Особую силу слова обосновывают представители нового научного направления – нейролингвистического программирования[①]. Выдающийся психиатр XX в. Зигмунд Фрейд[②] считал, что магия и слово изначально были едины. Язык тесно связан с мышлением, но механизм их взаимодействия и доминирования одного над другим неясен. Фрейд сравнивал мысль с вирусом, который может инфицировать человеческое сознание и душу. Всемирная история даёт примеры того, что тело можно убить, а вирус его мысли будет долго заражать живых.

Следует отметить, что языковые вкусы живут очень долго. Так, например, наблюдения за современным русским политическим дискурсом показывают усиление воинственной риторики, отсутствие всякого желания достичь компромисса,

---

① 神经语言规划（简称NLP），又称神经语言程式学，是一门新兴的心理训练技术，发源于美国加州大学圣塔克鲁兹分校。
② 西格蒙德·弗洛伊德（1856–1939），奥地利精神病医师、心理学家、精神分析学派创始人，著有《梦的解析》《图腾与禁忌》等。

俄语中一直存在语言粗暴、不当使用行话等问题，俄罗斯语言学家为保持俄语纯净开展了大量工作。

оправдываемые коварством врагов, укрепление модели конфронтационного сознания. Это знакомые мотивы, звучавшие в эпоху железного занавеса.

Но борьба за чистоту русского языка шла и в те тяжёлые времена. В статье «За культуру комсомольского языка» её автор, Н. Марковский①, призывал комсомольцев говорить «на своём, на культурном языке, а не на каком-то блатном». А. М. Селищев② с сожалением отмечал широкое использование мата в речи комсомольцев.

В 1931 г. М. Фридман③ с тревогой писал о распространении воровского жаргона. Он подметил, что некоторые слова имеют древнееврейское происхождение, например: др.-евр. *ksiva* – 'писать документ' (ср. *ксива* – 'документ, паспорт'), *musor* – 'наставление, указание' (ср. *мусор* – 'полицейский'), *maloch* – 'глуповатый добряк' (ср. *малахольный*), *chasir* (*хазер*) – 'свинья'.

Живучесть жаргонных слов в языке поразительна и не зависит от смены политических режимов. Например, ещё во времена восстания под руководством Степана Разина④ в русский язык пришло словечко волжских разбойников *измываться* (издеваться), которое до сих пор живёт полной жизнью в просторечии.

Блатная музыка (именно так называл языковед И. А. Бодуэн де Куртенэ⑤ воровской жаргон) не затихала и в годы тоталитаризма. Современные СМИ тоже пестрят элементами криминального жаргона, а образ врага всё продолжает маячить (浮

---

① Н. 马尔科夫斯基（生卒年不详），俄国知识分子，曾刊登文章《共青团的语言修养》。
② 阿法纳西·马特韦耶维奇·谢利谢夫（1886–1942），苏联语言学家、苏联科学院通讯院士，著有《斯拉夫语言学》等。
③ M. 弗里德曼（生卒年不详），苏联语言学研究者，代表作有《"盗贼黑话"的欧洲元素》等。
④ 斯捷潘·季莫费耶维奇·拉辛（约1630–1671），俄国农民起义领袖、顿河哥萨克人，曾领导农民起义。
⑤ 博杜恩·德·库尔德内（1848–1929），波兰语言学家、俄国喀山学派语言学家、音位学理论奠基人之一，代表作有《普通语言学论文选集》等。

现、显眼）перед глазами творцов современного политического дискурса. Справедливости ради стоит отметить, что риторическая грубость характеризовала публицистический стиль и более ранних эпох. Историкам языка хорошо знаком «*кусательный стиль*» царя Ивана Грозного – талантливого и самобытного писателя. Его переписка с князем Андреем Курбским[①] являет собой яркий образец публичной диатрибы（谴责）, не избежал словесных ударов царя и боярин Васюк Грязной[②]. Духовные проповеди и письма «неутомимого обличителя» протопопа Аввакума, идейного вдохновителя раскола, содержат инвективную лексику.

Для смягчения речевой агрессии в современном русском языке используются эвфемизмы. Эвфемизм (от греч. *euphēmismos* – 'хорошо говорю') – это слово или выражение, заменяющее другое – грубое, непристойное или неподходящее к данной обстановке（委婉语用于替换粗鲁、不雅或不合时宜的词汇或表述）(например: *нечист на руку, жрица любви, приказал долго жить, места общего пользования, женщины с поведением высокого риска, с пониженной социальной ответственностью*).

为了降低语言攻击性，现代俄语中经常使用委婉语。委婉语使用的主要目的是避免交际冲突、隐性表达思想。现代俄语中存在不同类型的委婉语。

Основные цели использования эвфемизмов – избежать коммуникативных конфликтов, завуалировать существо дела, скрыть смысл (так называемое корпоративное обособление восприятия).

Маскирующие эвфемизмы предназначены для «лакировки» обсуждаемого предмета или явления.（掩饰委婉语旨在"修饰"被讨论的事物或现象。）Например, герой поэмы Н. В. Гоголя Павел

---

① 安德烈·米哈伊洛维奇·库尔布斯基（1528–1583），俄国公爵、军事统帅，著有《伊凡雷帝和库尔布斯基通信集》。
② 瓦西里·格里戈里耶维奇·格里亚兹诺伊（1551–1577），俄国贵族、军事家、政治家，沙皇伊凡四世的助手之一。

Иванович Чичиков в разговоре с Собакевичем называл «мёртвые души» *несуществующими*. Для вуалирования табуированной информации также используются эвфемизмы (*пятая колонна, пятый пункт, бальзаковский возраст, возраст элегантности* и др.).

Эвфемизмами могут заменяться как названия непрестижных профессий (уборщица – *техничка, менеджер по клинингу*; живодёр – *оператор на бойне*; доярка – *оператор машинного доения*), так и непрестижные имена:

*Он был
монтёром Ваней,
но...
в духе парижан,
себе присвоил званье:
«электротехник Жан»* (В. В. Маяковский)

Широким полем для применения маскирующих эвфемизмов является тема воровства: *украсть – позаимствовать, присвоить чужое имущество, не забыть себя, попользоваться* (чем-либо), *погреть руки* (на чём-либо).

В разговорной речи или в художественном произведении могут появляться и шутливые эвфемизмы: *сказать пару ласковых; депортированный пёс; репрессированный кот; Ну и амбре!* (вместо «вонь»); *А я её ля-ля в песочке* (В. М. Шукшин); *Ты думаешь только одним местом.* // А. С. Пушкин по завершении трагедии «Борис Годунов» пошутил о себе: «*Ай да Пушкин! Ай да сукин сын!*»; «*О, оторви недвижимость от стула*» (В. П. Вишневский).

В лингвистике известно такое явление, как эвфеминистические диминутивы (уменьшительно-ласкательные формы): *Там есть* небольшая приписочка; У меня маленькая проблемка; У неё сынок с ленцой.

В просторечии высокопродуктивны указательные эвфемизмы: *Все считали её малость того; Проходите вперёд, что вы стоите, как эти.*

Есть краткий пародийный словарь женских эвфемизмов, составленный Денисом Вороновым[①], с очень забавными переводами с женского языка:

Да. = Нет.

Нет. = Да.

Может быть. = Нет.

Нам нужно. = Я хочу.

Делай что хочешь. = Позже ты за это поплатишься!

Ты меня любишь? = Купи мне что-нибудь очень дорогое.

Эвфемия тесно связана с вербализацией категории вежливости. Просторечные фразы, типа *Кто крайний? Его ушли. Вы не подвезёте меня? Не подскажете, как пройти к метро?* – в имплицитной (скрытой) форме выражают стремление говорящего продемонстрировать доступный для него уровень речевой грамотности.

Эвфемизации служит такой троп, как мейозис (削弱表现法) – замена денотата словом, выражающим неполноту действия или слабую степень свойства (*приболеть, прихрамывать, придурковатый*).

На фоне эвфемизации может обнаруживаться прономинализация имён собственных: *Ты настоящий Отелло* (ревнивец); *Он прямо Квазимодо* (урод); *Она просто Барби* (красавица с точёной фигурой). Прономинализация тесно связана

---

① 丹尼斯·沃罗诺维（出生年份不详），俄语女性委婉仿拟语词典编纂者。

с прецедентностью (широкой известностью) имени собственного.

А. И. Солженицын в своей Нобелевской лекции отметил, что XX в. оказался более жестоким по сравнению с предыдущим и в первой его половине все страшное в нём не закончилось. Остались в наследство те же старые пещерные чувства: жадность, зависть, взаимное недоброжелательство, которые получают в языке приличные псевдонимы – политические эвфемизмы. Они используются в любом политическом дискурсе – как в демократическом, так и в тоталитарном.

政治委婉语的使用目的是对大众进行意识形态影响，有一系列自身特点。

Цель политической эвфемии – идеологическое воздействие на массы. Особенно прогрессирует это явление в тоталитарных странах, где диктатор пытается превратить убийство в респектабельную (体面的) *зачистку*. Поэтому среди эвфемизмов есть немало профессиональных для силовых структур слов: *убрать, обезвредить, зачистить, ликвидировать, освободить* (от кого), *очистить территорию*.

Чем ниже культурный уровень политических противников, тем агрессивнее и примитивнее словесная разрядка политических страстей. Вместо утончённого юмора наблюдается открытое хамство, вместо эзопова (скрытого) языка – обсценная лексика.

Современные политтехнологи и имиджмейкеры многие сценарии копируют с западных образцов, забывая о том, что речевое поведение – это национально ориентированная коммуникативная сфера.

Черты политических эвфемизмов: обращённость к массовому адресату; инициированность государственной властью; наличие двух основных целей: обмануть общественное мнение и скрыть неприятные стороны действительности за счёт смягчения и искажения смысла описываемого факта.

（政治委婉语的特点：吸引大众，由国家权力机构发起；具有两个主要目的：通过弱化和扭曲事实来欺骗公众舆论，隐藏实际情况的消极面。） Например: *культ личности* – диктатура, *монархия* – самодержавие, *изменение тарифов* – повышение цен, *нецелевое расходование средств* – воровство, *миротворческая акция* – военные действия, *война кнопок* – ядерная война, *малоимущий* – нищий, *высшая мера* – расстрел, *лица кавказской национальности* – грузины, армяне, чеченцы и т. д., *лица без определённого места жительства* – бездомные.

В политическом дискурсе известно и такое явление, как дисфемизация. Дисфемизм – это замена эмоционально и стилистически нейтрального слова более грубым и пренебрежительным. （反委婉语是更为粗鲁和轻蔑的词汇对情感修辞中性词汇的代替。） При многократном повторении дисфемизмы используются для нагнетания низменных страстей (например: *маньяки, серийные убийцы, нелюди, упыри, оборотни в погонах, оборотни в белых халатах.*

Явление эвфемизации распространено во всех языках. Например, издательство Оксфордского университета выпустило словарь английских эвфемизмов «How Not to Say What You Mean».

Занимательными в этом плане иногда кажутся исторические экскурсы в область этимологии (науки о происхождении слов). Так, в XVIII в. существительное *диктатор* имело значения: 1) 'человек, выполняющий чётко свою работу'; 2) 'человек, раздающий поручения'. Слово *диктатура* означало 'набор поручений', а *диктат* – 'диктант'.

В теории коммуникации сформулированы четыре постулата взаимопонимания: максима полноты информации (*говори столько, сколько нужно, чтобы тебя поняли*); максима качества (*говори то,* что ты считаешь истинным); максима релевантности *(говори то, что относится к делу)*; максима манеры *(говори чётко, однозначно и несумбурно).*

Но все эти постулаты на чаше весов взаимопонимания перевешивает один: *слушайте, внимайте и беспрерывно наблюдайте за собеседником.* （但是，在相互理解的天平上有一个方法胜过所有这些定理，它就是：听、倾听和持续关注对话者）Это мощный коммуникативный приём воздействия на оппонента.

在媒体时代，政治影响的手段不是理据充分的话语本身，而是使用口号的策略。口号（слоган）一词源自英语，它顺利地进入俄语，是因为俄语中早已有大量的口号（лозунг）。слоган 与 лозунг 既有相同之处，又有本质区别，而且 слоган 是商业广告的一种类型。

Главным средством политического воздействия в эпоху СМИ стала не сама аргументированная речь, а стратегия использования специально сконструированных фраз – слоганов с целью смысловых манипуляций в сфере «электронной риторики». Это один из важных аспектов исследования информациологии – новой когнитивной науки об устройстве глобального электронного информационного пространства и месте «homo sapiens» в нём. Информациология изучает влияние глобального информационного пространства на мыслительные процессы человека и формирование целостной картины мира.

Английское слово *slogan* предположительно восходит к гэльскому（盖尔语）*sluagh-ghairm*, означавшему 'боевой клич, которым собирали воинов во время опасности'. Один из старейших боевых кличей шотландского рода Дугласа Чёрного «Do or Die!»[①] звучит вполне в духе политической рекламы. В современном значении слово *слоган* как политическая реклама вошло в английский язык в конце XIX века.

В Россию политический слоган пришёл на подготовленную почву, так как коммунистическая пропагандистская машина уже

---

① 苏格兰道格拉斯家族著名的战斗口号是"要么做，要么死"。

создала массу лозунгов, содержащих призыв к действию: *Мы – не рабы, рабы – не мы; Мы – за мир; Свобода, равенство, братство.*

Слоган и лозунг – родные братья и смертельные враги одновременно. Общие черты слогана и лозунга – абстрактность и бессодержательность ключевых фраз. Но если союзником слогана выступает рекламный коммерческий текст, то лозунг нацелен на высокие, нетленные (不朽的、永恒的) ценности человеческого бытия. Поэтому слоган – явление временное, прагматически ориентированное, а лозунг отличается вневременным содержанием и апеллирует к вечности (因此，口号（слоган）是一种暂时现象，以实用为导向，而口号（лозунг）的内容不受时间限制，可诉诸永恒。) (*Да здравствует свобода! Пусть всегда будет мирное небо над нами! Долой рабство!*)

Слоганы продвигают различные товары на рынке политических услуг и ориентированы на сиюминутные потребности политической конъюнктуры.

Исследователи отмечают, что коммерческая реклама часто оккупирует (充斥) политические символы: *Водка «Президент», Кремлёвская водка; Кофе пить будем и державу поднимем! Мир дворцам!* (строительная компания). Обратная оккупация встречается редко. Это свидетельствует о том, что слоган является разновидностью коммерческой рекламы и существует отдельно от лозунга.

Первая функция политического слогана – привлечь внимание. Он должен вызывать интерес и хорошо запоминаться благодаря правильному позиционированию, поэтому чаще всего слоган формулируется как утверждение или вопрос. Наиболее значимые слова в слогане стоят либо в его начале, либо в конце.

Вторая функция слогана – формирование имиджа кандидата:

政治口号有三个基本功能和三个类型。同西方政治口号相比，俄语中的政治口号具有明显的个性情感，比如：经常使用人称代词和动词第一人称形式。

Город – в добрые руки. // Молодость – энергия – победа. Иногда обыгрываются фамилии: *Выборнов – Ваш лучший выбор.* В ходе избирательной кампании слоганы меняются.

Третья функция слогана – мобилизация: *Голосуй за врача!*

Можно выделить три разновидности слогана:

– слоган-отрицание: *Не врать и не бояться! Хватит это терпеть!* (В. В. Жириновский);

– слоган-пожелание: *Великой стране – сильный лидер! Ваш голос нужен для победы!* (В. В. Путин); *Советской Армии и Военно-Морскому флоту – быть!* (Г. А. Зюганов);

– слоган-противопоставление: *Если не я, то кто?* (М. Д. Прохоров); *Всех успокою – всех накажу!* (В. В. Жириновский); *Даёшь информацию, а не пропаганду!* (С. М. Миронов).

В русской политической риторике наиболее распространены слоганы-пожелания и противопоставления, вектор которых ориентирован на борьбу за новые политические высоты. （在俄语政治演讲中，最常见的是表示愿望和反对意见的口号，使用它们的目的是为达到新的政治高度。）

Если сравнить зарубежные слоганы с русскими, то можно заметить, что, в отличие от западных, в русских слоганах отмечается повышенный личностный пафос. Это выражается в частом использовании личных местоимений и глаголов в форме 1-го лица единственного и множественного числа. Зарубежные слоганы обезличены.

Зарубежные слоганы:

Работа, а не бомбы.

Единая Франция.

Сердце всегда будет биться слева.

Франция для всех.

Новая Британия.

Русские слоганы:

Будущее за нами! («Единая Россия»).

Путин – наш президент! («Единая Россия»).

Жириновский или будет хуже!

Сила в правде – правда в ЛДПР.

За Россию без жуликов и воров! («Справедливая Россия»).

Надоели овощи? Голосуй за «Яблоко»!

С нами народ, за нами правда, впереди победа и Зюганов.

Умение использовать потенциал слова – важное качество политтехнологов. По мнению выдающегося русского философа Н. А. Бердяева, слова – самостоятельная сила, они сами по себе воодушевляют и убивают.

В современной информационной политтехнологии родилось новое явление – *хэштег* (англ. *hashtag*). Это ключевое слово, клич, который в социальных сетях быстро мобилизует огромные людские ресурсы и мотивирует их на различные действия. （在现代信息政治技术中出现了一种新现象——话题标签。它是关键词，是社交网络中迅速调动巨大人力资源并激励人们采取各种行动的大声呼唤。）

В условиях глобального медиапространства и, по сути, безграничного сетевого покрытия сила слова становится непредсказуемой, поэтому внимание к нему, особенно со стороны видных политиков и государственных деятелей, должно быть усилено.

3.6 Непрямая коммуникация

本节重点：
间接交际、歧义、反逻辑、不合理表述、冗长话语

> **概述部分重点：**
> 间接交际概念、间接交际本质、间接交际的使用价值

最近这些年，间接交际不仅是语言学的研究对象，而且成为了哲学的研究对象。后现代主义时期，思想阐释和思想体现的多样性具有特殊的意义，因此间接交际问题获得了社会意义。

Непрямая коммуникация — это содержательно осложнённая коммуникация, в которой понимание высказывания предполагает учёт смыслов, эксплицитно не выраженных в нём и требующих дополнительных интерпретационных усилий со стороны адресата. （间接交际是一种内容被复杂化了的交际形式。在这种交际中，理解语句需要考虑语句中未明确表达的含义，以及需要受话人做出补充解读的含义。）

Противопоставление *прямого* и *непрямого* не является новым в лингвистике: известны прямое и переносное значение слова в лексике, прямой и косвенные падежи в морфологии, прямое и косвенное дополнение в синтаксисе. Данное противопоставление является универсалией, поэтому считается глобальной коммуникативной категорией и не тождественно оппозиции *язык – речь*.

Непрямая коммуникация в последние годы стала объектом изучения не только лингвистики, но и философии. В философском осмыслении проблема речевого отгораживания рассматривается как отражение в высказывании смысла, а не объективной действительности. В эпоху постмодернизма множественность интерпретаций и отражений смысла приобретает особый смысл, так как взаимопонимание напрямую зависит от общности образовательной и культурной платформы участников коммуникации, поэтому проблема непрямой коммуникации приобретает социальную значимость.

В основе прямой коммуникации лежит система единиц и правил их организации, поддающихся кодированию.

Прямая коммуникация организуется *аттракторами*, которые характеризуются однозначностью.

При прямой коммуникации каждой языковой единице соответствует одно значение: *В какое море впадает Волга? – Волга впадает в Каспийское море. Столица России – Москва.*

Развитие непрямой коммуникации связано с новой парадигмой постмодернистского мышления – говорить нечётко, неясно, расплывчато, некатегорично.

间接交际的发展与新的后现代思维范式相关。任何一种言语交流形式都包括间接交际成分。任何语言中都有为达到不同效果而使用的间接交际修辞手段。间接交际的主要特点是表达的不明确性。

Естественный человеческий язык развивается как своеобразная борьба с непрямой коммуникацией, как её преодоление. Например, в формализованном языке математики есть только дейктические знаки, которые указывают на некие абстрактные смыслы, а единицы естественного языка обозначают конкретные денотаты, события или явления. Но они не столь однозначны, как символы формализованных кодов, потому что в их декодировании участвует индивидуум, личность.

Любые формы речевого общения содержат элементы непрямой коммуникации. Во всех языках существуют особые риторические приёмы использования непрямой коммуникации для достижения различного эффекта. Главным свойством непрямой коммуникации, повышающим степень воздействия на адресата, является неопределённость выражения. Особенно ярко это проявляется в способах выражения вежливости и в ситуациях, нацеленных на комический эффект.

В непрямой коммуникации выделяют косвенные речевые жанры: светская беседа; тост; флирт.

Флирт – классический образец непрямой коммуникации:

– *Девушка, пойдёмте вечером купаться.*

— А я плавать не умею.

— А мы и не будем.

В лингвистике и смежных науках выделяется много способов упорядочения коммуникации, преодоления в ней энтропии (неорганизованного, разнонаправленного движения языковых единиц). Существуют также различные жанровые и риторические предписания, орфографические, орфоэпические и грамматические правила.（在语言学及相关科学中，存在许多调节交际、克服交际无序性（语言单位无组织及多向变动的无序性）的方法。此外，还有各种体裁和修辞规定以及拼写、读音和语法规则。）

学者们区分出交际系统发展的五个阶段：符号系统阶段、形象符号系统阶段、语言符号系统阶段、记录系统阶段、编码系统阶段。间接交际涵盖一系列现象。在运用和阐释这些现象时，仅用语言规则是不够的。间接交际的某些方面曾被冠以不同称谓。

В развитии коммуникативных систем учёные выделяют пять стадий: знаковые системы; образные знаковые системы; языковые знаковые системы; системы записи; кодовые системы.

Каждый тип знака описывает действительность особым образом: естественный знак – *указывает*, образ – *отражает*, слово – *описывает*, буква – *фиксирует*, символ – *кодирует*.

Непрямая коммуникация охватывает целый ряд явлений, при использовании и интерпретации которых как в повседневной речевой практике, так и во вторичных (книжных и официальных) сферах общения правила языка оказываются недостаточными.

Отдельные аспекты этого явления рассматривались прежде под разными наименованиями: имплицитность (скрытость), иносказание, эвфемизмы, косвенные речевые акты (Не могли бы Вы мне помочь?), тропы, иронические высказывания, языковая игра, окказиональные образования, речетворчество.

Единицами непрямой коммуникации выступают компоненты такого научного феномена, как *hedging* – 'отгораживание' (от англ. *hedge* – 'загородка'). Этот термин в науку ввёл в 1970 г.

американский лингвист Дж. Лакофф[①]: *hedging* – слова и фразы, функция которых состоит в том, чтобы представить объекты или явления неоднозначно, подразумевая, что субъекты не полностью уверены в точности излагаемой информации, поэтому они используют преграды, чтобы дистанцироваться от источника информации и уйти от прямого высказывания. （模糊限制语——模糊呈现物体或现象的单词和短语。这时说话主体不能完全确定所说信息的准确性，因此他们设置一定的障碍来与信息源保持距离，避免直白表达。）

Концепция Лакоффа основывается на теории «рассеянного множества» (*fuzzy sets theory*). В явлении *hedging* не последнюю роль играют кавычки как графический способ изменения семантики слова. Таким образом, *hedging* можно рассматривать как дискурсивное средство, которое представляет собой связующее звено между информацией в тексте и фактической интерпретацией её автором в понимании читателя или слушателя.

Некатегоричные суждения оформляются с помощью различных средств в соответствии с коммуникативными стратегиями:

— прототипизация （原型化） – сведение конкретных примеров к типичным сочетаниями признаков или общему варианту *(нечто вроде, похожий на, a sort of, some kind of)*;

— градуализация （渐变化） – наречия степени, степени сравнения прилагательных – *(красноватый, самый известный на сегодняшний день, a little bit)*;

— квантификация （量化） – область истинности какого-то суждения *(как правило, всегда, почти всегда)*;

非绝对判断根据交际策略，借助各种手段形成。间接交际寄希望于受话人的积极阐释行为，因为话语的最终涵义正是由受话人得出的。间接交际的提出基于对语言体系不对称性的认识。间接交际在文学艺术创作中早有体现，在外交谈判中尤其需要。

---

① 乔治·莱考夫（1941– ），美国语言学家、认知语言学代表人物、概念隐喻理论创始人，代表作有《我们赖以生存的隐喻》等。

— неопределённость（不定性）— расплывчатое множество *(возможно, кажется, в большей или меньшей степени, достаточно подготовленный)*;

— интенсификация（强化）— характеристика какого-либо признака в виде шкалы *(с трудом, абсолютно, чрезвычайно)*;

— митигация（缓解）— смягчение утверждения *(я не совсем уверен, something like, I think so)*.

В общем коммуникативном пространстве доля непрямой коммуникации постоянно растёт, существует необозримое множество смыслов, передаваемых речевыми единицами самых разных уровней.

Непрямая коммуникация предполагает активную интерпретационную деятельность адресата речи, так как итоговый смысл высказывания выводится именно адресатом.

В основе выделения непрямой коммуникации лежит представление об асимметрии（不对称、不均衡）языковой системы. Примерами непрямой коммуникации являются также *аллюзия* (фр. 'намек'), *подтекст, иронический текст, косвенный иллокутивный акт (Часов нет? = Который час?)*.

Непрямая коммуникация получала художественное воплощение уже с древнейших времён. Басни Эзопа, а затем Лафонтена и И. А. Крылова[①] построены на аллегории и требуют опосредованного декодирования. Способы интерпретации текста и приёмы кодирования информации, изучает герменевтика. Герменевтика（阐释学）— это универсальная основа человеческого познания. Она даёт возможность множественного толкования смыслов, закрытых для быстрого восприятия и понимания.

---

① 分别为《伊索寓言》《拉封丹寓言》《克雷洛夫寓言》。

Одной из сфер общения, где необходимость непрямой коммуникации наиболее очевидна, является область дипломатических переговоров, в ходе которых осуществляется поиск консенсуса, устранение конфликтов. Приверженность дипломатов и политиков к иносказаниям часто становилась объектом шуток и пародий.

Выбор прямых и косвенных речевых средств в каком-то смысле определяется полом говорящего. Во многих исследованиях по гендерной лингвистике отмечается тяготение женщин к уклончивости в выражении своей позиции и эвфемистическим заменам. Пропорции в использовании прямых и косвенных речевых средств зависят от говорящего.

С точки зрения использования прямых и косвенных средств, исследователи выделяют три типа языковых личностей: инвективная （攻击性的）(ей свойственна только прямая коммуникация)（只有直接交际具备）; куртуазная （彬彬有礼的）(её отличает повышенная этикетность речи)（其特点是提升的言语礼节性）; рационально-эвристическая（理性启发的）(для неё характерна склонность к иронии)（其特点是具有讽刺倾向）. В ходе сопоставления русских и французских языковых личностей исследователи пришли к выводу, что для русских более характерно преувеличение выражаемой мысли и бескомпромиссность (ср. надпись на воротах Посольства Российской Федерации в Канаде – *Don't even think of parking here*), а для французов – смягчение мысли и косвенные средства её выражения. То же самое можно сказать и об англичанах, заменяющих такие категоричные фразы, как *Smoking is forbidden*, на более мягкие: *Smoking is not permitted here*. В России в последнее время тоже стали появляться смягчённые варианты: *Спасибо, что Вы не портите газон!*

直接和间接言语手段的使用取决于性别和语言个性，民族性格同样影响直接和间接言语手段的使用。从直接和间接手段的使用角度，研究者分出三种语言个性类型。了解间接交际方法对提高交流效果、避免交际失败和交际冲突等具有重要意义。

вместо категоричного: *Не топтать!*, что, очевидно, объясняется влиянием глобального коммуникативного пространства.

Сравним примеры объявлений в современном и дореволюционном театре:

После третьего звонка вход в зрительный зал запрещён!

Во врѣмя дѣйствія входъ въ зрительный залъ безусловно не допускается.

Человек постоянно осмысливает свои отношения с окружающим миром. Первое столкновение с объектами действительности всегда вызывает к жизни неточные смыслы, лишь поверхностно отражающие отличительные особенности объекта. Поэтому результатом первого восприятия является непрямая коммуникация, которая позволяет людям гибко трактовать смыслы, то есть понимать друг друга настолько полно, насколько этого требует ситуация.

Однако развитие языка неверно было бы представлять только как «выпрямление» непрямой коммуникации: если научные и деловые дискуссии подтверждают это положение, то художественные и обиходно-бытовые тексты иллюстрируют, скорее, то, что «выпрямление» есть лишь временный этап в развитии подобного «изгиба».

Знание способов непрямой коммуникации и приёмов её выпрямления очень важно для эффективного общения и органичной социализации личности, так как помогает предупредить коммуникативные неудачи и приобрести конфликтологическую компетентность, или конфликтоустойчивость.

Конфликтоустойчивость предполагает: умение защищать себя от втягивания в конфликт; владение навыками подходов к оппонентам; умение объективно оценивать противоречия и минимизировать последствия; адекватную реакцию на конфликтные проявления среды; противостояние провокативным коммуникативным техникам, нацеленным на потерю контроля над своим поведением. （冲突容忍度要求：保护自己不被卷入冲突的能力、正确对待对手的技巧、客观评估矛盾以及将后果最小化的能力、对所处环境中的冲突作出恰当反应的能力、抵抗那些让自己行为失控的挑衅性交际技巧的能力。）

Способы непрямой коммуникации

本部分重点：
准直接引语、委婉语、表达性派生

Несобственно-прямая речь (*free indirect discourse*) – особое явление непрямой коммуникации, которое литературовед М. М. Бахтин определил как «непрямое говорение», или «двухголосое слово», – совмещение в одном высказывании двух личностей, преломление смыслов говорящего через призму интерпретатора (говорение через язык другого человека). Например: *«Что удерживало его? Робость, гордость или кокетство хитрого волокиты? Это было для неё загадкою»* (А.С. Пушкин).

Эвфемизация – замена неблагозвучных, неполиткорректных и оскорбительных номинаций нейтральными или метафорическими средствами скрытой номинации: *мягкое место, заплечных дел мастер, пятый пункт, подбитый ветерком, места общего пользования, летальный исход, бальзаковский возраст*. Б. А. Ларин объединял эвфемизмы и перифразы: геолог – *разведчик недр*, разведчик – *боец невидимого фронта*, врачи – *люди в белых халатах*.

Одна из наиболее распространённых фигур **экспрессивной**

间接交际的方法包括：准直接引语、委婉语、表情性派生。准直接引语是一种引语形式，也是一种特殊的间接交际现象，巴赫金将其定义为双声话语。在准直接引语中两种视角和两种声音交织在一起。

表情性派生的最常见手段之一是伪词源化。伪词源化是建立在派生联想和近似发音联想基础上对称名单位的再定义。伪词源化分为诗意词源化和民间词源化。作为丰富文学艺术语篇形象性手段的伪词源化被称为诗意词源化。民间词源化又被称为同质异构。

деривации[①] – ложное этимологизирование (этимологизация), которое представляет собой переосмысление номинативной единицы на основе:

— деривационных ассоциаций（派生联想）: *визирь – человек, который ставит визу; весельчак – гребец; бегония – беговая дорожка; ухарь – отоларинголог; В доме всё было краденое, даже воздух какой-то спёртый;*

— ассоциаций по близкозвучию（近音联想）: *Ла Скала показывает оскал; Мели, Емеля, твоя неделя; Жена моя шагала на выставку Шагала* (А. А. Реформатский).

Суть этой разновидности экспрессивной деривации состоит в установлении подобия семантического родства между различными словами через их звуковое сближение.（这一表情性派生种类的本质是，通过发音近似性来建立不同词汇之间语义关系的相似性。）Иными словами, ложное этимологизирование, играя на случайном звуковом сходстве слов, наводит на мысль об их мнимом корневом родстве: *приватизация – прихватизация; градообразующее предприятие – голодообразующее предприятие; из года в год негодная погода.*

Ложное этимологизирование, используемое как приём образного обогащения художественного текста, именуется поэтической этимологией:

Пусти меня, отдай меня, Воронеж, –
Уронишь ты меня иль проворонишь,
Ты выронишь меня или вернёшь, –
Воронеж – блажь, Воронеж – ворон, нож! (О. Мандельштам)

[①] 表情性派生，指不改变词类和语义，只反映说话者主观态度的派生结构。

Народная этимологизация — это присоединение слова к чужому для него словообразовательному гнезду: *палисадник – полусадик, тротуар – плитуар*. Данное явление ещё называют параморфозой. (民间词源化——将词汇加入另一构词族，例如：屋前小花园、人行道。这种现象也被称为同质异构。)

Для речи малограмотных людей характерна *спонтанная* параморфоза: *гульвар* (бульвар), *спинжак* (пиджак). *Нарочитая* параморфоза широко используется в просторечии: *орабы, ретрополитен, зряплата, трепортаж*.

Позиционные типы параморфозы: инициальная (*кресловутый бюрократ*); медиальная (*соцроялизм*); финальная (*квазиморда, душелюб*). (同质异构的位置类型：开端的，如"声名不好的官僚"；中间的，如"社会主义保皇主义"；末端的，如"丑八怪""仁爱"。)

В языке отмечается и такое интенсивно развивающееся явление, как комическое переосмысление: *U.S. – Uncle Sam, СССР – совок, ВКП(б) – второе крепостное право (большевиков)*.

Случаи псевдочленения (ложноэтимологического членения) очень продуктивны в языке рекламы и СМИ: *Bell'ё // Про100 % сок // СупермарКИТ // – Я очень стар! – Вы суперстар!* (из интервью с В.А. Аксёновым) *// – Скажите: отчего гимн – азия, а не гимн – африка?* (реплика третьеклассника из рассказа Н. Тэффи).

Приём шутливого псевдочленения использовали выдающиеся мастера слова: *Бог рати он, / На поле он* (Г. Р. Державин).

Существует также последовательное членение, когда каждое последующее слово извлекается из предыдущего:

В колхозе «Победа»
Во время обеда
Случилась беда:

Пропала еда.

Ты съел?

– Да.

На фигуре ложноэтимологического членения основаны ребусы（字谜）: *В из А* (виза) – и шарады:

Местоимение, предлог,

Меж них – фамилия поэта,

А целое – известный плод,

Что зреет на исходе лета. (Яблоко)

Восклицание, утверждение,

Всё – поэта сочинение. (Ода)

Какое получится ядовитое вещество, если длиннохвостая грызунья встретит длинношёрстого быка? (Мышьяк)

К ложноэтимологизированному членению относится и палиндром（回文）(греч. *palindromeō* – 'бегу назад') – слово, фраза или текст, дающий возможность прочтения в обе стороны: *казак, шалаш, ропот; На в лоб, болван; Кирилл лирик; Лазер резал; Лёша на полке клопа нашёл.*

Часто использовал палиндром В. Хлебников: *Я Разин и заря!* Любителем палиндрома был и А. Вознесенский[①]: *А луна канула.*

К фигурам экспрессивной деривации относятся и каламбуры: *Задело – за дело; И дико мне – иди ко мне; Покалечилась – пока лечилась; Ты жеребёнок – ты же ребёнок.*

---

① 安德烈·安德烈耶维奇·沃兹涅先斯基（1933–2010），诗人，著有《戈雅》《镂花妙手》等作品。

Фигуры двусмысленной речи

本部分重点:
产生歧义的原因、歧义的合理使用

Одним из достоинств хорошей речи является её однозначность.

Непреднамеренная двусмысленность считается речевой ошибкой. Источниками непреднамеренной двусмысленности могут стать нарушенный порядок слов, неправильная пунктуация или её отсутствие, неверное использование придаточных предложений со словом который: *Вошли в практику встречи с арендаторами, которые имеют форму семинара*; причастных и деепричастных оборотов: *Мы любовались картиной бушующего моря у наших ног*; *Подъезжая к сией станции и глядя на природу в окно, у меня слетела шляпа* (А. П. Чехов); *«Здесь А. М. Горький "работал мальчиком"»* (надпись на здании в Нижнем Новгороде).

Преднамеренная двусмысленность может выступать в качестве средства художественной выразительности. Например: *Зачем вести меня ко злу?* и *Надо ж дать?* (шутки XIX в. в присутственных местах). Ещё Цицерон называл шутки, основанные на двусмысленности, самыми остроумными.

Двусмысленность лежит и в основе созданного Г. Остером[①] жанра «вредных советов»:

优质言语的优点之一是单义性。歧义被看作言语错误。产生歧义的原因很多。但是，刻意制造的歧义是营造文学表现力的一种手段。

В электричке будь как дома:　　　*Пусть по запаху узнают*
Не терпи и не стесняйся.　　　　*Пассажиры на перронах:*
Если что – спокойно в тамбур　　*Мчится не электропоезд,*

[①] 格里戈里·边齐奥诺维奇·奥斯捷尔（1947– ），俄罗斯作家、编剧、电视节目主持人，著有《男孩和女孩》等作品。

Отправляйся по нужде.   А электротуалет.

Основой двусмысленности могут быть не только смысловые, но и звуковые ассоциации, или фонетические аллюзии: *Как говорят в народе, в семье не без Мавроди* (заголовок в книге). (歧义产生的基础不仅有语义联想，还有发音联想或语音用典，例如：民间常说，家里并非没有马夫罗季（书里的标题））

С помощью *макаронической（夹杂外语的）* речи, в которой смешиваются слова и формы из разных языков, может создаваться любой текст. Например:

Адью, адью, я удаляюсь,

Люан де ву я буду жить,

Мэ сепандан я постараюсь

Эн сувенир де ву хранить... (И. Мятлев)

Фигуры нарочитого алогизма

本部分重点：
反逻辑手段及其常见类型

毫无疑问，言语的逻辑性和连贯性是任何言语的优点。但是，故意违背逻辑的表达可以使言语更富有表现力。违背逻辑的手段基于对逻辑的单一基础法则和矛盾法则的破坏。果戈理是公认的使用反逻辑手段的大师。

Несомненные достоинства любой речи – её логичность и связность, потому что именно законы логики регулируют мышление и процесс номинации. Нарочитый алогизм помогает сделать речь более выразительной. Фигура алогизма основывается на намеренном нарушении двух законов логики: закона единого основания и закона противоречия:

Внедорожник может быть любого цвета, если этот цвет черный (реклама); «*Дрались, конечно, от чистого сердца. Инвалиду Гаврилову последнюю башку чуть не оторвали*» (М. М.

Зощенко); *«Если тебе изменила жена, радуйся, что она изменила тебе, а не Отечеству»* (А. П. Чехов) – нарушение закона единого основания.

«Вот как стукнуло мне шестнадцать лет, матушка моя, нимало не медля, взяла да и наняла моего французского гувернёра, немца Филипповича из нежинских греков» (И. С. Тургенев) – пример нарушения закона противоречия.

Признанным мастером создания алогизмов был Н. В. Гоголь, который о судебном заседателе из комедии «Ревизор» написал, что «*в детстве мамка его ушибла, и с тех пор от него отдаёт немного водкою*», дав классический пример намеренного нарушения логики речи.

Разновидность нарочитого алогизма – каламбурная антитеза （双关对偶）: *«Иван Иваныч был несколько боязливого характера. У Ивана Никифоровича, напротив того, шаровары были в таких широких складках, что если бы раздуть их, то в них можно было поместить целый двор с амбарами и строением»* (Н. В. Гоголь); *«Настоящий мужчина состоит из мужа и чина»* (А. П. Чехов).

Одним из видов случайного алогизма является плеоназм （同语反复）: *«Манилов выпустил опять дым, но только уже не ртом, а чрез носовые ноздри»* (Н. В. Гоголь).

Язык выдающегося мастера, заслуживает особого комментария. По словам академика В.В. Виноградова, *«Гоголь привил вкус к живым, образным и непринуждённым выражениям народной речи»*[1]. Н. В. Гоголь мастерски декламировал и неустанно повторял, что наш язык создан для искусного чтения. Современники писателя нередко укоряли его за небрежность слога. Так, критик К. Масальский[2] в журнале «Сын Отечества»

---

[1] Виноградов В.В. Избранные труды. Язык и стиль русских писателей. – М.: «Наука», 1990, с. 55.
[2] 康斯坦丁·彼得罗维奇·马萨利斯基（1802–1861），俄国作家、诗人、剧作家，著有《比伦摄政》等作品。

(1842, ч. 3, № 7), упрекая Гоголя в низком балаганном комизме, привёл целый список неправильностей его слога: «*носовая ноздря*», «*пересвистывались вдали отдалённые петухи*», «*из одного разговора, который прошёл между одними двумя дамами*». На защиту писателя немедленно встал критик В. Г. Белинский[①], заметив, что неправильности в языке составляют слабую сторону его таланта, а слог — сильную, потому что «*Гоголь не пишет, а рисует!*».

Фигуры нарочитого неправдоподобия

本部分重点：
故意制造不合理表达的手段

— Анахронизмы（时代错乱）(греч. *ana* – 'против', *chronos* – 'время') — фактические ошибки, состоящие в смешении событий и фактов разных эпох: *Геракла боги обступили, / С ним вместе чокались и пили* (Д. Бедный); *Базаров закончил престижный столичный вуз.*

— Гипербола（夸张）: *море цветов, гора книг, смертельная усталость, тьма народу.*

— Литота（极其言小）: *мужичок с ноготок, от горшка два вершка, с гулькин нос.*

— Гротеск（怪诞手法）(франц. *grotesque* – 'смешной'): обычно это целые текстовые картины (к приме ру, портрет Плюшкина в поэме Н. В. Гоголя «Мёртвые души»).

— Абсурд (лат. *absurdus* – 'нелепый'), представляющий собой бессмыслицу, известен как приём сатиры, гротеска; фигура

---

① 维萨里昂·格里戈里耶维奇·别林斯基（1811–1848），俄国革命民主主义者、哲学家、文学评论家，著有《文学的幻想》《智慧的痛苦》等。

reductio ad absurdum применяется в аргументации. Абсурд лежит в основе литературного направления, к которому принадлежат Франц Кафка①　и Альбер Камю②. Предтечей литературы абсурда считается Л. Кэрролл③. Абсурд встречается и в названиях произведений, например роман С. Алексиевич «Время секонд хэнд».

– Оксюморон (греч. *oxytoron* – 'остроумно-глупое') – сочетание противоречивых по смыслу слов с целью показа сложности объекта или явления: *Наступило вечное мгновенье...* (А. А. Блок); *Нагло скромен дикий взор* (А. А. Блок); *О, как мучительно тобою счастлив я!* (А. С. Пушкин); *Я пришёл ниоткуда и уйду в никуда* (А. Улицкий); *маловысокохудожественные книги* (М. М. Зощенко).

Поэт П. Великжанин④ написал целое стихотворение, посвящённое этому средству непрямой коммуникации – «Оксюморон»:

Безумье ума,　　　　　　*Спаситель-Иуда –*

Безволие воли,　　　　　*Всё есть до сих пор.*

Слепящая тьма –　　　　*В горячем снегу*

Знакомо до боли.　　　　*Пробивая дорогу,*

Трусливая удаль,　　　　*Стоим на бегу*

Бессильный напор,　　　*К сатанинскому богу.*

---

① 弗兰茨·卡夫卡（1883-1924），奥匈帝国统治下的捷克德语小说家、西方现代主义文学大师，著有《变形记》《乡村医生》等作品。

② 阿尔贝·加缪（1913-1960），法国作家、哲学家、荒诞哲学代表人物，1957年诺贝尔文学奖获得者，主要作品有《局外人》《鼠疫》等。

③ 刘易斯·卡罗尔（1832-1898），英国数学家、逻辑学家、童话作家、诗人，著有《蛇鲨之猎》《爱丽丝漫游仙境》等作品。

④ 帕维尔·亚历山德罗维奇·韦利克扎宁（1985-），俄罗斯诗人，著有《在博物馆》《普希金》等作品。

Фигуры нарочито пространной речи

> **本部分重点：**
> 故意制造冗长话语的手段：带有细节的重复、词汇重复、平行句法结构、外来俗语和低俗隐喻

– Повтор с добавлением деталей:

Властитель слабый и лукавый,

Плешивый щёголь, враг труда,

Нечаянно пригретый славой,

Над нами царствовал тогда. (А. С. Пушкин)

Я непременно и обязательно женюсь; кровей она хороших и превосходных. (М. М. Зощенко.)

– Лексические повторы:

«Это был художник. Не правда ли, странное явление? Художник петербургский! Художник в земле снегов, художник в стране финнов, где всё мокро, гладко, ровно, бледно, серо, туманно. Эти художники вовсе не походят на художников итальянских...» (Н. В. Гоголь.)

– Синтаксический параллелизм:

Зверю – берлога,	*Женщине – лукавить,*
Страннику – дорога,	*Царю – править,*
Мертвому – дроги.	*Мне – славить*
Каждому – своё.	*Имя твоё.* (М. И. Цветаева.)

Особенно широко фигуры нарочито пространной речи представлены в языке художественной литературы, потому что художественная речь использует все ресурсы языка.

Следует помнить, что неблагозвучие также затруднят адекватное декодирование речи адресанта. (应当指出，不畅发音同样会对充分解码说话人的言语带来困难。)

需要指出的是不畅发音同样会造成理解障碍，不畅发音包括发音重复、不连贯话语。绕口令中经常使用不畅发音。

Типы неблагозвучия речи:

— Звуковая тавтология: *В президиум приглашены профком и представитель президента. // Премьер встречался с Сергеем Вадимовичем Степашиным, назначенным президентом Борисом Николаевичем Ельциным исполняющим обязанности министра.*

— Рубленая речь: *Нам там был сдан дом.*

Нарочитое неблагозвучие лежит в основе речевого жанра скороговорок: *От топота копыт пыль по полю летит.*

Для устранения артикуляционного неблагозвучия используются метаплазмы (词形变化), в том числе:

— афереза (词首音脱落) (выпадение начальных звуков): *мотри, Ван Ваныч*;

— синкопа (词中音删减) (сокращение слова за счёт удаления срединных звуков): *здрасьте, провол(о)ка, окстись*;

— протеза (词首增音) (увеличение): *аржаной, агромадный*;

— эпентеза (增音) (вставка): *энтот, страм, здря, ндравится.*

Одним из способов непрямой коммуникации является и речевая компрессия: *Милиционера. Протокол. Машину. В психиатрическую* (М. А. Булгаков); *Ну, что ваши занятия? – почти благоговейно и понизив голос. – Всегда в науках?* (Ф. М. Достоевский); *Он помог с квартирой (то есть с покупкой, продажей, обменом).*

间接交际的方法之一是言语压缩。

在间接交际中有大量外来俗语和低俗隐喻。俄语适应外来俗语的速度很快。外来俗语也能轻而易举地适应俄语的词法和构词体系。有一个特殊领域是英美外来俗语不得不强行渗透的领域——这个领域就是计算机领域。外来俗语的同化一般借助联想-发音模仿完成。因此，在年轻人中外来俗语会被俄化和粗化。

Очень большое место в непрямой коммуникации занимают просторечные экзотизмы и низкая (жаргонная) метафора.

— Просторечные экзотизмы — это просторечные заимствования: *герла, олды, грины*. Стимулом для их появления послужил всплеск интереса к изучению английского языка (в 60−70-е гг. XX в. в русский язык хлынула мощная волна экзотизмов как наследие субкультуры хиппи). Создание и использование экзотизмов — это форма протестного поведения молодёжи.

Русский язык очень быстро адаптирует экзотизмы. Они легко приспосабливаются к морфологической и словообразовательной системе русского языка: *крезанутый, дринкач, фейсом об тейбл, факсануть, интерфейсы*.

В созидательной эйфории（创作的狂热）рождались пошлые переделки сказки А. С. Пушкина: *Кабы я была кингица, − спичит ферстая герлица*.

Внедрение в речь экзотизмов − очень активный процесс, его невозможно остановить директивными мерами, в определённой степени он отражает креативные возможности носителей русского языка.（将异国风格引入言语是一个非常活跃的过程，该过程不能被任何指令所阻止，这在一定程度上反映了俄语母语者的创造能力。）

Но есть особая сфера, куда англо-американские экзотизмы проникают вынужденно и даже закономерно. Это жаргонный подъязык компьютерщиков (программистов, сетевых администраторов). Его элементы часто встречаются в разговорной речи: *бэкапить* − 'создавать резервную копию файла'; *приаттачить* − 'прикрепить файл'; *сидишник* − 'компакт-диск'; *смайлик* − 'картинка для изображения отношения автора к содержанию сообщения'; *сидюк* − 'CD'; *коннектиться* −

'общаться' и др.

Единицы такого рода представляют собой промежуточное звено: это полупрофессиональные и полужаргонные слова. Их появление объясняется стремительным развитием современных информационных технологий, которое опережает развитие новых языковых единиц.

Усвоение экзотизмов идёт за счёт переделки экзотических номинаций путём ассоциативно-фонетической мимикрии （联想 – 语音模仿）: экзотический прототип заменяется русским на основе случайного внешнего сходства при полном расхождении смыслов. И чем более расходятся смыслы, тем удачнее считается переделка: *каша* – 'наличность' (*cash*), *емеля* – 'e-mail'; *гувернянька* – 'гувернантка' (Н. Лесков).

Таким образом, экзотизмы в речи молодёжи подвергаются нарочитой русификации и вульгарной морфологизации: *еловый* (yellow); *спикать* (to speak); *Дурак-дурак* (Дюран-Дюран); *Павел Макаров* (Пол Маккартни); *фалловер* (follower), *аскать* (to ask), *крезанутый* (crazy).

– Низкая, или жаргонная, метафора. Метафоризация основана на переосмыслении общеупотребительного, нейтрального слова. Механизм порождения метафоры требует известного воображения и определённых мыслительных, творческих усилий.

Базовая модель жаргонной метафоры – сопоставление несопоставимого, соединение невозможного, своего рода оксюморонная метафора, например: *крыша поехала*.

Именно язык является ведущим средством манифестации социально-группового обособления, отталкивания от официальных, общественно признаваемых стандартов (следует

隐喻化基于对常用中性词语的转义。隐喻的生成需要想象力和一定的创造力。隐喻黑话的基本生成模式是对不可比较的加以比较，将不能结合的结合在一起，是一种矛盾修饰隐喻。隐喻具有称名功能和定性功能。俗语隐喻和黑话隐喻的特点是其称名功能和定性功能都具有评价性。

отметить, что существуют и другие средства отталкивания: физическая сила, профессиональные навыки). Метафора быстрее и эффективнее других способов позволяет говорящему достигать целей групповой самоидентификации, поскольку отличается образностью и ориентацией на наглядное мышление, зрительный образ.（正是语言充当着表现社会群体孤立、排斥官方及社会公认标准的主要手段（应该指出的是，还有其他排斥手段，如：体力、专业技能）。隐喻比其他方法更能使说话者快速、有效地实现群体自我认同的目标，因为它更形象化，且更强调直观思维和视觉形象。）

Метафора традиционно соединяет в себе две основные функции: номинацию (наименование) и характеризацию (экспрессивную оценку). Особенность низкой, просторечно-разговорной, жаргонной метафоры заключается в том, что в ней и номинация, и характеризация обладают оценочностью.

Метафорическая номинация — это обозначение новых понятий с помощью старых знаков, то есть единиц, уже имеющихся в системе общеупотребительного языка. Метафоры-номинации приобретают признаки терминоидов: *хвост* – 'академическая задолженность'; *кухня* – 'ударная установка'; *стрелять* – 'попрошайничать'; *рыбачить* – 'красть на пляже'.

Метафора-характеризация служит для экспрессивно-образной замены общеизвестных понятий: *подрулить* – 'подойти'; *писать (строчить) телегу* – 'доносить'; *разрулить проблему* – 'решить', *перетереть базар* - 'поговорить'.

Характерной особенностью жаргонной метафоризации является её многозначность: так, например, в блатном языке *балда* – 'наркотик', 'сторож', 'голова'.

Один из самых популярных объектов экспрессивной метафоризации в низком стиле речи – *человек, личность*.

В лексике представителей криминального мира и их главных оппонентов наблюдается антропоцентрическое направление переноса: с предмета или животного на человека. Традиционно пренебрежительно-презрительной реноминации подвергаются в речи деклассированных элементов части тела человека: *рубильник, шнобель, локаторы, фары, буркалы, моргалы, фасад, пачка, грабли.* （在犯罪世界的代表人物及其主要对手的词汇中，能够观察到人类中心主义转向：从物体或动物转向人。人的身体部位在这些堕落群体的言语中遭受到轻蔑鄙视的二次命名，例如：鹰钩鼻、大鼻子、耳朵、大眼睛、眼睛、眼珠、脸孔、脸、手。）

Одной из уникальных тем традиционного языкового словотворчества является пьянство как характерная черта русского образа жизни. В массовом сознании отмечается поэтизирование пьянства. Метафорической реноминации подвергаются все стадии пьянства, его последствия, сами напитки. Почти все интерпретации сопровождаются модусом комической оценки, любования, и хотя явно преобладает шутливая снисходительность, но в действительности этот смех способен вызвать только слёзы.

Язык – не единственная знаковая система. К семиотическим системам относятся и нотная грамота, дорожные знаки, язык жестов для глухонемых. В эти системы входит также язык тату.

语言不是唯一的符号体系。符号学体系还包括乐谱、路标、手语及文身。文身最初用于身份认定。20世纪，文身开始成为标志。

Татуировка изначально служила для передачи информации о принадлежности её носителя к некой группе – этнической, религиозной, социальной, культурной. Нанесение татуировки входило в комплекс культовых мероприятий, предваряющих, например, переход в разряд взрослых или награждение отличившегося в битве с врагами доблестного воина. Часто именно татуировка (как, например, у аборигенов（土著民）

некоторых племён Новой Гвинеи①) помогала узнать, сколько детей у женщины, замужем ли она, из какой деревни, то есть выступала как своего рода удостоверение личности.

XX в. внёс в искусство и практику татуировки много нового. Впервые рисунки на теле стали применяться как клейма. Так, в Великобритании во время Первой мировой войны по приговору суда наносили татуировку буквы «D», то есть «дезертир». В нацистских лагерях выкалывали номера заключённым, а татуировки представителей преступного мира превратились в настоящий язык, изучению которого посвящают себя не только борцы с преступностью, но и социологи, антропологи, культурологи.

Исследователи обычаев русского преступного мира отмечают, что такие нательные росписи — это сложнейшим образом организованный текст, в котором могут быть переданы как актуальные сообщения (например, послание воров с воли на зону), так и своего рода отчёт о жизненном пути носителя. «Незаслуженные» татуировки заставляли убирать с помощью мучительных операций. Бывали случаи ампутации пальца с вытатуированным на нём перстнем, потому что такую татуировку может иметь только «вор в законе».

Сложность, нелинейность языка тату такова, что понять его может, конечно же, лишь знаток, потому что в рисунках и аббревиатурах сконцентрированы артефакты и понятия воровского мира. В России, где блатной язык давно стал отличительным знаком силы и власти над людьми, специфический уголовный язык татуированного тела вполне может скоро войти в моду. Но следует помнить, что есть много вербальных способов непрямой

---

① 新几内亚岛，马来群岛东部岛屿，位于太平洋西部、赤道南侧，是太平洋第一大岛屿和世界第二大岛屿。

коммуникации. С их помощью можно закодировать информацию или образно запечатлеть её в слове, которое А. А. Ахматова называла «царственным».

Таким образом, хотя явления непрямой коммуникации объясняются отсутствием точности и однозначности естественного языка, его недостаточная формализация приводит к множественности восприятия носителями, что, в свою очередь, делает вербальное общение глубоким и многогранным. （因此，虽然间接交际这一现象被认为是自然语言缺乏准确性和单义性的结果，但是语言不充分的形式化使说话者的感知得以多元化，进而使口头交流深刻和多面。）

3.7 Реклама как особый вид социальной коммуникации

本节重点：
广告及广告语言

概述部分重点：
广告的交际本质、俄罗斯广告发展历史、广告类型

В зависимости от роли участников выделяются следующие виды социальной коммуникации: общение (диалог равноправных партнёров); подражание; управление.

Реклама относится к массовой управляющей социальной коммуникации. Её цель – пробудить интерес у адресата к совершению определённого действия. Реклама рассматривается как системный элемент маркетинговых стратегий, как форма опосредованного представления товаров или услуг, оплаченная

广告是一种社会交际行为，发布广告的目的是介绍产品，使消费者对产品有所了解，并激发消费者的购买意愿。现代人随时随地都可能接触到广告。神经语言学和神经经济学都对消费心理和广告的作用展开研究。

точно установленным заказчиком. Другими словами, реклама — это устное или письменное сообщение о каком-либо товаре с целью сформировать у покупателя представление о нём, пробудить желание купить его и сделать это желание необходимостью. Таким образом, реклама — это своеобразный крючок, на который надо поймать покупателя.

Хорошая реклама — это своего рода художественное произведение, которое может многое рассказать о её заказчиках, создателях и о потребителях.

Каждый современный человек сталкивается ежедневно и ежечасно с рекламой. Смотрим ли мы телевизор, слушаем ли радио, ищем ли что-нибудь в Интернете, читаем ли электронную почту, едем ли в общественном транспорте или просто гуляем по улице – всюду нас встречает реклама. Для того, чтобы убедить потребителя купить товар, она должна быть доступной.

Механизмы принятия решения о приобретении товара изучает нейроэкономика（神经经济学）(англ. *neuroeconomics*). Это междисциплинарное научное направление, которое находится на пересечении экономической теории, нейробиологии, физиологии и психологии. Она исследует механизмы принятия решений при выборе альтернативных вариантов, распределения рисков и получения вознаграждений.（这一学科探讨选择替代方案、分担风险和获得收益的决策机制。）Нейроэкономика использует достижения математического моделирования для изучения работы мозга.

Результаты нейроэкономических исследований обусловили возникновение нейромаркетинга – области нейроэкономики, сфокусированной на механизмах поведения потребителя при выборе товаров.

Например, американцы непрерывно спорили о том, какой

напиток лучше: кока-кола или пепси? В 2004 г. невролог из Медицинского колледжа в Хьюстоне Рид Монтегю окончательно решил эту проблему.

В своих опытах он обнаружил, что добровольцы-дегустаторы не ощущают никакой разницы между данными напитками, если предложить им колу или пепси в стаканах без маркировки. Но когда напитки наливали из бутылок с соответствующей этикеткой, большинство признавалось, что кола вкуснее.

Когда Монтегю повторил те же эксперименты с помощью ядерно-магнитного томографа (核磁断层扫描仪), показывающего активность мозговых центров, оказалось, что от стакана колы (если дегустатор знает, что это именно кола), активируются зоны, связанные с позитивными мыслями и воспоминаниями о приятных эмоциях. Невролог пришёл к выводу: компании «Кока-кола» с помощью агрессивной рекламы удалось внедрить в мозг американцев положительный образ своей газировки. Поэтому кола кажется американцу вкуснее пепси, если ему сказали, что она носит такое название.

В разных странах мира предпринимались попытки создания интерфейсов *«мозг – компьютер»* со встроенным *ай-трекером*, с помощью которого изучается направление взгляда человека при принятии решения о покупке товара. (全世界多个国家已经开始尝试生产带有内置眼动仪的"脑机"界面，借助这一设备可以研究顾客在购物时目光关注的方向。)

Не так давно появилось новое междисциплинарное научное направление – нейролингвистическое программирование, у истоков которого стоял выдающийся психиатр Зигмунд Фрейд, основатель теории *магии языка*. Он настаивал на органическом единстве магии и слова как средства её воплощения.

Нейролингвисты полагают, что мысль – это своеобразный

广告并不是现代社会的产物，早在公元前3000年广告就已出现。广告曾出现在古埃及人、古罗马人、腓尼基人和古希腊人的生活中。1476年第一个英文印刷广告问世。彼得大帝一世之前，俄罗斯的广告主要是口头和图片广告，1710年开始出现传单类广告，1878年俄罗斯第一个广告局成立。19世纪，在俄罗斯使用的主要是印刷类广告和招牌类广告。1880年在莫斯科出现了第一个灯光广告。1905年之后，广告业开始具有职业性，相关机构制定了提交广告文本、形成商业口号、开发品牌标志的规则。

вирус, который может инфицировать мышление, вызвать внутренний конфликт, побудить к действию. Нейроэкономисты и политтехнологи активно используют идеи нейролингвистики при разработке маркетинговых и имиджевых стратегий.

Как это ни удивительно, реклама вовсе не «дитя века прогресса». Ещё в 3000 г. до н. э. египетские торговцы слоновой костью так зазывали покупателей: *Дёшев, очень дёшев в этом году благородный рог исполинов девственных лесов Эхекто. Идите ко мне, жители Мемфиса, подивитесь, полюбуйтесь и купите.* Римляне размещали на стенах объявления о гладиаторских боях, финикийцы превозносили свои товары в росписях скал по маршрутам шествий. Жителям Афин предназначалась такая «рекламная» песнь: *Чтоб глаза сияли, чтоб алели щёки, чтобы надолго сохранялась девичья краса, разумная женщина будет покупать косметику по разумным ценам у Эксклиптоса.* В Помпеях на стенах домов висели щиты с надписью: *Прохожий, пройди отсюда до двенадцатой башни. Там Сирипус держит винный погребок. Загляни туда. До свидания.*

В 1450 г. Иоганн Гутенберг[①] изобрёл печатный станок, избавив рекламодателей от необходимости вручную копировать свои сообщения, и уже в 1476 г. появилось первое печатное рекламное объявление на английском языке. Мощный стимул реклама получила в 1622 г., когда начала выходить первая английская газета в современном смысле этого слова – *Certain News Of The Present Week*[②]. Вот что писала чуть позже другая английская газета: *Великое искусство написания рекламных объявлений заключается в отыскании правильного подхода, дабы*

---

① 约翰·古腾堡（1398–1468），德国发明家、西方活字印刷术发明者。
② 《每周新闻》，世界第一份英文报纸，于1622年在伦敦首次印刷出版。

захватить внимание читателя, без чего добрая весть может оказаться незамеченной или затеряться среди извещений о банкротстве.

Всем известна крылатая фраза: *Реклама – двигатель торговли*. Существует несколько версий её происхождения. Согласно одной из них, автор этого высказывания – предприниматель Людвиг Метцель[①]. Именно он в 1878 г. основал первое в России рекламное бюро. Лозунгом новой конторы стала фраза: *Объявление есть двигатель торговли*.

До Петра I реклама была устной и лубочной, то есть в картинках. Торговцы, разносчики, бродячие ремесленники наперебой расхваливали свой товар, наполняя криками улицы городов. Между прочим, слово *реклама* происходит от латинского *reclamare* 'громко выкрикивать'.

В 1710 г. по указу Петра I для рекламы стали использоваться «летучие» листки (современные «флаеры»), распространявшиеся по трактирам (小酒馆) и рынкам. В газете «Ведомости» начали появляться рекламные объявления: сначала библиографические, затем медицинские. В № 2 за 1719 г. можно было прочитать рекламное объявление о знаменитом курорте, который приглашали посетить читателей газеты, «*понеже оные воды исцеляют различныя жестокия болезни, а именно: цинготную, ипохондрию, желчь, безсильство желудка, рвоту... каменную, ежели песок или малые камни, и оныя из почек гонит...*».

В XIX в. наиболее распространёнными были два вида рекламы: *печатная* – календари, листки, прейскуранты и *наружная* – вывески магазинов, парикмахерских, трактиров,

---

① 路德维希·梅茨尔（1854–1942），社会活动家、广告商，出生于布拉格，俄国首家广告公司创始人。

складов. В 1880 г. в Москве, на Кузнецком мосту[①], появилась первая *световая* реклама: электрические лампочки были размещены на вывеске магазина «Пассаж»[②].

Параллельно развивался жанр плаката, художники активно работали над упаковкой и этикетками. В 1897 г. в Петербурге прошла Всемирная выставка торгового плаката.

Расцвет русской рекламы начался после царского манифеста 17 октября 1905 г. Рекламное дело стало превращаться в профессию, вырабатывались правила подачи текста объявлений, формирования коммерческих слоганов, выработки фирменных знаков. Рекламировалось всё: дома, квартиры, часы, мыло, гребни, щётки, услуги кассы взаимопомощи, бюро по дрессировке собак, курсы по обучению бухгалтерскому делу, водка Смирнова, коньяк Шустова[③], французская парфюмерия（香水）. Газета «Речь»[④] заключила контракт с торговым домом «Метцель и К°»[⑤], имевшим монопольное право на размещение русской рекламы за рубежом.

После революции 1917 г. у творческой интеллигенции стало модным заниматься рекламой. Поэт В. В. Маяковский серьёзно увлёкся созданием рекламных текстов:

Нет места *Стой! Ни шагу мимо!*

сомненью *Бери папиросы*

и думе — *«Прима»!*

---

① 库兹涅茨克桥，莫斯科市最古老的街道之一，因铸炮厂得名，历史上多位贵族家庭曾住在此街道两侧。
② 彼得罗夫斯基商场，游廊式商场，拥有几个世纪的历史。
③ 名酒品牌，舒斯托夫白兰地。
④ 《言论报》，俄国1906–1918年间出版的日报，立宪民主党机关刊物，创刊人为帕维尔·尼古拉耶维奇·米柳科夫。
⑤ 梅茨尔广告公司，创始人为路德维希·梅茨尔，俄国第一家广告公司。

Всё для женщины

только

в Гуме!

Выкуришь 25 штук –
Совершенно безвредно:
Фильтрующий мундштук.

十月革命之后，对于俄罗斯知识分子而言，研究广告和从事广告创作成为一种时髦。苏联时期海报类广告最为流行。苏联时期实行社会主义计划经济，由于不存在市场竞争和产品广告宣传的必要性，所以那个时期的商业广告为数不多，而且缺乏设计感和吸引力。

В 1925 г. В. В. Маяковский и художник А. М. Родченко на Международной художественно-промышленной выставке в Париже были отмечены серебряными медалями за цикл плакатов, рекламировавших товары знаменитых Моссельпрома и Резинотреста[①] («Окна РОСТА» В. В. Маяковский).

В советское время широкую популярность получила плакатная реклама. Классические примеры: «Трёхгорное пиво выгонит вон ханжу и самогон» (В. В. Маяковский и А. М. Родченко, 1925 г.); «Из рабочей гущи выгоним пьющих» (И. А. Янг, А. Черномордик, 1929 г.).

Однако постепенно реклама из двигателя торговли превратилась в агитационный инструмент. Она появлялась в виде плакатов и листовок всюду: и в газетах, и на радио, и на улицах.

Лозунги советского времени без смеха иногда трудно воспринимать:

В условиях плановой социалистической экономики, когда не было ни особой необходимости, ни потребности рекламировать какие-либо товары, а тем более услуги, роль рекламы как двигателя торговли была сведена к минимуму. В период государственной монополии отсутствовала рыночная конкуренция – главный стимул к рекламной деятельности, что, естественно, отражалось и на содержании плаката, и на оформлении текстов. Поэтому коммерческих рекламных плакатов в советский период появлялось очень мало:

---

① 莫斯科农业工业产品加工企业联合会和国立橡胶工业企业设计院。

Советской рекламе были присущи императивный, приказной тон и удивительное равнодушие к тому, как потребитель воспринимает текст:

При этом отличительными признаками советской рекламы были абсолютная бесстрастность, подчёркнуто безразличное отношение к реальным потребностям аудитории. Часто реклама ограничивалась простой иллюстрацией.

Невыразительность рекламы того времени объясняется дефицитом товаров на потребительском рынке.

Современная российская реклама – принципиально новое социокультурное явление. Поворотным моментом в её истории стало 6 февраля 1988 г. В этот день вышло постановление ЦК КПСС и Совета Министров СССР «О мерах по коренной перестройке внешнеторговой рекламы», отменявшее государственную монополию на создание рекламных контор. Появились первые негосударственные рекламные агентства, что способствовало развитию российской коммерческой рекламы, в истории которой можно выделить три этапа.

Первый этап (1991–1994 гг.) связан с зарождением коммерческой рекламы (в частности, телевизионной).

Сначала телевизионная реклама делилась на зарубежную и русскую. Зарубежная реклама продвигала товар и одновременно западный образ жизни, русская – демократические идеи.

Зарубежные ролики переводились, но не адаптировались для русского зрителя, в результате чего возникала пропасть между серой российской действительностью и броской рекламной картинкой, в которой зрителя привлекал не товар, а яркий сюжет.

1988年2月6日成为了俄罗斯广告的转折点。这一天，苏共中央委员会和苏联部长会议发布了《关于彻底改革外贸广告的措施》的决议，废除了国家对设立广告公司的垄断。在此之后，俄罗斯商业广告经历了三个发展阶段。在第一阶段，商业广告出现。在第二阶段，商业广告得到发展。在第三阶段，广告公司繁荣发展。1995年7月18日，俄罗斯联邦第一部广告法问世。2006年新的广告法生效。

（外国广告被翻译成俄语，但没做到入乡随俗，这导致"晦暗"的俄罗斯现实与鲜艳的广告画面之间存在鸿沟。这些广告吸引观众的不是商品, 而是рекламной情节。) Примером может служить телевизионная реклама банка «Империал» (на Рождественском приёме у Екатерины II звучала крылатая фраза: *До первой звезды нельзя*, после чего на фоне звезды появлялось наименование банка).

В начале 90-х гг. российское телевидение рекламировало, главным образом, финансовые структуры. Например, реклама финансовой пирамиды «МММ» была представлена историей Лёни Голубкова.

Банкротство многих коммерческих и банковских структур подорвало доверие к рекламе, и в 1994 г. Б. Н. Ельцин подписал указ «О защите потребителей от недобросовестной рекламы».

Второй этап в истории российской рекламы (1994–1998 гг.) знаменовал собой развитие коммерческой рекламы. 18 июля 1995 г. вышел первый в РФ «Закон о рекламе». Но российские товары оставались неконкурентоспособными на рынке, поэтому терялись рядом с продуктами известных европейских фирм, такими как *Electrolux* и *Procter&Gamble*, которые имели отличную маркетинговую стратегию. (然而,俄罗斯商品在市场上仍然缺乏竞争力,落后于伊莱克斯、宝洁等拥有出色营销策略的欧洲知名公司的产品。)

Третий этап в развитии рекламы (с 1998 г. по настоящее время) характеризуется расцветом рекламных агентств. К началу названного периода уже вполне сформировалось общество российских потребителей, и рекламные компании сосредоточились на продвижении товаров. В июле 2006 г. вступил в силу новый «Закон о рекламе».

Международной рекламной ассоциацией установлены следующие виды рекламы: реклама в прессе; печатная продукция;

国际广告联盟确定了一系列广告类型。在制作现代广告的过程中，通常使用三种交际策略：文字表达策略、图像表达策略、混合策略。跨国公司一般使用"适应"和"统一"两种广告制作方法。采取"适应"方法时，应考虑目标人群的种族文化特点等。采取"统一"方法时，同样需要考虑众多因素。成功的跨国公司广告都会关注对象国的文化习俗及受众特点。俄罗斯广告同样反映了俄罗斯的风土人情、交际行为特点等。

аудиовизуальная реклама; радио- и телереклама; выставки и ярмарки; рекламные сувениры; прямая почтовая реклама (*direct mail*); наружная реклама; интернет-реклама.

В процессе создания современной рекламы используются три коммуникативные стратегии: вербальная; иконическая (изобразительная); смешанная.

Наиболее сложный вид рекламы – телевизионная, так как она сочетает в себе визуальный ряд, вербальный текст и звуковое оформление.

В наши дни транснациональные корпорации используют два основных способа создания рекламы: адаптацию и унификацию, что связано с чрезвычайно популярным в последние годы изучением особенностей так называемой межкультурной («кросс-культурной») коммуникации.（如今，跨国公司使用两种主要的广告制作方法：适应和统一。这与近年来极受欢迎的跨文化交际特征研究有关。）

При *адаптации* чужие культурные элементы заменяются традиционными. Например, в европейской рекламе духов *Drakkar Noir* были показаны обнажённая мужская рука с флаконом духов и женская рука, крепко держащая мужскую. В арабских же странах такое положение женской руки не было бы принято, и в рекламе тех же духов для арабского мира женская лишь мягко касается мужской, уже не обнажённой.

Адаптация предполагает учёт множества различных факторов, прежде всего психологических и психолингвистических, в частности звукового облика используемых иноязычных названий. （"适应"需要考虑诸多不同的因素，主要是心理因素和心理语言因素，包括所用外语名称的发音面貌。）Любой россиянин приведёт не один пример нелепо звучащего названия товара. Притчей во языцех стала рекламная кампания шампуня *Vidal*

Sassoon Wash & Go. Классическим примером вынужденной культурной адаптации является и история появления торговой марки «Лада» автомобилей производства Волжского автозавода. Производители советского автомобиля «Жигули» при выходе на западный рынок столкнулась с неожиданной проблемой: для западного уха название звучало отталкивающе, напоминая слово *жиголо* и вызывая негативные ассоциации. Именно поэтому экспортный вариант «Жигулей» получил в качестве названия древнерусское женское имя «Лада».

Другим способом создания рекламы является *унификация* (стандартизации). В идеале реклама вовсе не должна содержать никаких признаков, специфических для какой-то конкретной национальной культуры. Возможность стандартизации зависит: от *вида рекламы* (информативную рекламу легче унифицировать, чем эмоциональную); *степени культурной обусловленности товара* (продукты питания обладают долгой культурной традицией, а индустрия моды и косметики, напротив, вполне универсальна); *целевой группы* (отдельные целевые группы, например молодые матери в европейских странах, нуждаются в одних и тех же товарах, в то время как пожилые люди более консервативны и национально ориентированы).

Отличительной особенностью современной рекламы является широкое использование англицизмов, которые способствуют дополнительному привлечению внимания. Это явление коснулось многих стран, однако в разной степени: в Германии, к примеру, могут вовсе не переводить слоган с английского, в то время как в России переводится почти вся реклама, исключение составляют разве что наименования товаров, ранее неизвестных российскому потребителю. Как и в других странах с отличной от латинской графики, включение англоязычного текста становится препятствием для быстрого восприятия, поэтому создатели рекламы избегают оригинальных наименований англоязычных торговых марок и стараются их русифицировать.

Российские рекламные агентства недостаточно полно используют текстовое пространство. В Европе реклама размещается на оборотной стороне кассовых чеков и внутренней поверхности упаковок.

Средний класс в России мобилен, часто путешествует, знаком с торговыми марками и хорошо подготовлен к восприятию интернациональной рекламы. В то же время для более консервативных людей, в том числе и жителей провинции, транснациональные концерны выпускают товары с аналогичными мировым потребительскими свойствами, но под адаптированными торговыми марками и готовят текст, соответствующий русскому национально-ментальному стереотипу.

В качестве яркого примера ориентации на целевые группы можно привести политику компании *Procter & Gamble*（宝洁公司）, которая давно и успешно рекламирует не только стиральные порошки *Ariel*, *Tide*, но и «*Миф*» – российскую торговую марку, приобретённую компанией у российского производителя для завоевания нижнего сегмента рынка, отличающегося консервативностью. Маркетологи свидетельствуют, что российские хозяйки по-прежнему предпочитают средство для мытья посуды *Fairy*, а украинский потребитель уже давно любит марку *Gala*, название которой произносится, разумеется, с классическим украинским фрикативным（擦音）[г] – понятную, близкую и более дешёвую. Заметим, что в работе с самыми важными своими рынками: Россией, странами СНГ, Китаем, Индией, Восточной Европой и арабскими странами – *Procter & Gamble* последовательно придерживается стратегии тщательной культурной адаптации рекламы. Это свидетельствует о стратегической и тактической мудрости компании.

Современная российская реклама иногда может показаться необычной иностранцу: *Вы получили права? Мы научим Вас водить.* Для адекватного декодирования этого текста необходимо знание определённых культурно-бытовых реалий (например, возможности «купить» права в России при отсутствии навыков вождения). С точки зрения европейца, русская реклама часто выглядит примитивно (简单的、粗糙的). Максимум фантазии, на которую способны малообразованные авторы рекламного текста, — это использование прецедентного текста: *Не думай о запоре свысока!* (реклама медицинского препарата). Рекламный текст иногда явно отражает общие черты русского коммуникативного поведения — беззастенчивое и грубое нарушение границ частной жизни: *Твоё желание на Новый год — избавиться от прыщей? Твой надежный друг — Синорен гель.*

Есть примеры откровенно неудачной рекламы, которая, с одной стороны, содержит элемент языковой игры, с другой — демонстрирует отсутствие вкуса: *Пора менять пол!* (реклама строительной компании).

Развитие современной рекламы в России связано с освоением мировой рекламной практики, в основу которой положена американская формула AIDA (*attention, interest, desire, activity*). В рекламную деятельность активно внедряются технологические разработки в области психологического воздействия на потребителя. Мировое рекламное агентство *PHD Worldwide* вышло на уровень «нейропланирования» потенциального потребителя с помощью сканирования мозга. С появлением 3D-технологий возникли рекламные компании, специализирующиеся на изображении трёхмерных объектов — 3DMAX и MentalRay.

还存在一种被称为社会广告的广告类型，这种广告具有明显的公益性。社会广告是一种对大众施加影响的特殊广告类型，旨在引导大众的社会行为，其内容和主题都体现出明显的宣教功能。2006年颁布的《俄罗斯广告法》明确规定了社会广告里不能出现的内容。

Существует и такой вид рекламы, как социальная (в некоторых странах её называют некоммерческой рекламой).

Социальная реклама — это специфическая форма воздействия на массовую аудиторию с целью управления её социальным поведением. Такая реклама осуществляется на безвозмездной (无偿的、免费的) основе и относится к благотворительной деятельности. Её цель – создать новые социальные ценности, изменить поведенческую модель общества, сформировать позитивное отношение к государственным структурам. В Федеральном законе «О рекламе» от 13 марта 2006 г. № 38-ФЗ записано, что в социальной рекламе не допускаются упоминания о конкретных марках товаров, товарных знаках и знаках, обслуживающих государственных и юридических лиц, за исключением органов государственной власти, местного самоуправления и спонсоров.

Объекты социальной рекламы – общечеловеческие культурные, патриотические, семейные ценности.

Функции социальной рекламы: информационная; идеологическая; социоинтегративная; воспитательная.

Социальную рекламу используют как государственные, так и некоммерческие организации.

Тематика социальной рекламы: уважение к старшим, соблюдение чистоты и порядка, сохранение памятников архитектуры, борьба с наркотиками и алкоголизмом, профилактика СПИДа и других заболеваний, охрана материнства и детства, пропаганда здорового образа жизни, предупреждение чрезвычайных ситуаций: *Помни о близких. // Превышение скорости может круто перевернуть твою жизнь. // Дороги должны быть чистыми.*

Главным критерием социальной рекламы является её

запоминаемость и оригинальность.

Социальная реклама всегда использовалась и используется в пропагандистских целях: *Ты записался добровольцем?* (плакат Д. Моора, 1917) // *Пьяный отец – горе семье.* (30-е гг. XX в.) // *Человек человеку – друг, товарищ и брат.* (60-е гг. XX в.) // *I want you for U.S. Army* (плакат Дж.М. Флегга).

В США история социальной рекламы началась с 1906 г., когда общественная организация «Американская гражданская ассоциация» создала первую рекламу, призывающую защищать Ниагарский водопад (尼亚加拉瀑布) от вреда, наносимого энергетическими компаниями.

В 1942 г. в Америке был организован рекламный совет, который решал задачу мобилизации нации для победы во Второй мировой войне и придавал определённый статус рекламе.

Хотя законодательно зафиксированного понятия социальной рекламы в США не существует, для этой рекламы есть специальное наименование – *public service announcement* (PSA). И авторитет некоммерческой рекламы в Америке настолько высок, что крупнейшие коммерческие корпорации проводят самостоятельные рекламные кампании (например, успешная реклама по предотвращению рака груди фирмы Avon).

В России социальная реклама возникла в конце XVII в. в виде народных лубочных картинок, содержание которых отражало негативное отношение к общественно неодобряемым поступкам и пропаганду позитивных. К началу XX в. это уже было сложившееся направление общественной благотворительности.

В советское время социальная реклама активно развивалась в жанре плаката. В её задачи входили: пропаганда социалистического образа жизни; победа над внешним врагом;

美国的社会广告发端于1906年。1942年美国广告委员会成立，它赋予了广告明确地位。虽然在美国没有社会广告的法律定义，但是有针对这种广告的称谓——"社会公益广告"。俄罗斯的社会广告产生于17世纪末。苏联时期的社会广告具有宣传鼓动作用。社会广告制作遵循一定的修辞原则，并使用恰当的修辞手段。

борьба с инакомыслием.

Современная российская социальная реклама отражает потребности общества в ценностном единстве: *Заплати налоги и живи спокойно.* // *Пора выйти из тени.* // *Нет культуры – нет страны.* // *Третий не лишний.* // *Позвоните родителям!* // *22 часа. Ваш ребёнок дома?* // *Скажи «нет» курению!* // *Протяни руку – убери мусор!*

Социальная реклама строится с учётом определённых стилистических принципов, среди которых выделяются: краткость; конкретность; логичность; убедительность; простота и доходчивость; оригинальность; выразительность; верная тональность.

Большую роль в создании социальной рекламы играют тропы. Чаще всего используются метафора и гипербола: *Все люди разные, но все равны!* // *Вместе мы можем многое.*

俄罗斯广告公司积极引进西方的一些广告形式。

Российские рекламные компании активно заимствуют у Запада новые формы деятельности вместе с их названиями. Так, в последние годы очень популярными стали флэшмобы（快闪）(англ. *flash mob*: *flash* – 'вспышка', *mob* – 'толпа') – массовые, заранее спланированные акции, которые носят эпатажный характер. Например, в Иркутске Байкальское движение против прокладки нефтяной трубы организовало акцию, в ходе которой более ста человек принесли к зданию администрации города бутылки с подкрашенной водой, молча поставили их на асфальт и ушли.

Популярен в России сэндвич-мэн（三明治人，指身体前后均挂有广告牌的广告人）– приём наружной рекламы, когда наёмный работник носит на себе рекламные плакаты и раздаёт листовки («живая реклама»).

Широко используются булл-марки (англ. *bull-mark*) – рекламные издания в виде закладки и флаеры (англ. *flyer*) – рекламные листовки, буктрейлеры – рекламные ролики о книгах. （以下广告形式被广泛使用：书签式广告——书签形式的广告出版物；传单——广告宣传页；书籍预告片——与书籍相关的广告短片。）

Из-за океана пришла к нам реклама на асфальте (англ. *sidewalks*), с которой безуспешно борются и в России, и в Америке. Эта реклама представляет собой краткое объявление, содержащее информацию о местонахождении объекта и контактах, и имеет исключительно ориентирующее значение. Реклама на асфальте – явление сезонное, но сам факт её импорта из Америки отражает глобальный характер тенденций развития рынка рекламных услуг.

Во многих городах США предприниматели используют баллончики и наносят рекламные надписи везде, где только могут. В Америке наиболее значительную рекламную кампанию на асфальте провела компания *Microsoft*. В 2002 г. в целях рекламы новой версии *Windows-XP* компания разукрасила весь асфальт в Нью-Йорке, изобразив на нём логотип в виде бабочки. Компания же *Zynga*（星佳公司）, производящая игровые продукты для *Facebook* (такие как *Ферма* и *Мафия*), использовала другой подход в рекламе на асфальте, наклеив на него игровые монеты.

В России бурно развивается радиореклама по западным образцам: джингл（广告歌）(англ. *jingle* – 'рекламная песня на радио и телевидении'), блэк-аут（黑场广告）(англ. *black out*) – одна из наиболее популярных радиореклам в виде диалога с элементами юмора. Но её авторам не всегда хватает языкового вкуса и остроумия, ср.: *В Москве семь вечера. – А финэкспертиза – настоящее содействие бизнесу.*

Рекламное речетворчество требует хорошей языковой

подготовки, кругозора, глубоких и профессиональных знаний и отличной ориентации в сфере рекламируемых товаров и услуг.

Язык рекламы

> **本部分重点：**
> 广告语篇的结构、创作策略、语言手段、文化属性

广告制作是一个产业，制作过程中需要使用多种手段，但是最主要的手段是语言。广告词是对消费者施加影响的重要手段。广告语篇具有自己的结构，一般由标题（开头）、主要部分、口号和回声词、描述构成。标题要足够吸引消费者，它对于整个广告语篇非常重要。标题应能满足多样交际情境的需求，因此出现了大量创作标题的手段。

Над созданием рекламы работает целая индустрия, на вооружении у которой находится огромный арсенал средств влияния на умы и сердца потребителей. Но главное средство – язык. Хотя современная реклама использует разнообразные приёмы воздействия на все органы чувств потребителя (слух, зрение, обоняние), главную роль играет текст.

Отличительной особенностью текста рекламы является то, что он создан по социальному заказу, то есть прагматически ориентирован. Текст рекламы представляет собой важное средство воздействия на потребителя. В наши дни в рекламной деятельности появилась новая стратегия – таргетирование рекламы – создание целевой рекламы для определённого сегмента потребительского рынка. （如今，在广告领域出现了一种新的策略——定向广告，即针对消费市场的特定部分创作具有针对性的广告。）

Рекламный текст структурирован. Композиция рекламного текста: заголовок; основной рекламный текст; справочные данные; слоган; эхо-фраза; изображение.

Однако не все элементы композиции обязательны.

Вот типичный пример полного рекламного текста:

Заголовок: *Хочешь иметь длинные сильные волосы? Новый Garnier Fructis «Длина и сила» с активным концентратом фруктов.*

Основная часть: *Специальная формула против ломкости для сильных и длинных, очень длинных волос.*

Слоган: *Garnier Fructis «Длина и сила». Против ломких, тусклых и секущихся волос.*

Эхо-фраза: *Garnier.*

Заголовок (зачин) – это короткая фраза, открывающая рекламный текст, самая важная часть рекламы. Обычно в заголовке содержится рекламное обращение и хотя бы намёк на основной рекламный аргумент.

Функции заголовка: привлечь внимание потребителя; заинтриговать потребителя; выявить потребителя / целевую группу; идентифицировать товары или услуги; продать их.

Первые две функции самые важные, потому что незаинтересованный покупатель не будет читать вторую, самую подробную часть.

По данным маркетинговых исследований, около 80 % потребителей, прочитав заголовок, теряют интерес к основному рекламному тексту, поэтому важность хорошего заголовка трудно переоценить.

Необходимо, чтобы после прочтения заголовка, содержащего незаконченную мысль, у человека возникло недоумение или внутренние вопросы, на которые есть ответы во второй части текста. （必须做到让读者读完意思不全的标题后，脑海中出现困惑或疑问，而广告的第二部分给出的正是对这些困惑和疑问的答案。） Кроме того, в заголовке должен присутствовать один из игровых приёмов. Например фраза: *Женские платья и блузы –*

для зачина не подходит. В ней нет языкового творчества – только информация, никого не интригующая. А вот фраза: *Платья и кофточки для культурных барышень* – пример другого рода. Он привлекает покупателя.

Заголовок должен отвечать требованиям разнообразных коммуникативных ситуаций, поэтому существует множество приёмов, посредством которых создаются заголовки.

Установлено, что наименьшую заинтересованность покупателей вызывает реклама, содержащая:

– вопрос: *Где самый широкий ассортимент мужской обуви?*

– отрицание: *Все звуки созданы одинаково. Но это не относится ко всем магнитофонам* (реклама компании SONY);

– демонстрацию бренда: *Это новая модель NOKIA!*

– суперутверждение: *С точностью до секунды* (реклама компании Билайн);

– готовое решение проблемы: *У вас геморрой? Несите его нам вместе с одним долларом. Вам жалко доллара? – Оставьте его себе. Вместе со своим геморроем* (реклама свеч от геморроя);

– идиому: *Жить – хорошо. А хорошо жить – ещё лучше!* (реклама агентства по подбору персонала);

– парафраз（迂回法）: *Посуда бьётся к счастью. Наша посуда, к счастью, не бьётся.*

Наибольшим успехом пользуется реклама, в которой содержится:

– парадокс (оксюморон): *Когда вы покупаете новую ТОЙОТУ, она уже намотала тысячи километров // Будь умней – покупай у людей!* (компания Slando) // *Отгружаем умные подарки.* (дистрибьюторная фирма);

— интрига（悬念）: *У нашей газеты нет постоянных читателей!* (реклама газеты «Работа сегодня») // *Париж ближе, чем ты думаешь* (реклама мебельного салона);

— паремиологическая трансформация: *Если хочешь быть здоров – очищайся* (реклама медицинского препарата).

Центральным структурным элементом рекламного текста является слоган. Именно в нём содержится главная идея рекламного сообщения.

Рекламный слоган (девиз фирмы) – это краткая запоминающаяся фраза, которая в яркой, образной форме передаёт основную идею рекламной кампании. Слоган помогает выделить фирму или товар среди конкурентов и придаёт цельность рекламе, поддерживает реноме（声誉）фирмы и отражает её специфику. Слоган является важным элементом фирменного стиля рекламной и PR-политики（公关政策）компании.

Создание хорошего слогана требует большого мастерства и интуиции. Тем не менее можно сформулировать некоторые принципы построения удачного слогана. Эти принципы относятся к его содержанию (то есть семантике) или к восприятию потребителем (то есть прагматике). Информация, которая помещается в слоган, должна быть значимой для покупателей и отражать специфику фирмы, поэтому фразы, применимые в любой ситуации и подходящие для многих компаний (типа: *Скупой платит дважды* или *Купи – не прогадаешь!*), в рекламе конкретного товара малопригодны.

Можно выделить несколько базовых принципов создания

广告语篇的核心成分是口号部分。广告口号是以鲜明形象的形式传递广告主要思想的言简意赅的句子。创作好的口号需要技巧和直觉。有一系列口号创作原则，这些原则既涉及口号的语义层面，也涉及它的语用层面。广告口号的主要部分是"独特的销售主张"。"独特的销售主张"这一术语由美国广告人罗瑟·瑞夫斯于20世纪40年代提出。

рекламного слогана:

— заявление высоких целей: *Мы приносим хорошее в жизнь* (General Electric) // *Изменим жизнь к лучшему* (Philips) // *Надо жить играючи* (Moulinex);

— создание ассоциативной связи со значимыми событиями, известными персонажами, общечеловеческими ценностями: *Всемирная история. Банк «Империал»*;

— информация о высоком профессиональном уровне, хорошем качестве товаров и услуг: *Мы научили весь мир копировать* (Rank Xerox) // *Качество, которому вы можете доверять* (Procter Gamble) // *На нас можно положиться* (Bosch) // *Electrolux. Швеция. Сделано с умом*;

— фиксирование близости к потребителю, наличия контакта с ним: *Мы нужны каждой семье* (Siemens) // *Tefal. Ты всегда думаешь о нас.*

Существует также ряд прагматических приёмов создания удачного слогана:

— соответствие длины слогана объёму оперативной памяти человека (для русского языка это не более семи слов); слоганы делятся на: краткие (1–4 слова): *Samsung. Будь лидером!*; средние (5–8 слов): *«Белка» — меха с русской душой ждут вас*; длинные (9 и более слов): *Domestos. Чистит любые пятна и уничтожает все известные микробы*;

— соблюдение законов ритмической организации текста (предпочтительна близость к стиху);

— звуковые повторы (аллитерации): *Rowenta. Радость в вашем доме* // *Revlon. Революция цвета* // *Wella. Вы великолепны*;

— антитезы, выделяющие фирму или марку среди

конкурентов и способствующие быстрому восприятию рекламного текста: *Ariel. Отстирает даже то, что другим не под силу // Это не просто сигареты – это Davidoff*. Однако подобный текст не должен ущемлять（损害）коммерческие интересы других фирм, поэтому прямое упоминание конкурентов полностью исключается;

— языковая игра (с использованием графики), делающая рекламу очень эффективной: *Ну, замороЗИЛ!* (холодильники ЗИЛ) // *СМСишь за рулём? Ответ не дойдёт* // *ОткРОЙ вКЛАД в банке* // *Моро*еное* // *ПерСОНа. Здоровый СОН для всех персон* (реклама ортопедических матрасов) // *Цветы 4 you* // *Badroom* (ресторан);

— «условная реплика», привлекающая внимание потребителя (фраза может выглядеть как вырванная из диалога, а иногда как ответ на какой-то вопрос или реплика в споре): *Просто мы работаем для вас!* (Телеканал «2х2») // *Закачаешься!* (водка Lemon);

— паремиологическая трансформация: *Ловись, скидка!* (магазин спортивных товаров Speedo);

— прецедентный текст: *Какой же русский не любит вкусной еды!* (проект «ИТРА», г. Новочеркасск).

Основной частью слогана является уникальное торговое предложение (*Unique Selling Proposition*). Данный термин ввёл в 40-х гг. XX в. американский рекламист Р. Ривз[1]. Он же разработал три приёма контрастированной подачи информации: замена отрицательного свойства товара или услуги на положительное: *M&M's – молочный шоколад. Тает во рту, а не в руках*; усиление положительного свойства: *Бесконечно вкусный апельсин*; создание

---

[1] 罗瑟·瑞夫斯（1910–1984），美国广告大师、"纽约广告名人堂"荣誉得主、"独特销售主题"理论开创者。

маркированного компонента товарной марки: *Electrolux. Сделано с умом.* （他还研究出三种对比呈现信息的方法：将产品或服务的负面属性替换成正面属性；强化正面属性；确立商标的显著特点。）

Иногда используется приём редупликации（重叠）и товарная категория упоминается дважды: *Кофе Pele – настоящий кофе из Бразилии.*

Наименование товарной категории может быть косвенным: *Granini – фруктовое наслаждение.* При этом название торговой марки может располагаться в разных частях слогана.

广告文案编写人员会使用一些关键词来吸引消费者，并激发他们的购买欲。这些关键词是带有正面评价色彩的词汇。效果好的广告语篇一般使用动词、动名词、形容词比较级和最高级。在创作广告语篇时，积极使用动词命令式是创作常用手段。需要指出的是，目前在广告文案创作中出现了一些新的趋势。

Как утверждают психологи, если человек услышит текст рекламы дважды, он не успевает его запомнить, если трижды – запоминает, если четырежды – начинает раздражаться.

Создатель рекламных текстов – копирайтер（文案创作人员）– умело использует набор ключевых слов, соответствующих главным задачам рекламы – привлечь внимание потребителя и пробудить в нём желание приобрести товар или воспользоваться услугой. К таким ключевым словам относится, как правило, лексика, несущая положительные и качественные характеристики. Это могут быть наречия: *быстро, немедленно, впервые, легко*; существительные: *потребность, тайна, стиль, новинка, улучшение, истина*; прилагательные: *восхитительный, выгодный, эффективный, удивительный, выдающийся, волшебный*; перформативные высказывания（施为句）: *советуем, поторопитесь, звоните, покупайте.*

Текст рекламы должен быть динамичным и притягательным. Установлено, что наиболее эффективен рекламный текст, содержащий глаголы, отглагольные существительные и прилагательные в сравнительной и превосходной степени.

К предикативному типу относятся рекламные тексты, в состав которых входят глаголы: *Откройте сияние Вашей кожи. Доверьтесь Clinique* (косметическая фирма) // *Соблазняй объёмом! Искушай взглядом!* (тушь для ресниц) // *Share the excitement* (Nissan) // *Почувствуй энергию лучшего бритья от Gillette* (станки для бритья) // *Ощутите свободу! Мы приручили солнце* (солнцезащитные средства). Некоторые рекламы состоят только из глаголов: *Посмотри, купи, улети! See. Buy. Fly* (Amsterdam Shopping Centre) // *Не ищи, а выбирай.*

Анализ современной российской рекламы позволяет говорить о том, что из всех речевых актов предпочтение отдается императивному, в котором содержится безапелляционное предложение немедленно купить данный товар или воспользоваться услугой. Реклама служит своеобразным маркером тоталитарного языка. Императивные предложения в рекламе имеют большое значение. Как правило, они закрывают рекламный текст, являются частью справочных данных и ориентированы на прямое побуждение к действию: *Попробуйте измениться! Выберите свой стиль!* （广告中的祈使句非常重要。通常，这些祈使句位于广告结尾处，作为参考数据的一部分，用于直接呼吁人们采取行动，例如"尝试改变！选择你自己的风格！"）

Очень часто текст рекламы представлен в виде бессоюзного сложного предложения, первая часть которого – императив: *Бегай сейчас – ведь в следующей жизни ты можешь родиться улиткой* (реклама кроссовок) // *Позвоните сейчас – сэкономите сегодня* (реклама услуг международной телефонной связи) // *Сбрось вес – обретешь крылья* (реклама программ оздоровления организма).

Копирайтер активно использует ресурсы не только субъективной императивной модальности: *Откройте депозит в Сбербанке и сделайте свою жизнь ярче*, но и потенциальной модальности: *С кредитом Сити-банка «За один день» вы можете получить до 1 миллиона рублей прямо в день обращения* и интенциональной модальности: *Откройте вклад «Радушный», получите 15 % годовых, и мы выдадим вам проценты вперёд.*

Наряду с императивами, в рекламе часто встречаются другие глагольные формы, с помощью которых можно смягчить категоричность призыва приобрести или использовать рекламируемый объект（除了命令式之外，广告中通常还包含其他动词形式，以减弱呼吁购买或使用广告产品的生硬性）: *О Вашей свадьбе будет говорить весь город // Хочешь жить лучше – живи в комплексе «Дар».*

Следует отметить, что во всех языках прослеживается общая тенденция употребления вопросительных предложений в заголовках и в начале основного рекламного текста. Это объясняется стратегией возбуждения любопытства: *Хотите выглядеть безупречно? Посетите салон красоты «Эдем»!*

Интересное явление отмечается в сфере наименований новых ресторанов и магазинов. «Предикативный взрыв» (иногда в сочетании с языковой графической игрой) сменил номинативную традицию, причём данная тенденция имеет глобальный характер: *Сам пришёл // Стой!ка! // Смакуй гейшу! // Суши весла! //Здесь был Чехов //Meet meat // Stop & go// Время есть // Сели-поели //Just do it! // Покупай! // Подари!* (магазин подарков) *// То, что надо // Eat&Talk! // Prêt à Manger // N-joy! // Look in! // Juiced up! // I like beauty*. Эта своеобразная мини-реклама имеет те же функции, что и рекламный заголовок. Подобные названия часто содержат элементы языковой игры и графические приёмы привлечения внимания, например: *Pub O'суши! // Love и драйв!// All-you-can-eat-buffet //One-man show.*

В адъективных рекламных текстах акцент делается на

качественных прилагательных и наречиях: *Толстые окна за тонкую цену. Компания «Московские окна» // Сигареты MURATTI. Лёгкое увлечение // Белый апельсин.*

Нужно заметить, что создатели современных российских рекламных текстов часто следуют западным образцам. Но пока им не удаётся оригинально использовать приём нанизывания имён прилагательных, принятый в англоязычной рекламе: *Natural. Sensual. Innocent. Passionate. Romantic. Mysterious. Vanila Mask by City.*

В рекламных заголовках нередко употребляются степени сравнения качественных прилагательных. Наиболее частотны из них – *самый, лучший, сильнейший: Наши часы самые быстрые в мире. Париж ближе, чем ты думаешь* (салон мебели). Однако специалисты по рекламе не рекомендуют увлекаться суперлативами и, по возможности, для смягчения превосходной степени использовать вводные слова со значением неуверенности, как это сделано в известной рекламе: *Carlsberg. Возможно, лучшее пиво в мире.* （然而，广告专家不建议过度使用最高级，为了减弱最高级程度，应尽可能使用带有不确定含义的插入语，例如著名广告："嘉士伯啤酒，可能是世界上最好的啤酒。"）

Использование личных местоимений 1-го лица множественного числа позволяет сделать рекламу персонифицированной, доверительной, отражает установку на коллективного потребителя и одновременно подчёркивает соборность как одну из черт русского коммуникативного поведения. Например, реклама пива: *Мы такие разные. И всё-таки мы вместе.*

Для рекламных текстов номинативного типа типично преобладание существительных. Отличительная особенность

在广告标题里经常使用形容词比较级。称名类广告语中名词占有绝对优势。第一人称复数形式可以使广告更加可信，更能唤起消费者的集体意识。广告语应简练、吸引人且信息量丰富，因此具有鲜明民族文化特性的先例现象是制作广告语的重要手段。现代俄罗斯广告积极使用外来词。为了提高广告的吸引力，文案创作人员会使用各种各样的修辞手段。

подобной рекламы – установка на стабильность и постоянство: *Праздник цен! Обвал цен!!! Арбат Престиж* (магазин косметики) // *Ресторан «Кабан» // Пиво «Невское Ice». Свежесть по жизни.* В последней рекламе очевидна стилистическая ошибка, которая очень частотна в современной разговорной речи. По-видимому, данное паразитирующее предложно-падежное сочетание имеет диалектный характер. Оно встречается в стихотворениях поэта Н. А. Клюева[①] – носителя севернорусского наречия:

По жизни радуйтесь со мной,

Сестра бурёнка, друг гнедой.

Рекламный текст должен быть кратким, привлекательным и при этом максимально информативным, поэтому в тексте рекламы используются национально маркированные фразеологические единицы языка (прецедентные тексты) с целью создания позитивного отношения к рекламируемому товару.

Например, радио 101 FM даёт такую рекламу: *Господа, ваши ананасы ещё зреют, ваши рябчики ещё летают, а наше радио уже звучит*, в основе которой лежит прецедентный текст: *Ешь ананасы, рябчиков жуй – День твой последний приходит, буржуй!* (стихотворение В. В. Маяковского).

Реклама с прецедентными текстами очень разнообразна. Это может быть: дословное цитирование: *Из тени в свет перелетая…* – строка из известного стихотворения А. А. Тарковского[②] «Бабочка в госпитальном саду» (реклама финансовой компании АО МММ); использование фразеологизмов: *Голод не тётка* (реклама кафе); языковая игра с цитатами (прецедентные тексты с трансформацией, своеобразная параморфоза):

---

① 尼古拉·阿列克谢耶维奇·克柳耶夫（1884–1937），俄国诗人、新农民诗派代表人物，著有《夏天悄然而逝》等作品。

② 安德烈·阿尔谢尼耶维奇·塔尔科夫斯基（1932–1986），苏联著名导演，代表作有《伊万的童年》《潜行者》《乡愁》《牺牲》等作品。

Реклама	Исходный текст
Не гони лошадей – некуда будет спешить (реклама ГИБДД)	*Ямщик, не гони лошадей! Мне некуда больше спешить, Мне некого больше любить.* (Романс на слова Н. Риттера.)
Поэтом можешь ты не быть, Но со 101 быть обязан!	*Поэтом можешь ты не быть, Но гражданином быть обязан.* (Н. А. Некрасов.)
В отеле всё должно быть прекрасно	*В человеке всё должно быть прекрасно: и лицо, и одежда, и душа, и мысли.* (А. П. Чехов.)
И жизнь, и любовь, и ипотека	*И сердце бьётся в упоенье, И для него воскресли вновь И божество, и вдохновенье, И жизнь, и слёзы, и любовь.* (А. С. Пушкин.)
Мы говорим «херши» – подразумеваем «кола», мы говорим «кола» – подразумеваем – «херши»	*Мы говорим Ленин – подразумеваем партия. Мы говорим партия – подразумеваем Ленин.* (В. В. Маяковский.)
Какой русский не любит вкусной еды!	*И какой же русский не любит быстрой езды!* (Н. В. Гоголь.)
Хоть всю землю обойдёшь – лучше цен ты не найдёшь!	*Хоть полсвета обойдёшь, Лучше дома не найдёшь!* (Песня из мультфильма «Три поросенка».)
Если хочешь быть здоров – очищайся!	*Если хочешь быть здоров – закаляйся!* (Песня на слова В. И. Лебедева-Кумача.)
Вот кто-то с горочки спустился… наверно, Вы	*Вот кто-то с горочки спустился – наверно, милый мой идёт…* (песня, слова народные)

Копирайтеры часто находят неожиданный смысл в общеизвестных поговорках и создают рекламный текст на основе паремиологических трансформаций: *Береги зубы смолоду!* Это тоже своеобразная языковая игра. Иногда в рекламный текст включаются трансформированные фразеологизмы: *Супы Gallina Blanca – это любовь с первой ложки.*

Современная реклама активно осваивает иностранную лексику. Традиционным является вкрапление иноязычных слов: *Сделай паузу, скушай Twix!// Маришейки и панкейки.* Параллельно происходит адаптация (приспособление) заимствованных слов к словообразовательным возможностям русского языка: *Отдохни! Сникерсни! // Кликни Деда Мороза! // Куражные цены! // Рекламизируйтесь там, где вас увидят!* （同时，外来词也在适应俄语的构词方式：休息一下！ 士力架！ // 呼叫严寒老人！ // 大胆的价格！ // 在能看见您的地方登广告！）

В погоне за потребителем создатели рекламных текстов допускают рискованные, с точки зрения общепринятых моральных норм, переосмысления слов, речевых оборотов, как, например, в рекламе пива сорта «Солодов»: *Я хочу тебя, Солодов!* – призывно «говорит» молодая женщина, изображённая на рекламном щите.

Степень привлекательности рекламного текста зависит от его оригинальности, создающейся с помощью определённых художественных средств, к которым относятся:

– анафора и эпифора: *Потрясающе швейцарский. Потрясающе международный* (Credit Suisse) // *Natural Beauty. Natural Ingredients. Natural Glow* // *Странно, но когда он рядом, дети тоже хотят быть рядом* (IBM) // *Не просто чисто – безупречно чисто* (стиральный порошок «Ариэль») // *Есть идея, есть IKEA*;

– антитеза: *Внутреннее пространство максимально. Теснота минимальна* (Peugeot 106);

– оксюморон: *Маленькая большая машина* (Renault 6TL);

– градация: *Есть только один Вольфганг Амадей*

Моцарт. Только 4 бессмертных президента. И только 90 стипендиатов Rhodes в год. Но абсолютно каждую неделю около 28 миллионов качественных взрослых зрителей смотрят телеканал A&E;

— сравнение: *Почувствуй себя бриллиантом в золотой оправе!* (ресторан «Золотой») // *Колготки Milfin. Прозрачнее кристалла;*

— метафора: *Умные деньги знают куда* (Citibank);

— метонимия: *О Вашей свадьбе будет говорить весь город* (свадебный салон);

— лексический повтор: *Красивые двери в красивую жизнь;*

— отклонение от нормы с намёком на другой корень: *Клинское пиво. Живи припИваючи* // *Быстроежка* (кафе);

— нахождение нового смысла в известных поговорках, фразеологических единицах: *Visine – посмотри на мир другими глазами;*

— омонимы: *Watch the world (Tissot)* (реклама часов); *Meat-point* (ресторан);

— иноязычные заимствования: *Автосалон second-hand* // *Coffee 2 Go* (с элементами графической игры) // *Кейтеринг для Вас* (при этом иногда трудно понять, какое из значений заимствования выбирается для рекламы. В данном случае – предприятие или любая услуга, точно выполненная по заказу клиента);

— приём лингвистической мозаики: *Пусть всегда Coca-Cola!* // *Шуб-тур в Грецию!!!* *Колбасыр.*

— подбор созвучных слов: *Это не сон – это Sony!*

— алогизмы: *Москва без ЗИЛа, что поплавок без грузила!*

— аллюзии: *Фиат – это я!* // *«Kenso» создал человека;*

– лингвокультуремы, которым присуща яркая национально-культурная окрашенность, понятная носителям языка: *Мы не лаптем щи хлебаем* (юридическая консультация) // *Со своим самоваром к нам не ходят* (сеть ремонтных мастерских).

– разговорные и просторечные элементы: *Вызывай таксишку. Недорого.*

Для русского покупателя притягательными являются образы роскошного Запада и Америки: *Казино «Подкова» – настоящее казино из Лас-Вегаса.* Привлекательно для потребителя упоминание в рекламе престижных географических наименований: *От Парижа до Находки OMSA – лучшие колготки.*

К сожалению, встречается очень много примеров безвкусной рекламы: *Приходите в магазин, Маяковка, дом 1. Шторы и жалюзи* // *Широкая распродажа лыж и лыжных ботинок в магазине «СПОРТМАСТЕР»*. Это не рекламные тексты, а примитивные объявления в форме призывов. В них нет никаких сведений о качестве товаров. Степень привлекательности таких текстов невысока. Некоторые копирайтеры неудачно используют приём абсурда: *Самые вкусные окна.* // *Самые аппетитные окна* // *Кофе ручной работы.* Подобные рекламные произведения имеют обратное действие – отторжение.

商标名和商标符号是广告的组成部分。创立商标时需考虑社会性质所决定的买方主观特征。广告中呈现的商标名有时包含商品属性，有时不包含。

Составными частями рекламы являются товарный знак и товарный символ. Товарный знак – это название фирмы (например, *Procter& Gamble – Проктер энд Гембел; Puma*), а символ – её буквенное обозначение или рисунок (соответственно *P&G* и *бегущая пума*). Знак даёт гарантию высокого качества, а символ привлекает внимание клиента.

В процессе создания товарных знаков учитываются субъективные черты покупателя, обусловленные характером общества. Для русских – это стремление экономить время и деньги, делать карьеру, принадлежать к более высокому социальному классу, поэтому частотны такие номинации, как: отель *«Президент»*, мыло *«Консул»*, водка *«Посольская»*.

Многие товарные знаки содержат характеристику товара: *дезодорант Fresh, моющее средство «Блеск», мыло Safeguard, шампунь Head&Shoulders, средство для ухода за кожей Clean&Clear, каша «Быстров»*. Но ряд товарных знаков не содержит прямого указания на качество товара и требует знания истории и культуры страны. Например, для американской культуры название *Blue Ribbon* (пиво и сигареты) – это символ принадлежности к аристократии: голубая лента вручалась победителям яхт-гонок, а яхт-гонки в Америке – аристократический вид спорта. （例如，对于美国文化来说，蓝丝带这个名字（啤酒和香烟）是贵族的象征：蓝丝带一般被授予游艇比赛的获胜者，而美国的游艇比赛是一项贵族运动。）

При создании рекламного текста необходим учет соотношения национального и интернационального, которое отражается в тезаурусе покупателя (тезаурус – это сумма знаний об окружающем мире).

В рекламном тексте часто присутствуют культурные универсалии и культурные реалии. （广告语篇中通常包含文化普遍性和文化现实。） Примером может послужить реклама шоколада Баунти: *Баунти – райское наслаждение* (культурная реалия). *Bounty* – название британского военного корабля. В 1789 г. в Тихом океане на нём произошёл мятеж. Матросы высадились на одном из островов, где росли кокосовые пальмы и жили

在制作广告语篇时，需要考虑到不同民族的文化差异和价值取向，注意不同民族对过去、现在和未来的态度以及他们对产品质量的关注点。不接地气的外国产品广告会被对象国民众看作一种外来生活方式的有意输出。

красивые девушки. Данный факт в англо-американской среде хорошо известен благодаря фильмам, однако русский потребитель воспринимает это на веру.

Система культурных ценностей оказывает влияние на покупателей при выборе товара, поэтому рекламодателям необходимо адаптировать рекламные тексты. Реклама, не адаптированная к иной национальной культуре, рассматривается как экспорт чуждого образа жизни, его навязчивая пропаганда и плохо воспринимается потребителями.

Американские антропологи выделяют два типа культуры: ориентированные на индивидуализм и коллективизм.

В индивидуалистических типах культуры, которые представлены в Великобритании, США, Канаде, странах ЕЭС, члены общества обладают высокой степенью независимости. В коллективистских обществах таких стран, как Россия, КНДР, Перу, Чили, Китай, люди стремятся к объединению в группы.

Одной из основополагающих ценностей американской культуры является индивидуализм, именно поэтому американская реклама призывает быть победителем, исключением из правил, впереди всех.

Для производителей рекламы очень важна ориентированность страны на прошлое, настоящее или будущее. Это определяет национально-культурную традицию. Например, американская культура, в отличие от генетически близкой британской, ориентирована на настоящее и будущее. *New* в американском сознании приравнивается к *better*, а в британском сознании *old* содержит более положительные коннотации, чем *new*. Американской рекламе чужды ностальгические мотивы.

Применительно к русской рекламе необходимо учитывать сложившуюся в России давнюю традицию: прочной гарантией товара является не товарный знак, а *доброе имя купца, производителя*.（就俄罗斯广告而言，应当考虑俄罗斯的悠久传统：产品的有力保证不是商标，而是"商家、制造商的好名声"。）Следует отметить, что основной фон торговой улицы в России XIX – начала XX вв. составляли фамилии торговцев, а не названия товаров.

Реклама московской сети питания «Чайхона № 1» – «Ёк проблем»[①] – требует лингвистических комментариев для широкого круга потребителей, но понятна определённому сегменту рынка.

В ряде случаев для понимания рекламного текста необходимы глубокие фоновые знания: *Если забрасывать женщин камнями, то только драгоценными* (реклама ювелирного магазина). Фразеологизм *забрасывать камнями* имеет библейские корни. Это отсылка к истории Марии Магдалины, уличённой в прелюбодеянии, которую фарисеи и книжники привели на суд Христу. Он сказал: «Кто из Вас без греха, пусть первый бросит в неё камень». В некоторых мусульманских странах, например в Иране, до сих пор существует вид казни – побивание камнями за супружескую неверность.

Исходя из рекламных задач, выделяют коммерческие и некоммерческие слоганы.

Коммерческие рекламные слоганы в зависимости от предмета рекламы подразделяются на товарные («*Воздушный*» *– пористый белый шоколад*) и имиджевые (*Тепло придёт в Ваш дом. Газпром*).

К некоммерческим относятся слоганы социальной, политической, государственной и религиозной рекламы. Они

广告口号分为商业广告口号和非商业广告口号。商业广告口号分为商品口号和形象口号。非商业广告口号分为社会口号、政治口号、国家口号、宗教口号。非商业广告主要用于宣传道德和价值观。

---

① 俄罗斯连锁餐厅"茶馆1号"的广告语。

нацелены на пропаганду моральных и духовных ценностей: *Здесь все говорят по-русски! // Мы помним вас, герои!*

В некоммерческих слоганах часто присутствуют политические характеристики, но прямое называние проблемы в таком слогане необязательно. Подобному слогану отводится роль ударной строки в тексте（非商业广告口号往往具备政治特征，但它们不一定直接谈及问题。这种口号在语篇中被赋予"冲击"作用。）：

Реформы без шока, политика – без баррикад! («Яблоко»)

Мы верим, что жители области оценят нашу ответственность и профессионализм! (Этот слоган слишком длинный, поэтому неубедительный.)

Ваш гол может стать решающим!

Мы – люди слова, мы – люди дела. У нас всё впереди!

Возродим Уральские заводы!

Государство – это мы.

Я люблю Россию, потому что она моя.

Каждый имеет право на труд и справедливую зарплату!

Яблочный Спас не пройдёт без вас!

Политические рекламные тексты могут использоваться в качестве антирекламы:

Если поезд зайдёт в тупик, нужно менять машиниста.

Если власть долго не меняется, уровень жизни людей падает.

Если ты голосуешь за [имярек], ты голосуешь за смерть.

[имярек]! Ваше время истекло!

Нет бедных областей, есть плохие губернаторы.

Бойтесь [имярек] и таких, как он!

К сожалению, в последнее время в политический дискурс вторгаются просторечные элементы и обсценные аллюзии: *История поставила на нас и положила на них* (Д. Быков); *Если он не делает это со своей женой, он делает это со своей страной* (А.

Троицкий). Пена пошлости и прямых оскорблений свидетельствует о невежестве и бессилии фигурантов политических баталий （争吵、论战）, оскорбляет слушателей и снижает пафос политической борьбы.

Текст рекламы отражает языковой вкус общества, поэтому копирайтеры активно используют прагматический подход к созданию своей продукции. Рекламный текст – это своеобразный объёмный речевой портрет общества. （广告语篇反映社会语言品味，因此文案创作人员积极使用语用方法创作广告。广告语篇是一种独特的、充实的社会言语画像。） Образованные потребители рекламных продуктов, особенно представители лингвоинтенсивных профессий, должны быть требовательны к языку рекламы, укреплять свой лингвистический иммунитет, освобождаясь от «словесного мусора», слов-паразитов, жаргонных явлений, помня поэтические строки П. А. Вяземского[①]:

Язык есть исповедь народа,
В нём слышится его природа,
Его душа и быт родной.

---

① 彼得·安德烈耶维奇·维亚泽姆斯基（1792–1878），俄国诗人、文学评论家、社会活动家，著有《初雪》《忧郁》《秋》等作品。

ЛИТЕРАТУРА

1. Алчевская Х. Д. Что читать народу? М., 1906.

2. Бердяев Н. А. Судьба России. Философское общество СССР, 1960.

3. Богородицкий В.А. Общий курс русской грамматики: (Из университетских чтений). Изд. 5-е, доп. М.: Гос. социально-экономическое изд-во, 1935.

4. Бор Н. Атомная физика и человеческое познание. М., 1938.

5. Буслаев Ф. И. О преподаванiи отечественнаго языка. М., 1844.

6. Буслаев Ф. И. О преподаванiи отечественнаго языка. М., 1867.

7. В.Ф. Одоевский. Сочинения в двух томах. Т. 1. М., 1981.

8. Вайсгербер Лео. Родной язык и формирование духа. М. 2009.

9. Виноградов В. В. О культуре русской речи // Русский язык в школе, 1961. № 3.

10. Виноградов В.В. Избранные труды. Язык и стиль русских писателей. М.: Наука, 1990.

11. Выступление достопочтенной баронессы, Леди Ордена подвязки, Члена Ордена заслуг, Члена королевского общества Тэтчер М.Х. в Институте Гувера, Калифорния, в среду 19 июля 2000 // «A Time for Leadership». Iain Dale, Grant Tucker. The Margaret Thatcher Book Of Quotations, Biteback Publishing, May 7, 2013.

12. Гоголь Н. В. Собр. соч. в IX томах. М.: Русская книга. 1994. Т. VI.

13. Гоголь Н. В. Материалы для словаря русского языка. Собр. соч. в 4 т М.: Библиосфера, 1999. Т. 4, с. 427–484.

14. Гоголь Н. В. Неаполь, 10 января н. ст. 1848 г. «Письма» IV. М., 1999. с. 134–140.

15. Джаред Тейлор. Белое самосознание. Расовая идентичность в XXI веке. М., 2014.

16. Иванова А. А. Этнополитическая стабильность: понятие, факторы и технологии обеспечения (на материалах Республики Дагестан). Дис. … канд. полит. наук. Ростов-на-Дону, 2005.

17. Ильин И. А. О патриотизме // Собрание сочинений: Справедливость или равенство? М., 2006.

18. Ильин И. А. О воспитании в грядущей России. Собрание сочинений в 10-ти томах. Т. 2. Кн. 2.

М., 1993–1999.

19. Ильин И.А. О воспитании в грядущей России. Собрание сочинений в 10-ти томах. Т. 2. Кн. 2. М., 1993–1999. С. 92–93.

20. Интересный собеседникъ. СПб, 1911.

21. Карнеги Д. Большой секрет искусства общения с людьми. Ставрополь, 2002.

22. Ключевский В. О. Сказания иностранцев о Московском государстве. М. : Прометей, 1991.

23. Ключевский В. О. Неопубликованные произведения. М.: Наука, 1983.

24. Коллинз С. Нынешнѣе состояніе Россіи. М., 1846.

25. Кони А. Ф. Приемы и задачи обвинения // Право и образование, 2002. № 4. С. 124– 137.

26. Конспектъ русскаго языка и словесности для руководства въ военно-учебныхъ заведеніяхъ, составленный А. Галаховым и Ф. Буслаевымъ, на основаніи Наставленія для образованія воспитанниковъ военно-учебныхъ заведеній высочайше утвержденного 24-го декабря 1848 года. СПб.: Типографія военно-учебныхъ заведеній, 1849.

27. Кортава Т. В. Первые практические пособия иностранных авторов XVII века по русскому языку. // «Русский язык за рубежом. 2006. №2.

28. Кронгауз М. А. Самоучитель Олбанского. М., 2013.

29. Кронгауз М. Кто отвечает за русский язык // Дружба народов, 2011. № 10.

30. Крупская Н. К. Педагогические сочинения в десяти томах. Об интернациональной и национальной культуре. Т. 2. Общие вопросы педагогики. Организация народного образования в СССР. Издательство Академии педагогических наук. Москва, 1958.

31. Крупская Н.К. Педагогические сочинения в десяти томах. Национальный учебник. Т. 3. Обучение и воспитание в школе. Издательство Академии педагогических наук. Москва, 1959.

32. Культурное наследие Древней Руси. М.: Наука, 1976.

33. Лавровскій Н. О древнерусских училищахъ. Харьков, 1854.

34. Лихачев Н. П. Разрядные дьяки XVI в. СПб, 1888.

35. Лихачёв Д. С. Русская культура. М.: Искусство, 2000, с. 213.

36. Ломоносов М. В. Полное собрание сочинений. М. 1952. Т. 7. С. 581.

37. Ломоносов М. В. Полное собрание сочинений. М., 1952. Т. 7.

38. Лотман Ю. М. Культура и взрыв. М.: Гнозис»; Издательская группа «Прогресс». М., 1992.

39. Магницкий М. Краткое руководство къ дѣловой и государственной словесности для

чиновников, вступающих в службу. М., 1835.

40. Магницкий М. Л. Краткое руководство к деловой и государственной словесности для чиновников, вступающих в службу. СПб., 1835.

41. Манин Ю.И. Математика как метафора. М., 2007.

42. Марусенко М. А. Эволюция мировой системы языка в эпоху постмодерна. М., 2015.

43. Маршак С. Я. Воспитание словом. М., 1964.

44. Медведев Н. П., Перкова Д. В. Постсоветский этнополитический процесс: проблемы языковой политики. М., 2014.

45. Мережковский Д. С. Не мир, но меч. М.: «Издательство АСТ», 2000.

46. Мордовцев Д. Л. О русскіхъ школьныхъ книгахъ XVII вѣка. М., 1862.

47. Новиков Н. И. О воспитании и наставлении детей // Избранные сочинения. М., 1951.

48. Общие проблемы национально-языковой политики. М., 2015.

49. Письма Посошкова митрополиту Стефану Яворскому. СПб, 1900.

50. Платон. Избранные диалоги. М., 1965.

51. Погодин А. Л. Язык как творчество (психологические и социальные основы творчества речи): Происхождение языка. М.: ЛКМ, 2011.

52. Почин. Опыт учебной хрестоматии для преподавания русскаго языка в начальных китайских школах. В 3 частях. Часть I. Издание пятое. Составил Яков Брандт. Пекин: Тип. Усп. Монастыря при Русской Духовной Миссии, 1915.

53. Пощечина общественному вкусу: В защиту свободного искусства: стихи, проза, статьи / Д. Бурлюк, Н. Бурлюк, А. Крученых, В. Кандинский, Б. Лившиц, В. Маяковский, В. Хлебников. М.: Изд. Г. Л. Кузьмина, 1913.

54. Рубакин Н. А. Что такое библиологическая психология. Л., 1924.

55. Румянцев Н Е. Пироговъ, его взгляды на природу дѣтей и задачи воспитанія. Спб., 1910.

56. Русский архив, 1868. С. 1799.

57. Русский архив. М.: 1863. Вып. 12.

58. Сборник постановлений по Министерству народного просвещения. Т 4. СПб, 1870.

59. Симони Павел. Старинные сборники русских пословиц, поговорок, загадок и проч. XVII-XIX столѣтій. − Выпускъ первый. − I-II, СПб, 1899.

60. Солженицын А. И. Не обычай дегтем щи белить, на то сметана // Публицистика в 2-х тт. Т. 2,

Ярославль, 1996.

61. Сперанский М. М. Правила высшего красноречия. СПб., 1844.
62. Срезневскій И. И. Замечанія объ изученіи русскаго языка и словесности въ среднихъ учебныхъ заведеніяхъ. М., 1871.
63. Срезневскій И. И. Объ изученіи родного языка вообще и особенно въ дѣтскомъ возрастѣ. СПб, 1899.
64. Сумароков А. П. Полное собрание сочинений в 10 томах. М., 1787. Т. 9.
65. Успенский Б. А., Живов В. М. Выдающийся вклад в изучение русского языка XVII века // International Journal of Slavic Linguistics and Poetics. Slavica XXVIII, 1983.
66. Ушинский К. Д. Избранные педагогические сочинения. В 2-х т. М., 1974.
67. Чуковский К. И. Живой как жизнь. М., 2004.
68. Щерба Л. В. О служебном и самостоятельном значении грамматики как учебного предмета. М., 1914.
69. Эпштейн М. Русский язык в сфере творческой филологии // Знамя. 2006. № 1.
70. Brown Pushes English as a Global Language // Заявление 74-го премьер-министра Великобритании Джеймса Гордона Брауна о поддержке английского языка как языка международного общения. [Электронный ресурс]: Официальный новостной сайт правительства Великобритании. URL: http://www.politics.co.uk/news/2008/1/17/brown-pushes-english-as-global-language (дата обращения: 10.12.2020).
71. Leila Sprague Learned. The Careless Use of English. – The New York Times. 1911, July, 2.
72. M. Black, More about metaphor // Dialectica. 1977, Vol. 31.

脚注参考文献

第一章
（文中单词和句子翻译、脚注由谭雅雯完成）

词典及著作

1. Biber D , Johansson S , Leech G , et al. *Longman grammar of spoken and written English* [M]. foreword by Randolph Quirk., 2007.

2. Большая советская энциклопедия Текст [M]. гл. ред. О.Ю. Шмидт. - Москва : Советская энциклопедия, 1926-1947.

3. Великая Отечественная война, 1941-1945 : Энциклопедия. Ин-т воен. истории М-ва обороны СССР [M]. Гл. ред. М. М. Козлов. - Москва : Сов. энцикл., 1985.

4. История Украинской ССР : в 10 т. [M]. гл. редкол.: Ю. Ю. Кондуфор (гл. ред.) и др. ; АН УССР, Ин-т истории. - Киев : Наук. думка, 1981 - 1985.

5. Новый словарь русского языка. Толково-словообразовательный : Св. 136000 словар. ст., ок. 250000 семант. единиц : В 2 т. [M]. Т.Ф. Ефремова. - Москва : Рус. яз., 2000.

6. Российская педагогическая энциклопедия : В 2 т. [M]. Гл. ред. В. Г. Панов. - Москва : Большая Рос. энцикл., 1993-1999.

7. Словарь русского языка : Ок. 53000 слов. [M]. С.И. Ожегов. - 4-е изд., испр. и доп. - Москва : Азъ, 1997.

8. Толковый словарь иностранных слов [M]. Л.П. Крысина.- М: Русский язык, 1998.

9. Толковый словарь русского языка: 72500 слов и 7500 фразеологических выражений [M]. С. И. Ожегов, Н. Ю. Шведова ; Российская АН, Ин-т рус. яз., Российский фонд культуры. - 2-е изд., испр. и доп. - Москва : Азъ, 1994.

10. Толковый словарь языка Совдепии [M]. В.М. Мокиенко, Т.Г. Никитина ; Санкт-Петербургский гос. ун-т. - Санкт-Петербург : Фолио-пресс, 1998.

11. 北京大学法学百科全书编委会编，饶鑫贤等主编：北京大学法学百科全书：中国法律思想史‖中国法制史‖外国法律思想史‖外国法制史 [M]，北京大学出版社，2000。

12. 端木义万：《美英报刊阅读教程》（第2版），中级精选本 [M]，北京大学出版社，2010。

13. 果戈理著，满涛、许庆道译：死魂灵 [M]，人民文学出版社，2017。

14. 韩明安主编：新语词大词典 [M]，黑龙江人民出版社，1991。

15. 胡敬署、陈有进、王富仁等主编：文学百科大辞典 [M]，华龄出版社，1991。

16. 鞠红：低调陈述与认知 [M]，中国社会科学出版社，2022

17. 李向东、杨秀杰、陈戈：当代俄罗斯语言与文化研究 [M]，北京大学出版社，2015。

18. 李宇明：中法语言政策研究，第二辑 [M]，商务印书馆，2014。

19. 廖盖隆、孙连成、陈有进等主编：马克思主义百科要览，下卷 [M]，人民日报出版社，1993。

20. 孟华主编：比较文学形象学，[M]，北京大学出版社，2001。

21. 彭克宏、马国泉主编：社会科学大词典 [M]，中国国际广播出版社，1989。

22. 普希金著，高莽译：普希金诗选 [M]，人民文学出版社，2000。

23. 普希金著，智量译：叶甫盖尼·奥涅金 [M]，人民文学出版社，2017。

24. 莎士比亚著，朱生豪译：哈姆雷特 [M]，浙江教育出版公司，2019。

25. 施治生、廖学胜主编：外国历史名人传，古代部分，上册 [M]，中国社会科学出版社、重庆出版社，1982。

26. 唐志超：中东库尔德民族问题透视 [M]，社会科学文献出版社，2013。

27. 王福祥：现代俄语构词学概论 [M]，外语教学与研究出版社，2006。

28. 王向峰主编：文艺美学辞典 [M]，辽宁大学出版社，1987。

29. 杨庆云：英汉反讽研究新视野——历史演变与对比研究（外国语言文学学术论丛（第二辑））[M]，中国人民大学出版社，2022。

30. 语言学名词审定委员会：语言学名词 [M]，商务印书馆，2011。

31. 张凯、夏强主编：中外哲学人物辞典 [M]，南京大学出版社，1990。

32. 张志成编著：逻辑学教程（第四版）[M]，中国人民大学出版社，2014。

33. 中国百科大辞典编委会编；袁世全主编：中国百科大辞典 [M]，北京:华夏出版社，1990。

34. 中国医学百科全书编辑委员会编，李经纬、程之范主编：中国医学百科全书，七十六，医学史 [M]，上海科学技术出版社，1987。

35. 朱忠武、梅伟强、陆国俊（本册）主编：外国历史名人传，近代部分，下册[M]，中国社会科学出版社、重庆出版社，1982。

论文

1. Male and Female Forms of Speech in Yana (1929) [J]. Volume V: American Indian Languages 1, edited by Philip Sapir and William Bright, Berlin, New York: De Gruyter Mouton, 1990, pp. 335-342.

2. Kay Fuller & Howard Stevenson (2019)[J]. Global education reform: understanding the movement, Educational Review, 71:1, 1-4.

3. Wasmuth H, Nitecki E. Global Early Childhood Policies: The Impact of the Global Education Reform Movement and Possibilities for Reconceptualization[J]. Mercy College, 2017(2). 1-17.

4. Дашидоржиева Б.В. История лакунологии: истоки, пути становления и развития[J].Вестник бурятского государственного университета. 2011.14.: 173—179.

5. Регалюк М. М. Становление и развитие высшего женского образования в России в историко-педагогическом контексте[J]. Вестник Московского университета МВД России. 2008. №7.: 21-22.

6. Ю. Д. Дешериев、刘永红、许高渝、张家骅：原苏联各民族的语言[J]，外语学刊，2016，No. 191(04)：1-3+7。

7. 陈剑平：生态语言学视域下的儒勒·米什莱"大自然的诗"[J]，西部学刊，2020(21)：4。

8. 陈祥勤：西方现代化进程中的资本化与社会化之辩[J]，国外社会科学前沿，2020，No. 487(12)：20-32+94。

9. 大卫·克里斯特尔、范俊军、宫齐：跨越鸿沟：语言濒危与公众意识[J]，暨南学报（哲学社会科学版），2006(01)：131-140。

10. 丁昕：俄语成语和修辞格[J]，解放军外国语学院学报，2000(06)：34-38。

11. 法国国立图书馆未来的网上图书馆伽里卡计划[J]，中国图书馆学报，1999(03)：21-27。

12. 冯志伟：特思尼耶尔的从属关系语法[J]，国外语言学，1983(01)：63-65+57。

13. 龚兵：美国全国教育协会与《不让一个儿童掉队法案》[J]，外国教育研究，2019，46(09)：56-71。

14. 郭建平：苏联政府机构的演变[J]，党校科研信息，1987(03)：10-13。

15. 黄国文：生态语言学的兴起与发展[J]，中国外语，2016，13(01)：1+9-12。

16. 黄兆群：熔炉理论与美国的民族同化[J]，山东师范大学学报（人文社会科学版），1990(2)：7。

17. 姜鸿霄：浅谈俄语新词中的音译词[J]，俄语学习，1997(01)：60-62。

18. 蒋妙瑞：苏联教育，科研领导体制的历史沿革[J]，国际观察，1987(3)：11。

19. 杰拉德·罗谢、琳恩·辛顿、莱纳·胡斯等：国际语言复兴研究的理论和实践[J]，语言战略研究，2019，4(03)：53-61。

20. 鞠红：论低调陈述及其修辞效果[J]，外语教学，1999(02)：54-56。

21. 李金凤：语言性别理论发展与西方女性主义思潮[J]，妇女研究论丛，2004(06)：48-54。

22. 李经伟：西方语言与性别研究述评[J]，解放军外国语学院学报，2001(01)：11-15。

23. 李克勇：法国保护法语的政策与立法[J]，法国研究，2006(03)：22-27。

24. 李其荣：从同一到多元的历史轨迹——美国多元文化主义管窥[J]，中南民族大学学报（人文社会科学版），2005，25(4)：5。

25. 刘君栓：语言帝国主义：对英语全球化的再审视[J]，黑龙江高教研究，2014，No. 241(05)：171-173。

26. 刘丽芬：俄罗斯生态语言学研究探析[J]，解放军外国语学院学报，2021，44(04)：76-85。

27. 刘文飞：利哈乔夫关于俄罗斯的"思考"[J]，俄罗斯中亚东欧研究，2006(04)：75-82。

28. 马聚福、叶其松：古俄语与其语音和文字——古俄语系列研究之一[J]，俄罗斯语言文学与文化研究，2014，3：48-56。

29. 马小彦：法国术语与新词总委员会更名[C]//国家语言文字工作委员会，语言生活皮书——世界语言生活状况报告（2019），商务印书馆，2019：5。

30. 孟华：形象学研究要注重总体性与综合性[J]，中国比较文学，2000(04)：3-22。

31. 施栋琴：语言与性别差异研究综述[J]，外语研究，2007，No. 105(05)：38-42。

32. 孙汉军：谈俄语外来词[J]，解放军外国语学院学报，2000(04)：44-47。

33. 田有兰：少数民族濒危语言理论与美国国家语言政策实践[J]，云南民族大学学报（哲学社会科学版），2013，30(03)：134-138。

34. 佟宝昌：试论苏联斯达汉诺夫运动[J]，史学集刊，1982(03)：54-60。

35. 王丹萍：去殖民化理论视角下的新西兰语言生活研究[J]，语言战略研究，2021，6(05)：38-48。

36. 王东亮：主持人语[J]，当代修辞学，2018，No. 207(03)：1。

37. 王加兴：从作者形象看普希金对修辞格"换说"的贡献——以《叶甫盖尼·奥涅金》为例[J]，外语与外语教学，2005(06)：7-10。

38. 王森、单中惠：杜威教育思想在俄罗斯的传播与影响[J]，比较教育研究，2021，43(12)：38-45+70。

39. 王文礼：《不让一个孩子掉队法案》对美国科学教育的双重影响——基于教育政策工具理论的视角[J]，教育科学，2018，34(04)：73-81。

40. 王以欣：史诗《奥德赛》中独眼巨人故事的文化解读[J]，历史教学（下半月刊），2021，No. 855(01)：18-24。

41. 吴军：修辞格在俄语成语中的运用[J]，外语学刊，2004(04)：68-72。

42. 伍斌：历史语境中的美国"熔炉论"析论[J]，世界民族，2013(3)：11。

43. 肖燕：语言帝国主义的理论构建与现实影响[J]，西南民族大学学报（人文社会科学版），2009，30(08)：267-272。

44. 杨明明：从语言哲学到比较民族学——布斯拉耶夫神话学理论探析[J]，甘肃联合大学学报（社会科学版），2005(04)：1-5。

45. 杨衍松：换说及其修辞功能[J]，外语研究，2003(02)：9-12+4-80。

46. 张燕：沉浸式教育在加拿大跨族群语言教育中的应用[J]，中央财经大学学报，2014(S1)：73-77。

47. 张燕：加拿大语言政策的引导机制研究[J]，云南民族大学学报（哲学社会科学版），2014，31(03)：131-135。

48. 周丹丹、赵爱国：新洪堡特主义学说对语言世界图景理论的形成所做的贡献[J]，中国俄语教学，2017，36(01)：22-26。

49. 周民权：社会性别语言学的哲学渊源及方法论探究[J]，外语教学，2011，32(04)：47–51+64。

网站（访问时间：2023 年 7 月）

1. http://www.billholm.com

2. http://www.chukovskiy.ru/?ysclid=lh1rfkypfa348519723

3. http://www.humorandtranslation.unibo.it/storico/HLCG2004/guest/JCoates.html

4. http://www.poemsonalltimes.ru/narodnyj-folklor/pestushki

5. http://www.poemsonalltimes.ru/narodnyj-folklor/poteshki

6. http://www.poemsonalltimes.ru/narodnyj-folklor/pribautki

7. https://bioslovhist.spbu.ru/histschool/817-shakhmatov-aleksey-aleksandrovich.html?ysclid=lh4zodmnwb287704694

8. https://bioslovhist.spbu.ru/person/167-boduen-de-kurtene-ivan-ignatiy-netsislav-aleksandrovich.html?ysclid=lh4zywiyop404809743

9. https://bioslovhist.spbu.ru/person/227-pogodin-aleksandr-l-vovich.html?ysclid=lh1rii7xd5141790052

10. https://bioslovhist.spbu.ru/person/762-shcherba-lev-vladimirovich.html?ysclid=lh4wa95swf702853240

11. https://expositions.nlr.ru/rusautograph/pismo/poluustav/

12. https://expositions.nlr.ru/rusautograph/pismo/skoropis/

13. https://expositions.nlr.ru/rusautograph/pismo/ustav/

14. https://guides.rusarchives.ru/terms/37/6175/plenumy-centralnogo-komiteta-vkpb-kpss-1941-1944-1946-1947-1952-1990-gg?ysclid=lh2wuff3b0616634031

15. https://mipt.ru/persons/profs/beklemishev-dmitriy-vladimirovich/

16. https://obamawhitehouse.archives.gov/issues/education/k-12/race-to-the-top

17. https://old.bigenc.ru/linguistics/text/4040743

18. https://old.bigenc.ru/linguistics/text/4161699

19. https://old.bigenc.ru/linguistics/text/4925414?ysclid=lh2w6gjkut775705858

20. https://old.bigenc.ru/literature/text/2148345

21. https://old.bigenc.ru/literature/text/2251061

22. https://old.bigenc.ru/religious_studies/text/2005449

23. https://saveourschools.com/

24. https://ut.ee/en/content/history-university-tartu

25. https://vksrs.com/vsemirnyy-kongress/about/

26. https://www.culture.ru/persons/8128/vladimir-dal?ysclid=lh2u7yniu2345821826

27. https://www.culture.ru/persons/8191/aleksandr-kuprin?ysclid=lh1rwvubz2804752073

28. https://www.culture.ru/persons/8946/gavriil-derzhavin?ysclid=lh1qqbndp6251863327

29. https://www.culture.ru/persons/9630/gabdulla-tukai?ysclid=lh1sp6u5bd638575492

30. https://www.culture.ru/persons/9948/rasul-gamzatov?ysclid=lh1t1c9cpw424504465

31. https://www.english1.com/about-ef/

32. https://www.oecd.org/pisa/aboutpisa/

33. https://www.politics.co.uk/news/2008/01/17/brown-pushes-english-as-global-language/

34. https://www.usenglish.org/about-us/

35. https://max.book118.com/html/2020/1015/6123015043003010.shtm

第二章

第一部分

（文中单词和句子翻译、脚注由周安妮完成）

1. 文中的俄汉人名翻译主要参考了《俄汉双向全译实践教程》附录（黄忠廉、白文昌编著，黑龙江大学出版社，2010）。

2. 资料参考网址主要来源于维基百科（访问时间：2023年7月）：

https://ru.wikipedia.org/wiki/Бурцов-Протопопов,_Василий_Фёдорович

https://ru.wikipedia.org/wiki/Ярослав_Владимирович_Мудрый

https://ru.wikipedia.org/wiki/Всеволод_Ярославич

https://ru.wikipedia.org/wiki/Буслаев,_Фёдор_Иванович

https://ru.wikipedia.org/wiki/Греч,_Николай_Иванович

https://ru.wikipedia.org/wiki/Галахов,_Алексей_Дмитриевич#Творчество

https://ru.wikipedia.org/wiki/Александр_II

https://ru.wikipedia.org/wiki/Срезневский,_Измаил_Иванович

https://ru.wikipedia.org/wiki/Пирогов,_Николай_Иванович

https://ru.wikipedia.org/wiki/Ушинский,_Константин_Дмитриевич

https://ru.wikipedia.org/wiki/Филипок_(мультфильм)

https://ru.wikipedia.org/wiki/Алчевская,_Христина_Даниловна

https://ru.wikipedia.org/wiki/Рубакин,_Николай_Александрович

https://ru.wikipedia.org/wiki/Луначарский,_Анатолий_Васильевич

https://ru.wikipedia.org/wiki/Крупская,_Надежда_Константиновна

https://ru.wikipedia.org/wiki/Чуковский,_Корней_Иванович

https://ru.wikipedia.org/wiki/Шаблон:Произведения_Корнея_Чуковского

https://ru.wikipedia.org/wiki/Маршак,_Самуил_Яковлевич

https://ru.wikipedia.org/wiki/Житков,_Борис_Степанович

https://ru.wikipedia.org/wiki/Бианки,_Виталий_Валентинович

https://ru.wikipedia.org/wiki/Твардовский,_Александр_Трифонович#Прочие_сведения

https://ru.wikipedia.org/wiki/Правовой_обычай

https://ru.wikipedia.org/wiki/Алексей_Михайлович

https://ru.wikipedia.org/wiki/Иван_Грозный

https://ru.wikipedia.org/wiki/Сумароков,_Александр_Петрович

https://ru.wikipedia.org/wiki/Александр_I

https://ru.wikipedia.org/wiki/Федр_(Платон)

https://ru.wikipedia.org/wiki/Мнемон

https://ru.wikipedia.org/wiki/Даль,_Владимир_Иванович

https://ru.wikipedia.org/wiki/Олонецкая_губерния

https://ru.wikipedia.org/wiki/Гиппиус,_Зинаида_Николаевна

https://ru.wikipedia.org/wiki/Бондалетов,_Василий_Данилович

https://ru.wikipedia.org/wiki/Пензенский_педагогический_институт_имени_В._Г._Белинского

https://ru.wikipedia.org/wiki/Мартен,_Анри-Жан

https://ru.wikipedia.org/wiki/Вертинский,_Александр_Николаевич

https://ru.wikipedia.org/wiki/Татищев,_Василий_Никитич

https://disgustingmen.com/history/ofenya-argo?

https://ru.wikipedia.org/wiki/The_Atlantic

https://ru.wikipedia.org/wiki/Межгосударственный_стандарт

https://ru.wikipedia.org/wiki/Сперанский,_Михаил_Михайлович

https://ru.wikipedia.org/wiki/Сочинения_Ивана_Грозного

https://dzen.ru/media/learnoff/kak-ivan-groznyi-liho-rugalsia-bez-mata-5f3b8d3a6bf7990053dd4f4a

https://ru.wikipedia.org/wiki/Аввакум_Петров

https://ru.wikipedia.org/wiki/Житие_протопопа_Аввакума

https://ru.wikipedia.org/wiki/Литературный_институт_имени_А._М._Горького

https://ru.wikipedia.org/wiki/Фет,_Афанасий_Афанасьевич

第二章

第二部分

（文中单词和句子翻译、脚注由刘铧泽完成）

[1] Терешкина Д.Б., Очерк из книги: Новогородский край в русской литературе. Коллективная монография под ред. В.А.Кошелева. Великий Новгород: изд-во НовГУ, 2009.

[2] 西塞罗著，王焕生译：论演说家[M]，中国政法大学出版社，2003。

[3] 王觉非：欧洲历史大辞典·下[M]，上海辞书出版社，2007。

[4] 丁光训：基督教大辞典[M]，上海辞书出版社，2010。

[5] 王欣颖：19世纪初斯佩兰斯基自由主义改革[D]，吉林大学，2016。

[6] 张良林：莫里斯符号学思想研究[D]，南京师范大学，2012。

[7] 杨靖：从口吃者到著名演说家[J]，文化译丛，1984(04)：39-41。

[8] 曹承杰：略论亚历山大大帝[J]，济南大学学报（综合版），1991(04)：57-60。

[9] 何立波：昆体良：古罗马最有影响的教育家[J]，世界文化，2009(05)：14-15+17。

[10] 李锡胤：俄语词典与格里鲍耶陀夫的《聪明误》[J]，解放军外国语学院学报，1999(02)：9-10。

[11] 魏丕植：读奥维德[J]，黄河之声，2012(19)：22-23。

[12] 魏丕植：读歌德[J]，黄河之声，2012(24)：92-93。

[13] 马永刚：康·德·巴尔蒙特[J]，俄语学习，2004(02)：75-79。

[14] 郭圣铭：古希腊传记作家普鲁塔克[J]，历史教学，1983(01)：42-44。

[15] 张超：莱布尼茨"单子论"探析[J]，景德镇高专学报，2013, 28(03)：8-9。

[16] 王新：浅谈皮尔士和他的符号学理论[J]，社会科学家，2005(S2)：16-17。

[17] 杜鹃："萧伯纳式"戏剧品格探析[J]，戏剧文学，2009, No. 317(10)：51-55。

第三章
（文中单词和句子翻译、脚注由高歌完成）

[1] GB/T 17693.4-2009，外语地名汉字译写导则·俄语[S]。

[2] 黑龙江大学俄罗斯语言文学与文化研究中心辞书研究所：新时代俄汉详解大词典[Z]，商务印书馆，2014。

[3] 黑龙江大学俄语语言文学研究中心辞书研究所：大俄汉词典[Z]，商务印书馆，2001。

[4] 李发元、余源、吴思如：新俄汉汉俄语言学术语词典[Z]，中国社会科学出版社，2016。

[5] 刘宁：别林斯基的美学观点[J]，北京师范大学学报（社会科学），1958(03)。

[6] 钱中文：果戈理及其讽刺艺术[M]，上海文艺出版社，1980。

[7] 新华通讯社译名室：世界人名翻译大辞典[Z]，中国对外翻译出版公司，2007。

[8] 张建华、王伟、裴玉芳等：现代俄汉双解词典[Z]，外语教学与研究出版社，1992。

[9] 郑建邦主编：国际关系辞典[Z]，中国广播电视出版社，1992。

[10] 中国妇女管理干部学院：古今中外女名人辞典[Z]，中国广播电视出版社，1989。

[11] 朱庭光主编：外国历史名人传[M]，中国社会科学出版社、重庆出版社，1984。